U0943015

读客®文化

岳南

大中华史

从北京猿人、三星堆到清东陵（下）

岳南 著

中华文脉

从中原到中国

江凌 / 主编

河南文艺出版社

·郑州·

目 录

第七章 大秦帝国兵马俑之谜

骊山脚下

1974年初春，严重的旱情威胁着中国西部八百里秦川。坐落在骊山脚下的西杨村也未能幸免，田园的麦苗几近枯萎，再不设法施救，将颗粒无收。

夕阳的余晖笼罩着村南的柿树园，折射出令人心焦的光。奔走了一下午的西杨村生产队队长杨培彦和副队长杨文学站在柿树园一角的西崖畔上，眼望着这片只长树木、不长庄稼的荒滩，再三犹豫，踌躇不定。

眼看太阳就要落山，杨培彦吐了一口烟雾，终于下定决心，挥起笨重的镢头在脚下石滩上画了一个不规则的圆圈："就在这里打井吧！"

杨文学望望骊山两个山峰中间那个断裂的峪口，正和身前的圆圈在一条直线上，心想，水往低处流，此处跟山峰间的沟壑相对应，地下水肯定不会少。于是，他点了点头说："好，但愿土地爷帮咱的忙吧。"

翌日清晨，以西杨村杨全义为首，包括杨新满、杨志发等6个青壮年，挥动大镢在杨培彦画的圆圈里挖掘起来。他们要在此处挖一眼大口径的井，以解决燃眉之急。

尽管地面布满了沙石，一镢头挖下去火星四溅，但在干旱中急红了眼的农民，以锐不可当之势穿越了沙石层。当挖到1米多深时，出乎意料地发现了一层红土。这层红土异常坚硬，一镢头下去只听到"咚"的碰撞声，火星溅出，却无法穿透它。

“是不是咱们挖到砖瓦窑上了？”井底的杨新满放下镢头，擦把额头上的汗水，不解地望着众人。“可能。听老人们说，咱这一带过去有不少烧砖瓦的土窑。”杨全义说着，递过一把镐头，“来，用这玩意儿挖挖看。”井下又响起了咚咚的声音，坚硬的红土层在杨新满和杨志发两个壮汉的轮番攻击下，终于被凿穿了。这是一层大约30厘米厚的黏合状红土，很像烧窑的盖顶，但大家并未深究，只凭着自己有限的见闻，真的认为是一个窑顶。

越过了红土层，工程进展迅速。不到一个星期，这口直径为4米的大井，就已深入地下近4米。此时，他们手中的镢头离那支后来震惊世界的庞大军阵，只有一步之遥。

历史记下了这个日子——1974年3月29日。

当杨志发的镢头再抡下去又扬起来的瞬间，秦始皇陵兵马俑军阵的第一块陶片出土了。奇迹的第一线曙光划破黑暗，露出地面。遗憾的是，这块陶片的面世并没有引起杨志发的重视，他所渴求的是水。在他的心目中，水远比陶片重要。于是，杨志发和同伴的镢头便接二连三地向这支地下军阵劈去。

一块块头颅、一截截残肢、一根根断腿相继露出，这奇特的现象，终于引起了大家的注意。“这个砖瓦窑还有这么多烂东西。”一个青年将一截陶质残肢捡起来又狠狠地摔在地上，沮丧地小声嘀咕了一句。“砖瓦窑嘛，还能没有点破烂货，快挖吧，只要找到水就行。”杨全义在解释中做着动员。那青年人叹了一声，又抡镢劈向军阵。

几分钟后，在井筒西壁的杨志发突然停住手中的镢头，大声喊道：“啊，我挖到了一个瓦罐。”听到喊声，正在运土的杨彦信凑上前来，见确有一个圆口形的陶器埋在土中，便好心地劝说：“你慢慢地挖。要是还没坏，就拿回家到秋后捂柿子，听老人们说，这种瓦罐捂出来的柿子甜着呢！”

杨志发听罢，镢、手并用，连刨带扒，轻轻地在这个瓦罐四周活动。土一层层揭去，杨志发心中的疑惑也一点点增加，当这件陶器完全暴露时，他才发现自己上当了。

眼前的东西根本不是可以用来捂柿子的瓦罐，而是一个人样的陶制身子（实则是一个无头空心陶俑）。他晦气地摇摇头，然后带着一丝失望和恼怒，用足了劲将这块陶俑身子掀入身旁的吊筐，示意上面的人拉上去扔掉。

当这块陶俑身子刚刚被抛入荒滩，井下忽然又发出一声惶恐的惊呼：“瓦爷！”

众人又一次随声围过来，几乎同时瞪大了眼睛，脸上的表情比之刚才有了明显变化。摆在面前的是一个陶制人头。只见这个人头顶上长角，二目圆睁，紧闭的嘴唇上方铺排着两撮翘卷的八字须，面目狰狞可怕。有一大胆青年用镢头在陶人头额头上轻敲，便听到咚咚的响声。

“是个瓦爷。”有人做了肯定的判断，紧张的空气稍有缓解。“我看咱们挖的不是砖瓦窑，是个神庙摊子，砖瓦窑咋会有瓦爷的神像？”有人推翻了以前的判断，同时又提出了新的见解。这个见解得到了多数人的认可。

“甭管是砖瓦窑还是神庙摊子，找到水才是正事，快挖吧。”身为一组之长的杨全义出于对大局的考虑，又理性地把大家的注意力拉回到现实生活中来。满身泥土的农民们又开始挥镢扬锨挖掘起来，没有人再去为刚才的“瓦爷”发表不同的见解并为此大惊小怪。

随着镢头的劈凿、铁锨的挥舞，一个个陶制俑头、一截截残腿断臂、一堆堆俑片被装进吊筐拉上地面，抛入荒滩野地。出土的陶俑引起了村中一群少年的兴趣。他们纷纷奔向荒滩捡拾俑头，先是好奇地玩弄，接下来便将俑头立于荒滩作为假设的坏蛋，在远处用石头猛烈轰击。有聪明的孩子将俑身和俑头一起搬到自家的菜园中，在俑的手里塞上一根长杆，杆头上拴块红布，然后再找来破草帽，将陶俑打扮成一个活脱脱的看园老翁，日夜守护菜园，使麻雀不敢放肆地前来啄食返青的菜苗。

图7-1　挖出的陶俑残件

正当人们对陶俑大加戏弄、损毁丢弃或顶礼膜拜之时，村前的井下又发现了更加奇特的情形。在离地面约5米的深处，大家发现了青砖铺成的平面台基，同时还有3个残缺的弩机和无数绿色的青铜箭头。

这是地下军阵向两千年后的人类发出的最后一丝信号，兵器的出土意味着对砖瓦窑和神庙两种推想的彻底否定。可惜，这里没有人去理会最后的信息，更没人再围绕这稍纵即逝的信息去思考些什么。

让众人欣喜和激动的是，尽管没有人找到地下水，但找到了硕大的青砖和铜器。虽然一时还不能辨别是不是秦砖，但毕竟是古代的东西，多数人认为，拿回家做成枕头可以医治失眠症。于是，井下的秦砖很快被哄抢一空，进入各家的炕头、被窝。

正当大家在井里井外大肆哄抢秦砖之时，有一位青年却棋高一着。他默默伏在井下，从泥土中捡拾看上去并不显眼的青铜箭头。待捡拾完毕，他脱下身上的破褂子一包，然后直奔附近三里村的废铜烂铁收购站，以14.4元的价格将几公斤青铜箭头售出。

当这位青年摸着已经明显鼓起来的上衣口袋，叼着香烟，一步三摇，满面春风地返回时，村人才蓦然醒悟："还是这家伙有心计。"悔恨之中蜂拥于井底，却已经晚了。

绝处逢生

整个西杨村围绕着"瓦爷"的出现，沸沸扬扬热闹了一阵子之后，又归于静寂。村民们重新进入井中，抡起手中的镢头向下劈去。

此时，出现了一位改变兵马俑命运的人，历史应该记住他的名字——房树民，临潼县晏寨公社水管员。

他的工作职责是管理、调配晏寨公社的水利建设和水源利用，西杨村打井与他的工作职责发生联系。事实上，当这口井开工的第三天，他就察看过地形和工程进展的情况，并对在此处取水充满了信心。当听说井已深入地下5米多却仍不见点滴水星时，他便揣着诸多疑问来到西杨村看个究竟。

"这口井为啥还不出水，是不是打到死线上去了？"房树民找到生产队长杨培彦询问。

"不像是死线。可不知为啥，打出了好多瓦爷。"杨培彦回答。

"瓦爷？什么瓦爷？"房树民惊奇地瞪大了眼睛。

"跟真人差不多，还有好多青铜箭头、砖坯子。"杨培彦吸着纸烟，像叙述一段久远的往事，详细地介绍了打井过程中发生的一切。

房树民来到了井边。他先在四周转了一圈，捡些陶片在手里端详敲打一阵后下到井底。井壁粗糙不平，一块块陶片、碎砖嵌在泥土里，只露出很小的部位。他拿着用手抠出的半块砖来到组长杨全义的跟前："这井不能再挖下去了。"

"为啥？"杨全义吃了一惊。

“你看，这砖不是和秦始皇陵园内出土的秦砖一样吗？”此前，临潼县文化馆收集了一些从秦始皇陵园出土的秦砖。房树民与县文化馆文物干部丁耀祖是好朋友，平日常去馆里找他，时间长了，就从他那里学到了一些文物知识。

“可要这些东西也没啥大用处。”杨全义仍然不解其意地说。

房树民爬出井口，找到生产队长杨培彦：“我看这像古代的一处遗址。先让大家停工一天，我打电话让县上来人看看再说吧。”

房树民骑着自行车到临潼县文化馆，在半路上碰到了正要回家的丁耀祖。丁耀祖听完房树民说的情形，立即掉头返回文化馆向副馆长王进成做了汇报。王进成觉得此事有点意思，便又叫上管文物的干部赵康民一起去西杨村。而房树民在见到丁耀祖后，即返回西杨村召集干部去打井工地等候。

四人会合后，先是在工地上仔细察看了一遍，然后又在杨培彦带领下，到堆放井土处观看。只见几个比较完整的无头陶俑横躺在地上，王、赵二人十分震惊。1964年4月，县文化馆在秦始皇帝陵冢附近村民家里征集到一件秦代跽坐陶俑，才65厘米高，就引起了各方面的关注。这次突然出现了跟真人一样高大的陶俑，当然令人震惊。不过，这些陶俑还难以断定是不是两千多年前的秦代文物。按常规判断，若在秦始皇帝陵冢周围出土则很可能是秦代的。可是这里离陵冢有一二公里之遥，秦代陶俑放到这么远的地方似乎不大可能。

几人没有为此多伤脑筋，目前最急需的是把这些文物收拢起来，以后再慢慢研究。“这可能是极有价值的国宝，井不要再打了，赶紧把这些东西收拢起来，送往县文化馆收藏好……”副馆长王进成对杨培彦叮嘱了一番，即刻返回临潼。

第二天，赵康民又来到西杨村组织村民收捡散失的陶俑、陶片，同时又赶到三里村废品收购站，把被收购的青铜箭头、弩机作价收回。为了尽可能地挽回损失，赵康民又带领村民用借来的铁筛子，把可能带有文物的井土全部过筛，许多残砖、陶片，包括陶俑的手指、耳朵等被筛了出来。

在赵康民的指导下，村民们把这些完整的和不完整的、大大小小的文物装了满满三架子车，拉到五公里外的县文化馆。赵康民当场给了村民30元人民币以示奖励。拿到钱后的村民们十分惊讶："这三车破砖烂瓦给这么多的钱！"回到村后，这些村民把30元钱如数交到生产队，队里给每人记了5个工分，算半个劳动日。当时5个工分可换算为一角三分钱，大家都感到十分满意。

赵康民把社员送来的文物做了初步整理，觉得有必要再亲自做些考察发掘，于是，便在5月初又到打井处招来一帮村民发掘了20多天，直到村民准备夏收时才停止。这次发掘，在井的周围掘开了南北长15米、东西宽8米的大坑，发现了更多的陶俑。此后，赵康民每天待在文物修复室，对这些没头和缺胳膊少腿的陶俑及一大批残片做了清洗，并细心地进行拼对、粘接、修补。没过多久，就修复出两件比较完整的武士俑。

图7-2　修复后的兵马俑

正当赵康民躲在僻静的文物修复室潜心修复陶俑时，这年5月底，由于一位不速之客的偶然“闯入”，使这支地下大军又绝处逢生，大踏步走向当今人类的怀抱。这位不速之客就是新华社记者蔺安稳。

一个记者的推断

蔺安稳是临潼县北田乡西渭阳村人，1960年高中毕业后考入西北政法学院新闻系，1964年毕业分配到北京新华总社工作。他这次回临潼，是因为公休假，探望仍在临潼县文化馆工作的妻子以及家人。就在这次探亲中，他从妻子口中得知文化馆收藏了农民打井挖出的陶俑。有一天，闲极无聊的蔺安稳突然想起妻子所言，便径自走到文化馆文物陈列室后面一个光线暗淡的房间看个究竟。只见几个高大魁梧的陶俑身着铠甲，手臂做执兵器状，威风凛凛，气势逼人。他在身心受到强烈震撼的同时，当即断言：“这是2000年前秦代的士兵形象，为国家稀世珍宝。”

自小喝渭河水长大的蔺安稳，太熟悉自己的故乡了。周幽王戏诸侯的烽火台、杨玉环洗凝脂的贵妃池、项羽火烧阿房宫、刘邦智斗鸿门宴……无数流传民间的故事伴他度过了天真活泼的少儿时代。当他还是一名中学生时，便按照父辈讲述的故事四处寻觅遗迹，秦始皇陵那高大的土冢由此成为他嬉戏的乐园。他曾无数次从陵冢的封土上滚下，又无数次攀上去，这里留下了他童年的足迹和青春的梦。

图7–3　骊山下的秦始皇帝陵

蔺安稳之前常读《史记》《资治通鉴》等史书，对其中有关家乡的秦始皇陵修建情况及秦始皇的生平事迹更是格外注意，并熟记于心。正因为有了这样的功底，他才能对面前的陶俑做出大胆的判断。

此后，蔺安稳多次找赵康民了解发现经过，交流对陶俑的看法。又到西杨村打井工地进行实地勘察，找打井干部、社员交谈。通过一次次座谈和调查得知，当地农民过去由于打井、平整土地等生产活动，陶俑曾几次露头出土。有位70多岁的老人说，在他10岁时，他父亲也曾在这一带打井，本来已挖出了水，但不几天水就没有了，后来再向下打，发现地下有些空隙。当时他父亲在井底四壁发现过像人的“怪物”，认为是这些“怪物”在作怪，才打不出水，就把它们提上来，放在太阳底下暴晒，结果还不见井里出水。一气之下，他父亲就把它们吊起来，用棍子打个粉身碎骨……

6月24日，蔺安稳怀着兴奋、激动和忐忑不安的心情，匆匆乘火车回到北京。回到北京后，蔺安稳将武士俑的基本情况、当下问题清楚地叙述出来，撰写成报道发表在了《人民日报》的内参《情况汇编》上，报道很快引起了中央的注意，要求写出具体调查报告，迅速上报。经国务院和国家文物局批准，陕西省委迅速组成了秦始皇陵秦俑坑发掘领导小组。

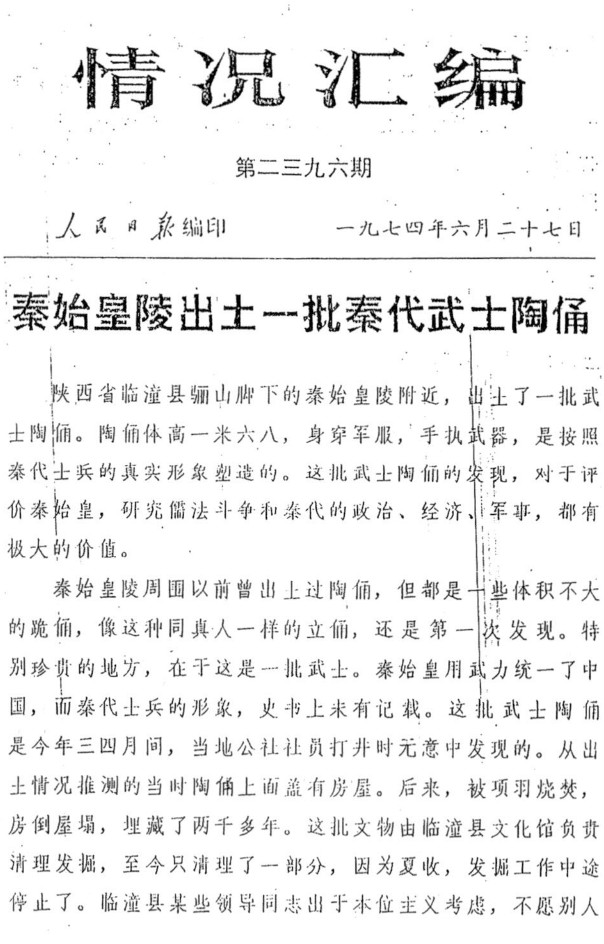

情况汇编

第二三九六期

人民日报编印　　一九七四年六月二十七日

秦始皇陵出土一批秦代武士陶俑

陕西省临潼县骊山脚下的秦始皇陵附近，出土了一批武士陶俑。陶俑体高一米六八，身穿军服，手执武器，是按照秦代士兵的真实形象塑造的。这批武士陶俑的发现，对于评价秦始皇，研究儒法斗争和秦代的政治、经济、军事，都有极大的价值。

秦始皇陵周围以前曾出土过陶俑，但都是一些体积不大的跪俑，像这种同真人一样的立俑，还是第一次发现。特别珍贵的地方，在于这是一批武士。秦始皇用武力统一了中国，而秦代士兵的形象，史书上未有记载。这批武士陶俑是今年三四月间，当地公社社员打井时无意中发现的。从出土情况推测的当时陶俑上面盖有房屋。后来，被项羽烧焚，房倒屋塌，埋藏了两千多年。这批文物由临潼县文化馆负责清理发掘，至今只清理了一部分，因为夏收，发掘工作中途停止了。临潼县某些领导同志出于本位主义考虑，不愿别人

—1—

图7-4　只有高级领导人才能看到的“内参”复印件

7月15日下午，考古队人员携带几张行军床、蚊帐等生活及发掘用具匆匆离开西安，乘一辆敞篷汽车来到西杨村，在生产队长杨培彦的安排下，于村边生产队粮库前的一棵大树下安营扎寨。

当一切安排妥当，夜幕已降临了。四周看不到一点灯火，沉寂苍凉的秦始皇陵被蒙上了一层阴森恐怖的面纱。高大的骊山在夜色中辨不分明，只有阵阵凄厉的狼嚎隐约传来，使这块土地显得更加荒蛮、更具野性。

第二天，考古人员携带工具到农民打井处实地勘察。大家站在荒芜的田野上看到当地农民挖出的那个深4.5米的方坑，从断面农耕层以下布满了红烧土、灰烬、陶片和俑的头、臂、腿。俑虽已残破不堪，但多少可以看出它的大小。如此规格的陶俑令考古学家们大为惊异。尽管此前在陕西这片黄土高原上挖过不计其数的春秋、战国、秦汉、隋唐等朝的墓葬，却从没见过如此高大的陶俑，他们内心禁不住惊叹道："奇迹，真是奇迹！"

在一番感慨惊叹之后，考古人员按照发掘程序工作起来。首先是对地形地貌进行调查。通过现场勘察，这里位于骊山北麓、秦始皇帝陵园东门的北侧，距陵园东垣外约1.5公里，地处骊山溪水和山洪暴发冲积扇的前沿。多年来，屡经山洪的冲刷和淤沙堆积，形成了 1 米多厚的沙石层，表面浮积了大大小小的河卵石，上面长满了灌木丛和当地常见的柿树、杏树等。

地理环境基本搞清后，他们又进行一系列拍照、文字记录、测量等对考古人员来说不可或缺的工作，然后开始普查。通过查找文献，走访当地群众，他们发现历代王朝编纂的史书上没有任何有关兵马俑的记载，一切故事都来自民间。

历史信息之一

明崇祯十七年（1644年），李自成在西安建国后，亲率大军东渡黄河，直扑北京。多尔衮带领数十万八旗子弟进驻山海关以东的茫茫雪原，虎视眈眈翘首西望。大明帝国已走到了它的尽头，向历史的死海沉去。

由于战火连绵，骊山脚下难民云集，西杨村顿时添了不少逃难的百姓。

依然是春旱无雨，村中仅有的一口井已无法满足众人的需求。于是，难民们便组织起来到村南的荒滩上掘井取水。

一切都极为顺利，仅三天时间，井下已冒出清澈的泉水。然而，一夜之间井水又流失得不能倒桶提取，众人见状，无不称奇。

有一青年找来绳子拴在腰上，下井查看。当井上的人们急着要得知缘由时，却意外地听到井下一声惨叫，随后再无声息传出。众人急忙把青年拉上来，只见他已口吐白沫，不省人事。大家在惊恐忙乱中将青年抬回村中，姜汤灌之。约一个时辰，青年苏醒，嗓子眼儿叽里咕噜地响着并用手比画，但就是说不清是何缘故。

一大胆的汉子纳闷之中，对青年装神弄鬼、支支吾吾的做派颇不以为然，提刀重新下井，探看究竟。因眼睛一时不能适应井底的灰暗阴森，大汉以手摸壁，四处察看，发现井壁已被水泡塌了厚厚的一层。

正在这时，只听身后“哗啦”一声响动，大汉打个寒战，急转身，见一块井壁塌陷下来，随之出现一个黑乎乎的洞口。洞口处站着一个张牙舞爪的怪物，晃荡着身子似向他扑来。

大汉本能地举刀砍去，随即向井上发出呼救。当他被拉出井口时，已面如土色，昏倒在地。

消息传开，无人再敢下井探寻。西杨村一位老秀才遍查历史典籍，终于找到了“不宜动土”的根据，谜一样的水井也随之填平。

老秀才为让后人牢记“不宜动土”的缘由，特地用“笔记”形式记载了事件详情。老秀才这“不宜动土”的理论，尽管没有让后人醒悟并停止在这里挖掘，然而这份“笔记”却成了最早有关秦始皇帝陵兵马俑信息的记录。

历史信息之二

1932年春，在秦始皇陵内城西墙基外约20米处，当地农民在掘地中，从1米多深的地下挖出一个跪坐式陶俑，此时关中正值军阀混战，狼烟四起，这个陶俑很快便下落不明。据推测，此俑很可能被后来逃往台湾的国民党军队带走了。

1948年秋，在秦始皇陵东的焦家村附近，农民又挖出两件陶俑。两俑均为坐姿，身着交襟长衣，脑后有圆形发髻。一件被临潼县文化馆收藏，另一件藏于中国历史博物馆。

尽管这三件陶俑已幸运地重新回到人间，但人们在拥抱它的同时，只是欣赏敬慕它们自身的价值而做出“是属于秦国全盛时代的伟大艺术创作”的结论，却未能做更详尽的研究。无论是一代名家郑振铎还是中国历史博物馆有研究员头衔的专家，都把那件男性跪坐俑误标为“女性”。当然，从外表看，那件俑也确实像一位腼腆的少妇。

历史信息之三

1964年9月15日，《陕西日报》一版并不显要的位置登载了一则消息：

临潼出土秦代陶俑

最近在临潼秦始皇陵附近又发现秦代陶俑一个。是在焦家村西南约150米处，今年4月，群众在整理棉花地时，距地面约1米深处发现的，为一跪式女俑。这一陶俑比解放前发现的两俑更为完整。头发、衣纹清晰可见，神态幽静大方，栩栩如生。现文物保存在临潼县文化馆内。

这是秦俑被埋葬20多个世纪以来，第一次官方文字报道，也是这地下军阵最有可能走向人类的重要信息。但随着人们好奇心的满足，这一信息很快烟消云散，缥缈于无限的宇宙了。地下这8000伏兵要走出黑暗，重见光明，还要等到10年之后。

无边俑坑与神秘人物

第三天，考古人员进入工地，围绕赵康民原来发掘的俑坑向外扩展。此时，考古人员对发掘前景并未抱很大的希望。从考古的角度来看，此处距秦始皇陵太远了，两者很难扯到一起。退一步说，即使此处是给秦始皇陪葬的俑坑，按过去考古发掘的经验，也不会有多大的规模，估计最多十天半月就可全部发掘完毕。没想到半个月发掘下来，连俑坑的边都没摸着。考古人员觉得有些不对劲，怎么还有没边的俑坑？

当俑坑开拓到400多平方米时，仍旧不见边际。考古人员大为惊讶，有人提出疑问："这是不是陪葬坑？如此规模的陪葬俑坑在世界考古史上也未曾发现过。"

"不能再继续发掘了，还是先派人探查一下再说吧。"死人唬住了活人。考古人员面对这支地下大军神秘莫测的阵容，不得不考虑重新派出侦察部队探查虚实。

发掘暂时停止，考古队将遇到的情况和心中的迷惑向领导小组做了反映，同时提出增派力量进行钻探的建议。这个建议很快得到批准。于是，8月初，又有三名考古队员来到了俑坑发掘工地。

吕不韦戟出土

经过大约半年时间，考古人员通过大面积钻探和部分解剖，终于大体弄清了俑坑的范围和内容。这是一个东西长230米，宽度62米，距地表4.5米至6.5米，共有6000个左右武士形象的陶俑组成的军阵。如此规模庞大的军阵令考古人员目瞪口呆。他们在为自己当初的设想未免有些"小家子气"而感到汗颜的同时，依然不敢相信眼前的事实。

于是，赵康民提出了一个新的见解："肯定中间夹着其他的玩意儿，世界上怎么会有这么大的俑坑？"

"也许中间没有俑。"有人提出了相似的猜测。

大家围绕俑坑中间到底有俑还是无俑的主题，展开激烈的争论。争论一时难定胜负，只有通过发掘予以验证。考古队把情况向上级业务部门汇报后，遂开始大规模发掘，并把此坑定名为秦俑一号坑。

根据考古界以往惯例，考古队在附近村庄招收一批民工协助工作。随着规模不断扩大，又从当地驻军借来百余名解放军战士参加发掘。西北大学历史系考古专业的几十名学生，在刘士莪教授率领下，也前来工地助阵。

图7-5　最早发掘的一号坑情形

图7-6　陶俑刚出土时情形

发掘进度明显加快，仅 1 个星期已揭露土层1000多平方米，陶俑出土500余件。从带有花纹的青砖和陶俑的形状可以断定，这个俑坑属于秦代遗迹无疑，但俑坑与秦始皇帝陵的关系尚难断定，因为这个俑坑距离秦始皇陵内城1.5公里多，在这样远的地方放置陶俑陪葬，在当时的考古资料里还没有发现先例。

尤其令人不能迅速作出结论的是，在秦始皇帝陵周围分布了许多秦代的大墓葬，这就让考古人员不得不对陶俑与陵墓的从属关系倍加慎重。事实上，当这个兵马俑坑全部掘开，考古界对俑坑与秦始皇帝陵的从属关系作出结论的10年之后，依旧有人提出此坑不是从属秦始皇陵，而是为秦始皇祖母宣太后或那座不远处的秦大墓（又称将军墓）陪葬的全新理论，这一理论曾引起学术界一片哗然。

要想弄清历史的真相就必须有确凿的证据，设想与推想固然有可取之处，但证据则更为重要。俑坑出土陶俑已达到了500余件，始终未见与它的主人相关的点滴记载和可靠证据。这个现象令考古人员由惊喜渐渐陷于迷惘，如果陶俑与陵墓的关系搞不清楚，那么俑坑的内涵也就难以弄清。

正在这时，一把足以揭开谜底的钥匙出现了。

在一个被打碎的陶俑身前，静静地躺着一把未见锈痕、光亮如新的青铜戟，戟头由一矛一戈联装而成，顶端戴有类似皮革的护套。戟柄通长2.88米，朽木上残留着淡淡的漆皮与彩绘，末端安有铜墩。

从外形可以断定，这是一把典型的秦代青铜戟，戟头内部鲜亮地刻着“三年相邦吕不韦造寺工口”等珍贵铭文。铜戟与铭文的出现，在提供了确定兵马俑坑为秦始皇陪葬坑的重要证据的同时，也再现了两千多年前那段风起云涌的历史，以及大秦帝国两个闪光的名字：秦始皇、吕不韦。

传奇吕不韦

约公元前260年，战国时期的韩国阳翟城里有一名富商姓吕名不韦，往来于中原各国做买卖。据史料记载，此人善于投机取巧，颇有胆识。

吕不韦靠他的聪明与胆略赢得了万贯家财的同时，苦恼也随之而来。他不时地看到那些家资巨万的阳翟大商人，一旦得罪了官府贵人，顷刻间便家破人亡，钱财也随之烟云一样散去。面对随时都可发生但又无法改变的事实，聪明的吕不韦悟出了一个道理：钱是需要依靠权势来保护的，或者说，有了权也就拥有了钱，而靠权势得钱要比辛辛苦苦、提心吊胆地做买卖更为便利和稳当。

于是，吕不韦把他在商界的才智运用于进出官府、结交权贵，暗暗物色足以改变自己身份与地位的后台老板。经过两年的奔波与努力，契机终于到来了。

一天，吕不韦在赵国邯郸结识了作为人质押在赵国的秦公子子楚，这位公子本是秦国太子安国君的儿子。因为他的母亲在安国君心中失宠，不再被重视的子楚便被羁留在赵国邯郸以做人质，此时落魄的子楚境况惨不忍睹。吕不韦在惊讶之余，以他的机智与政治敏感，立即意识到这是改变自己命运的绝好良机，决定在这个落魄公子身上下大赌注。有一天，两人在欢宴之后，他当场告诉子楚："我可以改变你这种落魄的状况。"

在这之前，吕不韦对各国权势集团做了详细研究，他知道秦国太子安国君最宠爱的是华阳夫人，而华阳夫人又偏偏无子。他正是瞅准了这个缝隙，开始了狡黠政治投机的第一步。

吕不韦先是赠给子楚大笔金钱，让他在赵国广交上层宾客，以便提高身价。然后携带金银财宝亲赴秦国做政治赌博，准备说服华阳夫人与安国君立子楚为嫡子。

华阳夫人收到以子楚名义贡奉的珍宝，深为感动。她觉得子楚是个聪明孝敬的孩子，虽在赵国吃尽了苦头，仍然念念不忘她这位非亲生的母亲。不久，她又听到宫廷大臣们开始称赞子楚，甚至有些老臣说他是立嗣的最佳人选。华阳夫人动心了。这时，她的姐姐和弟弟已被吕不韦买通，纷纷前来向华阳夫人陈述见地，使她越发明白自己虽受安国君宠爱，但毕竟没有儿子，一旦容颜衰退，必遭冷落，甚至会遭到不测。假如立子楚为嫡子，他将来必定会知恩图报，自己将永远不会失势，即使一旦失宠，仍有子楚作为依靠。

华阳夫人是个聪明又机灵的女人，她趁安国君正对她迷恋之际，劝说立子楚为嫡子。安国君的长子奚当时正由相国杜仓教导培养，按照惯例，王嗣之位已稳如泰山，可万没想到由于吕不韦的出现，形势急转直下，命运和他开了一个残酷的玩笑。

安国君没有吕不韦和华阳夫人那样精明的头脑，当然也不明白其中的圈套，他认为一切都顺理成章，答应下来倒也皆大欢喜。

于是，往日的落魄公子正式成为秦国的王太孙，吕不韦也顺理成章地成了这位王太孙的师傅。

一日，吕不韦在家中宴请子楚。两人喝得兴致正浓，只见一个美丽绝伦的舞女从帘后闪出来为他们跳舞助兴。子楚一见为之倾心。吕不韦见子楚已完全被自己这名已怀孕的爱妾所迷，便不动声色地笑笑，装出一副慷慨大度的样子："如果王太孙喜欢这名侍姬，就让她跟你去吧。"子楚喜不自禁，匆匆结束晚宴，将女人带回府中。

吕不韦的结局

若干年后，安国君死去，子楚接替安国君的位子成为庄襄王。即位后，他做的第一件事就是拜吕不韦为丞相，赐给他食邑洛阳十万户，封为文信侯。同时封华阳夫人为太后，至于自己的亲生母亲就不再顾及了。

从落魄公子到一国之君，这极大的反差使子楚忘乎所以。他几乎是狠着心纵情享乐，其结果自然是乐极生悲，一病不起，为王不足三年就一命呜呼了。国君的位子由年仅13岁的太子嬴政继承，一切政权要靠吕不韦来支撑。羽翼未丰的秦王政，尊吕不韦为相国，并称仲父，一切政事全由这位仲父操纵。吕不韦当仁不让地利用手中的权势力主秦国对外征战。在连续取得了军事上的胜利后，他自己在秦国的威望进一步提高。

吕不韦不惜心血和钱财所做的政治赌博终于取得了成功，他的梦彻底实现了。当年他送给子楚的侍姬、如今已贵为太后的女人仍然对他旧情不忘，暗中往来，以致"淫乱不止"。这一切对一个商人来说，无疑是登峰造极的杰作。

随着秦王政年龄的增长，老谋深算的吕不韦怕遭到他这个私生子的报复，惊恐之中想出一条妙计，找来一个叫嫪毐的"大阴人"作为替身推荐给太后，这位年华正盛的女人与被当作宦官送进宫中的嫪毐私通后，很是满意，对嫪毐"赏赐甚厚，事皆决于嫪毐"。后来，太后与嫪毐竟秘密生下两个儿子，为避人耳目太后诈称卜卦不宜留居咸阳，迁往雍都宫殿。

公元前238年，已23岁的秦王政按照秦国礼制在雍都蕲年宫举行加冕礼。这一礼仪意味着他亲自执政的时刻已经到来。这位始皇帝对母亲与嫪毐的丑事早有耳闻，他一旦执政，其结果可想而知。

嫪毐已察觉秦王政有除他之意，在性命难保的危急关头，决定孤注一掷，先发制人。他假借秦王御玺及太后玺发兵进攻蕲年宫，企图将刚刚加冕的秦王政置于死地。年轻气盛的秦始皇当机立断，派兵镇压，结果嫪毐兵败被诛三族，与太后生的两个儿子也被秦王政装入袋子活活摔死，风流太后本人被迁到雍都萯阳宫软禁起来。

早就对吕不韦独揽大权心怀妒恨的秦王政，借铲除嫪毐之机，毫不留情地免去了吕不韦的相国之职，并削去侯爵及一切封地，逐归洛阳。几年后，又把吕不韦贬至巴蜀。不久，又追去一道诏书：赐其自刎。

吕不韦跪对亲生儿子发来的赐死令，知道已经山穷水尽，再无机可投，不禁老泪纵横。商人毕竟是商人，尽管他可以凭借自己的聪明才智取得一时的显赫，但毕竟不具备也不可能具备真正的政治角逐本领。或许，他的悲剧性结局，从那个辉煌梦想的实施之初就已注定了。因此，他悔恨交加而心肝俱裂，一杯毒酒才喝下两口，就砰然倒地。

一连串“宫闱秽事”和内部争斗的曝光，使后来的秦始皇曾怀疑吕不韦是自己的生父，但残酷的政治斗争已使他顾不得这些儿女情长，而这种复杂的身世对他性格的变化产生了极大的影响。

秦俑一号坑中戟与铭文的出现，证实了秦始皇为王初期吕不韦曾掌控到了炙手可热的权力，也证实了秦代青铜兵器技术在这时已达到了炉火纯青的境地。更为重要的是，证实了眼前的兵马俑坑确与1.5公里外那座高大的秦始皇陵有着千丝万缕的联系。

秦世系表

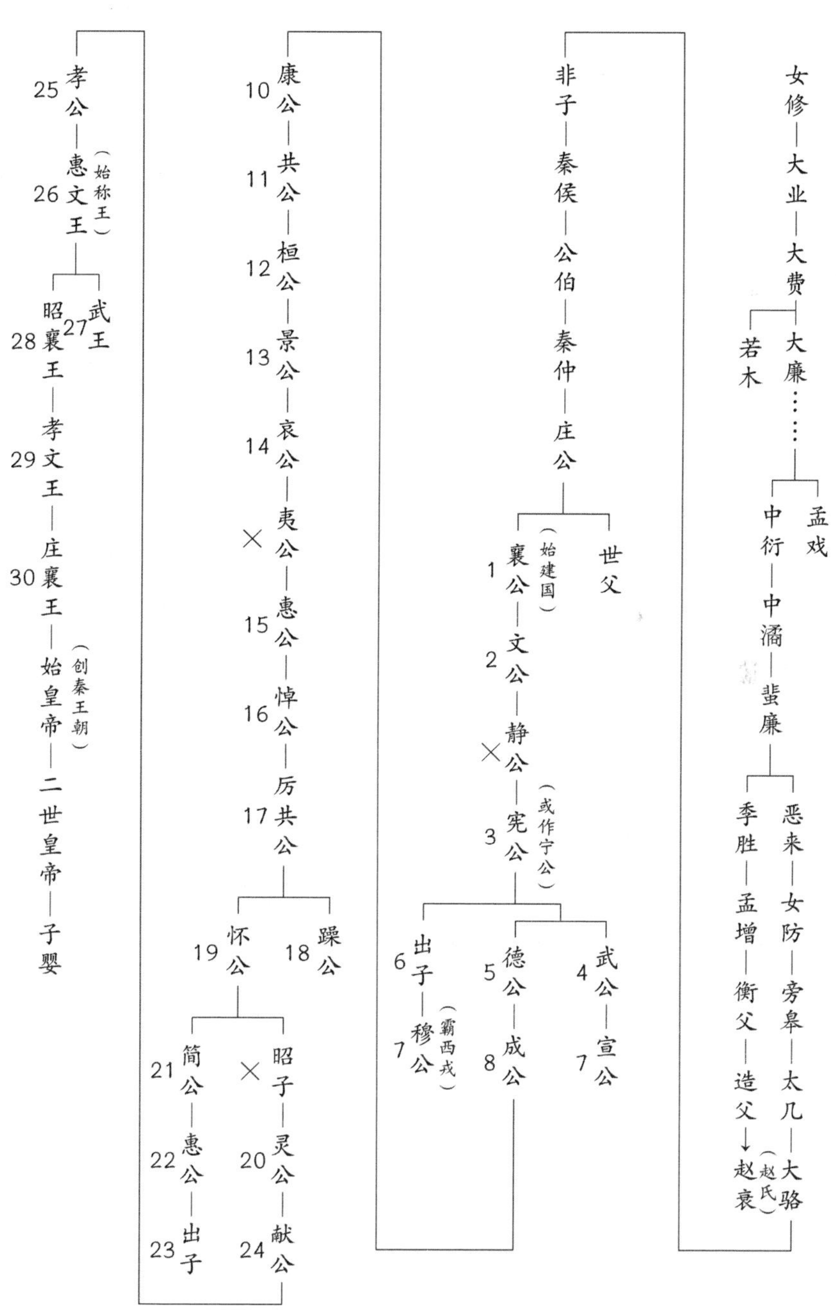

……：世代不清　→：后世族裔　×：不享国者

当然，吕不韦戈埋藏地下两千年出土的意义，绝不是让人们重温过去那段历史故事，而是透过蒙在表面的铁幕和迷雾，更加深刻地认知历史的真实，从而得到新的启迪。

例如，以吕不韦戈为代表的一系列出土文物，就完美证明了“相邦”这个历史真相。相邦，简称相，是战国时期百官至高者。战国初年，有些国家的卿大夫因掌握大权而渐渐变为有国之君，作为他们亲信的相室便成为“邦国之相”，相邦由此得名。据曾主持秦始皇兵马俑发掘的考古学家王学理研究，秦国设置相这个职位最迟是在惠王四年（公元前334年），直到秦王政十年（公元前237年）免除吕不韦相位止，相邦之称历时98年未变。

秦地遗址与墓葬，特别是秦始皇兵马俑坑出土的“相邦”兵器，为后世研究者提供了比文献记载更可靠翔实的证据——其中一个最大特点是没有避讳。如发现的十三年相邦义戈（惠文王十三年）、十四年相邦冉戈（昭襄王十四年）、三年相邦吕不韦矛（秦王政三年），以及出自秦俑坑的三年相邦吕不韦寺工戟头、四年相邦吕不韦寺工戈、五年相邦吕不韦诏吏戈、七年相邦吕不韦寺工戈、八年相邦吕不韦诏吏戈、九年相邦吕不韦蜀守戈等，都弥补了文献记载的缺遗与错误。

汉代之后几部重要的史书皆写相邦为相国，如《史记·赵世家》曰：“赵武灵王传国于少子阿，肥义为相国。”《资治通鉴》胡注引应劭曰：“相国之名始此，秦、汉因之。”又《史记·秦始皇本纪》曰：“庄襄王死，政代立为秦王……吕不韦为相，封十万户，号曰文信侯。招致宾客游士，欲以并天下。”史书改相邦为相国的原因是汉朝的开国皇帝叫刘邦，为避其名讳，儒生们便改“邦”为“国”了。秦始皇兵马俑出土的“相邦”戟，就是这一湮没史实的铁证。

荆轲刺秦王

随着俑坑的扩展和陶俑的陆续出土，考古人员的思路也随之开阔活跃起来，按照古代兵马一体的军事形制，既然有如此众多的武士俑出土，应该还有战马俑埋在坑中。可是这迟迟不肯面世的战马俑又藏在哪里呢？

地下的战马似乎听到了人们寻找自己的心声，就在青铜戟发现的第三天，它们的第一个群体面世了。

这是四匹驾车的战马，马身通高1.5米，体长2米，四马齐头并立，驾一辆木制战车。尽管战车已经朽掉，但马的神态和雄姿仍给人一种奔驰疆场、勇往直前的真实气概。

图7–7　陶马出土时情形

随着陶马与木车的出土，发掘人员再度陷于亢奋与激动之中，而使他们更加亢奋与激动的则是青铜剑的出土面世。

这是一个寒冷的下午，在坑内西南角一个残破的陶俑下，一把镀金的银白色铜剑静静地躺卧在泥土中。尽管经历了2000多年泥水侵蚀的漫长岁月，当考古人员发现时，它依旧闪烁着昔日的雄风华彩——通体光亮如新，寒气逼人。由于当时民工众多，人员混杂，考古人员未敢当众提取，而是悄悄地用土掩没。待全体人员收工后，袁仲一等考古人员才再次围拢过来，按照考古程序将铜剑提取出来。此剑长达91.3厘米、宽3.2厘米，其形制与长度为典型的秦代精良宝剑。

它的出土，无疑为研究秦代兵器的制造和防腐技术提供了极为珍贵的原始实物证据。同时，它在诱使人们重新忆起了“荆轲刺秦王”那段惊心动魄的故事的同时，也解开了这个故事留下的千古之谜。

公元前222年，强大的秦军灭掉赵国后，兵临易水，剑指燕国。燕国军臣人心惶惶，眼看国亡在即，燕太子丹为挽救危局，导演了一幕荆轲刺秦王的历史悲剧。

荆轲为报答太子丹的厚待之恩，以“风萧萧兮易水寒，壮士一去兮不复返”的慷慨悲壮之信念，离燕赴秦，去实施行刺计划。

荆轲与壮士秦武阳来到咸阳，向秦始皇贡献秦国叛将樊於期的人头和燕国地图。当他们来到宫殿前，号称13岁就因杀人而出名的副手秦武阳，被眼前威武森严的秦宫气势吓得面如土色，双腿打战，大汗淋漓。卫士将他挡在门外，无奈之中，荆轲一人手捧地图从容自若地走向大殿。当他在秦始皇面前将地图缓缓展开时，一把锋利的匕首露了出来。这是燕国太子丹花重金从赵国徐夫人手里购来并让工匠用毒药煨淬过的特殊凶器，经过试验，这把匕首只要划破人的皮肤流出血丝，无不当场毙命。

荆轲见匕首已现，再无掩饰的必要，急忙扔掉地图，冲上前去抓住秦始皇的衣袖挥臂欲刺。也就在那一刹那，秦始皇本能地从座椅上跳起来，荆轲抓住的衣袖哧的一声断为两截。秦始皇借机绕宫殿的大柱子奔逃，荆轲紧追不放，情况万分紧急。奔逃中的秦始皇下意识地伸手去抽身佩的青铜宝剑，可剑身太长，连抽三下都没能出鞘。在这非生即死的紧要关头，一个宦官大呼："王负剑！"秦始皇听到喊声，猛然醒悟，将佩剑推到身后斜抽出来。随着一道寒光闪过，荆轲的左腿被齐刷刷斩断，顿时血流如注。躺在地上的荆轲忍住伤痛，用力将匕首向秦始皇掷去，但未能刺中。秦始皇挥剑连砍荆轲数剑，荆轲绝命身亡。作为副手的秦武阳也被宫廷卫士随之剁成肉泥……

这一惊心动魄的历史事件，给后人留下了难以磨灭的印象。就当时的情形而言，如果秦武阳不是因胆怯而改面色，而是和荆轲一起去刺杀秦始皇，那么中国历史的进程将重新改写。可惜这位秦刺客没有做到，只以其自身的悲剧给后人留下了不尽的感叹和惋惜。有诗云：

卝岁徒闻有壮名，
及令为副误荆卿。
是时环柱能相副，
谁谓燕囚事不成！

随着这场悲剧的结束和岁月的流逝，人们对秦始皇所佩宝剑提出了种种疑问：为什么在绕柱奔逃时抽不出剑？负剑抽出又是怎样的一种动作？他的剑何以锋利到足以一次就将荆轲左腿斩为两截的程度？

一号坑秦代宝剑的出土，使千百年来的秦王负剑斩荆轲之谜迎刃而解。

秦剑之锋

从考古发掘中得到证实，剑作为一种兵器，起源于西北地区的游牧民族，大约在殷代之前就已开始使用，西周时传入中原一带。从长安张家坡西周墓出土的剑来看，全长仅为27厘米，并带有极大的原始性。即使是春秋时期，中原地区的铜剑也为数不多，且剑身短小，形同匕首。

这时南方的吴越之地，铜剑铸造业却发达起来。从已出土的吴王光剑、吴王夫差剑来看，都不失为天下名剑，而在江陵望山一号墓出土的越王勾践剑，其精良程度达到了当时铸剑的高峰。这柄宝剑出土时不仅未见任何铜锈，而且表面光彩照人，刀锋锐不可当，在布满菱形暗纹的剑身上，铸有“越王勾践，自作用剑”的铭文。但吴越之剑的剑身长都在60厘米以下，越王勾践剑的剑身长度也只有55.7厘米。

战国时期乃至秦代青铜剑，在吴越剑的基础上又得到进一步发展，将古代青铜剑的铸造工艺推上顶峰。秦代剑的锡含量明显比吴越铜剑多，由于含锡量的增加，可以更好地使金属组织细化，因而硬度也就相对地增强，锋利程度得到明显提高。最为不同的是，秦剑的身长已不像吴越之剑那样短小，而是大大增长，由先前不足60厘米发展到90厘米至120厘米。随着剑身增长和锋利度的提高，青铜剑作为一种武器渐渐被士兵普遍使用，并作为一种常规武器装备用以防身和作战。当然，在统治阶级内部，佩挂宝剑除防身外还有显示身份和地位的功能。

一号坑出土的青铜剑，尽管不能判断是否是秦王政当年斩荆轲之剑，但可以由此推断，他所佩宝剑的长度不下91.3厘米。以秦始皇好大喜功的性格看，他的佩剑可能比出土青铜剑更长，甚至达到120厘米。这样宽长厚重的兵器悬于腰的旁侧，当身体急剧运动时，势必造成大幅度摆动。随着秦王政身体不断扭动、前倾，佩剑就势前移，直至胸前。尽管秦王身高臂长，但也不能将1米多长的宝剑迅即脱出鞘口。

有史学家认为秦王政将剑推到背部之后才得以抽出，这显然是出于对“负”这个字的考虑，并认为“王负剑”就是从背后抽出剑。但事实并非如此，这里的“负”应是今天的“扶”字之意，只要秦王抓住剑鞘，使其恢复到身旁原来的位置，凭他手臂的长度完全可以将剑抽出鞘口。事实上，他正是这样做的。在千钧一发之际，秦王政左手后搭的片刻，剑鞘被拉入胸前，右手瞬间出剑，间不容发。寒光闪过，鲜血喷射大殿柱上，荆轲半条腿从殿宇上方呈飞舞状，“咣”地砸于台上。这一刻，历史宣布了秦王的胜利。“王负剑”之谜，则在两千年之后的兵马俑坑中得以揭开。

对秦俑坑出土的这柄青铜剑考古人员张占民曾做了一个有趣的实验。他先在桌面上放一沓纸，然后轻轻将剑从纸上划过，其结果是，一次居然可以划透19张纸，其刃之锋利可想而知。后经科学测定，此剑由铜、铅、锡三种金属构成，由于三种金属比例得当，才使秦剑坚硬锋利而又富有韧性，达到了“削铁如泥、断石如粉”的神奇境地。

而使秦剑历两千余年泥水侵蚀依然光亮如新的秘密，经研究则完全归功于剑身表面那层10微米至15微米厚的含铬化合物氧化层。化验表明，秦剑已采用了铬盐氧化处理。令人惊叹和遗憾的是，这种化学镀铬技术，随着青铜兵器退出战争舞台也随之失传了。直到20世纪30年代，才由德国人重新发明并取得专利权。尽管两千多年前的中国人，就已熟练运用这居世界领先地位的镀铬技术，却远没有德国人幸运。至于中国人是怎样将铬盐氧化物镀于秦剑之上，直到今天，这个谜也未能解开。

经过一年的发掘，一座东西长230米、南北宽62米、总面积为14260平方米的大型兵马俑坑终于被揭开，饱受了20多个世纪黑暗挤压之苦的6000余件兵马俑和数十辆战车面世了。人们在目睹了秦兵马俑神姿风采的同时，也有机会对它们的设计和创造者做进一步的考察与探索。

据司马迁《史记·秦始皇本纪》载：“始皇初即位，穿治骊山，及并天下，天下徒送诣七十余万人，穿三泉，下铜而致椁，宫观百官奇器珍怪徙臧满之。”可以看出，这位后来的始皇帝嬴政，在公元前247年他13岁登上秦国王位的同时，就开始为自己营建陵墓了。这座位于骊山脚下的陵墓，前后修建达37年，直到他死亡并葬入地宫后，陵园的工程尚未全部完成。可见工程规模之浩大，建筑之复杂与用工之多。

而作为陵墓附属建筑的兵马俑坑工程，在秦始皇帝入葬地宫后仍继续修筑，直到周章率领百万农民军攻入关中对秦朝廷构成巨大威胁时，兵马俑坑的修筑才被迫中辍，草草收场。

两千多年后，当年兵马俑坑的设计者和修筑者已不复存在，一切的悲壮和苦难也早已随风而去，留在这个世界上的，则是他们在酷烈的政治背景和生活遭际中用心血凝成的伟大的不朽之作——庞大的地下军阵。

1975年7月12日，新华社播发了秦始皇兵马俑一号坑发掘的消息。这支阵容整肃、披甲执锐的地下大军将从中国走向世界，接受整个现代人类的检阅。

二号俑坑现世

1975年，为保护秦俑，经由国务院同意，秦始皇兵马俑遗址博物馆工程建设由此拉开了序幕。

1976年春节过后，整个秦俑坑发掘工地，大家都围绕着建设博物馆而忙碌、奔波起来。与此同时，筹建处的领导人根据博物馆的规模及人员编制情况，决定在一号俑坑东北方位一片空旷区修建职工宿舍。

在文物重地建房，先要勘探地基。鉴于考古队钻探人员正在其他地方工作，筹建处便从陕西省第三建筑公司找了一名高级探工徐宝山来此处钻探。意想不到的是不几天，徐宝山便于地下发现了“五花土”，继而又探出“夯土”，当钻探到离地表 5 米深时，发现了铺地砖。每一个探工都知道，既有夯土又有铺地砖，预示着下面是一处遗址并可能会有文物。徐宝山将这一情况迅速报告了筹建处的领导人杨正卿。

当徐宝山满面红光地从杨正卿的临时办公室出来时，迎面碰上了考古队程学华和钻探小分队的丁保乾一行四人。徐宝山按捺不住心中的激动，两眼放光地对丁保乾说："俺探清了，地下有文物，5米深见砖，接下来就是你们考古队的事了。"

第二天上午，筹建处领导人杨正卿找到程学华，请他率人到徐宝山钻探的地方复探。一个上午下来，证实徐宝山提供的情况不虚。这一发现，真是大出人们的意料。考古队钻探人员为找新的俑坑，曾苦苦探寻了百余天而未果，想不到就在离一号坑东端北侧约20米的地方，居然还深藏着一个俑坑，埋伏着一批兵马。真可谓"踏破铁鞋无觅处，得来全不费工夫"。

这一天是1976年4月23日，考古人员将这个俑坑编为二号坑。

划时代的强弓劲弩

为弄清二号坑的形制和范围，在得到国家文物局批准后，1976年4月，考古队对二号兵马俑坑进行了试掘。发现这是一个完全不同于一号俑坑近似曲尺形的地下建筑，长96米、宽84米、深约5米，总面积为6000平方米，约相当于一号俑坑的二分之一，其结构明显地分为左右两大部分。右侧近似一个正方形，属于坑道式建筑。面开8间，前后有回廊，东西两端各留两条斜坡门道。左侧近似一个长方形，亦为坑道式建筑，同样分为前后两部分，前半部略呈正方形，面开6间，前后回廊贯通。在东西两壁和北壁，各留两条斜坡门道。

根据钻探和试掘的情况可知，坑内埋藏木质战车89乘，陶俑、陶马2000余件，青铜兵器数万件。从整体推断，这是一个由弩兵、轻车兵、车兵、骑兵四个不同兵种组成的大型军阵。

这个军阵与一号坑军阵的不同之处，首先是在最前方的一角排列着弓弩手组成的小型方阵。秦代弓箭手有轻装与重装之分，轻装弓箭手称作“引强”，重装弓箭手称作“蹶（chě）张”。这是以引弓的不同方式命名的。引强是指用手臂张弓，蹶张则是用足踏张弓的强劲弩手。秦俑二号坑以334名弓弩手编成了一个独立的小方阵。

关于弓箭手的作用和在战争中发挥的威力，历代兵家均有论述，100年前恩格斯在论述古代战争时曾特别指出：“军队的力量在于它的步兵，特别在于它的弓箭手。”二号坑出土的弓弩方阵部队以及精良的装备，充分显示了弓弩在古代战争中的特殊作用。

当历史进展到秦代，弓弩手已成为一支完整而相对独立的兵种，在战术上与车兵、骑兵密切地配合。从文献中可以看出，作为秦代的弓弩手，必须是年轻健壮的“材力武猛者”，经过至少两年的培训才可作为射手初入军阵。

图7-8　跪射俑

图7-9　跪射俑持弓姿势

图7-10　弓箭手阵前姿势

图7-11　二号坑出土的立姿弓箭手陶俑

二号坑弓弩手的形象，正是这些“材力武猛者”的生动写照。立姿射手体形匀称，身材高大，均在1.80米以上，面部表情透露出青壮年特有的坚毅与刚强。而那阵容严谨、姿态整齐的跪姿射手，身着战袍，外披铠甲，身体和手臂向左方倾斜，二目向左前方平视，两手在身的右侧持弓搭箭，背部置有上下两个对称的负矢陶环，每个陶环装置铜镞多达100支，其负矢之多，比起当初魏国武卒“负矢五十”的数量，多了一倍。由于射手面容和衣褶纹的不同，使这个特殊的军阵在整齐严谨中又充满了鲜活的个性，尤其射手头部那向左或向右绾起的高高发髻，髻根均用朱红色丝带系扎，有的飘于肩下，有的似被风吹动向上翻卷，显得英武神俊，潇洒自如。

特别值得注意的是，这个特殊的方阵四周均是持强弩的立姿射手，方阵的中心则为持弓的跪姿射手。这种并非偶然的列阵方法，明显地告诉世人战争中的程序和步骤。当敌人接近时，立姿射手先发强弩，继之跪姿射手再发弓箭。一起一伏，迭次交换，从而保证矢注不绝，使敌人不得前来而毙于矢下。跪射俑左腿支起，右腿下跪，左膝朝上，右膝着地，是古代军事中善射之法的充分写照。这种善射方法，在保持身体平稳、准确击中目标的作用中，具有极为科学的依据。两千多年后的人民解放军在应用小口径半自动步枪无依托射击中，所采用的跪姿，与秦俑弓箭手的动作完全相同。

和弓箭手处于同等地位，并密切配合的是弩机手。弩是一种源于弓，而不同于弓的远射武器，“言其声势威响如怒，故以名其弩也”。汉代人认为，弩是黄帝发明的，《吴越春秋》则把弩的创始人，说成楚人琴氏。从历史资料来看，青铜弩机在战国时期，才大规模地登上战争舞台。《战国策》曾有“天下之强弓劲弩，皆自韩出。溪子、少府、时力、距来者，皆射六百步之外”的记载。

关于强弩最初大规模应用于战场的记载，当为公元前341年，魏国的大将庞涓与齐国军事家孙膑大战马陵道的战役。孙膑制敌的绝招就是强弩齐发，箭如飞蝗般向庞涓射击。不但导致赫赫有名的将军庞涓顷刻毙命，其所率大军除战死外全部被俘。劲弩作为一种新型的兵器，在战争中发挥了巨大威力。

随着历史的进展，这种曾在古代战争中发挥了强大威力的劲弩，渐渐从兵器家族中消失。后人只能从文字记载中感知它的形貌，而对于弩的真实状况和应用方法已全然不知。

二号坑强弩之阵

二号坑近百架强弩的出土，无疑为后人对这种古代兵器的认识和研究，提供了一个有力的佐证。马陵之役，在首次显示了弩这一新式武器的威力的同时，也反映出当时齐国军队已广泛使用弩的事实。当时远在西部的秦军，对这种新式武器所发挥的强大作用自然深知，必然加以借鉴和应用。于是，在他们后来的战术中，有了“强弩在前，锬（tán）戈在后”的最新式的排列方法，这种战术排列，在二号俑坑中得到了鲜明的体现。

当然，作为一种在战争中足以发挥重要作用的弩，它自身的改进与发展随着战争的不断延续，变得越发精良和实用。秦俑坑出土的弩，有许多与史书记载不同，并且形制多样。秦俑二号坑发掘出一种形制极为特殊的劲弩，在长64厘米的弩臂上重叠了一根木条，还夹有青铜饰件，显然这些装置都是为了增强弩臂的承受强度，从而可以推断它是一种张力更强、射程更远的弩。

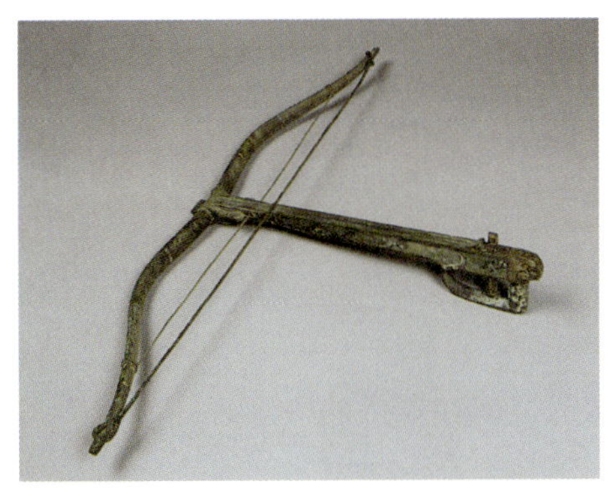

图7-12　秦俑坑出土的青铜弩

图7-13　秦俑坑出土的青铜箭镞

这种推断，除弩有不同形制外，从其所配制的特大型号的铜镞也可得到验证。这些历经千年而不朽的铜镞，每支重量达100克，较其他铜镞长一倍有余。这是古代兵器史上发现的型号最大的铜镞。可以想象，这种特殊的强弩配以硕长沉重的铜镞，必然会产生一种其他劲弩所不能匹敌的巨大杀伤威力。当然，这种弩机与铜镞的出土，尚不能代表秦代弩兵器的最高水平。从史料中可以得知，秦代高水平的劲弩似乎比这更为先进和更具有杀伤力。具体事例如下：

公元前210年，秦始皇最后一次出巡。当他来到琅琊时，受方士徐福所骗，亲备连弩，乘船下海捕捉巨鱼。船行至芝罘半岛海域，果有一条大鱼搏浪而来，始皇帝和身边卫士拉动连弩，将巨鱼射死在海中。

在这场人鱼搏斗中，秦始皇帝和卫队到底使用了怎样的一种具有如此强大杀伤力的连弩？《史记》中记载的秦始皇陵墓道上曾装置自动发射的“暗弩”，又是怎样的一种新型武器装备？这些至今仍是不解之谜。

纵观世界兵器发展史，最早将弩装备正规军并使之在战场上发挥重要作用的国家无疑是中国。当历史进展到中世纪时，西欧诸国尚未制造出连弩这种具有强大杀伤力的兵器。

尽管二号坑的弓弩方阵处于一个特殊的地位并形成一个独立的军阵，但这种独立只是相对的，它是整个二号俑坑军阵的一部分。这一部分和其他的兵种相连，呈唇齿之势。

在弓弩方阵的右侧便是一个庞大的战车军阵。它纵为8列，横为8排，战车共计64乘。每乘战车上有甲俑3件，御手居中，车左、车右居两侧。御手身高1.9米以上，双足立于踏板，两臂向前平举，双手半握，拳心相向，做握辔状，食指与中指留有空隙，以便辔索通过，在拇指的内侧有一半圆形陶环，似为勒辔时拇指的护套。三俑均身穿战袍，外披铠甲，披膊长及腕部，手上罩有护手甲，颈围方形盆领，胫着护腿外套，足蹬方口齐头履，头顶右侧梳髻，潇洒飘逸，双目炯炯前视，全身的装束显示了秦兵在阵战中，凶悍威武的旷世雄威。

秦始皇兵马俑坑排列的兵阵，既有古代兵书所说的“鱼丽之阵”[1]的车、步协同的宽大界面，又突破了在二线或三线的兵力配置，从而出现了强大的纵深，形成了“本甲[2]不断”的雄壮气势。

1 古代将步卒队形环绕战车进行疏散配置的一种阵法，能够在车战中尽量发挥步兵的作用，即先以车战冲阵，步兵环绕战车疏散队形，可以弥补战车的缝隙，有效杀伤敌人。
2 主力部队。

由于步兵和骑兵跻身于战场并日益显示出强大的优越性，才使中国古代那动辄千百乘、大排面密集的车阵战，在中华大地上叱咤风云地度过了十多个世纪之后，不得不渐渐退出历史舞台，消逝在战场上。而另一种新锐部队——骑兵，开始大规模地驰骋疆场，并迎来了它的黄金时代。

当战车自战国时代，渐渐退出战争舞台之后，代之而来的则是骑兵在战场上扮演重要的角色，这一角色，直到近代的第二次世界大战才逐渐告退。如果追溯中国古代骑兵何时登上战争舞台，自然以公元前3世纪赵武灵王"胡服骑射"的改革为标志。但通过考古资料可以发现，在殷代甲骨文中已经出现了记载骑兵作战的事例，可惜那时的骑兵并不普遍，只局限于西北地区的游牧民族，况且战争的规模比之战国时期要小得多，不足以称为真正意义上的战争。因为在战国之前一千多年的时间里，毕竟是战车统治疆场的时代，况且随后它又陪伴车兵同步度过了一百多个春秋。

骑兵的演变

赵武灵王的"胡服骑射"已被公认为中国产生骑兵的标志，但它显然处于中国骑兵史上的"童年时期"，之所以说是童年时期，是因为除在战争中的作用不甚明显外，一个显著的标志是没有马鞍和马镫，武士们只是骑着一匹匹裸马在作战。到春秋时代中期，秦国的骑兵才作为一支能够独立作战的兵种崭露头角。当然，因时代条件的局限，同样发挥不了太明显的作用。直至秦始皇歼灭六国的统一战争中，骑兵数量急剧增多，其战斗力也明显加强，但在车战仍充当着主力、步兵已承担起重要角色的情况下，无论从战略上还是具体指挥艺术上，骑兵还只能暂时作为一种配合性兵种来发挥它的作用，其性质依然属于一支机动力量。因此，在兵力的布置和指挥上，还是按照以车为正、以骑为奇的战术来适应战场的需要。当需要骑兵搏杀时，仍然遵循“用骑以出奇，取其神速”的战术原则，以便在运动中消灭敌人。

当秦王朝建立后，军事重心转移到国防，接敌对象由原来的山东六国变为北攻胡貉、南攻扬越。对付强悍的匈奴骑兵，没有一支训练有素、强健精锐的骑兵是难以与其角逐的。所以，这时的秦军加强了骑兵部队的建设并大规模用于军事行动，出现了大将军蒙恬率军击败匈奴骑兵，使之远退漠北，十余年不敢南下的战争胜局。特别是秦50万大军进军岭南，长途驰驱，当然更少不了骑兵的配合。此时的秦骑兵已作为一支举足轻重的军事力量纵横驰骋在各地战场上。遗憾的是，古代骑兵的装饰、布局及军阵的风采随着岁月的流逝而失落于茫茫烟尘之中，纵使后人绞尽脑汁，也无法从根本上领会它的真正内蕴和叱咤风云的壮观雄姿。秦俑二号坑骑兵俑的出土，为后人无声地打开了一扇神秘的窗户，2000多年前骑兵军阵的一切再度呈现在世人的面前。

图7–14　牵马骑兵俑

二号坑的骑兵俑群位于模拟营垒的左部，占有3个过洞，并呈现纵深的长方形小营。小营中的每一骑士牵一战马入编定位，行列整齐，纵向12列，横向9排，共计108骑。另外，在车兵、步兵混宿小营的3个过洞里尚有8骑殿后，整个俑坑的骑兵总数为116骑。

骑兵俑的装束与步兵、车兵俑有着明显的不同。它头戴圆形小帽，帽子两侧带扣紧系在领下。身着紧袖、交领右衽双襟掩于胸前的上衣，下穿紧口连裆长裤，足蹬短靴，身披短小的铠甲，肩无披膊装束，手无护甲遮掩。衣服紧身轻巧，铠甲简单明快。这一切完全是从骑兵的战术特点考虑和设计的。由于骑兵战术所显示的是一种迅猛、突然、出其不意的特殊杀伤功能，这就要求骑士行动敏捷、机智果断。假如骑士身穿重铠或古代那种宽大的长袍，则显然违背了骑兵战术的特点。事实上，也只有穿着这种贴身紧袖、交领右衽的胡服才更能自由地抬足跨马，挎弓射箭，驰骋疆场。

从另一角度观察，秦俑坑的骑兵军阵，完全是模拟现实的艺术再现，每个骑兵的身高都在1.80米以上。从体形的修长匀称、神态的机敏灵活，以及身材和面部显示的年龄特点，完全符合兵书所言："选骑士之法，取年四十以下，七尺五寸以上，壮健捷疾，趋绝伦"的要求。那些站立战马身旁，抬头挺胸，目视前方，一手牵缰、一手提弓的骑士陶俑，其真实传神的造型姿态，成功地突出了秦代骑兵待命出击、健壮捷疾的精神风貌。

兵马俑发现之前，有研究者认为，古代骑兵使用马鞍当是在西汉时期，此前尚无先例。秦俑坑陶马的出土，对这种理论做了彻底的否定。每个陶马的背上都雕有鞍鞯，鞍的两端微微翘起，鞍面上雕有鞍钉，使皮质革套固定在鞍面。同时鞯的周围缀有流苏和短带，鞍后有鞦，下有肚带，遗憾的是未配马镫。这些实物的出现，完全可以证明早在秦代甚至战国后期骑兵就已使用了马鞍。一个简单的马鞍的使用，当是一件了不起的大事。它使骑兵的双手进一步获得解放，更加有效地发挥和增强了战斗能力。

二号坑发现的骑兵军阵，置于整个大型军阵的左侧，这种排列特点，使我们进一步认清了它在战争中所发挥的正是其他兵种所不具备的“迅猛”迎敌的战术特长。

当然，骑兵在战场上取胜绝不是靠单骑的速度，而是凭着一个有组织的队形，否则，有如个人在体育场上的竞技一样，只能赢得一时的喝彩，而对一场战斗来说却是毫无意义的。著名的兵书《六韬》在说到骑兵作战时，往往把车骑并提，这显然是早期骑兵尚未独立的一大特点。而在《均兵》中，关于骑兵的作战能力，太公望认为，如果对车骑运用不当，就会“一骑不能当步卒一人”。但是，列阵配备合适，又是在险阻地形上，也能“一骑当步卒四人”。由此可以看出，兵法家在这里明确地揭示了队形和地形是骑战威力所在的两大因素。车骑作为军中的“武兵”，如果安排得当，就能收到“十骑服百人，百骑走千人”的战争艺术效果。

秦俑二号坑的骑兵俑群，向后人提供的是一个宿营待发、配合车兵和步兵待战的实例。若从整体观察，就不难发现这样一个事实，即在兵力配置上，骑兵俑群僻处一隅，其数量也远远地少于车、步俑之数。结合文献记载可以说明，此时的秦骑兵虽已是一支雄壮强盛的独立兵种，但毕竟还没有取代车、步兵而成为作战的主力。尽管如此，在统一战争的交响乐中，却是一支最强音。因为骑兵行动轻捷灵活，能散能集，能离能合，若远距离作战，可以快速奔驰，百里为期，千里而赴。不仅可以达到短时间内长途奇袭，使敌防不胜防的战争奇效，还可迅速转换作战方式，成为兵书中共誉的“离合之兵”。具有悠久的养马史的秦国，在骑兵的运用上自然优胜于山东六国。其高度的机动性和强大的冲击力，都是其他国家的其他兵种所无法匹敌的。

马镫成为限制骑兵发展的关键

当然，历史的长河流淌到秦代之时，骑兵虽已初露锋芒，但迟迟没有成为战场主力，造成这种状况的原因固然很多，但有一点是不可否定的，这便是在骑兵的改革进程中很小又极为重要的一个部件——马镫的产生和利用。

从秦俑二号坑的骑兵俑来看，骑兵们不但既无马镫，连踏镫也没有，由此可以断定骑兵在上马时是双手按住马背跳跃上去的。上马后的骑兵抓紧缰索，贴附马背以防颠落。由于没有马镫，在奔驰特别是作战时，就不能靠小腿夹紧马腹来控制坐骑，更谈不上腾出双手来全力挥动武器与敌搏杀，攻击力与灵活性都大受限制。在这种情形下，就注定了不能使用长柄兵器更有效地杀伤敌人，这是一个时代局限和遗憾。

那么，作为极具重要性的小小马镫是何时产生的这一问题，不同国家的学者有不同的看法。英国著名的中国科技史专家李约瑟对中国发明的马镫给予高度评价，他说："关于脚镫曾有过很多热烈的讨论，原先人们似乎有很充分的证据表明这一发明属于西徐亚人、立陶宛人，特别是阿瓦尔人，但最近的分析研究，表明占优势的是中国……直到8世纪初期在西方（或拜占庭）才出现脚镫，但是它们在那里的社会影响是非常特殊的。林恩·怀特说：'只有极少的发明像脚镫这样简单，却在历史上产生了如此巨大的催化影响。'因而我们可以这样说，就像中国的火药在封建主义的最后阶段帮助摧毁了欧洲封建制度一样，中国的脚镫在最初帮助了欧洲封建制度的建立。"

或许李约瑟的这个评价是有道理的。传说中的中国最早的马镫是受登山时使用的绳环的启发，但是绳环不适于骑马，因为如果骑士从奔跑中的马上摔下来，脚就会被绳环套住，飞奔的马会把人拖伤。于是古人就对绳环加以改进，用铜或铁打制成两个吊环形的脚镫的雏形，悬挂在马鞍两边，这就是马镫。从考古发现来看，长沙出土的西晋永宁二年（公元302年）陶骑俑的马鞍左侧吊有一镫，于是被多数学者认为是中国最早的马镫。但因为只有一只，有的学者便认为不是马镫，而很可能是上马时的踏镫。

1965年至1970年，南京市文物保管委员会在南京象山发掘了东晋琅琊王氏族墓群，在7号墓中出土了一件装双镫的陶马俑，墓葬年代为东晋永昌元年（公元322年）或稍后。这件陶马的双镫是已知马镫的较早实例。

1965年在辽宁北票西官营子发掘了北燕冯素弗墓。北燕是公元4世纪初迁到辽西的汉族统治者冯氏在前燕、后燕基础上建立的鲜卑族国家，冯素弗是北燕王冯跋的弟弟。这是一座时代明确的北燕墓葬。墓中出土一副马镫，形状近似三角形，角部浑圆，在木心外面包镶着鎏金的铜片。

此外在敦煌石窟壁画中有不少马镫的形象资料。其中最早绘出马镫的是北周557—580年所绘的第290窟，该窟窟顶绘有规模宏大、构图复杂、内容丰富的《佛传故事》，在画面中有三处出现了备鞍的马，鞍上均画了马镫。在该窟的《驯马》画面中，马鞍上也画了马镫。从已发掘清理的山西太原北齐娄睿墓壁画中，可以清楚地看出马镫、马鞍与人三者之间的关系变化情形。该墓墓道绘有出行与回归图，图内绘有许多鞍马人物，其中马、镫、人三者关系表现极为充分。画中的马，或悠然前行，或奔驰如飞，有的做勃然跃起状，骑乘者靠脚下所踏的马镫保持身体平衡。据考证，娄睿墓的时代为北朝晚期（570年左右），足见当时中国不同地区的人们已经熟练地使用马镫了。

马镫发明以后，很快就由中国传到朝鲜，在5世纪的朝鲜古墓中已经有了马镫的绘画。至于流传到西方的马镫，首先由中国传到土耳其，然后传到古罗马帝国，最后传播到欧洲各地。

如此看来，一个小小的马镫，在产生骑兵之后的近千年才被发明创造出来，也真令后人有些不可思议了。不过在西汉茂陵大将军霍去病墓前有一石牛，牛背上也有一个镫的雏形，这个镫的雏形又给了研究者一个新的启示。难道在西汉有骑牛的习惯？如果有这个习惯并有镫产生，对骑兵达到鼎盛时期的西汉军队来说，不也是一个极重要的启示吗？那牛镫不正是马镫的另一种安排吗？如果看一下汉代骑兵的强大阵容和赫赫功绩，就不难推断出，在那个时代产生马镫或产生了马镫的雏形并用于战场上的骑兵部队是极有可能的。

秦末汉初之际，中原战火频仍，这个状况正好给了远在北方的匈奴一个扩充自己骑兵部队的机会，几年的时间，其骑兵总数便达到了30余万。渐已强大的匈奴趁汉朝立国未稳之时，大举进兵南侵，并很快占据河套及北方的伊克昭盟地区。匈奴铁骑势如破竹，于汉高祖七年（公元前200年），单于冒顿率部攻下马邑，并把刘邦亲率的32万汉兵围困于平城（今山西大同市东）的白登山七天七夜，致使汉高祖刘邦险些丧命。平城之战，使西汉统治者强烈意识到：要战胜匈奴骑兵，只靠步兵是远远不够的，必须建立强大的骑兵。基于这样一种明智的思考和选择，自汉文帝起，就开始正式设立马政，加强全国的养马事业，并很快收到成效。汉文帝前元三年（公元前177年），匈奴大举进入中原北部上郡一带掠夺财物，汉朝廷命丞相灌婴率8.5万骑兵进击匈奴，取得了初步胜利。到了汉文帝前元十四年（公元前166年），匈奴单于率14万骑兵进入中原西北部的朝那、肖关一带，文帝以中尉周舍、郎中令周武为将军，发车千乘、骑兵10万，驻守长安一侧，“以备胡寇”。与此同时，还封卢卿为上郡将军、魏仁为北地将军、周灶为陇西将军、张相为大将军、董赤为将军，以车兵和骑兵大举反击匈奴，迫使匈奴再度退出中原属地和西北边地。

当汉朝到了武帝之时（公元前140年—公元前87年），骑兵部队迎来了它的鼎盛时期，并承担了抗击匈奴的历史使命，独立的骑兵战术理论体系就此形成，不但在秦汉而且在中国千年长河的骑兵史上写下了光辉的一页。

发现三号坑

秦始皇兵马俑坑发掘工地，自确定建立博物馆之后，逐渐形成了三支不同的队伍——建馆、发掘、钻探。一切都在紧张的进行中。

因二号坑的意外发现，考古钻探人员越发变得小心谨慎，同时也更富经验。他们在一号、二号坑之间和四周展开地毯式密探，每隔一米打一个探眼，终于在发现二号坑18天后——1976年5月11日，于一号兵马俑坑西北侧25米处，又探出三号兵马俑坑，这一发现无疑又是一个极大的喜讯。

1977年3月，考古人员对三号兵马俑坑做了小型的试掘，发现是一个形制和内容完全不同于一、二号坑的奇特的地下营帐。遂小心翼翼地按照它原有的遗迹脉络进行发掘。当它的庐山真面目完全显现后，人们才发现，这是一个奇异的俑坑，整个建筑面积仅为300平方米，尚不到一号坑的1/20。但它的建筑形制特殊，坑内结构奇特，令考古人员一时难以作出确切的结论。

图7–15　三号兵马俑坑全景

从总体上看，一号俑坑平面呈长方形，二号俑坑平面呈曲尺形，唯有三号俑坑平面，属于一个不规则的凹字形。它的东边为一条长11.2米、宽3.7米的斜坡门道，与门道相对应的为一车马房，两侧各有一东西向厢房，即南厢房与北厢房。

遗憾的是，坑中陶俑的保存情况远不及一、二号坑。由此，考古人员推断三号俑坑曾遭受过比一、二号俑坑更加严重的洗劫。然而，令人不解的是，三号俑坑的建筑未遭火烧，而是属于木质建筑腐朽后的自然塌陷。这种奇特的现象又成为一个待解之谜。

随着发掘的不断进展，一个古代军阵指挥部的形貌出现在世人的面前。三号俑坑作为古代军阵指挥部完整的实物形象资料，是世界考古史上独一无二的发现。它的建筑布局、车马特点、陶俑排列、兵器配备，都是人们重新认识和研究古代战争以及出征仪式等方面难得的珍贵资料。

自1974年3月西杨村农民发现第一块陶片到1977年10月，秦始皇陵兵马俑坑的8000地下大军，以磅礴的气势和威武的阵容，接受了当今人类的检阅。它的出现，如同一轮初升的太阳，使沉浸在漫漫长夜的东方古老帝国的神秘历史，再度灿烂辉煌。

综观三个兵马俑坑，不仅在建筑形制上完全不同，而且在陶俑的排列组合、兵器分布和使用方法上也各有特色。

一、二号俑坑的陶俑都按作战队形作相应的排列，而三号俑坑出土的武士俑则呈相向而立的形式出现，采取了夹道式的排列。无论是南北厢房还是正厅，武士的排列方式均为两两相对，目不斜视，呈禁卫状。

图7–16　一号坑兵马俑军阵

一号俑坑的武士俑，有的身穿战袍，有的身披铠甲，有的头梳编髻，也有的将发髻高高绾起，而三号俑坑的武士，均身披重铠，头梳编髻。其陶俑造型魁梧强悍，面部神态机智灵活，充分显示了古代卫士特有的性格和威武机智的精神风貌。

当然，三号俑坑最显著的特点当是兵器的不同。一、二号坑有大量的戈、矛、戟、剑、弯刀之类的兵器，而三号俑坑只发现一种在古代战争中，很少见的无刃兵器——殳（shū）。这种兵器的首部为多角尖锥状，呈管状的殳身套接在木柄上，它只能近距离杀伤敌人或作为仪仗，显然不是应用于大规模厮杀的兵器。从大批殳的出土和武士俑的手形分析，三号俑坑的卫士无疑都是手执这类兵器而面对面站立的。

显然，一、二、三号兵马俑坑及其内容的排列组合，绝不是无意识或无目的的安置和布置，而是一个经过深思熟虑、奥妙无穷的实战车阵的模拟，是一幅完整的古代陈兵图。

一号俑坑和二号俑坑模拟的是两个实战的军阵，三号俑坑实乃军队的最高指挥部，三个俑坑是一个密不可分的军事集团。

秦俑坑军阵布局和兵种的排列，隐现着一种随战场情况变化，军阵和兵种配置也随之变化的迹象。执弩的前锋射击后，可随即分开居于两侧，给后面的主力让路。骑兵则根据不同的敌情，以迅疾的速度冲出军阵和步兵主力形成掎角夹击敌人。这种战术上的变化，在春秋中期的车战中就已开始出现，到战国时期，随着步兵与骑兵的兴起，这种以夹击为队形的阵法渐趋成熟。春秋时期大排面的车阵战已被这种追击、包围、正面进攻的战略战术所替代，兵法中所云的“雁行之阵”由此形成。

秦俑坑布置军阵，无疑是已趋成熟的“雁行之阵”的再现。当战争一经开始，阵前的弓弩手先开弓放矢，以发挥其穿坚摧锐的威力。一号坑的步兵主力乘机向前推进，二号坑的骑兵与车兵避开敌军正面，以迅猛的特长袭击敌军侧翼。一号坑步兵主力在接敌的同时将队形散开，和车骑兵种共同将敌包围，致使敌军呈困兽之状，从而达到歼灭的目的。这种战术，正如孙子所言：“凡战者，以正合，以骑胜，故善出奇者，无穷如天地，不竭于江河。”

一号俑坑是以传统的车兵与密集的步兵组成的庞大军阵，兵力部署相当于二号俑坑兵力的3倍，而二号俑坑则是由弩兵、骑兵、车兵组成的军阵，当二号俑坑的兵车、战马以“取锐”“迅疾”的快速进攻战术冲入敌阵时，一号坑的大军则“无穷如天地，不竭如江河”，与敌军正面交锋。这种布阵方法，可谓大阵套小阵，大营包小营，阵中有阵，营中有营，互相勾连，又有各自摧锐致师的性能和目标。

曲阵的神奇变化，迅疾勇猛；方阵的高深莫测，雄壮威武，使这个雁行之势，攻无不克，战无不胜，所向无敌。秦王政利用这样一支所向披靡的大军和划时代的军事战略、战术思想，以气吞日月之势，血荡中原，席卷天下，终成千古一帝，开创了二千年弗未改的大一统政治局面。

秦王扫六合

当历史进入公元前475年前后，中国大地上继春秋时期之后的大变革时期再度来临。

在喜马拉雅山东部和天山、阴山、大青山区域的千里大漠上，烽烟不断，厮杀连年。凄凄大漠深处，匈奴、东胡、月氏族展开了争夺区域霸主的拼杀。战马的嘶鸣伴着劲风吹起的狂沙烟尘，在箭雨刀光的浪涛中起伏跌宕，滚滚前涌。

黄河、长江两大流域的广袤土地上，经过春秋时期（公元前770年—公元前476年）旷日持久的争霸战争，诸侯国数量大大减少。历史的河流进入公元前453年，韩、赵、魏推翻智氏，三家分晋，奠定了战国七雄的格局。此后一个相当长的历史时期，强盛的齐、楚、燕、韩、赵、魏、秦七家雄主，为争夺霸权而拼杀搏击，逐鹿中原。黄色烟尘遮掩下，到处大军云集，鼓号震天，车骑交错，戈矛并举，刀剑进击，战马嘶鸣。其战争之频繁，规模之巨大，兵车之众多，远非西方战场所能比。而交战双方投入军队的数量，随着战争的发展急剧增多，几乎每一次战场交锋的人数，都有数十万之众。战争的方式由较原始的车战、阵战的直接对抗逐渐演变为以步、骑、弩兵为主的野战和赋予多种变化艺术的包围战。著名的秦赵“长平之役”，两军从公元前262年一直拼杀到公元前260年，结果是赵国40万降卒被坑杀，秦国军队也伤亡过半。无数将士惨死沙场，流淌的热血荡涤着中原。

历史的动荡急需一位铁腕人物站出来，用超人的智慧和强大的武力完成统一。秦始皇正是在这历史潮流的发展中挺身而出，“奋六世之余烈，振长策御宇内”，以叱咤风云的盖世雄威，席卷天下，荡平六国，完成了历史赋予他的伟大使命。

公元前237年，秦始皇亲政并以他的机智与果敢粉碎了吕不韦和嫪毐集团，稍试锋芒后，便开始实现吞并六国、统一天下的雄心壮志。

这一年，呈现在秦始皇面前的是两种针锋相对的战略主张：一是吕不韦之后继任丞相的李斯提出的“先取韩”的战略；另一种是大思想家韩非提出的“举赵、亡韩、臣楚魏、亲齐燕”的战略。李斯的主张体现了先弱后强的作战方针，而韩非的主张则体现了先强后弱、远交近攻的战略部署。

李斯与韩非虽系同学，一旦发生关系到自己前途命运的利害冲突时，两人由相知、相亲变为相互残杀便无法避免。既然冲突已经出现，残杀也成必然。李斯联合重臣姚贾先发制人，在秦始皇面前分析了韩非的战略方针，无非是“存韩”和“谋弱秦”。按照李斯的说法和观点，韩非是韩国的宗室贵族，人虽在秦，其心向韩，故不让举伐韩国而攻赵，不如及早杀韩非以绝后患。秦始皇为李斯所言而动心，下令将韩非关进监狱听候发落。

既然冲突已经开始，就要置敌于死地，否则后患无穷。深知权术之道的李斯不会放过这个机会，他以毒药将韩非毒死，从而取得了这场冲突的胜利。

韩非既死，李斯又备受秦始皇宠幸，在这种情况下，如果对战争的形势和六国的格局没有深刻的了解，对敌我双方的力量没有正确的估计，缺乏战略头脑和眼光，此时的秦始皇可能就要按照李斯的作战方针行动了。

然而，秦始皇没有行动。他开始以自己的宏才大略，正确估计和判别敌我双方的力量，以及韩非与李斯两种不同方针的得失。

秦始皇清醒地认识到，秦国的军事力量比任何一个诸侯国的力量都要强大，若单个较量，秦军无疑占绝对优势。但是，秦国面临的是关东六国的敌人，若以秦国兵力对六国总兵力，优势则归对方。灭六国不能四面出击，而各个击破的战略方针无疑是正确和明智的。要想各个击破，就必须防止诸侯合纵。六国中，韩国较弱、赵国较强，如按李斯的战略方针，“先取韩以恐他国”，就很可能再“恐”出一个以赵国为首的合纵抗秦的强大势力。公元前241年，赵将庞煖统率赵、楚、魏、燕、韩五国之师合纵伐秦，赵国就是这五国的盟主。前车之鉴就在眼前，不能再蹈覆辙。韩非的主张，无疑是为打破诸侯合纵考虑的，是一种新的形势下战略目标的发展与转移。“举赵”以击其头，使六国群龙无首，同时“亲齐燕”以断其身，合纵难以形成。

秦始皇以一个战略家的杰出才智，不顾李斯等人的强烈反对，毅然决定采用韩非的战略方针：远交近攻，举赵亡韩，作出了集中主力打击赵国的具有重大军事战略意义的抉择。

公元前236年，秦始皇派名将王翦、杨端、桓齮率30万大军进攻赵国。时赵国大将庞煖正率兵与燕国交战，秦军乘虚而入，占领了上党郡及河间地区。第二年，秦军又攻下平阳、武城。赵国军队阵亡10万余众，大将扈辄死于乱军之中。公元前233年，秦军又一举攻下了赵国的赤丽、宜安，兵临邯郸城下。赵国危在旦夕，急从北方调回正在防御匈奴的名将李牧。当时李牧所率军队为赵国的精锐之师，从北方返回后，士气高昂，锐气逼人。李牧以出色的军事才能指挥将士与秦军在邯郸城外进行了一场血战。结果是秦军遭到了攻赵以来的第一次惨败，指挥战斗的主将桓齮由于战败而畏罪潜逃燕国。第二年，秦国大军再次进攻赵国，又被李牧指挥军队击退。

尽管秦军兵败，但赵国的势力已大大削弱。祸不单行，公元前230年，赵国又出现了百年不遇的大旱灾。战争的消耗，灾情的折磨，政治的昏暗，此时的赵国已成强弩之末，灭亡之日已为期不远。

赵国自身难保，合纵已不可能，趁此良机，秦始皇派兵一举将小小的韩国拿下，昏庸无能的韩王被俘。

李牧尽管两次大败秦军，但未能挽救赵国灭亡的危局。公元前229年，秦国大将王翦、杨端兵分两路扑向赵国。久经战场的宿将李牧、司马尚率赵军拼死抵抗。两军进行了数百次厮杀，均遭巨大伤亡。将士血染战袍，尸骨遍地，双方苦苦搏击一年之久未分胜负。

秦始皇亲临现场观战，以鼓舞士气，并要不惜全力拿下邯郸。与此同时，他采用尉缭的“离间其君臣”之计，派人用重金贿赂赵国权臣郭开。郭开贪利而向赵王诬告李牧、司马尚欲谋叛乱，只守不攻，作战不力。难辨真伪的赵王立即派赵葱、颜聚去取代李牧、司马尚的兵权。李牧深知赵葱、颜聚皆非将才，绝不是秦国名将王翦的对手，在大敌当前的危急关头，李牧以国家存亡为重，抵抗王命，拒不交出兵权。赵王与郭开密谋派人将李牧抓获并处以死刑，司马尚被免职关入大牢。可惜李牧忠诚一世，壮志未酬，没有战死沙场，却被奸臣所害。

李牧一死，赵军军心大乱，结果秦军不到3个月，便攻克邯郸。赵国从此不再存在。

强大的赵国一旦灭亡，弱小的魏国和燕国的悲剧命运已无法改变。尽管不乏有荆轲那样的壮士，慷慨悲歌，以死相搏，但仍未能摆脱国破家亡的结局。两国随着赵国的灭亡，也很快走到了尽头。

横扫六合

时势造英雄，但英雄必须正确驾驭和把握时势，否则便不再是英雄。

四国吞灭，秦国面临的敌人便是齐、楚。很明显，这两国的实力，楚远比齐强大，而秦与齐和亲修好40余载，和楚数次结怨。面对齐、楚两国的不同局势，如何确定征讨战略方针？

当秦始皇征求文臣武将的意见时，听到的多是先攻齐、再伐楚的战略理论。这个理论实则是李斯“先弱后强”作战方针的延续。

秦始皇依然没有这样做。他再次清醒地认识到，齐国虽弱，但有相当的军事实力。如若先攻齐，免不了还要和强楚进行一次恶战，同时还要遭到齐、楚合纵的威胁。若先灭楚，可使齐秦之交不破，齐楚合纵不成。一旦楚国灭亡，齐国不战而降。

于是，秦始皇再次使用了集中主力打击主要敌人的战略方针。公元前225年，秦始皇派大将李信率20万秦兵伐楚，因年轻气盛的李信过分轻敌，秦军惨败，退回秦国。

公元前224年，秦始皇改派王翦率领60万大军出征伐楚。当秦军压入楚境时，楚国名将项燕立即调动国内全部兵力迎战。王翦吸取了李信兵败的教训，坚守营盘而不出战。待秦军养精蓄锐、斗志旺盛之际，才下令出击。60万大军洪水般冲入敌阵，此时的楚军已失去戒备之心，猝不及防，被秦军一举击溃。楚国名将项燕也战死于乱军之中。不久，秦军攻下楚都寿春，楚国灭亡。

未出秦始皇所料，楚国一灭，齐国已成瓮中之鳖，被王翦的大军一触即溃，齐亡。

齐楚征战，在显示了秦始皇杰出的军事战略才能的同时，也暴露了他使用将领的失误和弱点。但他的失误和自身的弱点并未妨碍他建立伟业。至公元前221年，山东六国在秦军15年的征讨中全部灭亡。中原大地上为期几百年的割据混乱局面宣告结束，历史由此揭开了新的一页。

然而，六国灭亡，中原统一，并未标志着秦军的征战已经结束，因为此时中原北部的情形已发生了剧烈的变化。匈奴人由弱到强，趁秦灭六国之机，单于头曼率匈奴大军南下，攻占了黄河河套以南的地区，致使秦都咸阳面临严重威胁。“亡秦者必胡”的议论已在民间流传开来。

同时，地处五岭之南的“百越”陆梁人对秦的统一和政治的稳定也造成一定的威胁和困扰。要建立一个强大而牢固的封建帝国，就势必要对这两股军事力量给予打击。

问题出现了。摆在秦始皇面前的是匈奴人，剽悍强壮，以战征之，难攻难守；而“百越”虽远隔千山万水，路途遥远，但部族分散，军事力量相对较弱，攻取较易，守成也可能成功。

面对新的局势，秦始皇毅然实行战略大转移，采取了先弱后强，先远后近的征战方针，这实则是15年前李斯等人战略思想的复活，秦始皇终于在历史发展进程的这一阶段付诸实践了。

50万秦军兵分五路，以战略进攻的姿态出现在“百越”战场上，很快取得了胜利，占领了这块土地。南海也因“百越”的征服而打通了。

随着对“百越”战争的胜利，秦始皇立即派大将蒙恬率30万大军攻击匈奴，由战略防御转为战略进攻。结果匈奴退却700余里，并最终形成了“胡人不敢南下而牧马，士不敢弯弓而报怨”的战略局面。至此，大秦帝国才真正达到了诸侯尽西，四海归一，天下大同的局面。

两千多年后，人们看到的秦始皇兵马俑这一庞大的地下军团，正是为悼念扫平六合、血染华夏的秦军忠烈的。

始皇帝之死

1976年秋，秦俑三号坑被发现试掘之后，在省文物局支持下，程学华从考古队分离出来，单独率领部分从当地招收的“亦工亦农”考古训练班学员，组成一支钻探小分队走进秦始皇陵园，开始大规模钻探，以期揭开秦始皇陵地宫及周围埋葬的所有秘密。

图7-17 考古队招收的亦工亦农学员在一号俑坑清理

毫无疑问，秦始皇陵在中国几千年陵墓建造史上，可谓是最浩大、最辉煌、最令世人充满遐想的顶级帝王陵墓，但在时间的排序上不能称之为最早的。陵墓在中国的起源要早于这位始皇帝的时代。

研究资料表明，最初在陵墓上筑丘和植树的陵园形式来自春秋时代的孔子。在孔子之前的葬仪极为简单，死去的人一旦抬到野外，就挖坑埋掉，坑的上方不加封土，周围不种树木。有研究者认为这种葬仪是由于当时人们的物质条件简陋和思想方式简单所决定的。简陋的物质条件赋予人类一种深刻的思想内蕴，使他们相信人类来自自然的孕育，最后必然要回归到自然的怀抱之中。

尽管殷商时代葬仪已实行棺椁和墓穴制，但仍未起陵丘。而春秋末期的孔子之所以在父母的墓穴上筑起四尺高的土丘并种植几棵小树，实则是因为他四处奔走，怕回来时找不到父母的墓地，无法施行其一生为之苦苦宣教的两个字——“礼制”而已。这时的孔子想不到他推行的礼仪收效甚微，而在陵上筑丘和植树的行为却在各国风行起来，并且愈演愈烈，直到涂上了一层浓厚的政治色彩。

秦始皇一生讨厌儒学，但唯独在陵墓的兴建上没有拒绝孔子最先创立的在陵上封土植树的礼制，并把它加以发展而系统化，建造了在中国封建历史上空前绝后的陵墓陵园机构，从而开创了两千多年来历代帝王在陵墓建制上的先河。

据西汉史学家司马迁记载，秦始皇在13岁刚刚登上秦王宝座时，他的陵园建造工程也随之开始，建造人数最多时达70万人。直到他死亡并葬入地宫后，陵园的工程尚未全部完成，前后修建时间达39年，其规模之庞大、建筑之豪华可想而知。

公元前210年，秦始皇带着左丞相李斯和小儿子胡亥，在近侍中车府令赵高等臣僚、卫队的簇拥下，开始了第五次，也是他一生最后的一次出巡。

大队人马伴着初升的旭日从都城咸阳启程，在金风丽日下出武关、过丹汉两水域，沿长江东下分别到达虎丘山和会稽岭。秦始皇在会稽岭祭奠大禹，刻石颂功，并针对东南地区存在的氏族社会婚姻习俗和男女淫乱的现状，提出了“要大治濯俗，天下承教化之风，使民俗清廉”的新型封建思想。同时刻石宣示，以醒臣民。

离开会稽岭，秦始皇率大队人马从长江渡江沿水路到达琅琊。在方士徐福的诱说下，秦始皇亲率弩手进入东海寻找鲛鱼作战，并将一条巨鳞可辨、若沉若浮的大鱼用连弩射死。

当秦始皇满怀胜利的喜悦，在琅琊台饮酒作乐之时，忽感身体不适，只好下诏西还。车队到达平原津，秦始皇竟一病不起。左丞相李斯见状，急令车驾速返咸阳。

时值盛夏，如火的烈日灼烤着这支车队，大路上弥漫升腾着黑黄色烟尘。李斯、胡亥心急如焚，秦始皇痛苦不堪，不时发出阵阵呻吟，死神在一步步向他逼近。

当车队到达河北境内的沙丘时，病入膏肓的秦始皇自知将不久于人世，弥留之际，他强撑身体把李斯和赵高叫到跟前，让他俩草拟诏命，传诏在北疆防御匈奴的长子扶苏速回咸阳守丧。

李斯、赵高匆匆把诏书拟好，秦始皇过目后，用颤抖的手把玉玺递给李斯，有气无力地说道："速派使者送达扶苏……"余下的话尚未说出，便撒手归天了。

这位在中国政治舞台上翻云覆雨、改天换地的一代伟人，终于走完了他那辉煌的人生途程。死时年仅50岁，从他自称始皇帝算起仅为12年。更令人扼腕的是，当秦始皇的尸骨进入他生前修筑的那座地下迷宫时，大秦帝国已是日薄西山，只靠惨淡的光晕来照耀这块板结、干裂的黄土地了。正是：

秦王扫六合，虎视何雄哉！
挥剑决浮云，诸侯尽西来。
明断自天启，大略驾群才。
收兵铸金人，函谷正东开。
铭功会稽岭，骋望琅琊台。
刑徒七十万，起土骊山隈。
尚采不死药，茫然使心哀。
连弩射海鱼，长鲸正崔嵬。
额鼻象五岳，扬波喷云雷。
鬐鬣蔽青天，何由睹蓬莱？
徐氏载秦女，楼船几时回？
但见三泉下，金棺葬寒灰。

大秦帝国的崩溃

秦始皇在出巡途中，于沙丘驾崩。丞相李斯深知，在新主尚未确定和登位情形下贸然宣布先帝死讯将意味着什么。于是，李斯断然决定秘不发丧，知情者仅限于自己、胡亥、赵高和几位近侍。

李斯与赵高秘密筹划后，始皇帝的遗体被放入一辆可调节温度的辒辌车中。放下车帷，令其他臣僚无法知道车内虚实。每日照常送饭递水，臣僚奏事及决断皆由胡亥、中车府令赵高和李斯代传批示。在这新旧政权交替的危急之时，李斯急催赵高速发诏，召扶苏立即赶回咸阳守丧和继承皇位，以免发生不测。

然而，这时的赵高却另有打算。在他的威逼诱劝下，李斯终于被迫同意篡改始皇帝的遗诏，派使者赐剑给屯守北疆的公子扶苏，罗织罪状命他自杀，改立胡亥为皇帝。

为等待扶苏的死讯，车队故意从井陉绕道九原，再折回咸阳。漫长的旅途和酷日暴晒，始皇帝的尸体已腐烂变质，恶臭难闻。李斯、赵高速命人买来几车鲍鱼，随辒辌车同行，以鲍鱼之臭掩饰尸臭，使随行臣僚不致看出破绽。

车队就要驶进咸阳时，扶苏自杀的消息传来。于是，李斯、赵高才公开始皇帝的死讯。九月，始皇帝早已腐烂的遗体，被草草葬于骊山陵中。胡亥由此登基称帝，赵高随之升为郎中令，李斯仍为丞相。

在赵高的唆使下，胡亥登基后办的第一件大事就是命人用毒酒将北疆屯边的将军蒙恬赐死。然后将6位王子和10位公主抓捕，押往长安东南处一一杀死。紧接着，又逮捕12位王子，押往咸阳闹市斩首示众。其余皇室宗亲，有的被迫自杀，有的则在出逃中，被“御林军”截杀……所有这一切，都是为了确保胡亥的帝位不受侵害。为彻底斩草除根，胡亥下令，对朝廷中持有异议的臣僚格杀勿论。最后，曾为赵高所惑，昧着良知和冒着风险进行政治投机、帮助胡亥登上帝位的丞相李斯，也在赵高的操纵下被腰斩于咸阳……

随着秦帝国大厦的倾塌和历史的延续进展，这段震惊天下的血案，也渐渐埋没于岁月的尘埃之中。后人再也无法见到朝廷内外涌动的血水，更听不到那凄厉悲怆、撕心裂肺的呼号，一切都成为梦境般遥远的过去。

然而，1977年10月，程学华率领的秦陵考古钻探小分队在陵东发现了17座殉葬墓，无意中为后人打开了一扇透视两千年前那段血案的窗户。

为弄清墓坑的形制和内容，程学华带领考古人员对其中的8座进行试掘，墓葬形制均为带有斜坡墓道的甲字形状。其中斜坡道方圹墓2座，斜坡道方圹洞室墓6座。墓的独特形制表示了墓的主人应是皇亲宗室或贵族大臣，因为秦代的平民不享有这种带墓道的安身之所。从墓中发现的异常讲究的巨大棺椁推断，也非一般平民所能享用。

之所以把这些殉葬墓看作窥视那段历史血案的窗口，是棺内尸骨的零乱和异常器物的发现。有的尸骨下肢部分被埋入棺旁的黄土，头骨却放在椁室的头箱盖上。有的尸骨头盖骨在椁室外，其他骨骼却置于椁内。更为奇特的是，一具尸骨的躯体与四肢相互分离，零乱地葬于棺内，唯独头颅却在洞室外的填土中。

经考古人员仔细研究后发现，这个头颅的右额骨有一块折断的箭头，显然是在埋葬前被射入头部的。在已发掘的8座墓中，共有7具尸骨存在，其中有一座竟找不到一块残骨，却发现了圆首短剑一柄……

一切迹象表明，墓中主人是受到外力打击而死亡的。从尸骨凌乱和出土的器物推断，这些墓主大多是被砍杀、射杀后，又进行肢解才葬于墓中的。

证明墓主人是皇亲宗室、臣僚贵族的理由，除独特的斜坡墓道外，考古人员还在墓中发现了极为丰富的金、银、铜、玉、漆器及丝绸残片。其中一件张口鼓目、神似鲜活的银蟾蜍，口中内侧刻有醒目的“少府”二字，说明此件葬器来自秦代少府或由中央铸铜官署——少府制造，后为墓主人所有。如此珍贵的器物，亦是平民百姓所难拥有或见到的。

面对如此残酷的历史事实和见证物，不能不令人想起胡亥制造的那场宫廷血案。这一具具凌乱的尸骨，无疑都是被杀的王子、公主或宗室大臣，绝非正常死亡。因为科学鉴定的结果表明，这7具尸骨，除一人为20岁左右的青年女子外，其余均为30岁左右的男性，如此年龄相当又一致的正常死亡是不可能的。更值得研究者注意的是，考古人员在墓中发现了挖墓人员当时取暖留下的灰烬，这就进一步说明挖墓时间是在冬季。而胡亥诛杀王子、公主、朝廷臣僚的时间也是在冬末春初的寒冷季节。这个并非偶然的巧合，更能令人有理由相信，这17座墓的主人就是那场宫廷血案的悲剧人物。他们的惨死以及惨死后给秦帝国带来的毁灭性结局，恐怕是秦始皇和胡亥都未曾预料到的。

千百年来，人们往往把秦帝国短命的原因一味地归结为，秦之暴政以及刑罚的残酷、劳役和兵役的繁重，使“苦秦久矣”的天下百姓终于揭竿而起，将刚刚诞生不久的中国第一个封建帝国棒杀于幼年。

兵役劳役的繁重、刑罚的残酷，不能不说是导致秦帝国灭亡的重要原因，但非根本的原因。

秦亡的根本原因是胡亥篡位后的倒行逆施，人为地造成了秦统治集团的矛盾和分裂，削弱了统治力量，最终使秦王朝短期灭亡。正如三国时期著名政治家诸葛亮所指出的“秦王以赵高丧国”。而明代杰出的政治家张居正看得更广更细，说得也更清楚明了：秦王朝的“再传而蹙”，是由于“扶苏仁儒，胡亥稚蒙，奸宄内发，六国余孽尚存”等一系列原因所造成。这里的“奸宄”无疑是指赵高之流。

假如，胡亥继位后励精图治，稍微缓和一下社会矛盾，秦帝国不会如此快地大厦倾塌。假如，胡亥能维护朝廷内部官僚集团的团结和利益，即使山东起乱，秦王朝尚有足够的力量对敌。试想，当年的章邯匆匆武装起来的几十万骊山刑徒，就能将农民起义军周章打得大败，那么，在北疆屯守的秦王朝30万精兵以及大将蒙恬和章邯合兵一处，共同对敌，刘邦、项羽大军就未必能长驱直入，越过函谷关，至少不至于如此迅速地杀进咸阳，置秦于死命。

历史没有重演的机会，事实让后人看到的是秦帝国迅疾崩溃消失的结局。秦始皇帝陵的17座杀殉墓以及秦都咸阳城内的血雨腥风，无不昭示着这种结局的真正原因。诚如明末思想家李贽所叹："祖龙千古英雄，挣得一个天下……卒为胡亥、赵高二竖子所败，惜哉！"

第八章

惊魂马王堆

地洞蹿出火球

1971年冬，借战备之机，解放军三六六医院决定派一支部队在马王堆土包下挖掘一个大型防空洞，用来做官兵和医护器材防御之所。然而，随着洞穴不断推进加深，人们看到的不是中苏大战爆发，而是震惊世界的重大考古发现。

三六六医院派出的部队官兵在马王堆土包下差不多掘进20多米后，地下出现了赭红夹带白点的花斑土，越往深处掘进越坚硬。当战士们费了好大劲终于穿透红土层时，一个奇怪的现象出现了——一块又一块的白膏泥被挖了出来。面对这种奇异现象，战士们立即向院务处长做了汇报。

院务处长闻报来到施工现场，亲自钻进洞中，打着手电筒四处检查。面对坚硬的土层，处长下令停止挖掘，让两名士兵用钢钎向下打眼钻探。士兵拿起钢钎对准花斑土“叮叮当当”钻了约半个小时，当钢钎最后一次从花斑土中抽出时，钻孔里突然“哧”的一声冒出一股气体。恰在此时，院务处长斜倚在洞壁上划着一根火柴准备点烟。令他万没想到的是，含在嘴上的香烟未点着，火种却与从钻孔里冒出的气体遭遇，随着“砰”的一声响动，一团火球在洞中爆响、燃烧起来。院务处长说了句“大事不好，快跑——”，便箭一样从洞中蹿出，其他战士在极度惊恐中也跟着“呼呼隆隆”拥了出来。

士兵们发现，院务处长的眉毛已被烧焦，两眼流着泪，红肿的脸上布满了点点簇簇的水泡，极像田野里散落着的小坟包。

“出现了重大军情，赶紧去报告白副院长！”倒霉的院务处长下达命令，然后捂着脸向急诊室跑去。

分管后勤和战备工作的副院长白明柱赶了过来，问明情况后，大着胆子跟在两名战士身后进洞察看。当快摸索到洞穴尽头时，只见一道蓝中带红的火焰，像一条扭动摇摆的蛇，“哧哧”鸣响着从钻孔喷发而出。白明柱大惊，在他几十年戎马生涯和医务工作中曾遭遇过许许多多的怪事，像这样的异景奇情却从未见过。他不知如何是好，也不敢擅自下令应付，只好小心翼翼地退出洞口，飞奔到院长、政委的办公室汇报。

“火焰是什么样子？”院长问。

“蓝中带红，以蓝色为主，状如一条被卡住后尾的毒蛇，‘吱吱’叫着左右摇摆。”白明柱答。

“有什么气味？”院长又问。

“像手榴弹爆炸之后的臭味加一点酸涩味。”白明柱又答。

“有没有可能是之前埋下的炸弹？”政委异乎寻常地问。

“这个……”白明柱思索了一会儿，“这个我估计不足，但作为防范万一是必要的。”白明柱回答的同时又提出了自己的看法。

“有备无患。”院长接过话头，望了下政委，严肃而冷峻地说道，“现场官兵立即撤离该区域，并做好战备工作。立即报告军区司令部，建议火速派工兵团前来医院，用探雷器进行勘探。”

言毕，白明柱和一个参谋立即分头组织撤离并向军区报告。

约两个小时后，一个排的工兵携带探雷和排雷仪器，大汗淋漓地从野外奔来，进入洞中勘察。

此时，钻孔中喷射的火焰依然没有减弱，仍呈蛇状向外窜动。工兵们架起仪器在四周仔细勘探了一番，没有发现炸弹踪迹，只隐约捕捉到一块面积硕大的异常阴影。这个阴影是什么物体？是吉是凶？会不会构成威胁？一时难以作出判断。工兵们只好暂时撤出洞外，将情况上报团部，留待首长和探测专家研究后作出明确的指示。

在全部撤出之前，工兵排长命令几个战士提来一桶水向火焰喷射的钻孔倒过去。在他的脑海里，不管这火焰是炸弹的引爆线还是其他引燃装置，都必须立即扑灭，否则可能出现不测。当他将水"哗哗"地倒向钻孔时，强大的气体又将水喷出，火焰依旧"哧哧"地怪叫着向外窜动。工兵排长改变战术，让士兵用袋子装满泥土，然后突然压上钻孔。十分钟后，袋子揭开，火焰自动熄灭，只是气体还像老牛喘气似的不住地向外流窜。

工兵们架着探雷器在马王堆上下左右又折腾了一番，确信没有发现炸弹后，开始撤离，并很快将所探情况逐级报到团部。年轻的团首长亦不知如何是好，忙派人将工兵团最富经验的一个工程师找来询问。这名老军人听完介绍，思索了一会儿说："早些时候我听说那里有古墓，是不是遇上了墓冢？"

为证实这个推断，在团长和政委陪同下，老工程师乘车来到马王堆做实地勘察。当他从洞穴中走出来时，关于此处是一座古墓的论断得到了证实。

在确定此处埋藏的不是炸弹而是一座古墓后，医院首长们感到虚惊一场并伴有点淡淡的遗憾的同时，决定将这一情况报告上级，请示如何处理。

12月30日下午3点，正在值班的湖南省博物馆革委会副主任（副馆长）侯良接到发现墓葬的电话。他的第一个感觉是：完了，这座古墓遭到了破坏！

侯良立即将身边的老技工张欣如与年轻的业务人员熊传薪叫过来，三人分别找来自行车，急如星火地向马王堆赶去。

三人来到现场，见挖开的洞内仍有气体从孔内冒出。侯良突然想起了什么，说道："老张，我看这气体很神秘，我到医院去借个氧气袋，看能不能收集些气体回去研究。"说完，他走出洞口，一路小跑向医院病房奔去。

当侯良拿着氧气袋重回洞中对准钻孔收集时，气体已极其微弱，收集未能成功。这个失败，成为轰动世界的马王堆汉墓发掘之后，科研工作中的一大遗憾——墓中那闻名于世的女尸以及保存完好的文物都与这神秘气体息息相关。

几个人走出洞穴又到另外一个洞中观察，虽不见有气体冒出，却已是凌乱不堪。洞中底部的土明显不是原生土，而是墓坑填土，东壁发现一处椭圆形白膏泥。张欣如用自带的锄头挖了几下，很快发现了木炭。再挖下去，又发现了一根保存完好的硕大木枋。见此情形，这位经验丰富的老师傅说：“这是一座墓，与刚才发现的那个墓并列，看来这下面是一个墓群，可能宝贝还在，了不得啦！”

侯良望着眼前的洞口既惊且喜，悄声说道：“不要再挖下去了，赶快复原，要是被外边的人知道，走漏了消息，就坏事了。”张欣如听罢，与熊传薪一起动手把挖开的洞口复原。

第二天上午，侯良找来革委会几个成员说明了情况，提出：“马王堆古墓已被发现，是回填还是发掘？”经过一番讨论，最后决定，不能再做过去“老夫子”们那种打洞掏宝的傻事和错事了。如果要发掘，就要严格按照田野考古程序，先上报中央和省里批准，然后再组织科学发掘。

真假马王堆

为争取时间，当天下午，侯良打长途电话找到正在北京故宫帮助国务院图博口进行出国文物展览筹备工作的湖南省博物馆馆员高至喜，把发现马王堆古墓的情况做了说明，并说有人认为，此处是汉代长沙王刘发或其母程、唐二姬之墓，让其速向国务院图博口文物领导小组副组长王冶秋汇报，请示可否发掘。

高至喜不敢怠慢，很快找到王冶秋做了汇报。王冶秋听后很干脆地说：“那就发掘吧。”于是，高至喜又把这一指示打电话告知了侯良。

1972年元旦刚过，侯良带上5名工作人员来到马王堆，此行目的是对马王堆做一次全面调查，确定发掘位置，租借附近民房以便考古人员居住。同时，对考古大师夏鼐留下的一桩悬案尽可能地进行破译。

据史书和历代相沿的传说，这两个看上去紧密相连的大土包之所以叫马王堆，而不叫猪王堆、狗王堆、猴子王堆或老鼠王堆，与唐末五代时期被封为楚王并节制长沙的马殷、马希范父子这两位声名煊赫的人物有关。马殷父子在长沙经营数十年，给后人留下了许多文化古迹，其中“会春园”“九龙殿”“马王街”等至今犹存。两个连在一起号称马王堆的大土丘，相传就是马殷及其儿子马希范的墓地。但也有人说，此处是马殷父子的疑冢，故未称陵而称堆。1951年前，无论是文人墨客、地方百姓还是盗墓贼，都认为马王堆就是马殷父子的墓冢。

1951年秋，夏鼐来长沙考察，他与弟子石兴邦在马王堆两个耸立的大土丘上转了好久，始终没有做出发掘还是放弃的决定，只是对随同而来的程鹤轩说：“这不是五代马殷父子的墓，而是一座汉墓，可能属于西汉早期，马王堆名不副实。通知湖南省政府造册保护吧。”说完，夏鼐率领众人返回驻地。马王堆的发掘只有留给后人来做了。

意想不到的是，就在夏鼐离开20年后，侯良等人又来到了马王堆。夏鼐当年留下的悬案也将随着此次发掘得以解开。

1月16日上午10点32分，随着侯良挥动铁锹对荒草飘零的大土包刨下第一铲土，一场轰动世界的考古发现拉开了序幕。

棺椁初露

将墓坑夯土一点点清理完毕后，棺椁外层的白膏泥开始大面积地显露出来。

白膏泥又名微晶高岭土，颜色白中带青，酷似糯米粑一样又软又黏。大家集中精力，一铲铲、一筐筐地清理又黏又柔像糯米糕一样的白膏泥。本想这白膏泥最厚不会超过半米，令人吃惊的是，这个墓穴的白膏泥竟厚达1.3米。更令人难以想象的是，在白膏泥的下部又露出了一片乌黑的木炭。木炭也像白膏泥一样，上下左右、密不透风地包裹着一个尚不明真相但可能是棺椁的庞然大物，其厚度为40厘米至50厘米。

这些木炭相对白膏泥而言，发掘和运送都方便、轻松得多，待把四周的木炭全部运出后，估算一下竟有一万多斤，堆在荒野犹如一座黑色的煤山。为了试验这些木炭的可燃性，发掘人员装上半筐拿到三六六医院厨房试烧，结果和现代木炭基本相似：点燃时，便开始燃烧，并冒出蓝中带红的火苗；若将火熄灭，木炭复又成为原来的模样。这个试验结果很快传播开来，当地农民见有如此上等的柴草，开始利用夜间工地无人看守之机，一担又一担地将挖出的木炭偷运回家，以代替木柴烧火做饭。这个情形很快被考古人员发现，侯良当机立断，匆匆到地方雇了两辆大卡车将剩余的木炭及部分白膏泥运回了博物馆，从而避免了更大损失。

如果说白膏泥的功能是像蛋壳一样护卫着象征蛋黄的棺椁，使其不受外部力量的冲击和雨水侵蚀。那么，这环绕着的木炭则像鸡蛋中的蛋清一样，同样具有防湿、防潮并能吸水的功能，以保持最里面棺椁的干燥。

事实上，当木炭的上部被取出后，发掘人员就发现了覆盖在墓室中那个庞然大物上的竹席。这一张张竹席刚出土的时候，都呈嫩黄色，光亮如新，如同刚从编织厂运来铺盖的一样，令人惊叹喜爱。但这神奇的外观只存在了短短十几分钟就开始像西天的晚霞一样转瞬即逝了。

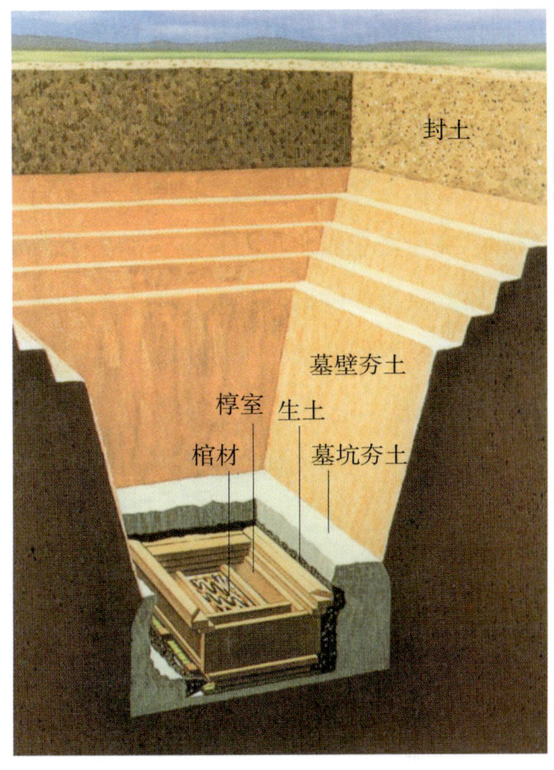

图8-1　一号墓内部形状与棺椁情形

正当考古人员紧张忙碌地照相、绘图、记录时，所有人都清楚地看到，那嫩黄崭新的竹席，如同阳光灿烂的天空突然被一块乌云笼罩，瞬间将整个天际变成暮色——未等考古人员将图绘完，嫩黄光亮的竹席已全部变成黑色的朽物。现场中有经验的发掘人员在颇感痛惜的同时，不禁仰天长叹："这是接触了空气的缘故啊！"

当竹席全部出土后，经过仔细盘点，发现共有26张，每张长2米，宽1米，共分四排平铺，每张竹席的角上都明显地写有一个"家"字，但一时尚不知这个字的真正用意。

当最后一张竹席被揭开，大家梦寐以求的巨大棺椁终于露出了庐山真面目。

面对珍贵的棺椁，湖南省博物馆在广泛听取大家意见后，决定向省委、省革委会速做汇报，同时向北京方面汇报和求援。

北京方面派出中国科学院考古研究所技术室副主任王㐨与技术修复专家白荣金前往协助。王㐨是丝织品的提取和保护方面的专家，前不久刚刚帮助阿尔巴尼亚成功修复了闻名于世的羊皮书，为国家争得了荣誉。白荣金前几年参加过满城汉墓的发掘，成功地提取和修复了出土的金缕玉衣。按照汉代墓葬多有金缕玉衣出土的特点，派白荣金前去则是最恰当的人选。就在发掘人员向北京求援的同时，为增加发掘力量，报请省委同意，将原湖南省博物馆考古学家周世荣调回长沙，参加开棺工作。

4月14日，王㐨、白荣金乘坐的列车抵达长沙，二人把行李放入居住的湖南宾馆后，立即来到发掘现场，与湖南省博物馆的崔志刚、侯良、周世荣等人见面。当二人看到从墓穴中挖出的填土小山一样地堆在一旁时，心情为之一振，尤其是进入深达十几米的幽深墓穴，并亲眼看到那口奇大无比的木质棺椁后，更是惊叹不已。

发现珍宝

考古人员围绕如何开棺和提取文物展开讨论。根据王㐨的建议，发掘人员首先在墓坑之上搭起大棚以防雨水侵袭。同时在大棚内搭起照相架，以便更好地撷取发掘资料。与此同时，白荣金要求发掘队请来一名木匠带着全套工具，并准备若干木料在工地守候。一旦有出土文物需要用木箱盛放时，木匠可以用最快的速度按指定规格做好。同时，请一名铁匠守在工地，时刻准备打造所需发掘工具。碰巧，在离马王堆工地不远的一个民巷里就有一个小铁匠作坊开炉营业，省却了发掘队的一份心思。

经过一番讨论和紧张的准备，发掘方案和发掘工具相继定出备齐。按照之前商量好的方案，发掘人员很快将椁板打开。至此，一个埋藏千年的地下宝库豁然呈现在大家的眼前。

这是一个结构呈“井”字形的椁室，中间是光亮如新、刻画各种纹饰和图画的棺木，棺木的四边，是四个巨大的边箱，边箱里塞满了数以千计的奇珍异宝，这些宝物在阳光照耀下，灿烂生辉，耀眼夺目。在场者先是被惊得目瞪口呆，接着爆发出阵阵欢呼声——这是在地下埋藏了两千多年的稀世珍宝啊！

图8-2　墓中出现的“井”字形椁室和器物分布情形，中间是墓主的内棺，棺盖板上平铺的就是后来轰动世界的帛画

面对装载琳琅满目宝物的边箱，发掘人员必须第一时间进行清理和保护。经商讨，发掘人员首先将工作目标，对准四个边箱中的头箱。

只见箱内两侧摆着古代贵族常用的色彩鲜艳的漆屏风、漆几、绣花枕头和两个在汉代称为漆奁的化妆盒。其中一个奁盒是双层的，上层放置着手套、絮巾、组带和绣花镜套子。下层有九个形状不同的小盒子。经考古人员后来考证，此为九子奁。盒子打开，皆为化妆用品，形同现代人常见的唇膏、胭脂、粉扑等物，看来这是一个女人用的物品。另一个外观基本相似的单层奁盒，里面除5个小圆盒外，还放置一个小铜镜和镜擦子、镊、木梳、木篦等物。另外有一把环首小刀，这些无疑都是梳妆用具。

图8-3　长方形粉彩漆奁

图8-4　一号墓出土的五子奁（开启），内放秀粉、胭脂、头饰等化妆品

图8-5　一号墓出土的双层九子奁（开启）

如果说这个奁盒仅仅是一堆化妆品和梳妆用具，倒不足以引起发掘人员重视，让发掘人员视若珍宝的则是这个普通的化妆盒内藏有一枚角质印章，上写“妾辛追”三个字。

妾为古代妇女的谦称，那么“辛追”两字当是这个墓主人的名字。正是有了这个角质印章，世人才得以知道马王堆一号古墓的墓主，是一个叫辛追的女人。

在头箱两个小盒子的旁侧站立着23个造型优美的木俑，其中10个身着锦绣长袍，双手垂直拱于胸前，好像随时听候女主人的召唤。

图8-6 一号墓出土的高级侍俑

图8-7 一号墓出土的彩绘木乐俑

据考古人员推测，这些木俑似乎是女主人贴身的高级侍女的模拟。在侍女的侧前，有5个乐俑席地而坐，其中3个鼓瑟、2个吹竽，应是墓主人家的乐队。在这支乐队之前，有4个舞俑正在做翩翩起舞状。另外4个歌俑跪坐在地毯上似在放声歌唱。看上去，这是一个颇具规模的家庭歌舞团。从木俑的神态和形象中可以想象到竽瑟并奏、钟鼓齐鸣、舞姿翩翩、歌声悠扬的欢乐场景，领略到墓主人生前过着怎样的一种钟鸣鼎食、豪华奢侈的生活。

图8-8　一号墓出土的书有“君幸酒”的云纹耳杯盒，1套共7件

在头箱的中部，放置了多种盛酒用的漆钟、漆钫、漆壶以及用朱砂、红漆和黑漆书写有“君幸酒”三字的漆耳杯和漆卮杯。在一套漆器餐具上，多数有用红漆或黑漆书写有“君幸食”三字。从这些文字的字面表达意思看，似是让客人喝酒、吃饭的祝词。而整个头箱，似是墓主人生前起居、歌舞宴饮的生活模拟。

位于椁内的东、西、南三个边箱应是墓主人居处厢房的模拟。东边箱放置了312支竹简，上面记载着一千多件殉葬品的名称、质量、长宽等，这些被称作“遣策”的竹简就是墓中所有殉葬品的清单。除此之外，还有6个木俑和一个头戴高冠、身穿棉衣的“家丞”，它的脚下写着“冠人”两字，从其形象和文字推断，可能属于今天的大管家一类人物。在这个大管家的周围有59个立俑，似为一般的家庭用人。这群俑人的四周散布着鼎、盒、罐等漆器和陶器。这些器具种类繁多，光彩夺目，似是墓主人宴请宾客的礼器和用具，实为罕见之珍品。

南边箱内的物件看上去有些普通，只是一个“家丞”率领39个立俑，余为钟、钫、釜、甑等陶器，似为墓主人的厨房和奴婢的住室。

西边箱有点特殊，它似是墓主人的贮藏室，又似钱粮库。因为里边堆放着33个规模颇大的竹笥（箱子），竹笥用绳索一道道捆着，在打结的地方有封泥，封泥上有“轪（dài）侯家丞”的印记。

墓中宝库

考古人员在西边箱发现了6笥丝织品，其中盛放服饰的竹笥2个，内装服饰19件；盛放缯的竹笥2个，内装丝织品54件。另外2个竹笥内盛放着香囊、鞋、衣着、手套等杂用织物20多件。就丝织品一项而言，此墓出土数量之大、品种之多，花纹之鲜艳繁缛，堪称中国考古发掘中的一次空前大发现。

尽管中国丝绸已有5000多年的历史，但由于蚕丝是动物纤维，由蛋白质组成，极易腐朽，因此古代丝绸究竟发展到了什么样的水平，我们很难了解。长沙马王堆一号汉墓的发掘，首次揭开了这一谜团。

此次出土的丝织品，几乎囊括了先前所了解的一切古代丝织物的品种。如绢、罗纱、锦、绮、绣等都是此前难得见到的实物。而丝织品的颜色又有茶褐、绛红、灰、朱、黄棕、棕、浅黄、青、绿、白等，花纹的制作技术又分织、绣、绘等不同工艺，且这些纹样又有各种动物、云纹、卷草、变形云纹以及菱形几何纹等。经初步点验、鉴别，出土的服饰类有绛绢裙、素绢裙、素纱禅衣、素绢丝绵袍、朱罗丝绵袍、绣花丝绵袍、黄地素缘绣花袍、泥金银彩绘罗纱丝绵袍、泥银黄地纱袍、彩绘朱地纱袍等十余种。可谓品种齐全，美不胜收。

特别值得提及的是，在西边箱出土的素纱禅衣，堪称稀世珍品。这种禅衣共出土两件，一件衣长128厘米，袖长190厘米，重量仅有48克；另一件是49克。按现代通行的50克为一市两计算，两件衣服都不足一两重，如果把袖口和领口镶的锦边去掉，有可能只有半两重了，其轻薄程度完全可以和现代生产的高级尼龙纱相媲美。

图8-9　一号墓出土的素纱禅衣，属直裾袍，汉代的便服

图8-10　一号墓出土的直裾丝绵袍、手套、绢裙

古人有对纱衣做过“薄如蝉翼、轻若烟雾”的描述，但后人没有见到过实物，并不清楚是一种什么样的

丝织物。随着这两件衣服的出土，人们才知古代文人的描述是栩栩如生，恰到好处。

《诗经·郑风·丰》说："衣锦䌹（jiǒng）衣，裳锦䌹裳。"这里所说的"䌹衣"，据考证就是这种没有里子的禅衣。它的原意是说，古时妇女们为了美观起见，喜欢把薄薄的禅衣罩在花衣上面穿。这和现代戏剧舞台上所使用的纱幕是一个道理，在布景外面罩上一层纱幕，会产生一种立体感，使人更觉其中的神秘美妙。由此可见，两千多年前的中国妇女，就懂得了这一美学原理。

发掘人员又在同一个边箱中，发现了44篓泥半两钱（冥币）及泥"郢称"金版，另外有装在麻袋里的粮食稻、大麦、小麦、粟、大豆、赤豆以及梨、杨梅、大枣、梅等食物和瓜果蔬菜等。

有些器物上，都用红漆和黑漆书写着"轪侯家"三个字。由于当时发掘人员的主要精力是尽快将边箱内的文物取出并设法保护，对上面的"轪侯家""轪侯家丞"等字样，只是做了简单的推断，认为这个墓主人的身份应是轪侯的妻子或与轪侯家有关联的人，但到底是怎样的一种身份，一时难以断定。既然难以断定，发掘人员也就不再深究，最紧迫的任务就是要快速而又安全地抢救出土文物。

之所以说是抢救，是因为当庞大的椁盖打开后，由于空气、光照等进入和渗透，许多文物已物化变质，甚至消失不再。当老技工任全生伸手将东边箱那个被编为133号陶罐取出并打开时，惊奇地发现罐内装满了紫红色鲜艳的杨梅果。这些鲜果如同刚从树

图8-11　漆器上的"轪侯家"铭文

上摘下一般亮丽可爱，即便是那不算太长的果柄也鲜艳夺目。想不到就在搬动过程中，由于空气和光照的作用，鲜艳亮丽的杨梅果很快变成黑色的炭灰状。

图8–12　一号墓出土的云纹漆鼎

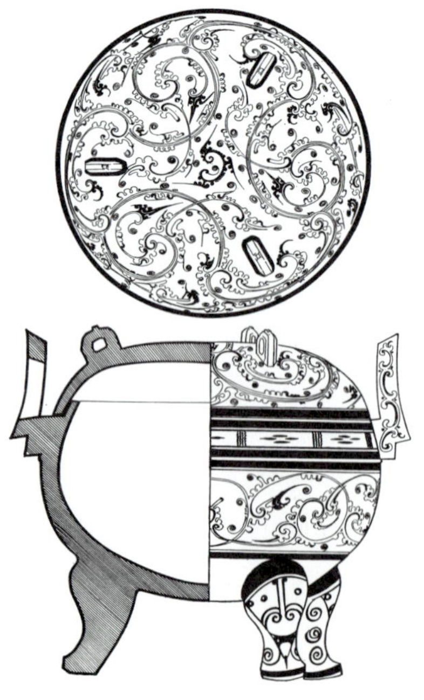

图8–13　一号墓出土的云纹漆鼎线描图

也是在这个边箱里，考古人员将一个编号为100的云纹漆鼎取出，揭开鼎盖，发现里边有近十片莲藕浸泡在水中。这些藕片质地白皙，如同刚刚切开放入其中，藕片之上那一个又一个小孔都清晰可辨，惹人爱怜。吸取了杨梅果氧化的教训，王㐨建议立即为其照相、绘图。当漆鼎搬到墓坑之外时，随着水的荡动和空气、光照的侵蚀，藕片已消失大半，待绘图和照相完毕后，所有的藕片在运往博物馆的路上，竟全部消失化成粉浆了。

当时，在现场负责器物记录、定名和总体编号的白荣金根据这一现象，立即联想到长沙地区两千多年来没有发生过大的地震。根据白荣金的联想，前来采访的新华社记者何其烈将此事写成内参发往北京。凑巧的是，正在搞地震普查的国家地震局领导人看到后，立即派两名专家赴长沙找到马王堆汉墓发掘的负责人侯良调查，并对漆鼎内的物质做了化学等诸方面分析研究，结果是：藕片在初出土时，本身早已溶化，也就是说藕片的灵魂已失，由于未受外界影响，才保留了外壳的整体形状。

地震专家到长沙地震台查阅当地有关资料，发现长沙地区自公元477年到马王堆汉墓发掘的1972年，共发生地震21次，其中20次为4级，1次为5级。也就是说长沙地区在1700年中，没有发生过强烈地震。正因为没有大的地震发生，浸泡在漆鼎中的藕片才得以在地下宫殿中长久保存。由此可以推断，长沙应是一个远离地震带的地区，在以后的若干年内，当不会受到强烈地震的侵害。

藕片的消失，对文物本身是个不幸，但就地震研究而言，也算是意外收获吧。

打开内棺

边箱的文物全部提取并运往博物馆防空洞暂藏，发掘人员并未因此而感到轻松，谁都知道，位于井椁中央的那个巨大的内棺尚未打开，而这个内棺才是古墓的核心。也许就在内棺的里边，匿藏着这座千年古墓的最大秘密。

发掘人员花费了几天时间，终将井椁拆开，一副木棺孤零零地显现出来。由于四周椁板的护卫，木棺保持着闪亮的漆光，让人感到恐怖又掺杂着几分喜爱。毕竟像这样完好如初的千年木棺在长沙地区前所未见。

几个小时后，木棺被打开了。大家发现，所打开的不过是一层外棺，里边尚有一层或几层内棺。发掘人员再次开始了打开内棺的行动。

与第一层不同的是，面前的这层木棺外表用漆涂画了极其美丽的黑地彩绘，除底部外，其他五面，即左右两侧、头档、足档和顶盖都有一副巨大的彩色画面，每幅画面均以银箔镶着0.14米宽的几何图案花边。边框中的巨幅画面均绘有大片舒卷的流云和神仙怪兽。这些散布于云气中间的怪兽，或打斗，或狩猎，或鼓瑟，或舞蹈，或与飞禽、猛兽、牛、鹿追逐，姿态万千，动作自如，描绘逼真。后经考古人员研究，这黑地彩棺的画面是采用堆漆画法的风格，即后世所传的“铁线描法”制作而成。

图8-14　一号墓出土的黑地彩绘漆棺

图8-15　一号墓漆棺上面虚纹画中一怪兽弹瑟图

图8-16　一号墓漆棺上的角虚击筑图

黑地彩棺按如前的方法被打开之后，里边又露出了一副朱地彩绘棺，这是第三层木棺。

这副朱地彩棺，是先用鲜红的朱漆为地，然后以青绿、赤褐、藕荷、黄、白等较明快亮丽的颜色彩绘出行云流水般的图画。在盖板之上，绘有一幅飘飘欲飞的云纹和二龙二虎互相搏斗的图画。四壁板的边缘，分别镶有0.11米宽的几何图案花边，在花边中间画着传说中的昆仑山，山上云气缭绕，形态各异的游龙、奔鹿和怪兽跃然其中，勾勒营造出一幅令人心驰神往的梦幻般的奇情异景。

按照往常的考古发掘经验，在古墓中见到两层木棺就是一件令人高兴的事情，有三层棺的古墓已属罕见，因为古代的封建制度对死者的用棺有着严格的等级规定。从流传的史料来看，天子之棺四重，诸公三重，诸侯两重，大夫一重，士不重。史料中的重应是重复的意思，若发现三层棺，说明墓主已位到诸公了，有这样地位的墓主，在一个地区是不多见的。

令众人大感惊奇的是，第三层木棺打开，里面还有一层木棺。想不到墓中的女人竟有这般多的花样，地位如此煊赫，除双层结构的木椁之外，竟有四层木棺包裹着她的芳身。

图8-17　马王堆一号墓墓主入葬示意图

里边的女人地位究竟多高，一时尚难断定，但从这层木棺的形状和外表装饰看，这应是最后一层木棺了。因为墓主的身份再高，也不会超过天子。

内棺的外表是用橘红和青黑二色羽毛贴成菱形图案，整个木棺长2.02米、宽0.69米、高0.63米。像这种用羽毛贴花装饰的木棺，在中国考古发掘中尚属首次发现。至于为什么要在木棺上贴上羽毛，大概是古人认为，凡人死后要升天成仙，而要升天就必须有相应的条件，这羽毛便是重要的条件之一，即《史记》《汉书》等史料上所说的“羽化而登仙”。

除奇特的羽毛贴花之外，在内棺的盖板上平铺着一幅大型的彩绘帛画。

整幅画呈“T”形，上宽下窄，顶部横一根竹竿并系以丝带，下部四角各缀一条20厘米长的麻穗飘带，全长250厘米，上部宽92厘米，下部宽47.7厘米。从形状上看似是旌幡一类的东西。由于帛画的正面朝下，一时还看不清内容。但考古人员已预感到，这将是一件极其宝贵的文物。

考古人员利用多种方法，小心翼翼地将整幅帛画揭取下来。帛画内容是天上、人间、地下三种景象，中间绘一个老年妇女拄杖缓行的场面。初步推测，当为墓主人出行升天的比喻。从整幅画面的图像看，系采用单线平涂的技法绘成，线条流畅，描绘精细。尽管有些地方模糊不清，但从清晰处可见到，此画在色彩处理上，使用了朱砂、石青、石绿等矿物颜料，对比鲜明强烈，色彩绚丽灿烂，堪称是中国古代帛画艺术中前所未见的杰作，是人类艺术宝库中最为贵重的珍品之一。

图8-18　一号墓出土的帛画《导引飞升图》

从4月27日凌晨4点一直到第二天下午4点，发掘人员绞尽脑汁，经过了无数次失败，终于将最后一层棺盖打开了。

盖板刚一掀起，一股难闻的酸臭味冲将出来，在场的人都感到难以忍受。此时的发掘人员却喜从中来，因为这股臭味就是一种报喜的信号，它意味着棺内墓主的尸体很可能尚未完全腐朽。

只见棺内装载着约有半棺的无色透明液体，不知这些液体是入葬时有意投放，还是后来地下水的渗透所致。在这神秘的棺液之中，停放着一堆外表被捆成长条的丝织品。从外表看去，丝织品被腐蚀的程度不高，墓主人的尸身或好或朽都应该在这一堆被捆成长条的物件之中。

由于棺中液体太多，文物又多半被浸泡在液体中，现场清理极其困难。经考古专家王㐨提议，决定将内三层木棺整体取出，运往博物馆再进行清理。

防腐保护

4月29日上午10点，王㐨、白荣金提着行李，离开发掘工地的住处，乘车来到博物馆暂住下来。田野考古发掘业已结束，根据行内的程序，他们今后的工作任务就是对出土文物进行室内整理和采取保护措施，以备后来进一步研究和展出。从北京来的技术专家胡继高、王丹华也相继来到博物馆，对出土文物进行保护性处理。

包裹着尸体的丝绸，被一一揭取开来，那件早已揭取了一半的“乘云绣”绢单衣被完全揭取后，王㐨和白荣金又用了一个星期的时间，相继揭取了第七层“信期绣”罗绮单衣，第八层灰色细麻布，第九层“茱萸纹绣”绣绢单衣，第十层，第十一层，直至第二十层贴身的“信期绣”罗绮绵袍。

至此，所有的丝织物全部被揭取完毕，一具女尸随之显露出来。不知什么原因，只见这个女人脚穿鞋子，却没有穿内外裤。

当女尸一丝不挂地展现在众人面前时，所有在场者都为之惊奇不已。只见女尸外形完整，面色如生，全身柔软光滑，皮肤呈淡黄色，看上去如同刚刚死去。伸展的双手各握一绣花小香囊，内盛香草。

考古人员用手指在她的脑门、胸部以及胳膊等部位按下去再放开，凹下去的肌肉和皮肤很快又弹起来恢复原状。掀动四肢，各关节可自由弯曲伸展。更令人惊奇的是，女尸眼睑的睫毛清晰可辨，左耳薄薄的鼓膜仍完好无损，就连脚指头的指纹和皮肤的毛孔也清晰可见。经测量，女尸全长1.54米，重34.3公斤，脚掌长达25厘米，几乎和现代女性的双脚长度相同。看来汉代的女人，确实没有裹脚习俗的。

女尸的出现，令考古人员感到神奇和激动的同时，对其本身价值的评估和如何处置的问题，则产生了较大分歧。

一种意见认为，这具女尸埋藏地下两千多年不腐，属世界罕见的奇迹，它的价值可以与闻名于世的“北京猿人”相提并论。如果说“北京猿人”展示的是几十万年前人类的面貌、特征，那么，这具女尸可提供两千多年前人的特征以及生理结构、病理特征，从而展开对古代人类学、医学等多学科的研究。

另一种意见则认为，这具女尸是人体的遗存，不是人类创造的文化遗产，在考古学中属于标本性质，与文物的价值有极大的差异，或者根本不能称之为文物。实际上，这具女尸形同一具木乃伊，只不过是湿润新鲜一些罢了。而木乃伊在中国西北地区经常发现，在世界各地也到处可见，根本没有多少价值，更无法与“北京猿人”相提并论。就棺内的丝织品和尸体而言，其丝织品的文物价值远远大于女尸本身。因此，建议博物馆像处置几年前在山东发现的明鲁荒王朱檀的尸身一样将其扔掉，不必再为此劳神费力了。

面对两种不同意见，侯良决定打电话到北京故宫，让高至喜向王冶秋汇报，看作何处理。王冶秋听罢，极其干脆明确地指示道：“女尸应妥善保存。”

湖南方面接到高至喜转达的电话，决定按王冶秋的指示执行，最终决定像医学院保存人体标本那样，向其体内注射酒精与福尔马林混合液，以保护内脏器官。此外，还专门请益阳有机玻璃厂制作了一个有机玻璃棺，将女尸移入盛放福尔马林溶液的玻璃棺内，做暂时性防腐保护。

令人头痛发愁的女尸保护问题总算得到了暂时解决，下一步要做的就是尽快清理、处理、保护文物。

一号墓主真实死因

1972年12月14日下午，女尸顺利解剖。1973年3月初各地来长沙的专家、学者，配合湖南医学院及长沙其他的参与单位，对女尸进行了各个方面的协作和研究，在解剖学、组织学、微生物学、寄生虫学、病理学、化学、生物化学、生物物理学、临床医学，以及中医中药学等诸多学科都取得了丰硕的研究成果。通过肉眼和病理组织、电镜观察、X射线、寄生虫学研究、毒物分析等，对女尸的死亡年龄、血型、疾病、死因等诸方面做了如下鉴定结论：

年龄：

1. 利用骨骼哈弗氏管的测定推断，对照陈康颐主编的法医学关于“根据骨骼推测年龄”的数字依据。推断女尸生前年龄约为50岁。

2. 利用X射线检查推断女尸生前年龄为40—50岁。

3. 妇科检查推断女尸生前为更年期妇女。根据中国古代医学记载妇女绝经期的年龄为49岁，近代资料报道为45—52岁、国外资料为45—50岁的不同数字，推断女尸生前年龄为45—52岁。

4. 从女尸的病理变化推断，女尸生前年龄为50岁左右。

综合以上各种不同推断，其结论是女尸生前为50岁左右。

血型：

采用抑制凝聚集试验法，测出女尸头发与组织具有明显的“A”型物质，故断定女尸血型属于“A”型。

汞、砷含量：

根据碘化钠晶体探测器测定，女尸的含汞量比现代人高数百倍。在骨组织中含铅量较高。

肠、胃解剖：

共发现内有138粒半形态饱满的甜瓜子。

其次，根据多种学科的检查诊断，墓中女主人生前共患有下列疾病和损伤性症状：

1. 动脉粥样硬化症。

2. 冠状动脉粥样硬化性心脏病（简称“冠心病”）。

3. 多发性胆石症（胆总管内、肝管内、肝内胆管内结石）。

4. 日本血吸虫病。

5. 第四、五腰椎间的椎间盘脱出或椎间盘变性。

6. 右桡、尺骨远端骨折，畸形愈合。

7. 左肺上叶及左肺门结核性钙化病灶。

8. 两肺广泛性炭末沉着。

9. 胆囊隔畸形。

10. 会阴二度撕裂的疤痕（说明生育过，曾有裂伤）。

11. 肠道蛲虫及鞭虫感染。

12. 体内铅、汞积蓄。

既然墓主人生前患有如此多的疾病和损伤性症状，到底哪一种是致她死亡的原因？当时有人认为存在着吊颈而死，或者被人一棒子敲死的可能。医务人员经过分析、研究，最后得出如下结论：

首先，排除吊颈而死的可能。因为女尸颈部没有绳索勒痕，就不能推断是吊颈而死。

尽管女尸头部皮层有瘀血的痕迹，但检查头部和全身未见机械性损伤，也就排除被外力一棒子敲死的可能。

从毒物化验来看，女主人生前有慢性汞（水银）中毒，但不是因中毒死亡。因为在女主人所在的西汉初期，由于生产技术的局限，尚未生产出能使她急性中毒死亡的“升汞”。女主人体内之所以有汞存在，主要是平时慢慢吞食下去的水银。据考古学家考证，西汉“炼丹”技术已盛行，多数贵族都以吞服“仙丹”而梦想长生不老。因“仙丹”主要是由汞制成，人吞服后就会慢性中毒，但这种慢性中毒不会致人猝死。因而，体内中毒不是女主人死亡的直接原因。

既然排除了自杀、他杀和中毒死亡的可能，女主人的死因到底是什么？

通过系统解剖和病理检查发现，女尸皮下脂肪、肠系膜脂肪、腹膜后肾周脂肪及结肠脂肪均较丰满，显示古尸死前营养状况良好。骶、背部没有褥疮，不像长期卧病而死。全身未见肿瘤，亦未见其他慢性消耗性疾病（如空洞性肺结核的病变）。消化道各段内均发现有甜瓜子，反映了患者临死前不久尚能从容进食。

若把上述几点联系起来思索，可以认为女尸的病死，不像一个慢性缓进，很可能是一个急性骤发的病死过程。也就是习惯上所说的急死或猝死。或者是说，在出现症状或体征后立即或24小时内死亡。根据女尸食管、胃、小肠及大肠中还停留有不少甜瓜子的事实来看，女主人的死亡当在发病后24小时以内。

女尸全身多处动脉粥样硬化，但大、小脑表面及各切面未见出血征象，镜下左、右大脑中动脉未见粥样硬化病变，大、小脑各部位含铁量，经化学分析及光谱测定，没有显著差别，故可排除大量脑出血所致的急死。

最大的可能就是由于冠状动脉堵塞严重，加上胆石症急性发作为诱因，反射性引起冠状动脉痉挛，导致急性心肌缺血，这种情况，造成猝死的可能性最大。

这或许就是女主人死亡的真正原因。

马王堆汉墓出土女尸的死因得以解开，但对这个女人死后，历二千余年而不腐的谜团，仍是外界以及研究者热切关注的焦点。到底是怎样的防腐奇术，使她的尸身历千年而不朽？

防腐的三大要诀

通过历史文献和考古发掘推断，人死亡之后，其尸体防腐能否取得成功，处理好尸体当是一个最为关键的因素。特别是死后及时处理与否，尤其重要。因为人一旦死亡，其组织、细胞等都失去生活能力，并在其本身固有酶、酵素作用下发生分解，使各器官变软、液化、自溶。由于肠胃道细菌和体表的细菌大量繁殖，使肌肤身躯腐败霉烂，并在不长的时间内化为乌有。因此，要想使尸体保存下来，就必须做到延缓和阻断自溶、腐蚀的发展进程，而这个进程中的第一步，也是首要的一步就是对死者尸体的及时处理。

马王堆汉墓出土的女尸在解剖中发现其胃肠道内有138粒半形态饱满的甜瓜子。由此推断，她是在吃了甜瓜之后较短时间内猝死的。但在这个女人死后，其尸体做过怎样处理？丧仪情节又是如何？这些都缺乏可供研究者分析的具体记载。

尽管如此，研究者还是普遍认为，尸体的处理与葬仪不会超凡脱俗地远离其生活的时代，也就是说，不会脱离从奴隶社会遗留下来，在封建社会前期广为盛行的那套《周礼》范畴。其葬仪及殉葬品的制度也应和《周礼》《礼记》所记载内容差别不大。因此，在没有直接证据的情况下，只有利用这些间接证据推断女尸采取防腐措施的可能性。

按照《周礼》和《仪礼》等规定，从人死亡到埋葬，大体可分为如下几个步骤：

第一，香汤沐浴和穿戴包裹。所谓香汤沐浴就是用香汤和酒擦洗死者的尸体。从史料记载中可以看出，用香汤和酒来给尸体沐浴不仅可以去秽使尸体变得“香美”，可能还有一定的消毒作用。如果在入殓前对尸体喷洒鬯（chàng）酒，则更有利于封棺后加速棺内的氧耗和建立缺氧条件。

当沐浴完毕后，紧接着要进行的就是穿戴，要求把洁净的内外衣和单被等紧紧捆贴尸体，借以掩盖体形面容之暴露。正如马王堆一号汉墓女尸那样，脸部覆盖面罩，身上穿贴身衣，外面包裹各式丝织衣着、衾被及丝麻织物共20多层。这种死后的穿戴和严密包裹的功能，除防止昆虫侵入尸体口鼻外，还有助于隔离空气，对阻滞尸体的早期腐烂有一定的作用。

第二，采取降温措施。尸体沐浴后，为了防止腐败以供瞻仰，周代已广泛应用了冰冻处理的办法，据《礼记・丧大记》载“君设大盘造冰焉，大夫设夷盘造冰焉……”郑玄注：“此事皆沐浴之后。”又说：“先内冰盘中，乃设床于其上。”冰盘之大小，盛用冰之多少，用冰时间的规定，都可以看出等级的森严。最高统治者帝王死后盛冰用大盘，汉代的大盘长一丈二尺，宽八尺，深三尺（西汉之1尺相当今之0.8295尺）。可见处理一个帝王的尸体，至少要用6立方米的冰。一个尸体放在6立方米的冰块上冷冻，自然会产生较好的防腐败、防自溶的效果。用冰时间，规定在仲春之后，秋凉而止。马王堆汉墓出土的墓主，作为贵族夫人，死后采用类似这种“寒尸”的降温方法是可能的。

第三，及早入殓封棺。《礼记・王制》中载有：“天子七日而殡，七月而葬；诸侯五日而殡，五月而葬；大夫、士、庶人三日而殡，三月而葬。”由此看来，作为轪侯的夫人，死后停尸的时间不会很久，殓（包括小殓、大殓）应在死后五天之内。而在死后的第五天，就应把棺封起来加以存放，然后择吉日埋葬。

根据马王堆一号汉墓的墓坑工程和墓葬规模推断，估计在入土以前至少要有几个月的准备时间，所以殡而待葬的时间可以比较长些，但也不能排除尽早埋葬的可能性。如果葬得迟，则把尸体封存在密闭性能很好的棺具里，是入土前保存尸体的一个重要措施。

这座汉墓所用的棺具质量很高，内棺的盖口用胶漆封固，所以棺的密闭性能极佳。在这样棺具内能保存尸体原因的可能是：当尸体入殓封棺以后，就处于密闭的条件中，由于棺内空间为包裹着的尸体和殓装等塞满，故棺内留存的空气很少，尸体初期的腐败过程和棺内物质的氧化过程，很快就耗掉了棺内的氧气，从而形成了缺氧条件，尸体初期的腐败过程就可能延缓并最终停止下来。1956年至1957年，考古人员在广州清理的明代戴缙夫妇合葬墓，发现两尸的保存状况都比较好。根据墓中的文字记载，两尸都是死亡之后停棺三年多才下葬的。可见棺封密固可起防腐作用。

第四，汞、砷与酒精的应用。中国古代应用水银、砷以防尸体腐败的记载甚至多于香药防腐，而仅次于玉、金等物质。史载秦始皇陵墓地宫就是“以水银为百川江河大海，机相灌输，上具天文，下具地理”。20世纪70年代的考古钻探证实了文献记载，说明秦始皇的丧葬用了大量水银。马王堆一号汉墓女尸在地下历经两千多个寒暑，肌肤、内脏、形体、颜色仍十分完好。达到如此防腐固定效果的因素当然是多方面的，但经过发掘之后的化学鉴定，在尸体处理上的明显特点有二：一为汞处理，二为浸泡。因为这座墓棺液沉淀物含有大量硫化汞、乙醇和乙酸等物，而棺液中硫化汞等在尸体的防腐固定上的作用也是较明显的。马王堆女尸之能完整保存，与汞的保护作用是分不开的。

另外，出土的尸体还有一个不同于随葬品的特殊保存条件，即本身居于椁和四层套棺保护之中，棺内空间远比椁室空间小。尤其内棺是密闭的，尸体又为棺液所浸泡，如果没有一个密闭的墓室，随葬品中大量有机物必然很快腐烂，棺木也会腐朽，最后尸体也难免烂掉。因此，尸体入土以后得以长期保存的基本条件，就是要与深埋地下的密闭的墓室与密闭的棺具结合在一起，这样才有可能使入土前保存在棺内的尸体，在入土后得以继续保存下去。

当一号汉墓的白膏泥层被捅开之初，曾经有气体喷出，燃烧试验时呈蓝色无烟火焰。这就证明了墓室中积聚了大量可燃性气体，也就是平时习称的“火洞子”墓。

类似这样的“火洞子”墓，历史上多有记载。王充在《论衡·死伪篇》中记叙王莽时“改葬元帝傅后，……发棺时臭闻于天，洛阳丞临棺闻臭而死。又改葬定陶共王丁后，火从藏中出，烧杀吏士数百人”。王充在论述这一现象时指出：“臭闻于天”，系“多藏食物腐朽猥发，人不能堪毒愦”而造成洛阳丞之死，“未为怪也”。“火出藏中者”“非丁后之神也”。“见火，闻臭则谓丁、傅之神误矣。”可见在汉代，王充对火坑墓之形成已经给予了科学的解释。

马王堆一号汉墓自然也属于这种“火坑墓”的一座。一个密闭的墓室内积聚可燃性气体，同随葬品的保存良好有着很大的关系，而墓室的密闭性是同构筑墓室所用的材料——白膏泥的黏性和可塑性是分不开的。

有一点需要提及的是，在已发现的汉代前后的墓葬中，较少使用白膏泥密封者，则只有残缺的椁底板而找不到一点骨骼了。至于根本没有使用白膏泥的墓葬，所有纤维物质都已腐蚀殆尽，如在中华人民共和国成立前后，湖南方面或盗掘，或正式考古发掘的四千多座较小的楚墓、西汉墓、东汉砖室墓，以及两晋、南朝、唐、宋墓，凡未用白膏泥者，尸体均已腐蚀无存，个别墓的棺上的漆皮也只能见到一点痕迹了。其他竹、木、漆、皮革、丝织物几乎全部腐烂，甚至连痕迹也荡然无存，随藏的一般性铜器也一触即破。这个奇异现象，在考古人员后来发掘的马王堆三号墓中也得到了确切的反映。

由此可见，使用白膏泥密封，加上深埋和填土夯筑紧密，以保护好棺椁，这是保存好马王堆一号汉墓女尸的一个最为重要的前提条件，也是女尸历千年而不腐的最具决定意义的因素。

发掘二号墓

马王堆从外表看上去，只有两个大土包，也是历史上流传的“马鞍堆”“双女冢”等的原因。发掘之后，才知此处有三个墓冢。考古人员把一号墓身旁不显眼的墓冢编为马王堆三号，而离一号墓稍远些的那个明显的大土包，则编为二号。从一号墓打破三号墓地层关系推断，三号墓的筑造和入葬年代应早于一号墓。

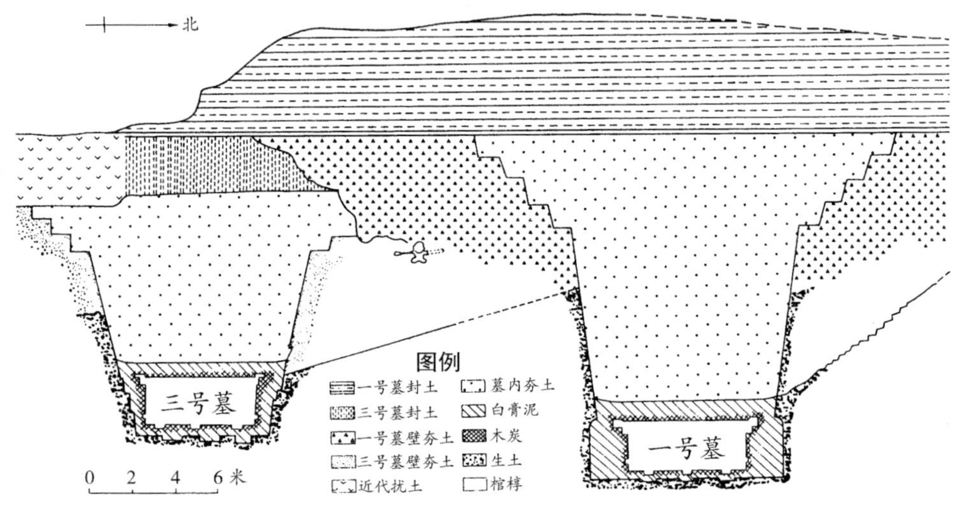

图8-19　一、三号墓打破关系剖面图

经过发掘，发现二号墓尽管屡遭盗掘，但仍有一些零零碎碎的小件器物散落于棺椁之间。再细心胆大的盗墓贼，也不会将墓中的一切器物全部盗走，除了时间上的仓促，还有一些器物，是盗墓者认为没有多大价值而舍弃的。

1974年1月10日傍晚，正当考古人员在椁室中四处寻找和提取零散的器物时，阴沉的天空突然飘起了雪花，至后半夜，雪越发大了。到11日清晨，大雪已呈铺天盖地之势，远山近丘，荒野田畴到处是白茫茫的一片。此时朔风骤起，雪花飞扬，气温突降到零下四至五摄氏度。这是长沙多少年来未遇到过的大风雪天气。

雪水浸泡的污泥中，那鎏金的嵌玉铜卮、错金的铜弩机，那银质或铜质的带钩，精美灵秀的铜鼎、玉璧、漆器、陶器等，在考古人员耐心寻找下先后出土。

眼看又一个黄昏将至，被融化的积雪浸泡过的墓壁，已出现裂痕，说不定哪一刻整个墓壁就要崩塌，危及考古人员的性命。面对险情日重的突发情况，站在风雪飘零的墓坑之上负责指挥的李振军决定立即调来起重机，将棺椁吊出墓坑。同时将墓室中的污泥浊水全部装筐装桶用起重机吊出。同棺椁一并装入卡车，拉回省博物馆再做清理。

墓中的污泥浊水拉到博物馆后的第二天，考古人员又进行了清理。这次清理当然不再采用墓坑中摸鱼抠蟹的方法，而是把一个铁筛放于水管龙头前，把污泥一点点倒入筛中，再借用水管的水慢慢清洗。这个方法使内中的大小器物无一遗漏地被筛选出来。

当从墓中挖出的污泥全部被淘洗完后，考古人员特别是发掘领导小组成员，心情稍感轻松的同时，不禁悲从中来。想不到这个从外表看去令人充满信心与希望的庞大墓葬，几乎是腹中空空。不但未见到一点骨渣，就连期望中的器物也没有一件出土。

面对此情此景，王冶秋、李振军怀揣着复杂的心境在省博物馆一楼大厅内来回踱步。可以想见，他们同样于心不甘。就在这众人感到沉闷、压抑、悲苦之时，李振军像想起了什么，急忙来到考古队员身边说："将那些破碎的椁板也抬来冲洗一下，说不定还有什么东西呢。"

这一提醒，众人尽管觉得有些道理，但也没抱太大的希望。几个人无精打采地将椁板抬到水龙头前，开始冲洗起来。随着哗哗的水流声，椁板上的污泥被一点点冲除。令所有人意想不到的是，奇迹出现了。

就在椁板底部的污泥中，考古人员何介钧、胡德兴等人发现了对整个马王堆汉墓发掘至关重要的三颗印章。经鉴定，一颗是玉质私印，盝顶方形，长宽各2厘米，上刻阴文篆体"利苍"两字。另两颗是铜质明器官印，龟纽鎏金，长宽各2.2厘米，分别刻阴文篆体"轪侯之印"和"长沙丞相"字样。

三颗印章的发现，在确切地证实了墓主人是西汉初年轪侯、长沙丞相利苍的同时，也揭开了千百年来蒙在马王堆汉墓之上的最后一层面纱。它以无可争辩的铁证向人们证实，马王堆一、二、三号汉墓，正是轪侯利苍一家的葬地。

这一非同凡响的发现，使所有考古发掘者都忘却了连日的艰辛，精神为之大振。回想当年，在一、三号汉墓发掘之后，虽然墓中随葬器物上写有“轪侯家”的物主标记和封有“轪侯家丞”的封泥，但仍有人坚持认为这些器物是轪侯一家送给长沙王的礼品。更有人依据文献记载，坚持认为是汉代的“双女冢”“二姬墓”以及“长沙王妃”之墓等。

正所谓苍天不负苦心人，此次三颗印章的出土，使一切的争论和猜测都不辩自明，烟消云散，也使二号墓乃至整个马王堆汉墓的规格和考古价值大大地得以提升，当之无愧地列入20世纪中国最伟大的考古发现之一。

墓主家族关系初断

既然二号墓中出土了至关重要的标志着马王堆三座汉墓同系一个家族葬处的三颗印章。那么，这个家族到底是一种怎样的关系？

二号墓出土的“长沙丞相”“轪侯之印”和“利苍”三颗印章，无疑是马王堆利苍一家墓地的确证。据《史记·惠景间侯者年表》和《汉书·高惠高后文功臣表》的记载，利苍是汉惠帝二年（公元前193年）被封为轪侯的，死于吕后二年（公元前186年），由此可知此，墓距今已有2100多年的历史了。

在三号墓出土的一件木牍中，上书“十二年二月乙巳朔戊辰……奏主赟（藏）君”等字样。查西汉初期超过十二年的纪年，仅汉高祖有十二年和汉文帝初元有十六年。三号墓出土有带“轪侯家”铭文漆器，汉高祖刘邦在位时，利苍在长沙任职，尚未封为轪侯。据山东临沂银雀山汉墓出土的元光元年历谱，汉初在汉武帝太初改历以前，是使用颛顼历规制推算，汉文帝初元十二年二月，恰是乙巳朔。这样，就肯定了三号墓的年代，应为公元前168年。

至于一号墓的年代，由于它分别打破了二、三号墓的形制，从地层关系看来，是晚于这两座墓的。但是，一号墓和三号墓的随葬器物，无论是漆器的形制、花纹和铭文还是丝织品的图案，或者简牍文字的书体、风格都非常接近，如出一人之手。而一号墓出土的泥"半两"和三号墓填土所出"半两"钱，同样都是文帝时间的四铢半两。因此，两墓的年代应该相当接近，可能相距仅数年而已。

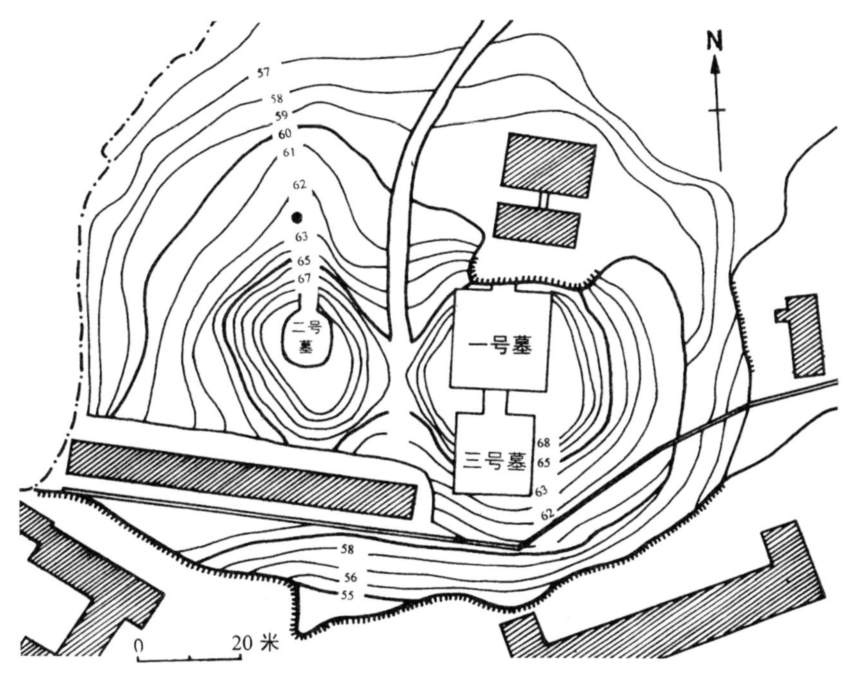

图8-20　一、二、三号墓平面分布图

弄清楚了马王堆三座墓葬的年代，那么三者之间的关系也就比较容易解决了。一号墓与二号墓东西并列，都是正北方向，两墓中心点的连接线又是正东西向，封土也几乎同大，这正是汉初流行的夫妻不同穴合葬的形式。利苍葬在西边，女尸埋葬在东边，正符合当时“尊右”习俗。因此，一号墓墓主，毫无疑问就是第一代轪侯利苍的妻子，她比利苍晚死大约20余年。

三号墓紧靠一号墓的南方，即利苍妻子的脚下，两墓墓口相距仅4.3米。据鉴定，一号墓女尸的年龄为50岁左右，三号墓墓主人的遗骸为30多岁的男性，二者相差20多岁，当是母子关系。三号墓的墓主应是利苍的儿子。

当轪侯家族的世系被弄清之后，马王堆汉墓发掘者和研究者接着迫切需要知道的，就是这个家族成员的生活经历及人生命运。关于马王堆二号汉墓墓主人轪侯利苍的生平，历史上没有专门的传记流传于世，只有《史记》和《汉书》分别在功臣表中做了简单的提及（前文已述），且《史记》《汉书》两家在记载上又有抵牾和参差之处。因此，只有将这些零散、简单的材料综合起来加以校订和研究，再根据考古发掘的旁证材料加以推测，才能对轪侯家族不同人员的情况以及当时的社会风貌有一个基本符合史实的了解。当然，几乎所有的考古人员和研究者都感到，要追寻已逝去两千多年的利苍的踪影，就无法绕开同轪侯家族命运紧密联系在一起的两个关键性人物——汉高祖刘邦与长沙王吴芮。

刘邦建立了西汉政权，自己登上了九五之尊的帝位，国家名义上得到了统一，看来已是万事大吉了。但是，刘邦深知，国家初建，面临的问题和困难还很多，首要的问题出现在国家内部。当年自己起兵反秦以及在和强敌项羽的争霸战中，凭借一群梦想着称王称帝的乱世枭雄和政治野心家的支持与妥协，才有了后来这个局面。既然霸业已成，而江山是大家共同打下的，胜利的果实自然要大家来分享。所以，在垓下会战胜利之后，刘邦不得不把大片国土分封给往日那些与自己共赴生死的弟兄。他先后分封韩信为楚王、彭越为梁王、故韩王信为韩王、衡山王吴芮为长沙王、英布为淮南王、臧荼为燕王、张耳为赵王以及后来取臧荼而代之的卢绾等8位异姓王。就当时西汉所占有的版图看，太行山以东几乎都成了各诸侯王的封地，宛如战国末期残存的东方六国，占据全国半壁江山，与西汉中央王朝形成了对峙的政治格局。这些分封的诸侯王表面上对刘邦的中央政权表示臣服，骨子里却依然残存着非分之想，并潜伏着向朝廷发难的危势。除此之外，另一个最为严重和棘手的问题是来自外部的“胡越之害”。胡是指北方强大的游牧民族匈奴；越是指秦末在百越故地上建立起来的南越国政权，这个政权在东南沿海一代有很大的政治、经济势力。《汉书・地理志》颜注引臣瓒说：“自交趾至会稽七八千里，百越杂处，各有种姓。”从今天的地理位置来看，百越所包括的势力范围，应是广东、广西、越南、福建等广大地区。假如这个庞大地区的割据势力联合起来向西汉中央政权发动进攻，其后果自是严重和可怕的。

面对这种内忧外患的险局，一生都在琢磨如何“治人”而不是被“治于人”的老谋深算的刘邦，同他的忠诚谋臣张良、萧何在反复权衡思量之后，采取了一项看似颇为得力的重要措施，这就是由中央朝廷选派代表到诸侯国担任丞相之职，其目的是通过这个代表人物去监视各路诸侯的不轨行动，并加强对他们的控制。正是由于这种具有非凡政治意义的考虑，被派往诸侯国担任丞相的人选，各方面条件就要求得异常严格，而首要的条件，自是要绝对忠诚于中央政权，也就是说非刘邦本人的心腹亲信而不能担当此任。其次，被派去的人还应具备非凡的才能，要有能力控制住诸侯王及这个国家的臣僚，使他们服从于中央政权。这二者互为唇齿，缺一不可。倘只忠诚于中央政权而无驾驭诸侯的本领，或只具有才干而不忠于中央，都会造成适得其反的恶果。马王堆二号墓的墓主利苍，正是在这种政治背景和本身具备入选条件的情况下，被派往由吴氏家族为王的长沙国任丞相的。

利苍是何人

为什么中央政权或者说刘邦本人选中了利苍，又为什么偏偏将他派往长沙国而不是其他诸侯国？结合史料和考古发掘，研究者曾做了这样几种推测，那就是利苍本人——

第一，来自苗族。

做这个推测的理由是：（1）“T”形帛画上画有苗族关于“九个太阳”的传说。（2）墓主没有穿裤子，随葬衣服中也没有裤子，数以百计的木俑也没有穿裤子。下身不穿裤子而只穿裙子是苗族自古以来的习惯。（3）苗族认为他们的祖先是蛋生的。一号墓出土一箱鸡蛋，是与墓主人的民族习俗有关。（4）苗族人死后忌用生前的银器、铜器随葬。马王堆汉墓没有用金银铜器随葬，是与苗族习俗相吻合的。（5）一号墓主蓄有苗族的发式。（6）用大量食品随葬也是苗族的风俗。另外，研究者还认为利苍在封为长沙丞相之前很可能就是当地苗族部落的首领。

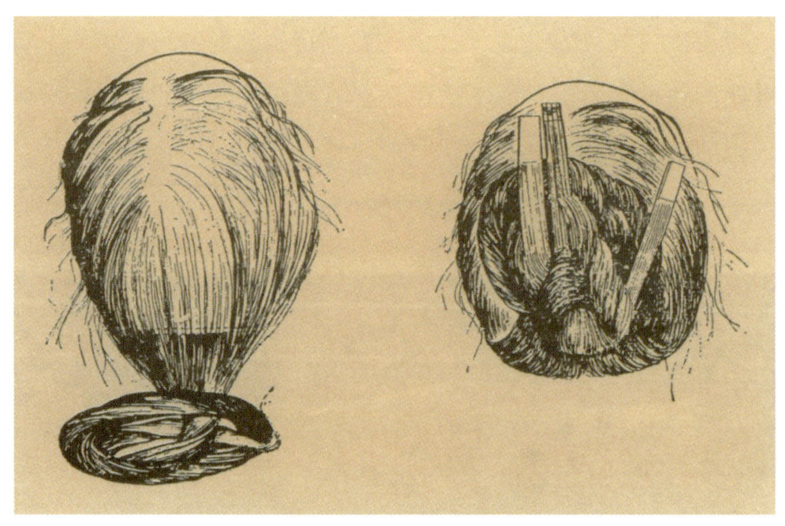

图8-21　女墓主的发式

第二，来自侗族。

认为墓主是侗族的理由是：（1）《汉书》称利苍为“黎朱苍”或“朱苍”，这是侗语对利苍的称呼。轪侯夫人“辛追”也属于侗族习惯的名字。（2）汉族是夫妻合葬，而侗族是母子合葬。一、三号墓是母子同葬一个山头，而二号墓利苍葬在另一个山头，正符合侗族的葬俗。（3）黑地彩绘棺上画的是侗族的神话传说故事。（4）墓中引魂幡作衣形，遣册也称它为“飞衣”，显然是侗族以衣招魂习俗的反映。（5）帛画中有许多鸟，反映了侗族偏爱鸟的习俗。（6）轪侯夫人辛追用的木梳和鹊尾鞋，也符合侗族妇女的穿着习惯，并且直到中华人民共和国成立前还在沿用。（7）墓中出土的乐器等保留了侗族古代葫芦笙的原始形态。（8）轪侯家用牛肉掺米粉腌制的“牛白羹”反映了侗族特有的饮食习惯。

第三，来自越族。

认为墓主是越族的理由：（1）长沙王吴芮曾“率百越佐诸侯从入关”，有功封王。故长沙王吴芮的丞相利苍也是百越中的头目之一。（2）从氏族看，“利苍”即“黎朱苍”。黎姓的远祖是传说中的“九黎”，即后来的“三苗”，也就是百越。又黎人即俚人，《隋书·南蛮传》说俚人“古所谓百越也”。（3）墓主人梳的是越人的发式。（4）墓中遣册食谱中多狗肉，这是越人爱吃狗肉习俗的反映。（5）从葬制看，也是采用越人惯用的土坑竖穴墓。（6）三号墓出土的大批帛书多带迷信色彩，反映墓主“好巫术”和“信鬼神”。轪侯一家信奉的神是祝融和蚩尤，这些也是越人习俗的反映。

第四，来自楚地。

认为墓主利苍一家是楚人的理由：（1）据《姓解》记载：“利，《左传》‘楚公子食采于利’，后以为氏。”则利氏在当时是只有楚人才有的姓。（2）利豨（xī）是楚人的名字，因“楚人谓豕为豨也”。（3）利扶失侯放归老家江夏郡竟陵，而利苍封侯的封地在江夏郡的轪县，江夏郡是楚地，即今天湖北省汉水南岸的潜江，因此，利苍一家为楚人。

从以上推测看，不论是来自苗族、侗族、越族还是楚地，利苍的出生地应在汉水或长江以南地区。根据《汉书·高惠高后文功臣表》中平皋炀侯刘它栏中记载的“功比轪侯”四个字来看，利苍与刘它的经历必有近似之处。汉高帝年间，曾对列侯18人做了位次的排列，到了吕后二年，又由丞相陈平主持，对当时的列侯137人进行了位次的排列，当时利苍被排在第120位，而跟利苍功劳相比的刘它，被排在了第121位。从刘它的经历看，其本名项它，原为项羽部下的一名将军，司马迁在《史记·项羽本纪》中曾提到过此人。刘、项垓下决战前夕，项它被刘邦手下大将灌婴俘虏于彭城。此后，刘邦对“项氏枝属”采取宽容收买的政策，赐姓封侯，授以高位。若干年后，汉中央政权将刘它与利苍的功劳相提并论，这就从另一个侧面说明了利苍与刘它有相同的经历，很可能利苍本人原来也是项羽的部将，在刘、项大决战的前后，弃项投刘。从利苍的籍贯看，他原来作为项羽部将的可能性也极大。此外，在利苍墓中发现一件错金的铜弩机，上刻铭文“廿三年私工室……”从文字的风格和铭刻的款式看，它当制造于秦始皇二十三年。按照古代事死如事生的思想推理，这件铜弩机当是利苍本人生前使用过的实用兵器，并有可能陪伴利苍度过了颇为不凡的戎马生涯。这也是利苍有可能先在项羽、后在刘邦部下为将的一个间接证据。

在西汉王朝建立之后到利苍赴长沙国任丞相前他的这一段经历到底是怎样的，史料无载，也没有旁证或发掘实物可供推测。但从刘邦对他的信任程度来看，他似应在中央政权任职。不论做怎样的推测，利苍作为刘邦的亲信和中央政权信赖的人选赴长沙就职是无可争辩的。但是，在众多的诸侯国中，为什么要把利苍派往长沙而不是别的地方，刘邦及中央政权的谋臣为此做了怎样的考虑？要弄清这一点，还应看一看长沙以及其他诸侯国当时的政治背景。

关于长沙王吴芮的经历，史料多有记载。此人在秦朝时为番阳县令，很受当地百姓及江湖志士的敬慕。当陈胜、吴广等人举起反秦的大旗后，他亦率一帮生死弟兄开始与秦王朝为敌，并与项羽为盟。后来他转降刘邦，并在楚汉战争中立下了卓越战功，被刘邦于高祖五年（公元前202年）封为长沙王。此时的长沙国是汉初分封的诸侯国中最为特殊的一个。西汉以前的长沙国只是秦时的一个郡，秦之前则属于楚国的地盘。虽然这次由郡改国后，在汉中央政权的诏令中明确规定以长沙、豫章、象郡、桂林、南海等五地归长沙国管辖。但当时的豫章实属以英布为国王的淮南国，而象郡、桂林、南海等三地则被独霸一方的南越王赵佗所占，吴芮实际掌管的范围仅长沙一郡之地，约为湘江河谷平原的十三县之地。据做过长沙王太傅的贾谊于公元前174年上书说，汉初的长沙国民户只有二万五千，按《汉书·地理志》长沙国户口比例推算，那时的人口数为十一二万左右。由此看来这个王国是较小的。虽然长沙国国小人少，却夹在汉朝廷所属领地与南越诸国之间，是阻挡百越诸侯国进攻汉中央的门户，而利苍的原籍可能就在长沙国的版图之内。他对长沙国的地理环境、风土人情应该比较了解和熟悉，故刘邦让利苍到长沙国任丞相，除了监视和控制长沙国外，还有一个除他之外别人很难胜任的重要任务，那就是监视百越之地的诸侯国的异常动静，特别是军事方面的行动。以他身经百战的经历，这个重担是能够胜任的。

利苍就是在这样复杂的政治背景中，肩负着中央政权及刘邦本人的重托走马上任了。他上任后的情形是什么样的呢？按《史记·五宗世家》载：“高祖时，诸侯皆赋，得自除内史以下，汉独为置丞相，黄金印。诸侯自除御史、廷尉正、博士，拟于天子。自吴、楚反后。五宗王世，汉为置二千石，去丞相曰相，银印。诸侯独得食租税。夺之权。”从以上的记载可以看出，就在利苍上任的西汉初年，诸侯国王的权力相当大，在这个小朝廷里，除丞相要由汉朝中央任命外，其余所有官吏都由诸侯王自己任命。诸侯王是王国的真正统治者，而丞相的职权只是辅佐诸侯王进行统治。虽然此时王国丞相使用的是极富权威性质和中央级规格的黄金印，但由于他所领导的官属臣僚都是诸侯王的亲信，所以他的实际权力必然受到一定的掣肘和限制。可以想象，这个时期的利苍在长沙国所发挥的作用是不明显的。而其他被派往诸侯国为丞相者的政治命运，也应该与他相似。

或许正因如此，才出现了虽有丞相监视，但王国还是不断叛乱和向汉中央政权发难的事情。继吴、楚七国叛乱之后，中央洞察到了这个缺憾，汉景帝决定改诸侯国的丞相为“相”，并规定王国朝廷的高级官吏统统由中央任命，与王国相都属于中央方面派来的人。这样，诸侯王被无形之中架空了，直接统治权完全被剥夺，而王国相虽然将金印改为银印，从外表上看，似乎职位有所降低，权力却大大加强，并成为实际上王国的最高统治者。从利苍在长沙国为丞相的时间看，由于他在高后二年死去，生前使用的应为黄金印。但从马王堆二号墓出土的三颗印章看，除一颗私章是玉质外，另外两颗爵印和官印均为铜质，显然不是原印，而是专为死者殉葬做的冥印。至于当年利苍用过的黄金印流落到何处，则难以知晓。

诱杀英布的立功者

从《史记》和《汉书》的记载来看，利苍是在任长沙国丞相期间被封为轪侯的。也就是说，任丞相在前，封轪侯在后。那么他在长沙国任了几年丞相之后得以封侯，又是因为什么而受封的？为了回答这个问题，现将汉中央政权、长沙王、利苍三方面的关系表开列如下：

公元前202年	汉高祖五年	长沙文王吴芮始封，当年卒，子臣嗣
公元前201年	高祖六年	长沙成王吴臣元年
公元前194年	惠帝元年	长沙成王吴臣八年，卒，子回嗣
公元前193年	惠帝二年	长沙哀王吴回元年。利仓以长沙丞相受封为侯
公元前187年	高后元年	长沙哀王吴回七年，卒，子右嗣
公元前186年	高后二年	长沙恭王吴右元年。轪侯利苍八年，卒

据上表可知，利苍在任丞相之后到封侯之前的这段时间，应在汉高祖五年至惠帝二年间。另据史料载，早在利苍出任长沙国丞相之前，就有一个叫吴郢的人担任长沙国的“柱国”，这个官职是楚遗留下来的旧头衔，其权力和丞相是相同的。从吴郢的姓氏来看，极可能是长沙王的本家或者亲信，他在死前数年被免，利苍接替。从这个空间来看，利苍上任时应在汉高祖十年左右，距他封侯的时间有三至四年的样子。在这样短的时间内，是什么特殊的功绩使他跻身于列侯的位次之中呢？尽管史料没有直接提及，但作为旁证，就不能不令人想到发生在这个期间的淮南王英布叛乱事件。

史料中关于英布的记载比较详细，此人是六县（今安徽六安东北）人，秦王朝统治时只不过是一介庶民，且有点乡间地痞流氓的习气。关于他的传记中，史家总是不肯漏掉这样一个故事，说英布少年时，有一个算卦先生对他说：“你受刑之后就能称王。”到他壮年时，果真因为触犯大秦律法被处以黥刑（脸上刺字）。于是，英布笑着对别人说：“以前有人说我受刑以后就能称王，大概就指的今日之刑吧。”周围的人听了不禁哄堂大笑，皆把他当作马戏团的小丑或不知好歹的疯子来看待。

这次受刑之后不久，英布被押至骊山修造秦始皇的陵墓，也就在这个期间，英布结交了不少同为刑徒的豪壮之士，并瞅了个机会，率领一帮患难弟兄逃出骊山工地，流落到长江一带做了强盗。陈胜起义时，英布见天下已乱，正是英雄施展本领、实现政治抱负的大好时机，便率众投靠了番阳令吴芮，跟其一道举兵反秦。吴芮见英布威猛机智，是难得的英雄豪杰，便将女儿许配于他。

在之后天下纷乱的若干年内，英布先是转归项梁，项梁死后，又归属项羽，再后来又弃项投刘，跟随刘邦转战各地。他骁勇无比，屡建奇功，直至西汉王朝建立初年，被刘邦封为淮南王，成了一个诸侯国的小皇帝。至此，英布当年在受刑后称王的妄言竟真的变成了现实。可惜好景不长，到了高祖十一年（公元前196年）三月，刘邦在其妻吕后的挑唆和主谋下，继谋杀了楚王韩信之后，又将梁王彭越送上了断头台。为达到杀一儆百的效果，刘邦竟命人将彭越的尸体剁成碎块，煮成肉酱，分别派人送给各诸侯王品尝。

英布与韩信、彭越在楚汉战争中曾立下了汗马功劳，刘邦称帝后，他们三人的命运紧密相连，可以说一损俱损，一荣俱荣。如今当英布得知韩、彭两人先后惨死的消息，并意外地收到了彭越的肉酱这一极其血腥和暗伏杀机的“赏赐”后，不禁惊恐万状，立即部署军事力量，以备不测。恰在这时，淮南国中大夫贲赫因和英布的姬妾偷情之事东窗事发，深知大事不妙，便仓皇逃往长安，向刘邦诬告英布谋反。英布知道贲赫一旦逃到长安，必然将自己的军事部署和意图报告刘邦，生性多疑的刘邦自然不会放过置自己于死地的机会，必然带兵前来征讨。于是，英布干脆一不做、二不休，屠杀了贲赫全家，起兵叛汉。

英布起兵后，先向东攻击荆国，荆王刘贾（刘邦的叔父）大败而逃，死于富陵乱军之中。英布合并了荆国军队，乘胜北上，渡过淮河，又将楚国刘交（刘邦的弟弟）的军队击溃，然后率大军向西挺进。一时，淮南国军队声势浩大，锋芒所及，无人能敌。西汉中央政权受到了极大威胁。在这危急关头，刘邦不得不强撑着病体，亲自统率大军前来征讨。高祖十二年（公元前195年）冬十月，刘邦大军跟英布军队在蕲县西面的会缶乡遭遇。刘邦见英布军锋芒甚健，不敢贸然迎战，便在庸城（今安徽宿州市蕲县集西）坚壁固守，英布也排兵布阵，欲与刘邦决一死战。刘邦打马从城中出来，望见英布所布军阵跟项羽当年的布阵很是相似，内心不免有些畏惧，便想用说服的办法劝英布罢阵息兵，但刚说了句“我平日待你不薄，你何苦要反叛呢”，英布却极不买账地说：“什么反叛，我不过也想尝尝当皇帝的味道罢了。”

刘邦听后大怒，纵兵攻击。英布军抵挡不住，向后撤退。当渡过淮河后，双方又经过几次激烈的拼杀，由于多种原因，英布再度失利，只好退到长江以南。正当英布欲寻机会重整旗鼓，再度反攻时，刚好长沙王吴臣（吴芮之子）派人前来，声称要接他到长沙国去休整。英布想到吴臣的姐姐是自己的妻子，两家素来交好，这吴臣应是真心实意地对待自己，便怀着感激之情率部跟随说客向长沙国而去。但英布万万没有想到，当他刚走到番阳县兹乡时，就被长沙王吴臣事先埋伏在那里的兵丁杀死了。

当刘邦得知长沙王诱杀了英布后，对吴臣这种审时度势、大义灭亲的举动非常感激，同时也对上任时间不长的丞相利苍表示赞赏。很显然，使长沙王能在这关键时刻毅然站在汉中央政权这一边并采取果断措施消灭英布，是与利苍的努力分不开的。或许，正是他的因势利导和种种努力，才使长沙王最终有了这个非凡的举动。从这一点上看，利苍没有辜负中央及刘邦本人的期望，出色地完成了任务。长沙王以及利苍立下的功劳本应得到中央朝廷的封赏，可惜刘邦在与英布交战中不幸被流矢所伤，待次年返回长安后，因箭创复发，不久即死去。或许鉴于异姓王相继叛乱的教训，或许是出于对其妻吕后的芥蒂和防范，刘邦行将归天的弥留之际，他召集列侯群臣一同入宫，命人杀了一匹白马，一起盟誓道："从今以后，非刘氏不得封王，非有功不得封侯。如违此约，天下共击之！"这个时候，原来分封的八个诸侯王，除长沙王外，全部被除，其封地渐渐被九个刘姓王瓜分。

刘邦去世后，太子刘盈继位，是为惠帝，尊吕后为皇太后。惠帝年刚17岁，秉性懦弱，身体不好，由其母吕后临朝称制，掌握了实权。尽管刘邦生前为刘氏天下的稳定久远，想了种种招数，做了种种限制，但历史上的吕后时代还是不可避免地到来了。

吕后当权，开始思虑如何为她的娘家人谋取更高更大的职位，但毕竟刘邦刚死不久，鉴于虎死威尚在的政治惯性和"白马盟誓"的遗训，这就不能不使吕后在对臣僚分封赐赏时，暂且照顾大局。于是，从惠帝元年（公元前194年）开始，中央政权对在平叛英布的战争以及其他方面立下功勋的臣僚进行封赏，并对所有的列侯重新排了位次。从《汉书·高惠高后文功臣表》来看，那个因和英布的姬妾通奸东窗事发，而后跑到长安告英布叛乱的贲赫，以"告反"的功劳被封了个"期思康侯，二千户"；因此时在诱杀英布中立下过功劳的长沙王吴臣已死，所以惠帝元年九月，新继位的长沙王吴浅便“以父长沙王功侯，二千户”，算是父功子享了。惠帝二年四月，长沙丞相利苍“以功封为轪侯，七百户，列120位”。此时全国的列侯有180多人，利苍这个位次算是中间偏下。

利苍死于吕后二年（公元前186年），死时有五六十岁。从他的年龄和任职的政治背景看，应该属于正常的死亡。据《史记·惠景间侯者年表》载，有醴陵侯越（姓氏佚），于吕后四年（公元前184年）以长沙丞相封侯。从时间上推算，上距利苍之死仅隔一年，可见这个醴陵侯越就是利苍的继位者，有可能利苍是在长沙国丞相任上死去的，他在职的时间应在8—10年。

太夫人的生命历程

通过考古发掘证实，马王堆一、二号墓属于不同穴的夫妻合葬墓。一号墓的女主人无疑是二号墓主轪侯利苍的妻子。研究者在尽可能地推测出利苍生前的经历及政治活动的轨迹后，对这位长眠两千余年不朽的神奇夫人生前的经历，也应做一个基本的推测。

首先是关于这个女人的姓名。考古人员在一号墓的殉葬品中，发现一颗极其重要的上刻“妾辛追”三字的泥质印章，这当是墓主人的私章。这里的“妾”并非我们惯常认为的小老婆或姨太太，在汉代的制度中，男人称臣，女人称妾似乎是个通例，是谓：“臣妾男女贫贱之称”也。不仅如此，即是皇后在皇帝面前也自称妾。《汉书·外戚传》载皇后上疏的一段文章中，就有“诏书言服御所造，皆如竟宁前，吏诚不能揆其意，即且令妾被服所为不得不如前。设妾欲作某屏风张于某所，日故事无有，或不能得，则必绳妾以诏书矣”的内容。按说贵为皇后，已不再贫贱，但这里仍以妾称，大概出于谦虚之意。既然皇后在皇帝面前称妾，那么诸侯之妻也自然在位高权重的丈夫面前称妾，想来马王堆一号汉墓的主人即是如此。

“妾”字问题得到了解释，后面还有“辛追”两字需做说明。当这个印章出土时，有研究者认为墓主人姓辛，故称作辛氏。但后来有研究者给予了否定，理由是从汉代印章的制度来看，无论男女，在“臣”或“妾”的后面都只有名，而无姓。如《十钟山房印举》中所举的单面印章的例子“妾繻”“妾剽”等就是如此。双面印则更清楚，一面是“姓款”，另一面则是“妾款”。如一面是“吕因诸”，另一面则是“妾因诸”。男的也是如此，如正反两面分别为“贾宽”和“臣宽”，“高长安”与“臣长安”。虽然这些印章时代有早有晚，但在汉代的整体形式是统一的。因此，一号墓出土的印章中的“辛”字绝不是姓，称作辛氏自是不妥当的。但出于研究上的方便，将辛追两字合起来，只称其名也是可以说得过去的。

根据马王堆汉墓出土的器物及墓主的装饰，专家们对辛追及利苍的出生地，曾做了属于苗族、侗族、越族和楚地等不同的推测。但这些推测中，似乎没有人注重医学研究成果所提供的信息，如果将湖南医学院等医学科研单位在解剖辛追的尸体时，发现其直肠和肝脏内积有大量血吸虫卵这一事实加以考虑，或许会认为这个女人的故乡属于楚地，也就是当今湖南北部、湖北一带的可能性最大。因为血吸虫多产生于湖泊沼泽地区，据医学部门的研究报告，血吸虫卵一般都寄生在水中的钉螺体内，当血吸虫的毛蚴在钉螺体内孵化之后，便在水中四处活动。由于这种小虫活动力极强，几乎是无孔不入，且又小得难以用肉眼看到，所以当人体浸入水中之后，很容易被其乘虚而入，借着擦伤、破皮或某个部位的空隙钻入人体之中繁衍生长，并给人的生命带来极大危害。

从史料看，湖北一带的长江、汉水流域，原与云梦泽连成一片，形成了巨大的江河湖泽地区，而这个地区自古以来就是血吸虫病颇为流行的地方。由于面积庞大，受害的病人众多，加上医学水平和医疗条件的限制，几千年来总是得不到根治。这种境况直到中华人民共和国成立后才有了划时代的改变。可以想象，辛追体内的血吸虫卵，正是幼年时在这片沼泽湖泊中被感染所致。如果辛追的童年和青少年时代不是生活在此处，而是在更南端或偏东南的少数民族地区，其体内的血吸虫卵问题就很难做出合理的解释。

长沙国的亿万富翁

自辛追携子随夫来到临湘定居之后，身为长沙国丞相的利苍算是有了个娇妻爱子皆备的完美家庭。他们一家的住处早已荡然无存，甚至连一点可供探察的线索也没有为后人留下。两千年后的考古工作者只能从马王堆三座墓葬的出土器物中，推测利苍一家当年生活的情景。

显然，这三座墓葬中的器物远不能代表利苍一家的全部财富，但仅仅是这豪华无比、精美绝伦的三千多件珍品，已经让人深感震惊和意外了。一个受封仅七百户的小侯，何以会聚敛到如此繁多精美的财物？其经济来源主要出自何处？这是一个研究和推测起来都极为烦琐的命题，似乎只有将利苍任丞相的长沙国、封侯之后的封地轪国以及汉中央政权等三个方面联系起来才能看出个眉目。

正如前文的推测，利苍是在任长沙国丞相三至四年之后才得以封侯的。在此期间，他的经济来源与封地轪国还没有发生关系，而主要靠长沙国以官俸的方式供给，间或也可得到中央财政的补给。那么，他得到的官俸是多少，长沙国的经济状况又是如何呢？

有研究者曾根据《汉志》户口数字和杨守敬编撰的《前汉地理志图》所载西汉人口密度图推断，当时的黄河流域人口密度最高达每平方公里200人，一般也在50人至100人。而长沙国的人口密度则小得多，根据《汉书·地理志》所载元始二年（公元2年）长沙国的户口数字来看，这时的长沙国面积大约为71 000平方公里，人口增长到23万多人，人口密度约为每平方公里3.3人。当然，此时上距利苍为长沙国丞相的时代约200年，按照汉初的情况看，那时长沙国的人口密度不会大于每平方公里2人的数字，这个数字当是在西汉各诸侯国中最低的。在以小农经济为主要生产、生活方式的汉初，人的多少是该地区开发的最原始、也是最根本的动力，没有人就谈不到大的开发和提高生产力。

长沙国人口密度如此之低，可见生产力与生产水平以及地区开发规模也是极其低下和迟缓的，经济状况自然也就低下和匮乏。这一点，较轪侯利苍稍晚，相当于第二代轪侯时期的贾谊，在奉皇帝之命赴长沙国作为长沙王太傅时，“既辞往行，闻长沙卑湿，自以寿不得长，又以适去，意不自得。及渡湘水，为赋以吊屈原”而自伤。这位长沙王太傅在长沙任职的三年间，总是郁郁寡欢，并借鹏鸟之赋，一再抒发哀悼悲伤之情。当这位书生味十足的贾太傅于三年之后重返长安时，在给皇帝上奏的《治安策》中说道：“臣窃迹前事，大抵强者先反。淮阴王楚最强，则最先反；韩信倚胡，则又反；贯高因赵资，则又反；陈豨兵精，则又反；彭越用梁，则又反；黥布用淮南，则又反；卢绾最弱，最后反。长沙乃在二万五千户耳，功少而最完，势疏而最忠，非独性异人也，亦形势然也。”贾谊在此所说的“形势”，固然包括的方面很多，但其经济形势则是至关重要的一个因素。正是由于经济上的贫困落后，长沙国才始终未敢背叛中央政权。想起当年长沙王吴臣不顾亲戚情面，用计诱杀自己的姐夫，淮南王英布（黥布），是与自己处于弱小地位以及对中央政权的恐惧是分不开的。

长沙国这种国匮民穷的状况似乎在相当长的一段时间内没有出现转机，《东观汉记》载：“元和中，荆州刺史上言：臣行部入长沙界，观者皆徒跣。臣问御佐曰：‘人无履，亦苦之否？’御佐对曰：‘十二月盛寒时，并多剖裂血出，燃火燎之，春温或脓溃。’”元和（公元84年—公元86年）是东汉章帝刘炟的年号，上距利苍为长沙国丞相的时代已逾200多年，但此时长沙国的百姓贫穷得在寒冬腊月连鞋都穿不上，可以推想刚刚经过秦末之乱和楚汉战争的西汉初年的长沙国，其经济状况及人民生活水平会低下到何等程度。

就是在这样的情况下，利苍奉命赴长沙国任丞相。毋庸置疑的是，诸侯王的丞相是王国官僚机构中最高级的长官，王国里掌管内政的内史和掌握军政大权的中尉，都无一例外地要听命于丞相。诸侯王对王国人民的统治和剥削，也自然地通过丞相来具体执行。也就是说，此时的利苍是长沙国统治集团中仅次于长沙王的第二号人物。

由于利苍上任的头几年并未封侯，故可推断他的经济来源主要靠二千石的官俸。当然，这个二千石以上的官俸，仅仅是一个公开的硬性的经济收入数字。按《汉书·高帝纪》载高祖五年（公元前202年）的诏令说："其七大夫以上，皆令食邑。……七大夫、公乘以上，皆高爵也。诸侯子及从军归者，甚多高爵。吾数诏吏先与田宅，及所当求于吏者亟与。"颜注引臣瓒曰："秦制，列侯乃得食邑，今七大夫以上皆食邑，所以宠之也。"这里说的七大夫即上文提到的公大夫，也就是二十等爵中第七等爵之名。看来刘邦对七等爵以上的贵族格外优待，除给他们食邑外，还命地方长官供给他们田宅。正是由于有了这道明令的庇护，从西汉初年开始，各地达官贵人四处巧取豪夺，横行乡里，鱼肉百姓，不仅兼并了大片土地，还抢占修筑了大量房宅。随着这股兼并抢占之风愈演愈烈，越来越多的百姓饥寒交迫，流落街头，直到西汉末年，造成了极其尖锐的阶级矛盾冲突，并迫使中央政权加以限制。可以想象，在西汉初年出任长沙国丞相的利苍，是不会错过这个大发横财的机会的，就他显赫的地位和掌握的重权看，所抢占的田宅应不在少数，这个软性的数字，应该高于他的官俸百倍甚至千倍以上。如此一来，他家中聚敛的财富就相当可观了。

当然，以上说的是利苍只任丞相而尚未封侯之前的经济收入，当他于惠帝二年被封为轪侯之后，又无形地增加了一根强大的经济支柱。

从表面上看，利苍受封仅七百户，为数不多，位次也不高。汉初列侯封户最多者为一万六千户，最少者五百户，而以封一二千户的人数比例最大。若单从封户来看，轪侯应算个很小的侯。但列侯这个级别本身就是非常高的贵族，他是汉初二十等爵中最高的一等（第二十等），是仅次于天子、诸侯王的第三级贵族。当利苍初受封时，全国的列侯才有一百四十多人，其中不少人兼任汉中央政权重要官职，没有兼任官职的多住在长安，随时参与国家大事。只要朝廷面临重大问题，皇帝便命丞相与列侯、中二千石、二千石等公卿共同商讨，朝廷需要人才，仍由这些人举荐。由此可见，列侯这个贵族阶层，是汉朝政权的重要支柱。正因如此，才在古代的文章中出现了“王侯”并称的词句。

利苍既封轪侯，那么他的封地自是在轪县，但这个轪县到底在哪里，他与封地的关系以及从封地中得到的财富又是多少呢?

关于轪侯的封地，文献上有两种不同的说法，根据两说来印证今天的地名，一说在今河南省境，一说在今湖北省境。当初考古研究人员在编写《长沙马王堆一号汉墓发掘简报》时，就根据史料定汉轪县“约在今湖北省浠水县兰溪镇附近”，但经过后来研究者深入细致的推理，利苍所封侯的轪县并非在湖北，而是在今河南省境内的光山县和罗山县之间。看来这个推测更可靠些。《简报》的推测是错误的。

按汉制，凡列侯所封之县改曰国，其令或长改曰相。轪侯虽封于轪国，但他在长沙国为官，家属仍居住在长沙国的首都临湘，与轪国并无行政上的隶属关系。轪国的实际行政长官是轪相，轪相是中央政权任命的官吏，并非轪侯的臣属。轪相与轪侯的关系只是按期将轪国七百户的租税派吏卒运送到软侯家而已。

显然，整个轪国的总户数绝不止七百户，按《汉书·地理志》载，轪县所属之江夏郡共辖十四县，总数为56 844户，这就是说平均每个县为4060户。即使当时的轪县再小，也应当在千户以上。故汉中央政权名义上将轪县改为轪国，实际上只是将轪县缴纳租税的民户拨出七百户，让其本应上缴中央政府的租税转交于轪侯利苍一家，其余的租税仍归汉中央政权所有。

既然轪国七百户的租税归利苍一家所有，这七百户所交的租税数额又是多大呢？据《史记·货殖列传》载："封者食租税，岁率户二百，千户之君则二十万，朝觐聘享出其中。"这个记载当是西汉初期列侯封邑食税的证据。按这个证据推测，轪侯利苍封于惠帝初年，其时当是《史记》所载的食租税制度，也就是说，轪国被划出的七百户，每户要出二百钱供于轪侯利苍一家食用，算起来总数应为14万钱，这便是轪侯利苍从封国所得到的经济收入的大体数字。

但是，另据《汉书·匡衡传》载："郡即复以四百顷付乐安国，衡遣从史之僮，收取所还田租谷千余石入衡家。"这段记载当是西汉中期以后，列侯封邑食租的证据。有史家钱大昕在《廿二史考异》中，就匡衡的食租问题考证说："以此推之，列侯封户虽有定数，要以封界之广狭，定租入之多寡，不专以户数为定。"这个推论是有道理的，尽管史载匡衡封邑仅为647户，但在三年中却收租谷千余石，可见其中必有不专以户数为限度，而采取或明或暗的手段，巧取豪夺，以此聚敛钱财之卑劣行为。可以想象，身居王国丞相之高位，又有列侯之高爵的利苍，也决不能就此为止，必然也同一切封建王公贵爵一样横征暴敛，扩大自己的经济实力，以达到醉生梦死、奢侈糜烂的生活目的。这一点从马王堆一、三号汉墓的出土器物中完全可以得到证实。

太夫人的生活再现

利苍在长沙国丞相位上被封为轪侯的第八年，即吕后二年（公元前186年）死去了，死后葬入马王堆二号墓中。正如前文所言，从仅隔一年（高后四年）他的丞相职位才被醴陵侯越接替来看，利苍似是死在长沙丞相任上的，他的儿子利豨没能接替丞相之职，却承袭了轪侯的封爵。

尽管随着利苍本人死去，长沙国丞相的权位也远离了轪侯家族，但这个家族的封爵还在，其在社会上的地位和权势并未有大的损伤。就其财富而言，除了利苍一世横征暴敛、巧取豪夺得来的大批田宅与钱物外，这个家族的经济收入一定还在不断地增长，权势依然盛行，甚至是有过之而无不及。这样推测的旁证就是《汉书·文帝纪》中留给后人的这句话："七年冬十月，令列侯太夫人、夫人、诸侯王子及吏二千石无得擅征捕。"这道诏令说明在此之前的列侯妻子或母亲可以擅自征捕百姓，而且征捕必已成风，直至造成了阶级矛盾的激化，对汉政权形成了巨大威胁，所以文帝才下令禁止。按照汉制，列侯之妻称夫人，列侯死，儿子复为列侯，则称太夫人，若儿子不再为列侯，则不能称太夫人了。作为轪侯利苍之妻的辛追，在利苍为侯的时代自然称夫人，待利苍死去，儿子利豨继为轪侯，她当是尊贵的太夫人了。可以想象，处于这种高爵、权势和制度下的辛追，除了携同他的儿子继续横征暴敛巧取豪夺之外，还擅自征捕百姓，并像周亚夫那样"取庸苦之，不予钱"等事情自然不在话下。只要看一下一号墓中殉葬品，就不难推测出这位太夫人生前过的是一种怎样的生活。

先看其家庭属员的组成。据《汉书·百官公卿表》称："彻侯金印紫绶，避武帝讳曰通侯，或曰列侯，改所食国令长名相。又有家丞、门大夫、庶子。家丞掌杂务，门大夫掌警卫，庶子掌文书。"除此之外，还有舍人、大行等属员掌管应付宾客之事。在所属五员之中，以家丞、庶子为要职，而家丞又是列侯家的总管，一切财物都由他经手负责，应算是五员之中的头号人物。马王堆一号汉墓出土器物中，有"轪侯家丞"的封泥，则是一种史料与实物的印证。饶有兴味的是，在马王堆一、三号墓中殉葬着数百个木俑。结合史料和考古发掘来看，以俑殉代替人殉现象的最早出现，当是在奴隶社会后期。一些奴隶主感到用大量的奴隶和牛马殉葬未免耗费生产力，损失太大，于是便渐渐产生了以俑代人的殉葬办法。随着这个办法的普遍施行，俑的种类和代表的级别、地位也繁荣、规范起来。宋之前大多为木俑、铜俑、陶俑，宋、元之后，纸俑也出现了。其中有臣属俑、侍俑、奏乐俑、生产俑、杂役俑和武士俑等形形色色的俑。若把考古发掘出土的俑放在一起，足以形成一个俑的社会。

图8-22　一号墓帛画中部线描图，中间的贵妇人当是墓主辛追

马王堆一、三号墓中出土的这批木俑雕刻精细，造型生动，大量采用薄肉雕法，身体比例适当，面目端正，眉清目秀，观之栩栩如生，形同真人。若仔细观察，不难发现，这些木俑又形体大小不一，造型服饰也有区别，这说明它们之间的身份和等级有明显的差异。如在一号墓中的北边箱和南边箱内分别出土了两个身材高大，头戴高冠，身穿长袍，鞋底刻有“冠人”两字的木俑。从摆放的位置和不同的形体、装饰看，那两个高大的木俑很可能是轪侯一家的家丞，即轪侯家的大管家。身后的几十个彩绘木俑，比“冠人俑”要小一些，但身材修长、面目姣好，身着锦绣衣服，这似乎是辛追的侍女。从一号墓出土的帛画看，女主人身后跟着三个形影不离的侍女，由于特殊的身份，所以她们的形貌、穿着就非同一般。同这些侍俑形成鲜明对比的是，绝大部分彩绘立俑，形体矮小、造型重复，且一副愁眉苦脸的丑陋模样。这应代表一般的奴婢，当时称为“僮”。《史记·孝武本纪》载：“其

以二千户封地士将军（栾）大为乐通侯，赐列侯甲第，僮千人。”也就是说二千户的侯，可以拥有一千个奴婢。轪侯家族虽不足二千户，但拥有奴婢也不在少数。这些奴婢大概有一部分从事家庭劳动，有一些从事生产劳动。轪侯家的土地极有可能让一部分奴婢参与耕种，墓中殉葬的那些丰富的粮食、蔬菜、水果和肉类大概是由她们参与耕种和饲养生产的成果。按照常理推断，轪侯家还可能设有家庭作坊，由奴婢具体操作、生产。而墓中出土的那些带铭文的工艺品，似不像是从市场购买而是由家庭作坊专门加工制造的。另外轪侯家抢占而来的大量田宅，也应由这些奴婢参与管理和经营。由于这些“僮”地位低下，正如《史记·货殖列传》中把她们当作牛、马、羊同等看待的记述一样，故这些奴婢俑都是满脸的愁苦悲伤之情。

除以上几个不同类别的俑，在一号墓中还发现了一个由23个木俑组成的“家庭歌舞团”，其中鼓瑟吹竽的管弦乐队席地而坐，站立的歌舞俑似正在引吭高歌，为主人进餐、饮酒助兴。类似这样的俑在三号墓中还有发现，一个个都生得眉清目秀，有的在翩翩起舞，有的正在奏乐，有的在打击十个一组编成的钟和磬，其身旁的竹简上书写着：河间舞者4人，郑舞者4人，楚歌者4人，河间鼓瑟者1人，郑竽瑟吹者2人，楚竽瑟吹鼓者2人，建鼓者2人，击铙者1人，击铎者1人，击磬者1人，总数为22人。这个记载和场景，除充分反映了轪侯家族歌舞升平、钟鸣鼎食的糜烂奢侈生活外，更重要的是说明了这个歌舞班子来自全国各地。其中有本地的楚人，有河南的郑人，有河北的河间人，等等，其阵容颇似一个民族歌舞团。当然，这个歌舞团仅仅是轪侯家中一个小小的团体，无法代表全部。三号墓出土的3块木牍，上面记载着：“右方男子明僮凡六百七十六人。”

“右方女子明僮凡百八十人。”

“右方……竖十一人。”

这里说的明僮，是指僮的明器，即轪侯家奴婢的模拟造型。竖应指男奴一类。从这个记载看，利豨时代的轪侯家共拥有属吏、歌妓、奴婢等

867人。这大概是轪侯拥有奴婢的底数。

从史料记载看，当时奴婢是一种财产，可以像牛、马、猪、狗一样任意买卖。关于买卖的价格史不多见，20世纪30年代和70年代，考古人员在甘肃居延发现了大批汉简，其中有的汉简上载：“小奴二人，直三万。大婢一人，二万”。另外考古人员还在四川郫县发现了一块汉代的石碑，碑文有“奴□、□□、□生、婢小、奴生，并五人，直廿万”的字样。可见当时未成年的奴婢每人值一万五千钱左右，成年奴婢的价格则在每人二万至四万。就轪侯家中的奴婢而言，如果按每人三万钱计算，那么867人需共花费二千六百零一万钱。这只是按一般的通价计算，如果具有特殊技能的奴婢，则价钱就要高出这个数字十倍甚至百倍。《史记·扁鹊仓公列传》载，汉朝济北王家有一个能歌善舞的婢女，花费四百七十万钱才买到手中。当然，以上的数字只是在贫富者间“公平交易”才会出现的情景，而这种本身并不公平的“公平交易”通常也在封建贵族的权势淫威下变成泡影了，像《史记·绛侯世家》记载的周亚夫“取庸苦之不予钱”等，则是极为普遍的。从三号墓出土的那个由22人组成的“民族歌舞团”分别来自不同地区看，轪侯家如此众多的奴婢当不会全部来自长沙国和周围的地区，也不会全部都是以所谓的公平交易的方式花费钱财买进轪侯家的。其中必有一部分或大部分是轪侯家族利用特权从全国各地“擅征捕”而来，而轪侯家丁在擅自征捕中的淫威和四方百姓的恐惧与怨苦之情，亦是不难想象。

有了广博的田产、豪华的居宅、瑰丽的衣着、精美的器物、前呼后拥的奴婢以及赏心的音乐、悦目的歌舞，那么，轪侯家族的饮食又是怎样的一种情景呢？从一号墓出土女尸的重量分析，墓主人辛追生前一定极其肥胖，从一号墓出土的帛画所画人物来看更见分明，想来这位贵夫人生前一定是吃遍了山珍海味，这一点从墓中出土的随葬食品中可得到证实。

在一号墓殉葬的48个竹笥中，有30个盛有食品，三号墓盛有食品的竹笥有40个，在这两座墓70个竹笥所盛的食品中，除了粮食、水果还有不少肉类，虽然肉的纤维组织已腐烂，经过动物学家的鉴定，这些肉属兽类分别有黄牛、绵羊、狗、猪、马、兔和梅花鹿。属禽类的有鸡、野鸡、野鸭、雁、鹧鸪、鹌鹑、鹤、天鹅、斑鸠、鹬、鸳鸯、竹鸡、火斑鸡、鸮、喜鹊、麻雀等。属鱼类的有鲤鱼、鲫鱼、鳡鱼、刺鳊鱼、银鲴鱼和鳜鱼等。三号墓有一个竹笥里整整齐齐地放着两只华南兔，另一个竹笥里层层叠叠地堆放着数十只鹌鹑和竹鸡。有些小鱼用文火烤焙后，用竹签串着，放在竹笥里。一号墓有一笥鸡蛋，蛋黄、蛋白早已干缩成了薄纸片。

不知是出于当时的丧葬风俗，还是由于墓室中未立锅灶和准备柴薪的考虑，墓中殉葬的食品全是经过烹调后随葬的。在一号墓遣册上记载的36种肴馔和食品中，仅肉羹一项就有5大类24个品种，在肉羹之外还有72种食物，如"鱼肤"是从生鱼腹上剖取下来的肉，"牛脍"是牛肉切成的细丝，"濯鸡"则是把鸡放在肉汤中再行加工制成，除此还有干煎兔、清蒸仔鸡，等等，可谓五花八门，应有尽有。

在此之前，有研究者依据屈原的《招魂》《大招》等名篇，研究出战国时期楚地的烹调方法有烧、烤、焖、煎、煮、蒸、炖、醋烹、卤、酱等10种。当马王堆汉墓殉葬的食品出土以后，根据实物和文字记载的研究，发现此时的烹调方法和工艺制作水平又有了新的发展和提高，除从屈原著述中得出的烹调方法之外，至少又增添了羹、炙、煎、熬、蒸、濯、脍、脯、腊、炮、聚、醢、䱉、苴等十多种，烹调时使用的调料有盐、酱、豉、曲、糖、蜜、韭、梅、橘皮、花椒、茱萸等。从中国的烹调史看，湘菜的历史确是源远流长，至少早在春秋战国时期其整体风格和特色就已形成了，到西汉初年已奠定了湘菜的地位，马王堆汉墓中殉葬的食品即是明证。

一号墓随葬的高级锦绣丝绸衣服有6箱，总共达100多件。三号墓随葬的高级锦绣丝绸有11箱，其数量和品种都比一号墓多。这大量的锦绣，在当时是极其贵重的。据《范子计然》记载："能绣细文出齐，上价匹二万，中万，下五千也"，即一匹好的刺绣要二万，中等的一万，差的五千。一号墓出土刺绣40件，除6件为单幅外，其余均是成件的衣服和被子。一件直裾丝绸袍子，经过量算，它的里和面要用衣料23米，一件曲裾袍子要用衣料32米，如果按每匹二万计算，则直裾袍一件价五万，曲裾袍价七万。因此，仅一号墓34件刺绣就价值二百万钱左右。估计一、二号墓随葬的锦绣丝绸价值近千万。

从上述的轪侯家的漆器、奴婢、牛马、车辆、锦绣丝绸等几项，估计其价值大约有数千万钱。如果考虑到轪侯家还有大量的良田、房产以及金银铜钱等现金，其全部财产当在一亿钱以上。《汉书·食货志》记载："黄金重一斤直万钱。"一亿钱则合黄金一万斤。汉代一斤相当于今天零点二五八公斤，一万斤则相当于今天二千五百八十公斤，即二吨半黄金。像这样巨富的家庭，在汉代也是少见的。可以想象，享受着封建专制特权，拥有广博的田产，居住着豪贵的美宅，乘坐着气派的车辆，身穿华丽的衣着，使用着精美的器物，食饮着丰厚的美酒佳肴的墓主人，身边奴婢成群，前呼后拥。每逢宴聚之时，又钟鸣鼎食、鼓瑟吹竽，歌舞满堂，罗衣粉黛，过着何等的靡丽奢华的生活。但是，当轪侯家族正沉浸于人间天堂般的惬意与幸福之中时，死神却悄然逼近了。

无可奈何花落去

从已发掘的马王堆一、三号墓来看，一号墓的建造年代明显晚于三号墓，如果没有极为特殊的情况，便可以断定死神是先裹挟着第二代轪侯利豨进入阴界的，时间就是墓中出土的木牍上的记载，即汉文帝十二年（关于史料记载的错误后面详述）。利豨死后，轪侯的爵位由其子利彭祖袭承。

再从一、三号墓建造的年代相距不远这个考古发掘事实而推测，大概在第二代轪侯利豨死后的三年，曾享尽了人间富贵的太夫人辛追也撒手归天了。关于她的死因以及死时的年龄和具体时间等，医学界曾做过鉴定和推测，这里不再赘述。需要补充的是，这位太夫人死后残留在肠胃中的138粒半甜瓜子，有些让人怀疑甜瓜当时是否真的在中国存在。因为墓中出土了那么多的杨梅等瓜果，独不见甜瓜的存在，于是有人就做了这种瓜是从国外进口的假想，而多数研究者否认了这种假想的可能。虽然未能知道甜瓜在中国的栽培历史到底有多长，但以当时的交通条件而言，要从国外直接进口这种极易腐烂的甜瓜似是不太可能。相反的是，这种甜瓜不但不是从国外进口，很可能就产于长沙国本地，且与今天见到的盛产于三湘的甜瓜没有多大差别。

图8-23　马王堆一号汉墓出土女尸消化管腔内残存的138粒半甜瓜子

为了证明这个推测，就在辛追的尸体被解剖，医务人员从其肠胃中取出甜瓜子后，湖南省博物馆侯良等人曾找了个花盆，将几粒从尸体中取出的甜瓜子种于盆中，每天浇水、看护，希望这几粒甜瓜子能生根发芽，开花结果，让现代人类亲口尝一尝两千年前的瓜到底是什么滋味。但这个希望最后还是落空了，当侯良等人扒出瓜子观看时，只见瓜子的尖嘴处稍微吐了点细小的芽丝，就再也不生长了。据医学界人员分析，此时瓜子中至关重要的“酶”这个基因已不存在，所以也就没有生根发芽、开花结果的可能了。

辛追太夫人猝死的场景以及入葬的经过后人难以知晓。可以推想的是，当这个消息传出时，整个轪侯家族以及属官、奴婢等必然十分惊慌，那个大管家也必定以丰富的经验，极其卖力地协助轪侯家的亲族人员料理后事。由于辛追死时正值盛夏，在热浪滚滚中，尸体保护尤为困难，这就要求对尸体做各种处理和尽快下葬。但如此尊贵的一位轪侯太夫人，又不能同一般的百姓那样，打制个薄棺草草埋掉了事，何况西汉一代又厚葬成风，《汉书·地理志》（卷二十八下）在叙述京都的风俗时说：“列侯贵人，车服僭上，众庶放效，羞不相及。嫁娶尤崇侈靡，送死过度。”京都如此。其他地区当也该大同小异。《史记·孝文本纪》载文帝遗诏说：“当今之时，世咸嘉生而恶死，厚葬以破业，重服以伤生。”对此说得更加直接和明白。在这种风俗的影响下，轪侯家族的主政者，自然也要为这位太夫人来一个厚葬。

于是，在时间极为有限的情况下，丧葬的主持者和参与者一定是在匆匆忙忙地将尸体进行了汤浴、包裹等处理后，又异常紧张地将必需的少量殉葬品进行加工制作，再从家中的器物中挑选出一部分作为殉葬品同尸体一道送入墓中。后来的考古发掘证实，一号墓中大多数随葬品都是平时实用之物，明器较少，且制作也较粗糙，这应是由于当时时间仓促、赶工之故。至于漆绘极为精美的棺材以及那幅极具艺术水平和价值的帛画等名贵物品，显然是死者生前就有所准备的，绝非仓促可办。那保护尸体的神奇妙法更不可能是哪个人急中生智顿悟而来，必定是行内人士经过长期的摸索，集众家防腐之经验而成的。如果不是妄断，给辛追施行防腐术的行内人士，一定曾参与或闻知过第一代长沙王吴芮死后的防腐处理过程，而吴芮的尸体在下葬四百年之后仍然形同真人，辛追的尸体历两千多年而完好，当是这种防腐奇术的充分再现和发展。

当然，辛追的尸体之所以历两千多年而不腐，是与深埋和密封分不开的。而这种规模庞大、费工费时的墓坑建造，显然只有封建统治阶级才能办得到，并且是靠奴役普通劳动者才得以实现。

就墓主人所处时代的丧葬风俗而言，穿治这个坟墓所征发的民夫绝不止一百人，也不止像汉景帝在诏令中规定的三百人。据《汉书·高帝纪》载，田横死时，刘邦以王礼为其治丧，发卒两千人。汉时列侯比王仅差一等，列侯的夫人或太夫人在仪制上大体和列侯本人相同。由此可以推知，轪侯夫人辛追的治丧人数也应和田横不相上下。若抛去为其打造棺椁、运载白膏等杂务人员，直接参加挖掘墓坑的最少也应在千人左右。这样整个墓坑的穿治可在一个月左右完成。

尽管穿治墓坑的日期明显缩短，但从发掘的情况分析，这个坟墓建造的年代依然应定在墓主人死亡之前。如果待人死后再投入一千多人建造坟墓，即使在一两个月的短时间内建成，那正处于炎热夏季的尸体的保存则是一个大难题，无论当时采取怎样的防腐奇术，若在墓主死后一两个月再下葬，其尸体还能出现两千年后人们看到的新鲜模样是不可能的。不仅如此，从墓中出土的巨大棺椁看，多是用生长千年的大树制作而成的，其中72块巨大椁板，一块就重达1500公斤。如此庞大的木材在当时的长沙国很难找到，必须从很远的原始森林中砍伐运载而来。可以想象的是，仅伐木和运载一项也不是一两个月可以完成的。

关于一号墓建造的具体时间史无明证，从它晚于三号墓但二者的年代相距又不远推测，也许就在辛追年仅30多岁的儿子利豨死后，她在极度的悲痛之中，又倍感人之生死无常，自己的寿限也是日薄西山，说不定哪一刻也将撒手人寰。在这种情感与恐惧的驱使下，她开始为自己的后事做各种准备。

经过一番紧锣密鼓的操办之后，坟墓建成了，棺椁打就了，待一切即将全部完工之时，这位尊贵的太夫人于文帝十五年左右死了。

三号墓的墓主究竟是谁？

二、三号墓发掘不久后，考古人员在编写《长沙马王堆二、三号汉墓发掘简报》时，根据墓中出土上书“文帝十二年”（公元前168年）等字样的木牍推断此墓的主人“显然不是利豨”。其理由是，尽管轪侯家族在《史记》或《汉书》中均没有详细的传记，但据《史记·惠景间侯者年表》以及《汉书·高惠高后文功臣表》记载，第二代轪侯利豨在位二十一年，死于文帝十六年。

这个记载，显然与三号墓出土木牍所记的十二年相隔三年。故此墓的主人，不是第二代轪侯利豨，而应是一位未继承爵位的兄弟——这个推断无论是当时参与马王堆汉墓发掘的考古人员，还是依靠发掘材料坐在斗室里查史论证的研究人员，似乎都深信不疑。

但是，马王堆明显是轪侯家族的墓地。据记载，利豨并没有离开长沙，马王堆应该有他的墓。于是，发掘领导小组决定一不做二不休，索性派湖南省博物馆研究员傅举有去请地质勘探队人员前来钻探，将神秘的利豨之墓弄个水落石出。

春节过后，傅举有开始带领地质勘探队钻探人员在马王堆寻找第二代轪侯利豨之墓。按傅氏的想法，如果真有遗漏的利豨之墓，就应该在其父母下首的某个位置，不太可能一个人孤零零地葬在别处。一连几天，他们把马王堆上上下下、前后左右地毯式钻过一遍，到了无处可钻时才停止工作。

钻探的结果令人大为失望，不但在一二号墓的下首未发现坟冢，整个马王堆四周，再也没有隐藏的墓葬了。傅举有只好宣布收工，带着巨大遗憾回到了博物馆。

就在整理三号墓出土的简牍时，傅举有发现遣册中，有“家丞一人”“家吏十人”，以及“美人”“才人”“谒者”“宦者”等记载。帛书整理小组的专家们认为，《汉书·百官公卿表》载：“列侯……有家丞、门大夫、庶子”，《后汉书·百官志》记载：“列侯……有家臣，置家丞、庶子各一人”，三号墓主很可能就是第二代轪侯利豨。

在帛书整理小组专家的启发下，傅举有回到湖南后，潜心研究，终于在9个年头之后，得出了新的结论——马王堆三号墓的真正主人，不是利豨的某一位兄弟，就是第二代轪侯利豨本人。《史记》《汉书》的作者司马迁、班固在这件事情的记录上出现了失误。

根据新的研究成果推断，利豨在父亲死后袭其爵位，成为汉朝初年长沙国第二代轪侯。只是这位轪侯没有像他的父亲一样成为长沙国丞相，而是长沙国武装部队最高司令官——中尉。从出土的驻军图等文物分析，这位中尉曾率部驻扎在九嶷山，与割据岭南地区的南越国赵佗大军对峙，并数次交战。因长期统兵在边塞镇守、作战，利豨身体受到损伤，在而立之年就突患急病死于军营之中……

傅氏的推断通过《考古》月刊1983年第2期发表后，引起考古学界、历史学界有关人员的关注，同时也引来了众多的附和之声。一篇又一篇的论文相继出现在不同的报刊杂志，争相以不同的角度和侧面，证实傅氏推断的准确。后来虽有学者提出反对意见，但总没形成大的气候，傅氏之说遂成定论。

轪侯家族的兴衰

从一号墓建造的具体时间晚于三号墓，而三号墓又晚于二号墓推断，最早死去者，乃汉初刘邦时代就封侯的长沙国丞相利苍，其次则是利苍的儿子。由于第二代轪侯利豨死得过于突然，墓葬的修建也就显得粗糙和仓促，甚至有些慌乱。这一点，无论是从墓室中短缺的白膏泥，还是棺椁的多处裂隙都可以看出来。或许正因为如此，利豨的尸体才没有保存下来。

就在利豨死后的文帝十六年（公元前164年），第三代轪侯利彭祖正式袭爵，并于景帝中元五年，在欢庆汉中央政权平定吴、楚七国之乱的凯歌声中被晋升为中央奉常，定居长安。第二年，又晋升为中央九卿之一的太常，掌管朝廷极其重要的祭祀和礼仪。

汉武帝建元元年（公元前140年），第四代轪侯利扶出任东海郡太守。时东海郡辖38县，有35万多户，共有人口150多万。极富盐铁之利，且具有重要的政治、经济地位。利扶出任东海郡太守，说明汉中央政权对他予以重用。

正当轪侯家族的政治、经济地位日趋显赫时，利扶因“擅发卒为卫，当斩，会赦，免”。

利扶的“擅发卒为卫”，究竟是搞叛乱活动还是有其他原因，史料无载。但这个事件标志着整个轪侯家族在西汉云谲波诡的政治舞台上历经四代八十余年的表演，彻底结束了。

举世震惊的帛书与帛画

令这个家族没有想到的是，在遁迹两千年后，他们又以不同的面貌重返人间，接受现代人类的审视。经各方专家的不懈努力，到1974年5月底，马王堆汉墓出土的大部分帛书、竹书、帛画内容，已辨别出来。

由于帛书不如竹简普及，在地下又容易腐朽，考古工作者在以往的发掘中发现的竹简较多，帛书却极少。直到这次马王堆三号汉墓的帛书出土，才让众人大开了眼界。

这批帛书都是以生丝平纹织成，其条纹细密、均匀，帛书的幅宽为

48厘米左右。从字体的行文规律看，一般都是把帛横摊书写。整幅的每行约60字，有的70多字，半幅的30多字，字体大小疏密比较随便。除了个别的字用朱砂书写外，大部分用墨书写就。除少数帛画需要继续拼接外，整理人员把精力转移到对帛书内容的深入研究上来。

马王堆三号墓出土的帛书20多种，大约12万字。这样大批古书的发现，是晋朝咸宁五年（公元279年）河南汲县古墓里出土《竹书纪年》等大批竹简后，在近1700年的时间里只有1972年银雀山汉墓中发现的大批竹简可与其媲美。从这批帛书的内容看，只有少数几种流传下来。书的内容以古代哲学思想、历史为主，也有相当一部分，是当时自然科学方面的著作，还有各种杂书。

面对大多数久已失传的人类文化至宝，专家们惊讶地发现，有的古籍，不仅对现代人类是佚书，甚至古代两汉时期的刘向、班固等大史学家也没有见到。帛书的出土，不仅丰富了古代史的内容，订正了史书的记载，还可作为校勘某些传世古籍的有力依据。同时，在文字学、训诂学、音韵学等方面，也为后世研究者提供了丰富的研究资料。

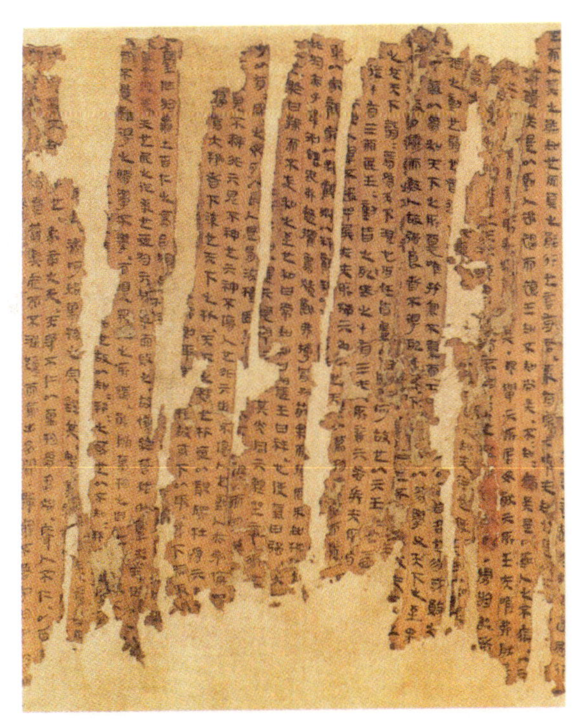

图8–24　老子帛书

整理者将马王堆三号汉墓出土帛书，依次编号为：

（甲）1.《老子》甲本，无篇题。

2.《老子》甲本卷后佚书之一，无篇题。

3.《老子》甲本卷后佚书之二，无篇题。

4.《老子》甲本卷后佚书之三，无篇题。

5.《老子》甲本卷后佚书之四，无篇题。

（乙）1.《老子》乙本卷前佚书之一，《经法》。

2.《老子》乙本卷前佚书之二，《十大经》。

3.《老子》乙本卷前佚书之三，《称》。

4.《老子》乙本卷前佚书之四，《道原》。

5.《老子》乙本。

（丙）1.《周易》，无篇题。

2.《周易》卷后佚书之一，无篇题。

3.《周易》卷后佚书之二，《要》。

4.《周易》卷后佚书之三，《昭力》。

5.《周易·系辞》，无篇题。

（丁）与《战国策》有关的书一种，无篇题。

（戊）与《左传》类似的佚书一种，无篇题。

（己）关于天文星占的佚书一种，无篇题。

（庚）关于相马的佚书一种，无篇题。

（辛）关于医经方的佚书一种，无篇题。

（壬）1. 关于刑德的佚书之一，无篇题。

2. 关于刑德的佚书之二，无篇题。

3. 关于刑德的佚书之三，无篇题。

（癸）1. 关于阴阳五行的佚书之一，无篇题。

2. 关于阴阳五行的佚书之二，无篇题。

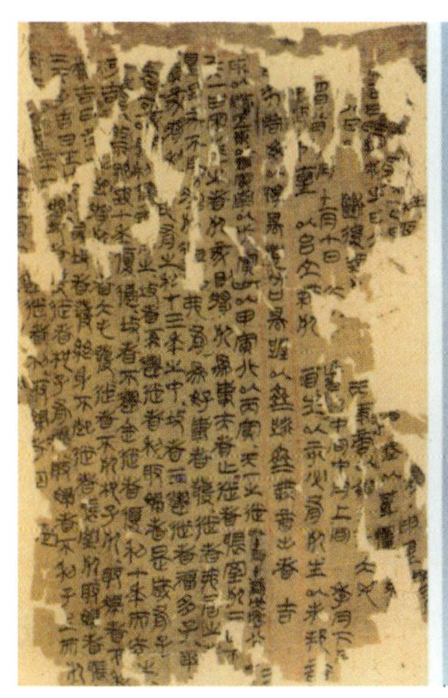
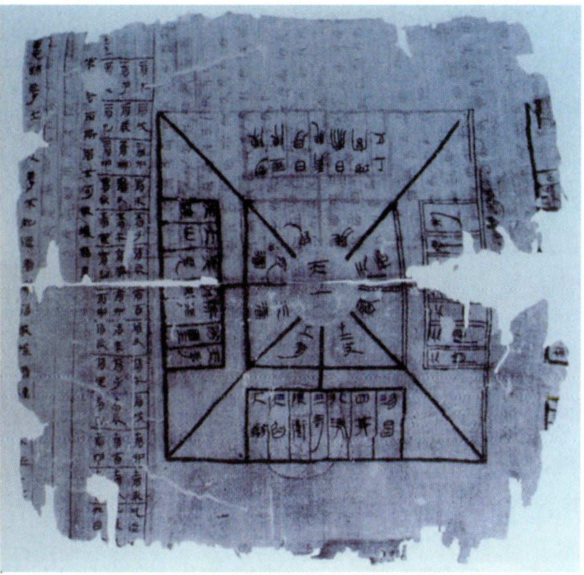

图8-25　帛书《阴阳五行》局部，此书有甲、乙两种写本，其内容根据阴阳五行学说占卜吉凶，是研究古代阴阳五行学说的极好资料

（子）导引图一幅。

（丑）地图一幅。

（寅）驻军图一幅。

（卯）街坊图一幅。

（辰）杂占。

早在1700年前的西晋咸宁五年（公元279年），一个叫不准的盗墓贼在河南汲县一个坟墓中盗出竹简十余万言，一时震动朝野。尽管朝廷方面派学者对这批竹简进行了整理，并编辑成《竹书纪年》，但随着日后的战乱几乎都散失殆尽。清朝末年，在中国西北地区出土的汉晋木简及敦煌藏书，则大多被帝国主义者连抢加夺地捆载而去。正因如此，马王堆汉墓帛书的出土才显得弥足珍贵。《老子》本的发现，对研究战国至汉初法家思想的演变、探

讨当时统治阶级崇尚黄老之学的阶级实质等问题有着极其重要的参考价值，是中华民族学术思想宝库中不可多得的重要文献。

除有文字书写的帛书，马王堆汉墓出土器物中一个最大的特色，就是价值连城的帛画。

除了令学者们争论不休的《招魂图》或称《升天图》外，三号墓还出土了一卷图文并茂的彩色画。这幅画既不是山水，也不是花卉，因而更为奇特。只见在长1米、宽0.50米的画面上，用红、蓝、棕、黑诸色，分4排绘了44个人，其形状有男有女有老有少，有的穿短衣短裤，有的穿长袍，有的光背，大部分徒手，少数手持器械。这些人都是用工笔重彩绘在绢帛上，每一个人有一个运动姿态。图画原无标题，周世荣等专家根据人物的运动姿态及所标文字内容推定，这就是古代的《导引图》。此图是中国发现的最早的一幅健身图，它为研究古老而独特的“导引”疗法的源流提供了极其珍贵的资料。

图8-26　马王堆三号汉墓出土的《导引图》

中国古代的导引，是呼吸运动和躯体运动相结合的一种医疗体育方法。根据《庄子·刻意》李颐注：导引就是“导气令和”“引体会柔”。这一注解比较合理地说明了组成导引这一运动的方法特点和要求。由于呼吸在此中占有重要地位，因此也称为“导引行气”或“行气”。这种导引术在春秋战国时已经普及，中国最早的医药文献之一《黄帝内经》上即记载有“导引行气”的方法。

《庄子・刻意》中说：“吹嘘呼吸，吐故纳新，熊经鸟伸，为寿而已矣。此导引之士、养行之人、彭祖寿考者（彭祖得以长寿）之所好也。”后汉时崔定在《政论》中也提到“熊经鸟伸”和“吐故纳新”在强身延年方面的作用。三国时的名医华佗，把导引术总结为《五禽戏》，即“虎戏、鹿戏、熊戏、猿戏、鸟戏”。至今四川、重庆等地，还流行有《五禽图》导引方法。

有关“导引”的古代传说非常多，仅见于《云笈七签》者就有不少神仙之类的导引术式。其中彭祖导引法中说可除百病，延年益寿。彭祖为殷大夫，经夏商数代，活了七百余岁。这虽然是一个虚构的故事，但它告诉人们，导引的起源很早，历史悠久，以及适当的运动可以使人健康和长寿。

除《导引图》外，马王堆三号汉墓出土的类似的医疗方面的书籍共有10种之多，其中有《五十二病方》《足臂十一脉灸经》等。这些医书的发现不能不令人惊叹中国古代医学卓越先进的临床诊断知识水平。

马王堆汉墓出土的帛书、帛画整理、研究工作告一段落后，马王堆汉墓发掘的传奇故事也随之落下了厚重而神秘的帷幕。

第九章 南越国兴衰

千年隐秘

西汉建元四年（公元前137年）深秋，割据岭南万里之地的南越国发生了一件惊天动地的大事——一代开国雄主、南越王赵佗终于走完了100多个春秋的生命历程，极不情愿又无可奈何地抛下了为之经营、奋斗长达80余年的恢宏基业，撒手归天。

这位南越王被誉为“南天支柱”，他的归西使南越国朝野上下顿时陷入巨大惊恐和悲恸之中。继位的次孙赵眜（mò）强忍哀痛，在事务繁乱与动荡不安的局势中召来忠诚的臣僚、丞相吕嘉密议，为其祖父——南越国的缔造者赵佗举行自开国以来规模最为隆重，也最为特殊、隐秘的盛大葬礼。

早在此前的若干时日，素以英武刚毅、老谋深算著称的南越王赵佗，不知是出于对自己亲手创立的王国命运前途未卜的忧虑，还是出于对盗墓者的恐惧，在他处理着一件件政务的同时，也对身后之事做了周密安排。他让自己的心腹重臣、丞相吕嘉挑选一批得力人马，在南越国都城番禺郊外的禺山、鸡笼岗、天井等连岗接岭的广袤地带秘密开凿疑冢数十处，作为自己百年之后的藏身之所，以让后人因难辨真伪而免遭盗掘。

现在，赵佗已魂归西天。根据祖父临终密嘱，赵眜与吕嘉以及几位心腹臣僚做了周密严谨的布置后，于国葬之日，派出重兵将整个城郊的连岗接岭处包围得密不透风。稍后，无论是规制还是规模都极为相似的灵柩，同时从都城番禺四门运出。行进的送葬队伍在灵幡导引下，忽左忽右，忽进忽退，左右盘旋，神秘莫测。当运出的灵柩全部被安葬完毕后，除赵眜和身边几个重要亲近大臣，世人无一知晓盛放赵佗遗体的灵柩以及陪葬的无数瑰宝珍玩到底秘藏于何处。

就在赵佗谢世26年后的汉元鼎六年（公元前111年），历时93年的南越国在汉武帝10万大军的强攻下宣告灭亡。

曾盛极一时、威震万里边陲的南越国，在西汉一统的华夏版图上消失了。但是，关于南越在立国近一个世纪中发生的恩恩怨怨、是是非非以及那些愉快或忧伤的故事，并未在世人的记忆中消失。尤令后人格外关切和念念不忘的是，南越王赵佗和他子孙的墓葬，连同陪葬的无数奇珍异宝到底匿藏于何处？

随着新的历史格局形成和变迁，一个探寻和盗掘南越王墓的新时机也随之到来。于是，一心想着发鬼魂之财的各色人等，很快便迈上寻掘陵墓的征途。他们借着当年南越国遗老遗少留下的种种传闻以及史书秘籍显露的蛛丝马迹，踏遍了南越国故都番禺城外的白云山、越秀山以及四周方圆数百里的无数山冈野岭，企图探查到南越王的真正葬所。遗憾的是，这些人无不枉费心机，空手而归。

许多年过去了，尽管世人对探寻南越王墓、掘冢觅宝的欲望未减，但南越王赵佗及后世子孙的亡魂仍安然无恙地匿藏在山野草莽的隐秘之处，未露半点峥嵘。

斗转星移，岁月如水，历史在几度流变中敲响了大汉王朝的丧钟。在这丧钟洪大凄凉的噪声中，一个由魏、蜀、吴三国争雄、狼烟四起的新时代随之到来。在这新一轮大拼杀、大动荡、大折腾的格局中，一次看似意外的事件引发了历史上规模最大也最为凶悍的寻掘南越王墓的狂飙。

黄武四年（公元225年）春，称帝不久的吴主孙权为纪念先父披荆斩棘创下的江东基业和施给后世子孙的福禄恩泽，诏令治下臣民广修孙坚庙以示永久的纪念。

诏令既出，举国响应，各地臣僚政客无不各显神通，争先恐后行动起来。隶属于东吴版图之内、统治长沙地区的臣僚同样不敢怠慢，想尽招数，倾尽财力，以应上谕。此时的长沙尚处于偏乡僻壤、地瘠民贫的穷困境地，致使当地官吏虽竭尽全力以图主子的褒奖，终因规模庞大的孙坚庙费工颇多，耗资巨大，加之时间紧迫而感到举步维艰，难以应付。就在尴尬与狼狈的境况中，不知哪个官吏顿起邪念，向长沙的最高统治者献出了发冢掘墓、以鬼魂之财弥补修造孙坚庙之缺的主意。

这个主意在长沙统治者反复斟酌思量后很快得到批准和实施。于是，部分官吏与一帮流氓无产者组成盗墓团伙开始明火执仗地大肆盗掘起来。只十几天工夫，凡长沙城郊能搜寻到的大墓巨冢尽被挖掘一空。即便是西汉王朝的开国功臣、汉高祖刘邦亲自册封的第一代长沙王吴芮的墓葬也未能幸免。当群盗众匪发掘吴芮“广逾六十八丈”的巨冢时，意外发现这位死于公元前202年的长沙王，他的墓虽历400多年的土埋水浸，墓主人仍衣帛完好，面色如生，犹如刚刚逝去一般。至于那随葬的大批奇珍异宝、丝帛服饰更是光彩夺目、艳丽如初，令人瞠目结舌。

随着长沙郊外无数巨冢大墓被盗掘，孙坚庙得以顺利建成。与此同时，长沙上层的大小臣僚也借机发了一笔鬼魂财。而作为一代霸主的吴大帝孙权，得知先父的功德碑已赫然矗立于长沙的庙堂，同时他也得到长沙官僚进献的盗墓所得奇珍异宝后惊喜异常。他除了毫不犹豫地对长沙官僚们大加封赏外，也从他们的行动中受到启发，觉得发鬼魂之财实在是一项无本万利的好买卖。

在这个邪念的驱使下，他干脆一不做二不休，诏令官兵在都城建业（今南京）郊外悄悄干起了刨冢掘墓的勾当。当那些从坟堆里掘出的奇珍异宝源源不断地运往宫廷时，孙权更是精神大振，惊喜万分，并决定将这个买卖继续做下去。其地点不只局限于建业一地，还要将业务范围扩大到一切可能的地方。

主意打定，孙权便找来一帮臣僚专门负责招聘行家里手，打探巨冢珍宝的处所。当孙权得知南越国的国王赵佗死后曾陪葬有大量奇珍异宝并且其墓一直未被后人盗掘时，立即命将军吕瑜亲率5000名精兵，翻越雾瘴弥漫的五岭，在南越国故地大张旗鼓地搜寻、盗掘南越王家族特别是南越王赵佗的墓冢。

由于南越王赵佗及其后世子孙的墓冢极其隐秘，吕瑜和手下兵将于番禺城外的山冈接岭处伐木毁林，凿山破石，四方钻探。折腾了半年，总算找到了赵佗曾孙、南越国第三代王——赵婴齐的墓葬。从这座墓穴盗掘出“珍襦玉匣三具，金印三十，一皇帝信玺，一皇帝行玺，三钮铜镜”等大批珍宝。但令孙权大帝颇为遗憾的是，直到吕瑜的精兵不得不撤出岭南返回东吴腹地时，也始终未能获取有关赵佗和其次孙赵昧的墓葬秘所，哪怕是点滴的线索也没有。

龟岗古冢

孙权兵发岭南掘冢觅宝的行动，再度引发了当地掘冢刨墓的风潮。当吕瑜的大军撤出后，整个岭南大地盗贼蜂起，无数双贪婪的眼睛盯上了番禺城外那连绵的山冈野岭。他们绞尽脑汁四处访凿，希图搜寻到连孙权大军都无从探访到的赵佗以及赵佗家族的墓葬。令盗贼们恼恨和失望的是，任凭怎样踏破铁鞋也无处寻觅，辉煌的梦想一个个变成泡沫，化为乌有。

历史的长河跨越千年时光隧道流淌到1916年5月11日，岭南台山一个叫黄葵石的农民在广州东山龟岗建房时，在地下挖出了一座南越国时期的古冢，从中出土了陶器、玉器、铜器等多件随葬品，同时还出土了上刻

“甫一、甫二、甫十”等字样的椁板。

古冢的意外发现，立即轰动了广州乃至整个中国学界，唤起了人们渐已淡忘的记忆。许多研究者认为，这便是当年孙权派将军吕瑜寻而未获的南越国第二代王赵眜的墓冢。有的学者经过冷静而深入的研究，认为这座古冢只不过是南越国某位高级贵族的墓葬而已，而真正南越国第一、第二代王的墓穴仍在广州郊外的山冈接岭处，深藏未露。

于是，围绕东山龟岗古冢是否为南越王墓的问题，中国学界展开了一场旷日持久的争论。论战波及之广，连当时最为著名的金石学家、国学大师王国维也卷了进来。从王氏留下的文章看，他对此墓属于南越王的墓葬坚信不疑。

就在这场吵吵嚷嚷、各执一词的论战中，现代田野考古学由中国北方传入偏南一隅的广州。1931年，广州黄花考古学院成立，标志着岭南地区现代考古学的萌生与开始。

从20世纪50年代到80年代初，在为期30多年的风雨变幻中，考古人员根据汉朝陵墓大多远离都城百余里的特点，结合现代田野考古发掘知识，判断当年南越国的赵佗一定会承袭汉制，其陵墓不会建在广州近郊，而应在稍远的山峦深处。

由此，考古人员依据这种推断，将调查、探寻的目标重点放在了广州城外远郊县区的荒山野岭之中，并于20世纪50年代到60年代短短的10年间，在广州市郊34个地点发掘南越国时期的墓葬200余座。

但令这些新时代考古骄子颇为沮丧的是，如此大面积地探寻和发掘，依然未找到赵佗及其子孙墓穴的半点线索。

随着时间的推移和现代田野考古经验的积累，广州市考古人员渐渐感到过去的推断可能存在着失误和偏差，也就是说，南越王赵佗及其子孙的墓冢可能在广州城的近郊而不是在偏远的山冈野岭。在这种新思维的驱使下，考古人员遂调整方向和目标，开始舍远求近，将重点放在城外近郊的调查和发掘上。

1982年，时任广州市文物管理委员会副主任并主管考古业务的著名考古学家麦英豪，率黄淼章、陈伟汉、冼锦祥等几员虎将，在广州城北门外一个叫象岗的小山包发现了一座规模较大的墓冢。这座墓冢的发现令麦英豪等人异常欣喜，认为可能与赵佗家族的葬所有关。但经实际发掘，才得知只是汉朝王莽时期一个早已被盗过的贵族的墓葬。考古队员再次由欣喜转为沮丧，对象岗这个山包的探寻也渐渐失去了热情，并将勘查地点移到他处。

这个时候的麦英豪及其手下几员虎将尚不知道，就在离他们发掘的王莽时期贵族墓冢仅50米的半山腰中，竟埋藏着他们昼思夜想、苦苦探寻的千年隐秘。

故事由这里展开。

五十万大军发岭南

公元前221年，曾在战国末期叱咤风云的齐、楚、燕、韩、赵、魏等关东六国，在秦国军队为期15年的征讨中全部灭亡。中原大地持续几百年的割据混乱局面宣告结束，中国第一个统一的封建专制中央集权的国家——秦帝国形成了。

到此，北至今日的长城，南到长江南岸，东至东海、黄海，西到巴蜀，尽入秦帝国的版图。秦帝国的缔造者——秦始皇所建立的辉煌伟业，正如他自己所夸耀：“德逾三皇，功盖五帝。”然而，刚刚诞生的大秦帝国还面临着两大强劲之敌的威胁，他们分别是北方的匈奴和岭南地区的百越。

就越人和匈奴比较而言，越族对中原的威胁要小一些，其主要原因是，岭南越族虽然人数众多，但农业经济不发达，多数尚处于刀耕火种的原始状态。且越人分为众多部落，分居于纵横几千里的山岭丛林之中，缺乏统一领导，在军事上没有形成一个核心力量，部落之间又不断相互征伐，难以形成一致对外的政治、军事同盟。

尽管越人在政治军事上对中原的威胁小于匈奴，但不代表威胁就不存在。越族毕竟是一个具有共同宗教信仰的庞大群体，且历史悠久，在长期相互攻伐和对外战争中积累了丰富的经验，并渐渐形成了勇猛无畏的作战传统。在春秋、战国之际，越人曾多次与中原诸国交战，使中原诸国吃了不少苦头。这样一个人口众多的民族势必对刚刚建立的秦王朝，具有相当大的威胁力。这种威胁力，对雄心勃勃、意气风发的铁血人物秦始皇以及整个秦帝国社稷而言都是无法视而不管的。要想保持帝国的强大和牢固，就必须对外来的威胁力量进行打击。

于是，秦帝国对岭南越人的征伐也就不可避免地发生了。

关于这场战争的经过，史书《淮南子·人间训》曾作了这样的描述："秦皇挟录图，见其传曰：'亡秦者，胡也。'因发卒五十万，使蒙公、杨翁子将筑修城，西属流沙，北击辽水，东结朝鲜，中国内郡挽车而饷之。又……使尉屠睢发卒五十万为五军：一军塞镡城之领，一军守九疑之塞，一军处番禺之都，一军守南野之界，一军结余干之水。三年不解甲弛弩。使监禄无以转饷，又以卒凿渠而通粮道，以与越人战。杀西呕君译吁宋，而越人皆入丛薄中，与禽兽处，莫肯为秦虏。相置桀骏以为将，而夜攻秦人，大破之，杀尉屠睢，伏尸流血数十万，乃发适戍以备之。"

从以上寥寥数语，可以看出战争的酷烈以及秦军攻伐的艰难。秦军主帅屠睢被杀及大量将士的伤亡，使整个南征的秦军受到了重创。占据桂林、象郡等地的秦军日夜凭城固守，身上的盔甲都不敢卸下。而此时秦军的粮草和军事装备在供给上又出现了空前危机，这就使已进入岭南地区的部队陷入极为不妙的境地。在这种局势下，秦军不得不调整作战计划，暂停对西瓯族人的攻伐，由战略进攻转为战略防御。整个岭南战事进入了秦越对峙阶段。

秦越对峙的局面是暂时的，就秦始皇的性格和秦王朝的实力，绝不可能允许秦越长期对峙下去，既然战刀已经出鞘，就很难无功而返。为解决秦军的粮草、装备等供给问题，秦始皇下令，由史禄组织指挥十万军工开凿灵渠。于是，一项因战争需要而开凿的浩大水利工程在南中国拉开了序幕。

经过三年的开凿、修筑，兴安灵渠大功告成。这是世界上第一条船闸式人工航道运河，它沟通了湘、漓两条河流，湘水汇入漓水，使原本属于长江流域的湘水与属于珠江流域的漓水连接了起来，因而从长江流域出发的船只可以通过漓江，逾五岭而直接到达岭南地区。即使载重万斤的大船，也可以顺利通过，秦军的粮饷和军用物资得以大批地运往岭南，这就为被困的秦军带来了转机。

秦始皇认为征服岭南的时机已到，便于秦始皇三十三年（公元前214年）毅然决定，由任嚣、赵佗两位将领，率楼船之士，再次发动对百越的进攻。

这次进攻和三年前不同的是，秦王朝和秦军将领吸取屠睢征战中的教训，战略上采取“发诸尝逋亡人、赘婿、贾人”，随大军行进，每当秦军占领一地便将部分移民留驻此处。不仅使秦军有了较稳定的后方根据地，同时也使秦军人力的消耗有所补充。而大批商贾在岭南经营，也为军队粮饷的补给创造了有利条件。

秦军凭着丰厚的粮草和精良的武器装备，在百越战场上开始了第二次大规模征伐。大军所到之处，兵锋凌厉，势如破竹，未费多大力气就击溃了西瓯族人的反抗力量，占领了今广西等地的西瓯地区。随后任嚣、赵佗又挥戈南下，乘胜进击，一举击溃了骆越族，占领了今越南中北部的骆越地区。至此，秦王朝于公元前218年发动的征服岭南的战争，终于在公元前214年，以秦军彻底征服岭南越族的胜利而宣告结束。

此后，秦始皇很快在该地区设立了桂林、象郡、南海等三郡，把岭南正式纳入秦王朝版图。为巩固占领区，防止越人反抗力量死灰复燃，加强对越人的控制，秦王朝采取军事管制性的戍守政策，并“置东南一尉，西北一侯”，以加强对该地区的统治和防守。

所谓“东南一尉”，即在岭南三郡“置南海尉以典之”，由掌兵的南海尉专断一方，加强其军事应变能力。秦王朝任命的南海尉，就是继屠睢之后率兵击越的指挥官任嚣。为避免分散南海尉的权力，秦王朝决定三郡一律不设郡守，只设监御史主管一郡事务。

所谓“西北一侯”，即在岭南西北方的交通孔道上建筑城堡，驻扎重兵，以防西瓯人北窜。这里的侯，不是史书中常载的万户侯或千户侯，而是古代探望敌情的哨所，此乃驻兵监视之义。此外，沿五岭南北还设有很多戍守据点，各郡县治所及水陆关隘也驻有大量戍卒。这一切措施，目的是巩固秦始皇对岭南的占领，加强对该地区的统治，并防止越人逾南岭北犯。

秦始皇对尚处于相对闭塞、落后的岭南地区，除实行戍守政策，还采取了建立郡县，有组织地大量向岭南移民，开新道、凿宽灵渠等政治经济措施。

秦统一前，中原到岭南没有人工开凿的道路，行人沿着五岭山脉南北分流的河道往来。这些地方山高岭峻，鸟道微通，不能行车，成为阻塞南北的天然障碍。随着秦向岭南进军，差遣大量戍卒、罪人等修筑沟通岭南的道路。秦始皇三十四年，发配有罪官吏在岭南从事苦役，主要是筑岭南“新道”。秦末农民大起义时，任嚣嘱赵佗“兴兵绝新道”，即此也。赵佗“即移檄告横浦、阳山、湟溪关曰：‘盗兵且至，急绝道聚兵自守’”。可见秦末岭南“新道”已成为非常重要的交通要道。

所谓凿宽灵渠，是在灵渠原有的基础上继续扩展，使长江船只可以经湘江，过灵渠，入漓江、桂江南下，取西江东行而抵达番禺，或溯浔江西行而抵布山、临尘，使水道纵横的岭南无所不通。秦始皇开新道和凿灵渠，不仅是当时军事上的一项重大战略措施，而且在加强岭南与内地的联系、打破岭南闭塞局面、促进岭南开发建设等方面，都起了极其重要的作用。从此，岭南由野蛮卑湿之地进入了一个新的“王化”历史时期。

当秦始皇第一次派往岭南的大军受挫，秦越处于对峙阶段。在秦始皇下令开凿灵渠之后，第二次被派往岭南的秦军将领，就是任嚣和赵佗。

当秦军攻占岭南后，鉴于此地偏于东南一隅，越人势力尚存，而岭南与中央政权的联系又较困难，于是，秦王朝便任命任嚣为南海尉，并授予其政治、军事等专制一方的大权。而赵佗则为任嚣治下的龙川县县令。

任嚣掌握了岭南的军政大权，并成为专制一方的“东南一尉”，便逐渐萌发了脱离中央政权、划岭自治的一套割据构想。这个构想的产生，除了受秦朝建立之前战国诸侯并立之局的影响外，更重要的还在于岭南具有可以实行割据的政治、军事、地理等方面的有利条件。就政治上而言，秦通过兼并关东六国的战争统一中原，到平定岭南，其间不过十余年。在这个天下初定，社会尚不稳固的短暂时期，许多人，特别是原六国贵族，以极其悲伤、感怀的心情，企图恢复战国时期诸侯并立之局面。由于条件不够成熟，他们不得不在秦统一六国后暂时潜伏起来，以待时机。而作为极具雄才大略的秦始皇在天下初定后，明显地意识到这股潜在力量的危险，采取了多种有针对性的措施，如“收天下之兵，聚之咸阳，铸以为金人十二”，大修秦道直通山东六国腹地等。所有这一切，都是为了防止这股潜在的势力兴风作浪。但是，秦始皇苦心孤诣采取的这些措施，只是从表面上起到了一点作用，无法从根本上铲除山东六国的复辟势力，甚至就连秦中央政府官员骨子里的那种复辟思想也未能消融和根除。当时的秦王朝丞相王绾等人，公然向秦始皇宣称：四方之地，“不为置王，毋以填之”，并积极主张“立诸子”以安天下。借此可以看出，战国时期的诸侯并立局面对许多人仍有极大的吸引力。作为在岭南独掌军政大权的任嚣，自然会受到这种思想的影响，萌生据岭而守的割据念头。

老谋深算的任嚣在耐心地等待机会。出乎意料的是，这个机会很快便到来了。

秦帝国的覆亡

在“六王毕，四海一”的颂歌声中，一个专制主义中央集权的封建帝国于世界东方诞生。

秦始皇在创造辉煌伟业的同时，其残酷的暴政也为秦的灭亡埋下了伏笔。

当年建功立业的雄心壮志，很快被好大喜功所代替。天下刚刚统一，秦始皇即下令天下大兴土木，广筑宫室，并在都城咸阳修建气派非凡的阿房宫，供自己寻欢作乐。征发天下刑徒70万人大规模建造骊山陵墓，作为自己死后的安乐之所。为防止东方六国贵族、黔首们卷土重来，造反起事，特别在骊山陵四周布置了一支面朝东方的地下军团，永远守护着自己的灵魂，时刻警惕和镇压关东六国的谋反作乱者，使秦王朝万世不休。

他滥用民力，施行苛政，直至造成“天下多事”“蒙罪者众，刑戮相望于道”的悲惨局面。无论是朝廷的公卿将相，还是普天之下的黎民百姓，人人自危，苦不堪言。

公元前210年，秦始皇带着左丞相李斯和小儿子胡亥，在近侍中车府令赵高等臣僚、太监的簇拥下，开始了第五次、也是他一生中最后一次出巡。当大队人马行至琅琊台，秦始皇与群臣饮酒作歌入东海时，忽感身体不适，只好下诏西还。当车驾到达平原津时，秦始皇竟一病不起。左丞相李斯见状，急令车驾速返咸阳。

当车队到达河北境内的沙丘，病入膏肓的秦始皇留下了一道诏书，驾崩西去。死时年仅50岁，从他自称始皇帝算起仅为12年。

秦二世胡亥登基称帝后，仍不顾天下民怨沸腾，强行下令征发“闾左”戍守边地。

秦王朝的丧钟敲响了。

丧钟的声音由中原传到了南越。南海尉任嚣闻知，立即意识到这正是割据岭南的天赐良机，准备付诸行动。遗憾的是，这时他忽然身染疾病，并一病不起了。

为了让心中的构想得以顺利实施，躺在病榻上的任嚣派人将自己的心腹助手、时任龙川县县令赵佗招来，秘密嘱咐道："闻陈胜等作乱，秦为无道，天下苦之，项羽、刘季、陈胜、吴广等州郡各共兴军聚众，虎争天下，中国扰乱，未知所安，豪杰畔秦相立。南海僻远，吾恐盗兵侵地至此，吾欲兴兵绝新道，自备，待诸侯变，会病甚。且番禺负山险，阻南海，东西数千里，颇有中国人相辅，此亦一州之主也，可以立国。郡中长吏无足与言者，故召公告之。"

赵佗乃真定人（今河北正定县），率军征伐岭南之前的经历史无明载。有记载的是他到岭南后，曾上书秦王朝，要求派30 000名中原女子赴岭南为驻守岭南的将士"缝补衣服"。秦始皇打了个对折，选派了15 000名中原女子去了岭南，这些女人自然成了岭南将士的配偶。

此时，同样具有雄才大略的赵佗，听了任嚣的密嘱，心中十分感动，当场答应按任嚣的构想予以行动。两人经过一番谋划，任嚣假借秦中央王朝的命令，委托赵佗代理南海尉职务，为赵佗顺利实施割据构想迈出了关键性的一步。

就在赵佗代南海尉不久，任嚣撒手归天。这个时候中原的局势是，秦大将章邯率40万大军正和以楚军为首的六国反秦联军相持在漳河地区（今河南省安阳市一带），而另一支由刘邦率领的起义军却乘机沿着黄河南岸，向秦国首都咸阳急速进发。

面对如此纷乱的战局，继任的赵佗迅速实施任嚣的计划，所做的第一件事，便是向驻守在横浦、阳山、湟关的将领快马发出檄告，告知"盗兵且至，急绝道聚兵自守"。

赵佗所说的"盗兵"，表面上指的是诸侯兵，实际上主要指的是中原可能派遣来镇压的秦军。因为横浦、阳山、湟关都位于秦所开辟的连通岭南的两条新道上，是兵家必争的战略之地。绝了此三关道，也就断绝了秦军南下岭南地区的通道。

当绝道闭关、聚兵自守的战略得以顺利实施后。赵佗接着采取了第二个步骤，诛秦吏代以党羽。

此时的赵佗虽然代理了南海尉并已行使职权，但他深知自己这个官职是任嚣假传皇帝圣旨而骗来的，心中自然不怎么踏实。且此时的南海郡许多官吏都是秦王朝派来的，不是赵佗的嫡系，对赵佗十分不利，所以赵佗以各种理由铲除之。

诛杀了这些秦吏后，赵佗选拔拥护自己的心腹担任郡守、令、长吏之类的重要职务。掌握军政大权的赵佗下令军民迅速修筑关防城池，加强岭南的防御力量。首先是对位于武水边的乐昌“任嚣城”，大举修筑加固。复在河对岸修筑一座“赵佗城”，与“任嚣城”呈掎角之势，相为呼应，用以隔绝通往岭北的险要水道。

与此同时，赵佗又在仁化北筑城以阻敌军南下；在岭南湟水、浈水交接处的湟浦关和清远各筑万人城一座。加固任嚣时代所建筑的番禺城——秦汉时期岭南最早出现的城市。屯兵位于番禺西边北江的天然险要之一石门，以守卫番禺。如此这般，赵佗在岭南建立了以郡治番禺为中心的三道军事防线。

岭南兵变

公元前205年，赵佗发兵攻打企图趁中原之乱而独立的桂林和象郡，斩首数千级，扫除了反对势力，恢复了秦所置的岭南三郡，复现岭南地区统一局面。而此时，正是各路豪杰中原逐鹿之日。赵佗趁机自称南越王，建立了南越国。

关于赵佗何年称王，《史记》本传未载，只是说：“秦已破灭，佗即击并桂林、象郡，自立为南越武王。”而《史记·陆贾列传》称：“高祖时，中国初定，尉佗平南越，因王之。”从这段记载来看，可知刘邦“中国初定”之年，即赵佗称王之年。

赵佗建立的南越国疆域，基本上与秦在岭南所设三郡辖区相当，除南界濒南海外，其余皆为陆地。具体的位置是，向东与闽越相接，抵今福建西部的安定、平和、漳浦；向北主要以五岭为界，与长沙国相接；向西到达今之广西百色、德保、巴马、东兰、河池、环江一带，与夜郎、句町等国相比邻；其南则抵达越南北部，南濒南海——这个疆域基本上维持到南越国的灭亡。

赵佗称王后，再一次加强了边防力量，并在南越国北部边界筑起了一条东西长达数千里的边防线。

当岭南的边防得以巩固，赵佗建南越国称王后，即着手治理这个王国。

一方面，他借鉴秦朝治理国家的得失，组织起一个中央集权、郡县分治的王国政府，但不效仿秦朝那样刻薄寡恩、滥施刑罚，而是有效地保护中原移民的政治、经济和文化传统，促进了生产力的发展；另一方面，赵佗采取入境随俗、遵从越人风俗习惯等措施，加强了民族融合与团结。

赵佗不仅大力提倡汉人与越族通婚，并身体力行做出表率。如南越国丞相越人吕嘉家族中“男尽尚王女，女尽嫁王子弟宗室”，使赵氏与吕氏两大家族的关系盘根错节，利益趋于一致。再如南越所封的苍梧秦王赵光就与吕氏家族联姻，第二代南越王的一位夫人赵蓝亦出身越家女。第三代南越王婴齐也娶有越女为妻，并生有子赵建德。

在赵氏统治集团的带动、鼓励下，中下级官吏兵卒及其他中原汉人与越族的通婚已相当普遍。尤其是数十万秦兵，除部分与中原来的15000名女子组成家庭外，大部分士卒都与驻地的越族通婚。

在经济方面，割据岭南的国王赵佗，着手改变落后的农业生产状态。把中原地区先进的农业技术引进越族地区，并教民耕种，大力传授使用铁器和耕牛技术，以提高农业生产水平。同时在各郡县、市镇设立“市官”，由官府直接与当地土著居民进行商品交换，把交换所得的象牙、犀角、翡翠、珠玑、香药等中原地区珍贵的宝货，成批运到北边的关市去和汉帝国南来的商人贸易，并向他们购买大批的牛、马、铜铁工具和器皿，然后又用这些货物与土著居民交换，由此形成了一个循环往复、连续不绝的商品交易渠道。

此一策略，不仅扩展了岭南地区与中原的贸易往来，而且也丰富了岭南地区市场的交换物品，百越族人很快便获得了他们所喜爱的铜铁武器和工具。而这些新的工具大大提高了他们的生产力。南越王国政府则在这项贸易中获得了丰厚的利润，即使不向土著居民征收租赋也不会财政匮乏。同时又通过这项措施，使一些土著居民感到大有收益，从而拥戴王国政府及赵佗本人，甚至有些邻近郡县的“化外之民”也逐渐撤销了他们山洞的樊篱。

经济有了起色，文化教育事业自是不能落后。赵佗在岭南推行以诗书而化国俗，以仁义而结人心的措施。让越人读书认字，学习礼仪，灌输封建伦理道德，提高文化知识。越人“渐见礼化”。

正是赵佗对南越国王朝采取了较为合理、现实的民族政策，才收到了“和辑百越”“粤人相攻击之俗益止”的效果，同时也使“中县人以故不耗减”。在赵佗的有效治理下，南越国内民族关系和睦，汉越人民友好相处。这种和睦的民族关系为增强南越国的整体实力打下了基础。

就在赵佗将要实现或正在实现上述一切计划的时候，位于岭北的秦王朝已被推翻有年。项羽、刘邦争夺天下的刀光剑影，辙痕血迹，早已在旷野里云散风干。义军首领、汉王刘邦最终战败了不可一世的西楚霸王项羽，一统天下，在长安城面南背北，荣登大位，建立了大汉王朝。

——历史开始了新一轮进程。

赵佗面北称臣

南越王国在中原战火纷飞的大动乱中建立起来了，而作为继秦之后新建立的西汉王朝，在刚刚稳住了中原霸主地位之后，对这个偏处东南一隅的独立王国，既不予承认，又无可奈何。

刘邦在楚汉之争中，为了合力击败项羽，先后分封了七个诸侯王，史称"异姓诸侯王"。他们是：楚王韩信、梁王彭越、淮南王英布、韩王信、赵王张敖、燕王臧荼、长沙王吴芮。这些异姓王的封国跨州兼郡，占据了战国后期东方六国的大部分疆域。他们手握重兵，各制一方，对中央权力的稳定与巩固形成了很大威胁。公元前202年，燕王臧荼反；公元前197年，赵相国陈豨反，勾结匈奴，自立为代王；公元前196年，彭越反。各诸侯王不断的反叛，使刘邦不得不把主要精力放在对付、镇压国内各地的叛乱上，根本没有余力顾及五岭以外的南越国。而这时的赵佗建立南越国及经营岭南已有一段时间，也具有了一定的实力，这又迫使刘邦不得不慎重考虑对南越国的关系这个棘手问题。

随着时间的推移和西汉王朝政治、经济状况的好转，刘邦在对待南越王国的问题上思想也有了变化。在汉王朝依然没有足够的能力征服岭南的情况下，为了不使岭南危害一方，刘邦开始顺水推舟，承认赵佗南越称王的既成事实，并于汉十一年，派陆贾出使南越，颁布自己的诏命。

《汉书·陆贾传》载："陆贾者，楚人也。以客从高祖定天下，名为有口辩士，居左右，常使诸侯。"

陆贾是较早地参加到秦末农民战争行列中的知识分子。公元前207年，刘邦率起义军由武关入陕，进军咸阳，子婴派重兵拒于屹关，刘邦用张良之计，"'使郦食其、陆贾往说秦将，啖以利'，秦将果欲连和"。于是，秦军设防懈怠，士气大减，刘邦达到了预期的目的，陆贾从此在农民起义军中崭露头角。当秦王朝被推翻以后，陆贾继续跟随刘邦参加楚汉战争，并成为刘邦重要的亲随谋士之一。

据史料记载，陆贾到达南越国的都城番禺后，只见赵佗态度傲慢，头发束成一撮，竖在头上，伸开两腿，像簸箕一样坐在大殿里。作为一位有着长期出使经验的政治家和辩士，陆贾对赵佗的这番举动好像早有预料。他不动声色，先将赵佗与中原的关系作为会谈的切入点并进言道："你本是中国（指中原地区）人，亲戚兄弟、祖先坟墓都在真定（今河北正定）。而今你一反天性，背叛父母之国，不念祖宗，放弃中国传统装束，想要靠区区弱小的南越跟天子对抗，成为敌国，大祸怕就要来临。自从秦王朝失去控制，诸侯豪杰纷纷起来，只有汉王刘邦率先入关，占领咸阳，项羽背叛盟约，自立西楚霸王，诸侯成为他的臣属，可以说甚为强大。然而汉王刘邦从巴蜀出兵，用皮鞭笞打天下，遂诛灭项羽，仅仅五年时间天下平安。这不是人为的力量，而是天意如此。天子（指刘邦）已知道大王在南越称王，却不出兵协助诛灭暴秦和西楚，朝廷文武官员都主张派出大军，向大王（指赵佗）问罪，但天子怜悯百姓在战乱频仍中已经十分痛苦，才消原意，并且派我前来授给大王王印和互相通好的符节。大王应该恭恭敬敬地到郊外迎接，面北称臣。想不到你竟想凭借基础未稳的南越，倔强到底。汉朝廷如果得到报告，恐怕要挖掘焚烧你祖先的坟墓，屠杀你宗族，然后派一位将军，率领十万人马南下进攻，到那时，你的部下杀你投降，易如反掌。"

赵佗茅塞顿开，赶紧跳起来，规规矩矩地坐下，道歉说："我在蛮夷中生活得太久，忘了中国礼仪。"然后向陆贾请教说，"我比萧何、曹参、韩信如何？"

陆贾说："大王的贤明和能力，跟他们相仿。"

赵佗又问："我跟皇帝相比谁贤明？"

陆贾说："皇帝起自丰、沛，讨伐暴秦，诛灭强楚，为天下百姓兴利除害，继承五帝三王的伟大勋业，统治天下，中国人口以'亿'为单位计算，土地方圆万里，物产富饶，号令统一，自从开天辟地以来从未有过。而大王之众不过数万，而且遍地蛮夷，不是山峦崎岖，就是海滨水涯，一片荒凉，不过是汉的一个郡而已，大王怎么能跟汉相比。”

赵佗朗声大笑说：“可惜我不在中国（指中原），所以在这里为王。假使我在中国，安知不如刘邦？”

此时赵佗自比于刘邦的夜郎自大与他见陆贾之初的“魋结箕踞”以及接着“蹶然起坐”等都是一致的，他满足于独霸岭南，但又不能得罪汉廷，他以这种井蛙式的表现向汉廷暗示他“欲自外乎蛮夷”“无远大志”，以此求“杜兼并之祸于无形”。可见赵佗还是相当明智的。

最后，赵佗接受了汉朝的册封，“愿奉明诏，长为藩臣”。赵佗钦佩陆贾的才干和“威仪文采”，挽留他在岭南住了几个月，并对陆贾说：“南越这个地方，我连个谈话的对手都没有，自先生来此，让我听到了许多闻所未闻的新鲜事。”当陆贾临走之时，赵佗送陆贾价值两千金的财物，算是饯行。

陆贾出色地完成任务回到长安，刘邦很是高兴，升陆贾为太中大夫，以资奖励。

烽烟再起

陆贾出使南越，使赵佗接受了汉朝的册封，南越国对汉朝称臣，遵守汉朝法律的约束。自此，南越国也就正式成为西汉的一个诸侯王国，双方在经济、文化等方面的联系大大加强，贸易互有所补，各获其利，中原地区获得了南越国的物产，丰富了中原人民的生活，而南越国也获得了发展农业生产所必需的工具及马、牛、羊等牲畜，有利于南越国社会经济的发展。

从此，南越王赵佗岁修职贡，向汉天子奉献鲛鱼、荔枝、龙眼、珠玑等珍品。汉王朝则以蒲桃、锦缎等物报之。赵佗又常使贡石蜜五斛，蜜烛二百枚，白鹇黑鹇各两双，亦厚报遣其使。

然而，到了汉高祖十二年三月，刘邦想到南越国赵佗虽然表面接受诏封，称南越王，但他有带甲兵百万，又有五岭阻隔，终是一件难事。加上朝中部分大臣及长沙成王吴臣又上书进献谗言，刘邦遂生疑惧之心。南越之地不能真正划归到汉廷的版图之中，和当年秦始皇相比，终是一件憾事。为抑制南越王赵佗，刘邦又故技重演，封南武织为南海王。这个南海王虽是虚封，却像当年封长沙王吴芮和齐信侯摇毋余一样，再次给南越王赵佗树立了一个敌人。

就在刘邦想方设法要彻底让南越国臣服时，他治下的淮南王英布又谋反了。英布的谋反，不仅使南越国彻底臣服的构想成为泡影，就连刘邦本人也走上了黄泉之路。

当刘邦平息了英布的叛乱，于次年返回长安后，因箭伤发，病情甚危，吕后为其请良医，医者入见刘邦，刘邦问道："朕疾可医？"医者答道："疾可医。"

不知刘邦出于怎样的一种心态和想法，他听了医者的话一反常态地大骂道："朕以布衣提三尺剑取天下，此非天命乎？命乃在天，虽扁鹊在世又有何益？"拒绝医治。

汉高祖十二年四月二十五日，刘邦崩于长乐宫，死时年62岁，在位13年。

刘邦去世后，太子刘盈继位，是为惠帝，尊吕后为皇太后。就南越与汉王朝的关系而言，在惠帝执政期间，汉王朝和南越国的友好往来得以继续发展。惠帝在位七年而崩，接下来由吕后执政。吕后执政的前四年，汉越双方的关系还能勉强维持原状，第五年（公元前183年）春，汉越关系发生了变化。

吕后五年春，吕后突然下诏禁止中原铁器及雌性马、牛、羊等运往南越国，并颁布所谓"别异蛮夷，隔绝器物"的政令，不但有断绝与南越国贸易的内涵，而且有歧视南越国的意味。

面对吕后这突如其来的打击和歧视，南越王赵佗迅速做出反应。在没有得到确切情报，也不知道吕后为什么下这道诏令的情况下，赵佗凭着自己的政治嗅觉估计，认为“今吕后听谗臣，别异蛮夷，隔绝器物，此必长沙王计也，欲倚中国，击灭南越而并王之，自为功也”。也就是说吕后听信了长沙国的谗言才颁布这道诏令的。谙于政治的赵佗明白，在这种情况下，只有派人向汉廷说明才是上策。如若此时反汉，未必能取得胜利。想到这里，赵佗强按心中的怒火，先后派遣南越国的高级官员“内史藩、中尉高、御史平凡三辈”前往汉都长安，请求吕后改变政策。但令赵佗意想不到的是，吕后不但毫不讲理地扣留了赵佗派去的三位南越国的高级官员，不久还派人诛杀了赵佗在中原的宗族，并捣毁赵佗父母在老家真定的坟墓。

自古以来，对葬礼的重视已成为各民族发展中的共同规律之一。在孔子时代就强调孝事父母的中原汉族人民更是这样，焚毁别人父母坟冢之举被认为是不共戴天之仇。这一点，早在以前的战国之时就有实例可证。如燕昭王与其他几国联合进攻齐国，占领了齐国的绝大多数城池，这时齐仅剩下即墨、莒两城，攻即墨的燕军十分残暴，公然在即墨城外“尽掘垄墓，烧死人”，焚毁即墨人民逝去亲人的遗体，使守城的“即墨人从城上望见，皆涕泣，俱欲出战，怒自十倍”。由此可见人们对祖先坟冢的重视程度。

当吕后残忍、暴戾无常的做法传到岭南后，赵佗怒不可遏，愤然说道：“先前高皇帝任命我当南越王，准许两国自由贸易往来，而今吕后采纳奸臣的建议，把我们视为蛮夷，不准卖给我们东西，这一定是长沙王进献谗言所致。”悲愤交集的赵佗终于忍无可忍，决心拒汉称帝。

这年春，赵佗自尊号为南越武帝，并“恨长沙王图己”而发兵攻打长沙国，连破数县而回。

吕后听到赵佗竟敢抗汉称帝，并进攻长沙国的消息后，大怒。立即下令削去赵佗以前受封的南越王的爵位，并派遣汉朝将军隆虑侯周灶、博阳侯陈濞率兵征讨南越国。由于赵佗在南岭战略要点早已派兵据险筑城，严加防守，所以汉军进军受阻。加之由于此时天气酷热，汉军士卒因水土不服而多染疾病，汉军的攻势始终未能越过南岭，致使汉越两军在以五岭为主要争夺地的战略区域形成了长期的僵持对峙局面。这种局面直到第二年吕后死后，汉军见难以获胜，才开始罢兵休战。

从史料记载中可以看出，造成汉越关系紧张甚至兵戎相见的局面，完全是由于吕后政策失误所致，究其原因，则是她缺少对东南地区形势充分认识的缘故。南越的反叛不仅使汉朝在东南边陲战火重燃，而且留给后世许多隐患和亟待解决的难题。其中最大的隐患是，汉伐南越，不但没有达到降服赵佗的目的，反而使赵佗以一个抗击汉中央王朝的叛逆者的形象而获胜。这个结局使南越国在周围地区的威望陡然增高，许多邻国不得不对谨慎地南越国另眼相看。不仅如此，赵佗借着他在汉越战争中的余威和汉王朝无暇南顾的机会，以兵威边，迫使相邻的闽越、西瓯、骆越等王国和部族向南越国臣服，由此建立起一个东西万余里的庞大王国，对汉王朝的南部边陲构成了极大的威胁。

汉越罢兵再言和

吕后死后，文帝即位。文帝即位不久，便颁诏大赦天下，修改苛刑酷罚，以松弛自秦王朝以来过分紧张的政治局面，缓和对民众的压迫程度，促进生产的恢复和发展。在对待附属国的关系上，文帝采取了“使告诸侯四夷从代来即位意，喻盛德焉”，并开始酝酿纠正吕后对南越采取的错误政策。正在这个时候，善于审时度势的赵佗考虑到南越国虽然成功地阻击了汉军的南下，但南越国与汉的对峙对南越国尤为不利。鉴于此情，赵佗采取主动，派人送书给驻守在长沙国边境的汉将周灶，“请罢长沙两将军兵，求还兄弟之在真定者，将与汉和”。周灶接到赵佗派人送来的这封要求汉越和解的书信，不敢怠慢，立即送入汉朝廷请文帝定夺。

文帝接到赵佗的和解书，马上做出反应，除表示同意外，并以实际行动“为佗亲冢在真定置守邑，岁时奉祀”，又“召其从昆弟，尊官厚赐宠之”，同时，还“罢将军博阳侯”，表面上解除了与南越国的武力对峙。汉文帝采取的这些非凡举动，为汉越双方紧张关系的解冻以及走向正常化开辟了道路。

为进一步达到赵佗解除帝号、俯首称臣的目的，文帝再次派陆贾出使南越。

此时陆贾已是一位七十五六岁的古稀老人了，他本来完全有理由推辞这个差事，但是为了汉越两族化干戈为玉帛，毅然受命，带上文帝的诏书、一名副使以及文帝赐给南越王赵佗的礼物——“上褚五十衣、中褚三十、下褚三十”，踏上了通往岭南的道路。

陆贾作为汉朝使者的到来，虽然是赵佗预料之中的事，但是他没有料到新即位的文帝会这么快就做出了相应的答复，这个举动反而使他有些惊慌不安，带着既有所希望又“甚恐”的心情接见了陆贾。

双方见面后，陆贾即递交了文帝的诏书，从历史留给后人的史料来看，文帝给赵佗的诏书是比较客观的。诏书中文帝首先承认了吕后对南越国的政策是“悖暴乎治”的，过错在汉朝方面；其次，又告诉赵佗，汉朝为恢复与南越国的关系也采取了一些措施，如撤去了靠近南越国边界的一支汉军，修葺赵佗父母坟冢等；诏书中还认为，汉越交兵，“必多杀士卒，伤良将吏，寡人之妻，孤人之子，独人父母，得一亡十”，对汉越双方都是不利的；最后文帝委婉地告诉赵佗：南越国与长沙国一样，都是高祖所封，其土地界限不能更改，希望赵佗“分弃前患，终今以来，通使如故”。

面对文帝的诏书，赵佗将做出怎样的反应呢？前文已述，赵佗在秦时就进入岭南，后又任南海尉以至划岭而王，此时执政已达38年，他对岭南的政治、社会经济等十分了解，他深知岭南虽然已有40余年的开拓史，而且社会经济水平比秦平岭南时增强了许多，但与中原汉朝相比，仍是绵力薄材，不可同日而语。所以南越国对汉的抗衡也是不能持久的，一旦中原“贤天子继出”，则完全可能趁势消灭南越国。故赵佗深知南越“诚非汉之敌”，可谓“明哲炳于几变，故能变逆为顺，以相安于无事耳”，自然也就“固不待贾之再来，而帝号之削，在佗意中久矣”。赵佗唯一没有料到的是，陆贾如此之快就到了南越。直至陆贾来到，交代清楚了汉朝天子的意图后，他深表恐惧与歉意，当即表示愿意接受中国皇帝的诏书，作为藩属，按期进贡。同时说：“我听说两雄不俱立，两贤不并存。汉皇帝（刘恒）是一位贤明的天子，从现在开始，我不再称皇帝，撤销黄绫车盖、左侧大旗。”

陆贾这次出使南越，赵佗对他格外看重，相待优礼有加。

陆贾还朝时，赵佗“因贾献文帝白璧一双，翠鸟千、犀角十、紫贝五百、桂蠹一器、生翠四十双、孔雀二双”等岭南地区的特产。赵佗一次上贡，即达1000多件物品、珍禽，可见赵佗与汉友好是诚心实意的。

陆贾顺利地完成了使命回到长安，向文帝详细汇报了出使经过，文帝十分满意，设宴庆贺陆贾的第二次出使安抚取得了圆满成功，达到了使赵佗再次对汉称臣的目的。由此开始，南越国与汉恢复了以前的关系，完全实现了双方关系的和好，赵佗对汉称臣，行诸侯之职，时时遣使入贡。

赵佗之死

武帝刘彻建元四年（公元前137年），南越王赵佗无疾而终，享年101岁，成为迄今为止中国封建帝王中唯一的一位大寿者。

赵佗自秦始皇时代率军入岭南起，到汉武帝刘彻建元四年薨，在前后总计80余年的漫长历程中，称王称帝60余载，在这个特殊的历史时期内，赵佗以自己的仁德、宽厚之心和满腔热情一统了岭南，缔造了南越国，使南越各族人民摆脱了刀耕火种的原始生产方式，向中原社会生产力发展水平靠近。经过半个多世纪的努力奋斗，使岭南百姓富庶，国泰民安，成为支撑华夏大地的南天支柱。

南越王赵佗仙逝后，长孙太子赵胡继王位。他与丞相吕嘉，为其祖父赵佗举行了自立国以来规模最大的国葬。国中所分封的王侯、朝臣、将士、郡县之吏以及黎民百姓，纷纷从南越的四面八方赶至京都番禺，为其吊唁，连都城郊外十几里的村寨都住满了前来吊唁和送葬的人群。南越之地，可谓家家吊唁，人人万分悲痛。

发葬这天，南越国中所有鼓号齐鸣，送葬之车驾、人役绵延数十里之遥。赵胡按祖父赵佗遗嘱，将其葬于都城番禺城外南自鸡笼岗北至天井连冈接岭的群山之中。为了使祖父赵佗永远安静长眠于黄泉之下。赵胡安葬祖父赵佗遗体时，多置疑冢。发葬的灵车从番禺都城四个城门同时出来，四具棺柩一模一样，下葬时又棺棚无定处。除丞相吕嘉和赵胡等少数几人外，其他人全然不知南越王赵佗棺柩的真正下葬之处。

在南越国民众与朝臣官员及赵佗家人送葬的号啕大恸之中，丞相吕嘉是最年老的朝臣。他披麻戴孝，被两个家人搀扶着，曾几度哭得昏死过去。吕嘉昔日只是越族的一个少年，但他自幼聪慧好学，办事机灵，渐成大器。赵佗怜其才，拜吕嘉为军师，立国后又拜他为南越国的丞相。吕嘉在与赵佗相处的60余年的漫长岁月中，深受赵佗仁德、宽厚的影响，对赵佗敬重万分。今赵佗晏驾，巨星陨落，他自是悲恸欲绝。送别赵佗亡灵之后，吕嘉独居一室，仰望赵佗长眠的城外山冈悄然跪下，捶胸顿足大呼道：“天邪！圣王一去，从此南越国将不复存在矣！”

象岗山中的黑洞

往事越千年。南越王赵佗父子陵墓所在位置，虽历代官家、民间盗墓者苦苦寻觅，始终未见踪迹。直到历史进展到1983年，才有了新的突破。

这年6月9日，广州市区北部一座号称象岗的小山包上，几十名民工正在噼里啪啦地凿石刨土。当海拔高度为49.71米的小山包被凿掉17米时，有民工突然发现自己的镐头下出现了一个不同寻常的变化，只见那风化得有些零碎的花岗岩石块不见了，代之而来的是一块又一块整齐排列的砂岩石板。

“哎！这是咋回事，怎么有这么好的大石板埋在这里？”有人用镐头敲打着石板，自言自语道。

大约过了一个小时，最早觉得有些异常的民工找了把长尖的铁镐插入石板与石板之间的缝隙里撬动起来。随着石板不断移动，缝隙越来越大，不时有碎石泥土稀里哗啦地掉在缝隙之内。

“奇怪哩！”撬动石板的民工说着，弯腰俯身想看个究竟，无奈缝隙太小，地下黑乎乎的，像个洞穴，什么也看不清。于是这个撬石的民工怀揣一种难以言状的心情，将身边的几个同伴喊过来，让他们找来几把铁锹插入缝隙中同时撬动，石板的缝隙迅速扩大开来。大约半个小时后，有人拔出铁锹，擦着脸上的汗水再次俯下身去看个究竟。恰在此时，一束亮丽的阳光照射下来，此人蓦地看到，在这石板下面竟然是一个硕大的洞穴。

“哎哟，快来看，这下面是一个洞哩！”民工抬头惊喜地喊着同伴。

石板下的洞穴黑乎乎一片，几个人什么也没看清，只是感到下面很像是一处人为的地下建筑。于是，有人开始声称这是当年部队修的一个防空洞，其目的和用途是预防苏联发射到中国的原子弹在广州爆炸。这个解释使部分人信以为真，但也有人感到仅仅是一个防空洞并不够刺激，便以不同的见地言称此处是日军侵华时，在这个山包中秘密修建的一座军火库，下面匿藏着的必是成捆的炸药和炸弹。

在好奇心的驱使下，几十个民工围绕一块石板，或用锹或动镐，噼里啪啦地凿撬起来。眼看石板的缝隙越来越大，洞穴中的一切即将暴露于世。正在这个时候，一个人的突然到来，使这个行动未能进行下去。这个人就是广东省政府基建处的基建科长邓钦友。

邓钦友到象岗工地时，发现民工们围在一起正指指点点地议论着什么，禁不住走上前去看个究竟。他围着摇晃的大石板转了两圈，蓦然想到了什么，急忙让大家住手，随之跨到近前俯身从石板的缝隙中向下窥视。此时，裂缝的最宽处已被撬开达0.3米，洞穴内的形制基本可以辨清，散落其中的器物也影影绰绰地显现出来。

根据看到的情形，邓钦友初步推断，这个洞穴很可能是一座巨大的古墓。既然是古墓，就应当受到保护并迅速通知考古部门前来鉴别。他立即打电话给市文管会考古队，报告象岗发现的情况。值班的考古人员黄淼章接到电话，立即同考古队员陈伟汉、冼锦祥等骑自行车赶到象岗施工工地。

黄淼章等人挤进人群，立即对现场进行勘查，发现这个洞穴既不是部队修筑的防空洞，更不是侵华日军构筑的秘密军火库，而是一座石室古墓。从整体看上去，这座古墓构筑在象岗腹心约20米的深处，墓顶全部用大石板覆盖，石板的上部再用一层层灰土将墓坑夯实，以达到封闭的效果。

外部情形勘查完毕，黄淼章从怀里掏出装有两节电池的手电筒，俯身石板的缝隙，透过手电射出的光向下观看。由于下面的墓穴过于庞大，加之外部光线干扰，射到墓穴中的手电光显得极其微弱，如同萤火在黑夜中晃动。尽管如此，黄淼章还是窥到了墓穴前室的石壁、石门等较明显的建筑物。稍后，随着手电光的不断移动，黄淼章又在石室内散乱的一堆杂物中看到了一件类似铜鼎的器物，从这件器物的外部造型看，当是汉代之前的葬品。

陈伟汉和冼锦祥以及另外两名考古队员相继窥看了墓室，也感到有些不同寻常，但对此墓到底属于什么时代难以下确切的结论。黄淼章望着大家有些疑惑的脸说："你们在这里等着，我打个电话叫老麦来看看再做结论。"

说着，转身向山下走去。

约20分钟后，广州市文管会副主任、广州博物馆馆长、著名考古学家麦英豪来到了象岗山。这位中华人民共和国成立以来广州第一代考古学家，曾率领考古队员，几乎踏遍了广州地区所有的山山水水，调查、发掘了近千座墓葬，从而积累了丰富的考古经验和广博的学识，每当有较大的墓葬发现，必定由他亲自主持发掘。在广州地区现代田野考古的历程中，麦英豪始终有着举足轻重的作用。

听到黄淼章的电话汇报，麦英豪异常惊喜，没有想到，他将要面对的就是他和他的同伴苦苦探寻的那个千年隐秘。

不祥之兆

麦英豪来到工地，从腰里掏出装有五节电池的大号手电筒，身子半趴在地下，借着手电的强光从缝隙中向下窥视。由于光的亮度明显加强，墓室中的景物看上去比先前清晰了许多。随着手电筒光柱不断移动，麦英豪先是看到了用石块砌垒的墓壁，然后看到了硕大的石制墓门，接下来，看到了散落在墓室中的一堆凌乱不堪的器物。在这堆零乱的器物中有一个大号铜鼎和几件陶器格外显眼。

麦英豪将手电的光柱，在这几件器物的上下左右反复晃动，并从形制、特色等多方面观察判断，终于在脑海中形成了一个结论——这确是2000多年前汉代的一座石室墓葬。

尽管墓葬的主人是谁尚不知道，但仅从墓室的形制、规模以及随葬的器物来看，当是岭南考古史上一个前所未有的新发现。这次偶然的发现，将为岭南考古史增添新的极其光彩的一页。

麦英豪转身来到邓钦友的身边，心怀感激之情地说：“邓科长，你可是又做了一件大好事啊！这是一座很有价值的古墓，是个重大的考古发现，没有你及时报告，说不定要遭到破坏。我们需要马上组织力量发掘，如果这个墓是完好的，恐怕你们的楼在这里就盖不成了，你还是早一点向省政府打个招呼吧。我们回去研究一下，看如何发掘。”

为避免影响面太大而引起人群围观，妨碍勘察，麦英豪决定当晚就进行勘探。

根据白天观察到的情形，象岗古墓墓顶石板的缝隙最宽处只有三十几厘米。显而易见，若从这样的宽度中钻入墓穴只有精瘦者可担当此任。麦英豪决定请业务主力、身体精瘦结实的黄淼章充当“孙行者”。

进入墓冢的人选确定，麦英豪和众人又商讨具体操作方法，准备了绳索、竹竿、手电筒等必需工具。眼看预定的时间已到，大家起身来到了夜色中神秘莫测的象岗山。

到了墓坑边上，麦英豪打开手电照了照墓顶石板的裂缝处，然后走上前去用手拍了拍黄淼章的肩膀，轻声叮嘱：“小心点，下去后记好文物分布的大致情况，要注意保护墓内的迹象，尽量做到进退均踩同一个脚印，闻到不同气味或听到异响，迅速往上撤，如果来不及撤退，你就大喊几声，我们这边抓住绳子将你拽出来，听清了？”

“听清了。”黄淼章回答着，尽力使自己怦怦跳动的心平静下来，尔后向墓顶石板的裂缝走去。

几束手电的光柱对准石板裂缝，黄淼章站在裂缝前，用手紧了紧上衣，两手扶竿，双脚跃起，轻灵快捷的身子一下便钻入地宫。

借着上面射下来的几束手电光柱，黄淼章低下头，小心地选好一个见不到器物的地方，将双脚踏上，然后打开自己肩挎的长筒手电，在地宫中观察起来。

只见这个墓穴全部用石块和石板建成，地宫的四壁完好，而墓顶的石板多数已经断裂，不少碎块落入地宫，硕大的石板有许多已变形移位，随时都有断裂塌下的可能。

黄淼章望着那些变形的石板不禁头皮发麻，毛骨悚然。他知道，只要有一块石板崩塌下来，自己就有被砸成肉泥的危险。他没敢移动身子，只是强迫有些眩晕的大脑稍微冷静了一下，借助手电的光束开始逐步观察。

他发现，自己身处的地方很像平时居家中的一个厅堂，在厅堂的前后都有一道石门封闭，左右似有两个规模相同的厢房。这个厅堂的顶部和四壁都有朱墨绘的卷云图案，尽管此时厅堂内升腾回荡着腐朽而阴湿的茫茫雾气，使手电的光亮大为减弱，一时难以看得仔细、分明，但从整体可以看出，这座古墓的地下冥宫原本建造得极其精致、壮观，如此规模宏大又有卷云图案石室的墓葬，在岭南地区可谓前所未见、闻所未闻。

当他小心翼翼地穿过一条过道，跨入厅堂的一个厢房时（后正式定名为东耳室），眼前的景物惊得他目瞪口呆。手电的光柱穿过飘忽缠绕的迷雾，照射在一堆色彩斑斓的珍宝之上。只见那硕大的铜壶、铜缸、铜提筒、铜钫和无数的玉饰凸现在一层辨不清质地的零碎器物之上。这些器物光芒四射，灿烂夺目。在这堆瑰丽珍宝的不远处，一排硕大整齐的铜质编钟泛着暗绿色的幽光，高贵圣洁而又气宇轩昂地静卧在那油漆彩绘的钟架之上。

眼前的一切，使黄淼章如同置身于一个神奇的梦幻之中，情感和理智都难以让他相信，这竟是一个没有受到任何外界骚扰、完整地匿藏了2000多年的石室大墓，这座大墓连同墓中的一切，使黄淼章如痴如醉……

神秘人物是谁？

十几分钟后，黄淼章怀抱一件大玉璧、一个铜编钟、一个陶罐来到了墓室的裂缝之下。他仰起头，冲上面喊道："扔下三个包来，往上取文物。"

三个粗布包相继扔了下来，黄淼章分别将三件文物装入包中，解下腰上系的绳子将包拴住，喊了句："拉上去，拉上去。"

借着几束手电的光亮，三件文物很快被陆续提了上去。稍后，黄淼章顺着竹竿在同伴们连拖带拉下，慢慢钻出了墓室。

"怎么样，里边的情况怎么样？"麦英豪急不可待地问着。

黄淼章抬手抹了一把脸上的汗水，望着麦英豪掩映在夜幕中的身影，气喘吁吁地说："墓室很大，没有被盗，里边有数不清的奇珍异宝……"

"好，陈伟汉，你安排几个人在这里轮流看护，其余的人带上文物跟我到考古队办公室去。"麦英豪听完黄淼章的话，情绪激昂地说。

一时间，广州市考古队办公室内灯火通明，烟雾缭绕。十几个人围着从象岗古墓中取出的三件文物和黄淼章画的一张墓室草图反复察看。巨大的墓室、彩绘的壁画、成排的编钟、硕大的铜鼎、瑰丽的玉璧……古墓的形制和珍宝，无不使在场者瞠目结舌、惊愕不已。

事实已清楚地向众人表明，如此巨大的墓葬和奇特珍贵的文物，在广州考古队成立30多年来是首次发现。那成套的编钟说明墓主的身份非王即侯，而碧绿的大玉璧，又分明是瑞玉之首，绝非普通人家所有。这一切，无不在暗示每一个考古队员——一个匿藏2000多年的重要人物，很快就将走出阴暗幽深的地宫，登上历史重新搭建的舞台，再度向世人讲述那早已逝去的愉快或忧伤的往事了。

这个重要的神秘人物是谁，会不会就是让考古人员30多年来魂牵梦萦的南越王赵佗？

8月25日上午，三方（广州市文管会、广东省博物馆、中国社会科学院考古研究所）发掘队人员云集象岗，联合考古发掘正式开始。

发掘中尤其引起发掘人员注意的是，墓道中发现了铜器、陶器等殉葬品，并发现了刻有"长乐宫器"的四字戳印。

长乐宫原是西汉时期都城长安著名的宫殿建筑，位于汉长安城内东南部，与西边的未央宫东西并列，故又称东宫。自汉高祖刘邦驾崩、汉惠帝移住未央宫后，长乐宫便成为太后之宫，其遗址至今尚有部分保存。“长乐宫器”戳印的出土无疑向发掘人员昭示，墓室的主人很可能就是一度僭号“南越武帝”的赵佗或其家族中的某一位王。但究竟属于哪一代王，是否就是赵佗本人？发掘人员为此又开始了新的一轮猜想和议论。

在长达十余米的墓道尽头是两扇东倒西歪的石门。看来当初为墓主下葬的群臣、民夫在撤退时显得有些匆忙和慌乱。墓门关闭，便胡乱向墓道中填入乱石和泥土。石门在这些巨石碎土严重挤压和冲撞下，门轴断裂，使已经关闭的两扇硕大门板再度分离，并使中间敞开了一道足可容人进出的缺口。

这座已经敞开墓门的巨型大墓，历2000余年未被盗墓贼发现和盗掘，实在是墓主的幸运。

墓室探宝

当发掘人员陆续进入被揭了顶盖的石制墓室时，最醒目和扎眼的是四壁满布的云纹图案，清新亮丽，笔触如行云流水，彩绘的大小不同云朵，看上去如被飓风卷起，狂飙裹挟，形成了一种奔腾、飘逸、凌空飞旋的浩瀚气势。

整个前室的随葬物布置比较简单，除清理出的大铜鼎、玉佩饰、玉璧和石砚等较明显的文物外，发掘人员又在墓室的东侧发现了一处殉葬人的棺具遗痕，殉者的骨架、棺具早已腐烂如泥，仅见一片板灰残痕。在这片板灰痕的南北两头，分别有一把铁刮刀和环首铁刀，两者相距1.2米。在两把铁刀之间，排列着一组玉佩饰，散落的玉璧、玉环、玉璜和一件鎏金的铜环等器物，由北而南形成一条明显的直线。在这组玉佩饰的一个大玉璧旁，发现了一方铜质印章，印为方形，龟钮，阴刻篆文“景巷令印”四字，长宽均为2.4厘米，重27.97克。

据后来研究，印章上的“景”字为“永”字同音通假，“景巷令”即“永巷令”，汉代设永巷令这一官职，以宫中的宦者充任，专门掌管皇后、太子的家事。由此可推断墓中的这位殉葬者，生前当是南越国王室的“景（永）巷令”。墓主死后，以“景（永）巷令”与漆木车模型同殉了。因为，在墓室内靠西边的地方，还发现了一具木车模型的残痕，由此断定与之同殉。

当地宫前室的文物全部清理之后，发掘人员将清理的重点转向了东耳室。

从整体看上去，东耳室应是放置宴乐用具的处所，内中的铜器、铁器、陶器、玉石器、金银器、漆木器、象牙骨器、动物遗骸等器物琳琅满目，一眼望过去，让人感到眼花缭乱。让发掘人员最为激动和兴奋的，是室内那耀眼生辉、光彩照人的铜乐器和铜容器。

经初步观察和鉴定，象岗山古墓东耳室存放的铜器皆为铸件，造型优美，有些铜器上有繁缛精美的纹饰，有的通体鎏金，特别是两套铜编钟，虽历2000多年的岁月侵蚀，依然散发着独特的魅力和逼人的光辉。

两套编钟分为钮钟和甬钟两种，钮钟为一整套共14件，从小到大依次

图9-1 出土的铜甬钟形状

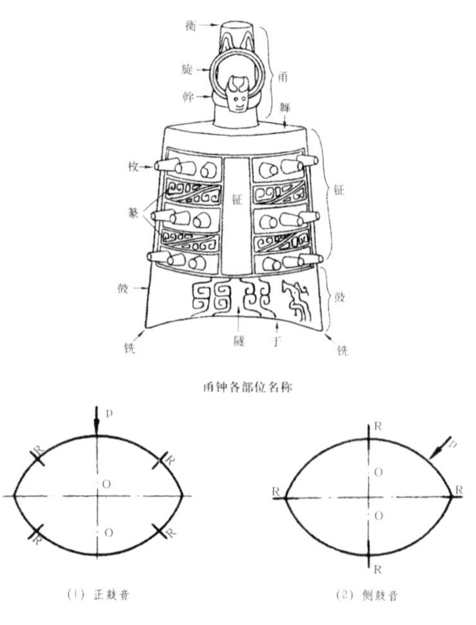

图9-2 甬钟各部位示意图

排列在北墙壁的下方，并整齐地悬挂于木制横梁上。尽管木制横梁早已朽腐，但残留的木片和漆皮依然保持着当初入葬时的情形。从外形上看，依次排列的14件钮钟形制相同，这套钮钟通体泛着青绿色的幽光，方环状钮，口部作弧形，钟体横断面呈椭圆形，每件钮钟均保存完好。

与14件钮钟相连的一套5件的甬钟，同样是从小到大，依次摆放在耳室东侧的地面上，只是未见横梁木架。每件甬钟形制相同，外表都有丝绢包裹的痕迹，表明入葬前曾人为地包装过。在清理时，考古人员对两套编钟轻轻叩击，钟体发出了庄重、清新、典雅的声音，可见这两套青铜铸就的编钟，虽经2000多年的掩埋，仍风采依旧，声韵不减当年。

在青铜编钟旁侧，由耳室的前部往后，排列着两套共18件石制编磬（石制打击乐器和礼器）。石磬的排列顺序由小到大，依次平放在地面上。考古人员通过粗略的观察，发现石磬通体呈曲尺形，两面光素，股边短而宽，鼓边长而窄，股鼓相接处上部成角状，下边呈弧线形，顶部各有一圆孔，以作悬挂之用。

在石磬的上下左右，考古人员并未发现可供悬挂的木架或木架的痕迹。看来石磬入葬之初就没有打算要悬挂而是摆放在地面上的。

图9-3　铜提筒

除此之外，考古人员还发现，这两套石磬不但未见丝织物包裹的痕迹，且石质较差，大多都呈灰白色。可能由于墓中长期浸水以及墓底酸性土的侵蚀，石磬整体上保存状况相当差，尤其是贴于地面的那一面，腐蚀极其严重，甚至有的地方已成粉末状。

在东耳室所有的青铜器物中，

形体最大也最为显眼的当是室内后半部中间位置的一套铜提筒。从形制上看，这套提筒是古代岭南人用来盛酒的器物。提筒分3件，按大小顺序相套在一起。3件提筒均保存完好，只是缺少顶盖，出土后经考古人员分析，可能上面分别有木盖，由于年久日深，木盖腐烂无痕了。

相套在一起的3件铜提筒，外部的一件最为硕大，通体像人们平时见到的圆桶，只是头部比圆桶还要大，外有船形纹图案，通高50厘米，口径46.5厘米，筒壁口部厚0.2厘米，底部圈足部分厚达0.35厘米。

大提筒内部的两个小提筒，其形状基本与外部的大提筒相同，只是形纹图案更显得别具特色。只见这组图案有饰羽人船4只，形象大同小异。4船首尾相连，船身修长呈弧形，两端高翘像首尾。首尾各竖2根祭祀用的羽旌，船头两羽旌下各有一只水鸟。中后部有一船台，台下置一鼎形物。中前部竖一长竿，竿上饰羽纛，即古代军队里的大旗，下悬木鼓。每条船上有6人，其中5人戴羽冠，冠下有羽翼，细腰，下着羽毛状短裙，跣足。其中一人高立于船台之上，左手前伸持弓，右手持箭，似属主持祭祀的首领形象。船台前三人，第一人亦左手持弓，右手执箭；第二人坐鼓形座上，左手执短棒击鼓，右手执一物；第三人左手执一裸体俘虏，右手持短剑，好像正在杀人。船尾一人掌橹，每只船饰以水鸟、海龟、海鱼等水生动物。

从主要人物活动看，似是两股不同的势力在相互攻伐，得胜的一方杀俘虏以祭河（海）神。岭南临海，山林密布，除生活在这里的各种部落相互攻伐外，海盗时常出没丛林大海，形成了岭南一大隐患。这个提筒以及图案的发现，为研究岭南冶金史和当时的社会制度提供了极其珍贵的史料。

据考古人员研究，象岗山古墓出土的这类铜提筒，起源地应在越南，两广铜提筒是受到越南的影响而发展起来的。据麦英豪考证，南越国的统治势力已达今越南北部地区，两广铜提筒中的一部分可能是通过贸易手段输入进来，也可能是越南某些部落首领用以盛放贡品进献到南越王宫的。

墓主是谁?

从整个东耳室出土的大多数器物看，除了那盛酒的容器、伴奏助兴的钟、磬，以及后来出土的琴、瑟和用于娱乐的“六博”等，都标志着这是一个盛大豪华的宴乐场所，也折射出这个场所的主人具有的高贵身份。尤其在钟、磬旁边那个早已腐烂成灰的殉葬人，很可能就是墓主人带进来的一名“乐师”。当主人进入另一个世界后，也依然让这位“乐师”一同进入这幽暗的墓穴为自己的奢华享乐服务。看来这位墓主人确是气派非凡、霸气十足，具有唯我独尊、视天下人如草芥的派头。

那么，墓主人到底是谁？难道真的是人们千百年来苦苦探寻的南越王赵佗？如果不是赵佗，谁会有这番气派？

当考古人员在东耳室清理到最后一种器物时，蒙在墓主人脸上那块神秘的面纱终于揭开了一角。

图9-4　全套句鑃

考古人员最后清理的是存放于东耳室后壁的一套青铜句鑃，这套句鑃共由8件组成，在岭南地区属首次发现。此器出土时多数大小相套，器型基本相同。器体上大下小，一面光而无文，另一面则阴刻篆文“文帝九年乐府工造”。

此次发现的刻铭“文帝九年”句鑃，当是南越国乐府所铸。根据史料记载，只有南越国第二代王曾自称“文帝”，这个“文帝九年”应是西汉武帝元光六年（公元前129年），而这个时候南越第一代王赵佗早已死去，在位的则是第二代王赵胡。

如果史书记载的南越第三代王赵婴齐之墓确实被孙权大军盗掘。那么，此墓属于赵胡或赵胡时代其家族主要成员的可能性极大，因为在婴齐之后继位的第四、第五代王，正逢刀光剑影的动荡乱世，不可能从容不迫地建造如此规模宏大的墓穴。只有赵胡或他同时代的高级贵族才有可能做出这旷世之举。

未久，考古人员又在一件铜伞柄饰旁和一个铜匜之内，先后发现了两枚上有“帝印”字样的封泥。这两枚封泥的出土，再次为考古人员提供了一个重要信息：所谓“帝印”，当指皇帝之印。这种直书“帝印”的封泥，在此前的中国考古史上从未发现过。按常规推断，封泥是缄封随葬品的信物，此墓中发现“帝印”的缄封，说明墓中的主人曾僭号称帝，而部分随葬品，也是这位称帝的墓主生前亲自缄封的。那么，这位僭号称帝的人到底是赵佗还是赵胡呢？

进入主棺室

9月20日，第二道石门被打开，考古人员陆续进入后室。

当考古队员李季在棺椁南端清理几堆散乱的陶璧时，偶然发现了一块四角钻有小孔的薄玉片。这块薄玉片的出现，并未引起李季格外关注，他当时简单地认为，这只不过是一块断石砸散的器物碎片而已。

但当他详细观察后，猛然感到这一发现非同小可。这个薄玉片的出现，是否意味着这是墓主用玉衣做殓服的一个重要信号？在高度的兴奋与渴望中，身旁的麦英豪指示李季沿一条直线迅速向棺椁位置清理。李季遵照指令，一边清理其他器物一边按直线向前推进，当接近棺椁并将棺椁的朽灰泥土用小毛刷一点点细细清掉后，一堆期待已久的白色带孔的小玉片凸现出来。

“玉衣，真是玉衣！”未等李季说话，众人便急切地叫喊起来。眼前的情景无疑向考古人员证实，墓主确是身穿玉衣躺在这冥宫之中。大家知道，既然以玉衣殓葬，墓主人尊贵的身份已不言自明，除了南越王，谁会有这样的气派？

于是，考古发掘队集中白荣金、杜玉生、冼锦祥、李季等最精干的力量，进行棺椁部位的清理。随着清理工作的不断深入，玉衣的轮廓渐渐凸现出来。只见玉衣紧贴棺底，几块大玉璧覆盖在玉衣的胸腹间，另外还有组玉佩、金银饰物等覆压其上。玉衣的两侧依次排列着几把长剑，头下置珍珠枕。

可能由于断石在棺椁朽腐散架后挤压的缘故，玉衣保存状况极为糟糕，整体已被坍压成扁片，平均厚度只有3厘米到4厘米，且多数玉衣片已散乱不堪，除两袖、裤筒、手套等部位的轮廓尚隐约可辨，面罩和双鞋则零乱得难以分出原有的顺序和层次。尽管如此，考古人员依然情绪亢奋，喜不自禁，因为这毕竟是岭南地区乃至整个中国南部地区首次发现的一件汉代玉衣殓服。1968年，在河北满城刘胜夫妇的墓中出土了两件金缕玉衣，曾轰动世界。而今天，象岗古墓发现的玉衣也必将令世人再度为之瞩目。

图9–5　修复后的丝缕玉衣

就在白荣金、冼锦祥等人清理玉衣的过程中，发现玉衣内仍保留有部分遗体的残骸，绝大部分残骸已腐朽成粉末状的骨渣，只在玉衣的头罩部分尚有少许残颅骨片。这些残片大小不一，最小的为直径5毫米左右，最大的直径也仅有45毫米至50毫米。由头罩中捡出的残颅片，大多数已难辨其所属部位，少数较大的骨片经拼对黏合后尚可判断其所属部位。而且这几块拼接起来的残颅骨片成为判别墓主性别年龄的唯一资料。

后经中国社科院考古所鉴定专家以及北京医院口腔科主任李善荣等采取多种方法鉴定，象岗古墓墓主属一例男性个体，从牙齿的磨耗程度、主要颅骨缝的愈合情况以及牙槽骨出现萎缩和牙齿的结构等多方面考察，墓主的死亡年龄约为35岁到45岁。

除残碎骨骼的发现，在散乱的玉衣片中还出土了一枚玉质印章。此印为方形，螭虎钮，螭虎周围刻有云气纹衬托。印文篆体，阴刻“帝印”两字，中间由一条线分隔，外加边框。这枚“帝印”的书体与早些时候出土于西耳室上刻“帝印”的封泥不同，这表明墓主生前最少曾使用过两枚“帝印”。

图9-6　“帝印”玉印。印面长宽各2.3厘米，印台高0.8厘米，通高1.8厘米

继这枚“帝印”之后，考古人员又在玉衣片中间部位接连发现了两枚刻有“泰子”的印章。此印章一枚金制，一枚玉制，都为阴刻篆文。其中金印为龟钮，外有边栏，中有竖界，印面右方刻“泰”，左方刻“子”。

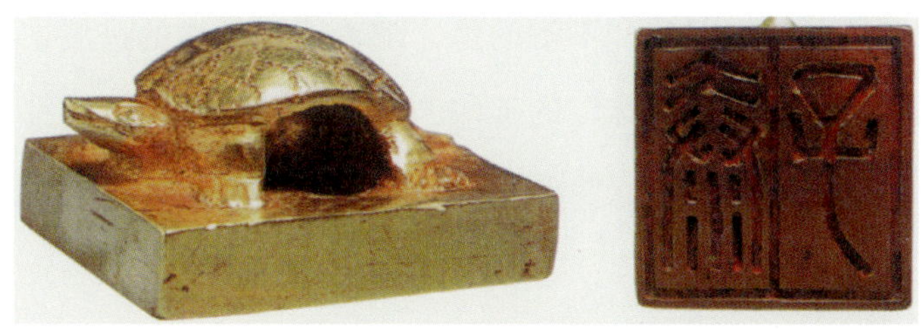

图9–7　“泰子”金印

与金印不同的是，玉印为覆斗钮，外无边栏，内无中界，印面右方刻“泰”字宽人，“子”字瘦窄，两者比例失调，从字形上看，金、玉两印书体不同，不是一人所书。

印文作“泰子”两字的印章，在传世玺印中未曾见过，考古发掘中也属首次发现。这两枚印章的出土，在使考古人员感到新鲜惊奇的同时，也使大家陷入了迷惑。

“文帝行玺”惊现人世

古时泰、太两字互相通用，汉代册立嗣位的皇帝之子和诸侯王之子称太子。这个常规制度无疑在提醒现场的考古人员，墓主人显然不是南越国第一代王赵佗，也不会是第二代王赵胡，因为司马迁《史记》载，赵佗的父亲没有做过皇帝或诸侯王，赵佗为太子便无从说起。而第二代王赵胡乃赵佗之孙，既是王孙，生前也不会有“泰（太）子”的封号。有“太子”封号者除赵胡以后的家族成员，另一个便是在《交州外域记》和《日南传》中提到的曾率兵攻占交趾并大破安阳王的赵佗的太子赵始。

或许，这位太子未及嗣位而身亡，入葬时由后人将他的“泰（太）子”印一同送入这幽暗的墓穴之中。这个设想是否成立，考古人员一时难以定论。

让考古人员更感到困惑和不解的是，随着清理工作的进展，在玉衣片的中部又发现了一枚上刻“赵昧”的玉印。这枚玉印覆斗钮，横穿一小孔，印文阴刻篆书，中有竖线分隔，外加边框。

图9-8　“赵眜”玉印。长宽各2.3厘米，通高1.7厘米

从形制上断定，这枚印应是墓主的名章。这枚名章的出现，使墓主到底是谁的问题，变得更加复杂起来。若按此前发现的“帝印”来看，墓主当是一位僭号称帝的南越王。据《汉书》记载，南越国历史上只有第一代南越王赵佗和第二代南越王赵胡才僭号称帝。这就说明，墓主人不是赵佗便是赵胡。

而从“泰子”印看，墓主人应该是赵佗的儿子赵始或赵胡后辈的家族成员。再从“赵昧”的名章看，无论是《史记》还是《汉书》都没有赵昧此人的记载，这个赵昧是谁？是墓主本人还是陪葬的家族成员？综观以上4枚印章，竟出现了3个不同的推论，那么墓主究竟是谁？

要解开这个隐秘，还需要更加有力、确凿的证据来证实。让考古人员意想不到的是，一个至关重要的证据很快出现了。

就在第二天傍晚快要收工时，黄展岳在玉衣中间部位稍左的一块大玉璧上，突然发现了一件金黄色的物件。黄眼睛一亮，细心剔除周围的泥土，轻轻拂去上面的灰尘，一条造型别致的金色小蟠龙立即凸现于四方台上。

只见一个方形的金块之上盘踞着一条游龙，游龙的身体盘曲成S形，首尾及两足分别置于金块的四个边角之上，龙首微昂，做欲腾跃疾走之状。整个游龙透出一股威严神圣、腾达飘逸的灵性。

麦英豪面呈神圣之色，用一支细杆毛笔再次拂去金印上的灰尘，极度小心谨慎地伸出两个手指捏住沉甸甸的龙钮提起后放入手心，然后屏息静气慢慢翻转。整枚金印的正面显露出来，赫然铭刻着四字篆书“文帝行玺”——一件绝世2000余年的镇墓之宝横空出世。

图9-9　“文帝行玺”金印

众人情不自禁地“啊”了一声，接着是一阵欢呼。

“文帝行玺”的出土，无疑向大家宣告，象岗古墓的墓主，极有可能就是《史记》《汉书》两书所记载的曾僭称南越文帝的第二代南越王——赵佗的孙子赵胡。

据史料记载，秦代以前，印章是用金、玉、银、铜制成，称“方寸玺”，人人皆可佩带。秦后，只有皇帝印章独称玺，并专以玉制成。玉制印章造型的不同，体现了拥有者不同的身份和社会地位。

秦始皇统一六国后，令良工用蓝田山美玉制成了一枚玉玺，玺钮雕刻犹如龙鱼凤鸟之状。丞相李斯以大篆书写“受命于天，既寿永昌”八字，刻于玺上。秦始皇和满朝文武对这枚玉玺非常看重，称为“传国玺”。此玺在历代不同人物手中流传了一千多年，直到元代末期，被败退的蒙古人携至漠北，下落不明。

象岗古墓出土的“文帝行玺”为阴刻小篆，书体工整刚健有力，字划的文道很深，如一条直沟，沟壁垂直光滑，表明印文是铸后加工刻凿的。而沟底像鳞片一样，满布一条条等距的小横划，由此可推断，这是用利器刻凿之后留下的痕迹。经测量，金印长3.1厘米、宽3厘米、高0.6厘米，通钮高1.8厘米，重148.5克。经电子探针测定，此印的含金量为98%强。

按文献记载，汉印边长该是汉尺的一寸，即现在的2.2厘米。皇帝的印是否还要大些以示区别？由于没有发现汉代皇帝印，无从比较，但和此前在咸阳发现的皇后之玺2.8厘米的宽度相比，还是比较接近的。

这枚金印出土时，印面沟槽内及印台的四壁都有碰撞的疤痕与划伤，有些地方磨得特别光滑，而这些地方正是抓印的手指经常接触的部位，由此可推断，这枚印是墓主生前的实用之物。

但有一点令人感到奇怪，按史料记载，汉代皇帝活着的时候，并没有自称为“某帝”者。那些所谓的“高帝”“文帝”“武帝”等称呼，全是在他们死后，由后代根据其生前功绩加拟的封号，叫作“谥”。如汉朝的“景帝”，是他儿子刘彻（汉武帝）继位时给追谥的。由此可知，汉代皇帝生前的印不会有什么“高祖之玺”“武帝之玺”之类的印文。

另外，皇帝所用之印也不是他死了便可带走的，有的帝王死后虽然也可能带印陪葬，但多是临时刻出来的，不是生前治理国家时用的那一枚。如此看来，“皇帝信玺”之类可以从汉高祖一直用到汉哀帝。

很显然，象岗古墓这枚金印的印文并不符合汉朝的制度。汉代帝印是用“皇帝”“天子”之类可以通用的字眼，象岗古墓的墓主为什么却用个“文帝”呢？“文帝”是一个特定的称呼，只能指某一朝的其中一个皇帝，总不会是父亲叫文帝，儿子、孙子还自称文帝。若果真如此，这印以什么样的形式和说法能传给下一代呢？

或许这正是南越国与中原不同的地方。从文献记载看，南越国的帝王，在生前就已经给自己上封号了。如开国的第一代王赵佗，自称是“武帝”。从象岗墓主人的印章可以看出，他自称为“文帝”。

历史文献载，南越国到了第三代王就不敢再称帝了。他把以前的武帝玺、文帝玺都藏起不用。其实即使他称帝，像“文帝行玺”这枚印，也是不能用的。至于南越国是否有“传国玺”，后人尚不清楚，但像“文帝行玺”这样的金印无疑是特定属于一个帝王的印章。

南越王墓的形制

当发掘工作完成之后，关于整个南越王墓的构筑格局也随之显现出来。从总体上看，这座古墓先在象岗小石山的山顶向纵深劈开20米，凿出一个平面如“凸”字形的竖穴，前端两侧再加掏洞以建造耳室。全墓用红砂岩石砌筑，分前后两部分，共7个墓室。前部为前室和东、西耳室；后部正中是主棺室和后藏室，两侧为东、西侧室。前室顶部及四壁均有彩绘云纹图案，装饰富丽，象征墓主生前宴乐的厅堂，室中置帷帐、车具。东耳室是礼、乐、宴饮用器藏所，置编钟、编磬及大型酒器。西耳室置青铜礼器，各种铜、陶生活用具、兵器、甲胄、铁工具、车马帷帐、金银珠宝、象牙、漆木器及丝织品、五色药石与砚石丸墨，等等，数量达四五百件，是全墓储藏器物最多、最丰富的一个库藏。墓主棺椁置于后部主室正中，墓主身着丝缕玉衣。后藏室储放着膳食用具和珍馐。东侧室为姬妾藏所，西侧室为从死的庖丁厨役之室。全墓的构筑格局以及随葬品陈设都是仿照人生前前朝（堂）后寝（室）居处布局设计的。

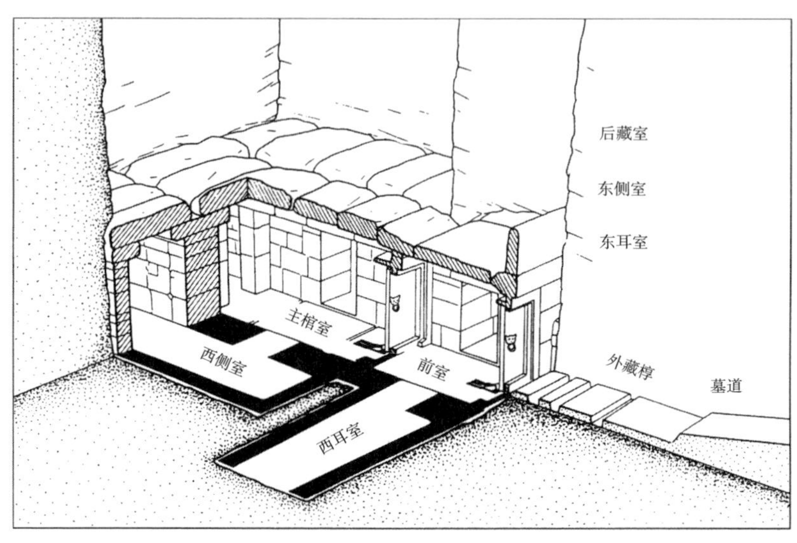

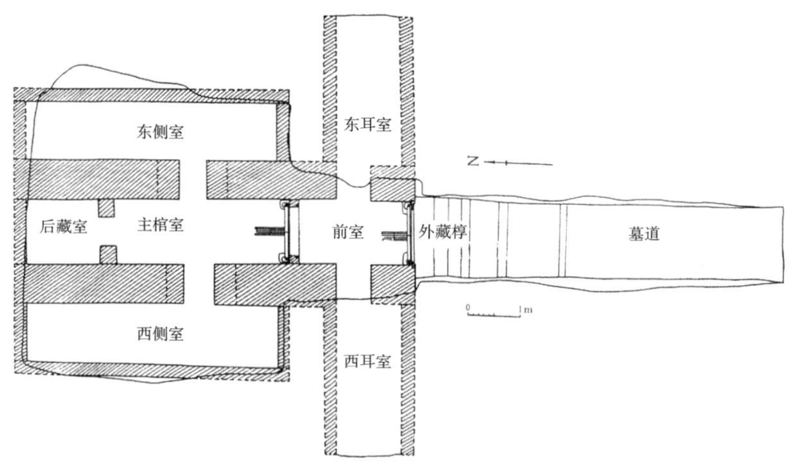

图9-10　南越王墓内部结构立体示意图

据《史记·南越列传》载，南越第一代国主赵佗自尊号为“南越武帝”“乘黄屋左纛（dào），称制，与中国侔（móu）”。南越王墓是否可视作“按天子葬制”而营建的帝陵？只要就汉代天子诸侯葬制与南越王墓的形制作一个简要的比较便见分晓。

结合历史典籍和考古发掘，王陵的地面建制内容包括高大的坟丘、围绕坟丘的坟垣以及祠庙等形制。汉代坟丘的高度与墓主的身份密切相关。文献记载，西汉帝陵：坟高十二丈（约合今28.8米），武帝坟高二十丈（约合今48米）。象岗汉墓系南越国二主赵胡（眜）的陵墓，下葬于武帝时，当西汉中期。从建筑格局看，受中原王陵形制的影响，修建在象岗山体之中，而象岗在西汉时期，处于南越国都城——番禺城的西北角，属于都城的近郊。赵胡（眜）选择此地建墓，符合王陵建于国都附近的时代风尚。

赵胡（眜）墓的墓室建筑实际坑位面积只有100多平方米，仅相当于中山靖王刘胜墓（502平方米）的五分之一，连长沙国王后曹嫫的墓（128平方米）也比它大得多。这无论从墓主作为外藩封国之王，还是僭称"文帝"的身份来说，似乎都很不相称。这个差异应和南越国当时的社会历史和经济发展程度紧密相关。在汉初，岭南地区要比中原落后，处于广种薄收的落后生产方式阶段中，生活水平很低。汉兴几十年，经过秦代留戍岭南的五十万大军和南越人民的共同辛勤劳动，到武帝时，岭南地区社会经济才有了飞速发展。中华人民共和国成立后广州近郊发现的南越王国时期的墓群也反映了这一史实。南越王国前期，墓的规模一般较小，随葬器物也少，大墓很少发现。那些规模较大、随葬器物丰富的大墓，几乎都出于南越王国的后期——汉文帝、景帝以后到武帝元鼎六年南越灭亡这一个时期。

象岗赵胡（眜）墓与中原王侯墓相比虽显得过小，但在当时的南越境内绝不算小，相反，是一项巨大的工程。整座墓修在石英岩的地基上，这地基离山顶超过20米。也就是说，在动工建墓以前，先要从山顶向下挖一个20米深，面积略大于墓室底面的大坑。从已发掘出的墓室底部面积100多平方米来看，假设当时挖的大坑坑壁垂直，这个大坑的体积也有2000立方米左右。实际上，在施工时，垂直下挖一个20米深的大坑是很困难的，尤其象岗的石英岩，有些地方已经风化，如果垂直挖20米，几乎肯定会出现塌方。因此，挖坑过程中必须采用不断扩展坑壁，阶梯式扩方的方法，墓坑的实际工程量肯定要大于2000立方米。可以想象，在2100年前钢铁工具还很不普遍的岭南地区，要在石山里凿出一个这样的大坑，该是何等艰巨！

我们的祖先在刚刚学会造房子的时候，是用小棍组成房架，用兽皮做挡风的墙壁。到青铜时代，中国北方的房子，主要是用夯土的方法来建墙，以木为柱；而南方的房子则主要是小结构的，用石头做材料的建筑，在岭南地区，目前只见到南越王墓一座。

经考古人员计算，南越王墓的墓室，一共用了750多块石头，所用的全部石料，包括砌墙石、挑檐石、柱石、顶盖石板等，都经过了不同程度的凿打。墓中的砌墙石，石头表面打磨得相当平整。不仅较小的砌墙石如此，盖在前室顶部的那块全墓最大的石板，面积有5.5平方米，石板的两面也都凿得异常平滑。根据现代手工打凿石料的经验，每开一立方米石料要两三天，而加工一块1.3米×0.3米×0.15米的石料六面平整，一个工人也要干两天左右。参考现代打石工人的工作定额，仅采石和凿石加工两项，南越王墓至少需要100个工人工作100天以上。运输石料的工作就更艰巨。根据地质科学工作者朱照宇先生的研究，南越王墓所用的砂岩来自番禺莲花山。那里有一个古老的采石场。采下的石料，据推测是沿珠江运到广州再到象岗的，这样，运送这批石料，估计100个工人要花两个月以上的时间。合起来估算，仅石料的开采、加工、运输就需要100个工人工作半年左右。那时不仅没有起重机械，没有汽车，连锤、凿也不如现代的工具那么坚硬。用人力打下这些硕大的石板，再用人力运送到墓室所在的工地，可以想象其困难的程度。

从整体来看，象岗南越王墓石墙的砌造，质量是较高的，每一面墙都砌得平直规整。在各个墓室连接的转角处，还特意用长、宽1米多的大石砌成“石柱”，既支撑沉重的顶盖石板，又保证转角位置的稳定性，从而保证了墓室结构的稳定。

需要特别提及的是，在这座王陵的建筑材料中，最沉重的，就是盖在墓顶上的石板。这些大石板一般都有2米多长，1米多宽，二三十厘米厚，重1500多公斤。最大的一块是铺在前室顶上、一面绘有花纹的那块顶板，面积达5.5平方米，重2000多公斤。这么沉重而庞大的石板在没有起重设备的古代，是怎样吊起来，放到墓顶上去的呢？这成为研究者一个难解之谜。尤其困难的是前部东、西两侧那两个像隧道一样的耳室。这两个耳室是向山腹掏挖修成的，长6米多，宽只1.8米，顶部就是石山，铺顶的大石板重1500公斤以上，要把它抬起两米多高架到活动空间极小的顶部，又是多么的不易！

尽管象岗古墓在建造等方面的谜团一时难以解开，但有一点是清楚的，那便是在岭南地区已发现的汉墓中，这是营造工程最艰巨、规模最大、出土遗物最丰富的一座汉墓。就整个中国而言，也是目前已知的年代最早的一座有彩绘装饰的石室墓。事实再一次告诉人们，象岗汉墓的形制、规模与赵胡称帝的身份还是相符合的。

鉴于以上诸问题已基本弄清，1993年11月10日，新华通讯社向世界播发了如下消息：

我国考古发掘又重大收获　广州发现西汉南越王墓

新华社11月10日电：广州市越秀公园西边的象岗发现一座西汉南越王墓，墓中出土遗物是岭南汉墓中出土数量最多，收获最大的一座。其科学价值，可与满城陵山汉中山靖王墓和长沙马王堆汉轪侯墓相比拟，在全国汉墓考古工作中占有重要地位。

…………

图9-11 墓主组玉佩。全组由32件不同质地的饰件组成，以玉饰为主，计有双凤涡纹玉璧、龙凤涡纹玉璧、犀形玉璜、双龙蒲纹玉璜各式各1件，玉人4件，壶形玉饰、兽头形玉饰各式各1件，玉珠5粒，玉套环1件，玻璃珠4粒，煤精珠2粒，金珠10颗

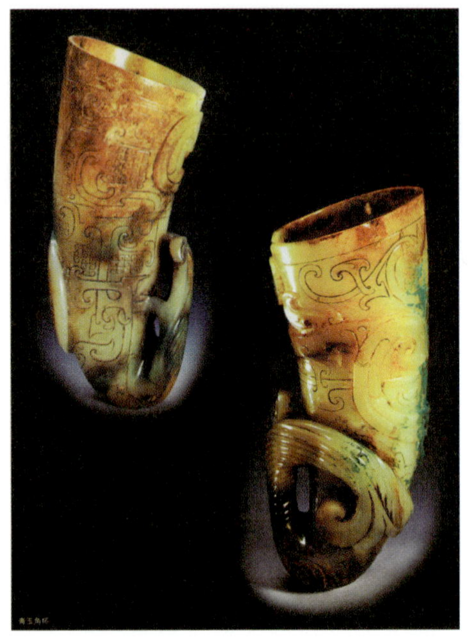

图9-12 墓内出土的角形玉杯，通高18.4厘米。据发掘者麦英豪研究，角形玉杯的雕琢工艺已达巅峰，是汉代玉器中的稀世珍宝

图9-13 清理后的透雕龙凤纹重环玉佩，直径10.6厘米

随着新华社消息的播发，全世界在强烈感知来自中国岭南地区古老文化震撼的同时，也勾起了人们对早已逝去2000年的南越国兴亡的回顾与追思。

赵佗死后的南越国

南越国经历了69年风风雨雨之后，号称“南天一柱”的赵佗归天，正如丞相吕嘉所言：圣王一去，从此南越国将不复存在矣！

当南越王赵佗讨伐长沙成王时，赵佗威名大振，闽越王一时役属于南越王。但到了汉武帝建元四年，即南越王赵佗仙逝的公元前137年，闽越国趁赵佗亡故，新君刚立，国内人心未定之机，出于自己狭隘的私利，竟悍然发兵侵略越、闽相倚边界的蒲葵关，并向南越国境内逼进。

显然，闽越此举是一场毫无理由、乘人之危的侵略性战争。战争发起突然，南越人无法预料。

就地理位置而言，闽越王国位于南越国的东方，以闽江流域为中心。在秦汉之际，闽越人的活动范围为东及于今台湾、澎湖、琉球等海岛，西则直达赣东北等地，但以今福建省境内为最多。

秦统一中国之前，就存在着闽越王国，由首领无诸统治。后来，秦平闽越，以其地置闽中郡，将无诸废为君长。相传是“越王勾践之后”的无诸对此不满，盼望有一天能恢复王位。秦末，天下大乱，无诸趁机率领闽越人投奔鄱君吴芮而“佐汉”，及至刘邦称帝，建立西汉王朝，无诸也因佐汉有功，得以在公元前202年复立为闽越王，恢复了在闽越地区的统治地位。公元前196年，赵佗也受汉朝册封，建立了南越王国对汉的臣属关系。所以，两国在名义上是平等的，这种平等关系是两国关系史上的初期阶段。

吕后五年（公元前183年）春，吕后下诏禁止与南越交往，赵佗遂抗汉称帝并发兵攻长沙国，败数县而去，又阻击南下的汉军，终使汉军未能逾岭。赵佗这一对抗中央的行动获得胜利，提高了南越国的威望，赵佗也就在以兵威边的同时，趁机对闽越、夜郎等国施以“财物”，闽越国不得不予以接受，因而对南越国产生了一种役属的关系。也就从这个时候开始，两国的平等关系结束，闽越国开始了向南越俯首称臣的历史。也就是说，闽越国开始了对汉王朝、南越国的双重依附关系。文、景两帝时，这种关系仍保持不变。

意想不到的是，这次闽越国竟承人之危，突然向南越发动了侵略战争，这标志着闽越对南越役属关系的结束，也标志着一个新的政治格局的形成。

面对闽越国发动的突然袭击，新继位的赵胡身穿孝服临朝，同臣僚们紧急磋商御敌方案。赵佗临终时曾把赵胡托付给丞相吕嘉，用赵佗的话说，凡遇大事不决时，就问丞相。此时的赵胡看了看仍处在悲痛中的吕嘉问道：“丞相，闽越王率军攻打蒲葵关，并劫掠边境村寨，守将告急，怎么办？”

颇有文韬武略的吕嘉果断说道：“自古兵来将挡，水来土掩！闽越王趁人之危，攻打蒲葵关，吾王不须多虑，发兵击之！”

赵胡又问众文武大臣道：“列位爱卿，闽越王率兵来犯，本王当以何策御之？莫非也与丞相相同？”

文武百官齐道：“正是，请吾王发兵击之！”

赵胡听了丞相和辅佐大臣之言，犹豫了好一阵子，然后说道：“列位爱卿，以本王看，恰恰相反，本王决定不发一兵一卒。我南越今为汉臣，武帝陛下临朝不足五年，闽越与南越均为汉臣，今闽越发兵于边侵我南越，我南越当上书奏明朝廷，由朝廷派兵击之。这样，朝廷既不会怪罪我南越，又可以将闽越兵击退，我只需一书一帛，便可御敌，何须与之兵戈相见……”

丞相吕嘉听罢大惊，遂怒目圆睁强谏道：“启禀大王，此事万万不可如此！先武帝奠基南越，如今带甲之众百万有余，只需三万人马，便可将入侵南越之敌击退，何必上书于汉廷。再说，从上书到汉兵至，需要多少时间？兵贵神速，如我不发兵击之，则闽越当视我惧怕其势，必然得寸进尺，步步紧逼，边关之害可就大矣。再者先武帝在世时，一再叮咛吾等群臣，南越之事当由南越自己决断，若自强可以立国，若倚他人者必贻害于国！大王若不听吾等逆耳之言，南越将岌岌可危矣！”

赵胡听罢，正色质问道：“我们如果与闽越兵戈相见，则朝廷势必乘机发兵，取渔人之利。以本王看，闽越人攻打蒲葵关，只是为了抢夺些财物而已，与我国本体并无大碍。不如一书一帛，汉兵至，则闽越人必退！”

尽管众臣僚对赵胡的主张极不赞成，但最后还是无可奈何地看着这位新主给汉王朝发出了求援书。书中称：“两越俱为藩臣，毋擅兴兵相攻击，今闽越兴兵侵臣，臣不敢兴兵，唯天子诏之。”以赵胡的想法，如此上书，不仅向汉武帝表明了南越国忠于臣属之职，不兴兵互相攻击，同时又可使汉朝廷出面干涉。这样，就巧妙地把难题推给了汉廷。

汉武帝接到南越国使臣送来的求援书后，对赵胡的举动表示赞赏，认为南越国重信义，守职约。于是，汉武帝传诏曰：“王子多南越义，守职约，为兴师，遣两将军即大行王恢率军出豫章、大农韩安国率军出会稽，南北夹攻往讨闽越。”

汉王朝的直接发兵干预，大出闽越国统治者的预料，面对大敌当前的紧迫形势，闽越国上层统治集团发生了分裂。继无诸之后的闽越王郢之弟余善杀郢而降，“使使奉王头驰报天子”，汉军于是停止进攻，上报汉廷，武帝乃改立无诸之孙“繇君丑为越繇王，奉闽越先祭祀”。但在闽越国统治集团的内讧中，余善以杀其兄而“威行于国，国民多属”，拥有了相当的支持力量，因而“窃自立为王”。面对闽越国出现的这种情况，汉王朝采取了分而治之的策略，下令立余善为闽越王，从此闽越国一分为二，越繇王、闽越王并存。

在这场战争中，闽越出于掠夺财物的企图而发起侵袭，显然不是正义之举。而南越国既未损己之兵，又使敌军退却，看上去这是件一举两得的好事，但就在这件好事的背后，却暗藏着极大的隐患，这个隐患所导致的严重后果是赵胡始料不及的。

就在汉武帝派大将王恢出兵轻取闽越时，曾以兵威为后盾的番阳令唐蒙，奉诏来到南越国都城番禺，让南越王赵胡亲自入朝向皇帝谢恩。赵胡接到诏谕后，不知汉武帝到底是何意图，对这个诏谕采取了不冷不热的处置态度，没有立即奉诏前行。汉武帝见南越王赵胡无动于衷，接着，再次传诏，令严助赴南越说服赵胡前往长安。

严助，会稽人，“严夫子子也。郡举贤良，对策百余人，武帝善助对，由是独擢助为中大夫”。严助在汉廷是屈指可数的善辩之士，曾“与大臣辩论，中外相应以义理之文，大臣数诎”，所以汉武帝对他另眼看待，并委以重任。这次出使南越的任务落到严助的肩上。严助到达番禺后，告诉赵胡汉天子已将闽越的事摆平。赵胡听后顿首，认为“天子乃为臣兴兵讨闽越，死无以报德”，表达了对汉的感激之情。当严助接着传谕让赵胡入汉朝亲自向皇帝谢恩时，赵胡这才回过味来，认识到问题的严重，不免大惊失色。原本南越号称有百万带甲之众，击败昔日役属的闽越易如反掌，但赵胡自作聪明地要请汉廷出兵。岂不知，古往今来，凡立国者，皆以己强而服众，只有自己强盛起来，别人才会俯首帖耳，唯命是听。而一旦你弱小，即使礼仪再周全、再诚实、再厚道，在强者眼里，你也只是形同粪土。赵胡过分看重汉廷的实力和与其的约定，而忽略自己百万带甲之众和据岭自守的天然屏障，想做个唯命是从、百依百顺的顺臣，这恰恰是汉武帝所期待的。

赵胡面对诏令并慑于汉朝廷的威势，他不敢予以拒绝，也不敢跟严助入长安觐见天子。情急之中，他只好和几个近臣商量，称自己本愿同严助一同入朝晋见天子，以示谢恩，无奈自己继位时间不长，身体多病，不能去往长安，一旦病情有所好转，即刻赴长安晋见天子。为了表达自己的诚意，他特命太子赵婴齐跟严助一同赴长安为皇帝“宿卫”。

严助见赵胡如此说，不便强求，只好带上太子赵婴齐返回长安。

严助走后，赵胡同朝臣反复商量是否亲自去长安晋见天子之事。以丞相吕嘉为首的臣僚不同意赵胡亲赴长安，并劝谏说："汉兴兵诛郢，亦行以惊动南粤。先王言事天子期毋失礼，要之不可以怵好语入见。入见则不得复归，亡国之势也。"

臣僚们的劝谏，勾起了赵胡对亡祖父赵佗当年所留遗训的回忆，想起了汉、越几十年来相互存有戒心和敌视的历史。从此之后，他对汉廷一直称自己有病在身，不肯去长安入见皇帝。

汉武帝见赵胡迟迟不肯入朝晋见自己，便以牙还牙，以种种借口，把太子婴齐质于长安不肯放回。赵佗当年的遗训应验了。

后来，丞相吕嘉用计，设法使太子婴齐返回南越。但赵胡自太子入朝后，萎靡不振，如同大伤了元气一般，不再见辅佐大臣。吕嘉等群臣以国家基业为重，数次入王宫进谏，总算使赵胡有了些起色，但已无力挽回南越国江河日下的颓局了。

在这种危机四伏的格局中，赵胡勉强支撑了十余年便抑郁而死，死后谥为文王。

多少年后，有学者认为赵胡既然答应了严助要亲自入长安朝见，后又"背入朝之约"，"一再售汉以疑"，造成了汉对南越的"益疑"，则"祸速"也。认为只要入朝见天子，"一修朝覲，礼成而还，恭恪之节愈昭，君臣之义愈密"，则南越国的江山愈固矣。对这种看法，现代史学家张荣芳、黄淼章提出了不同的见解和看法。

张、黄认为：经过汉初70余年的休养生息，汉王朝的国力正达到了最高峰。在这种大气候下，具有雄才大略的汉武帝要加强中央集权，势必要解决封国问题，打击割据势力。如武帝元朔二年（公元前127年）采纳主父偃的建议，下达"推恩令"等。联系当时形势，武帝对南越国是有征服的想法的。无论南越国如何讨好汉廷，只要汉朝国力一旦强盛起来，是不会允许这个极具威胁的王国存在的。且看汉越刀兵相向，就可知两者决一雌雄的日子只是个时间问题了。

危机四伏南越国

早在汉武帝派唐蒙出使南越时，因食蜀产枸酱，无意中发现了从西蜀至夜郎，再从群柯江浮舟而下，可至番禺城的通道。唐蒙发现这条通道后，曾上书汉武帝说："南粤王黄屋左纛，地东西万余里，名为外臣实一州主。今以长沙、豫章往，水道多绝，难行，窃闻夜郎所有精兵，可得十万，浮船群柯，出其不意，此制越一奇也。诚以汉之强，巴蜀之饶，通夜郎道，为置吏，甚易。"唐蒙的建议，是让汉武帝利用这条水道出奇兵制越，汉武帝听罢大喜，拜唐蒙为中郎将，带一千兵和许多汉帛丝绸财物等，赴夜郎国先行招抚。唐蒙带了大量锦缎，率一千人做护卫，出都南下，沿途经过许多险阻，才进入夜郎国。夜郎国王名叫多同，因为地处闭塞，素与外界不通，这多同还以为世上他夜郎最大，见到汉使唐蒙，不禁问道："汉朝与我谁大？"唐蒙欲笑不得，只得如实俱述。后世相传的"夜郎自大"的故事便源于此。唐蒙一边讲述汉朝如何强盛，如何富饶，又把锦缎置于帐前，五光十色，锦绣成章，夜郎王见所未见，闻所未闻，不由得瞠目结舌，表示愿臣属于汉，当下与唐蒙订立约章。

夜郎国在赵佗执政时期曾接受赵佗赠给财物，与南越关系密切，有役属关系。唐蒙对夜郎王厚送财物，晓谕威德，恩威并施，终于说服夜郎归汉，其附近的小部落也相约归附汉朝。汉武帝不失时机地在夜郎设犍为郡，为平定南越伏下了奇兵。

元狩年间（公元前122年—公元前117年），汉武帝以南越将叛，欲与越军用船进行水战为由，在长安西南开凿昆明池，周围四十里，建造楼船，训练水军，做好与越军进行水战的准备。

除此之外，汉武帝连连颁诏，拓边关，广绝域，西至沫若水（沫河和若河，即今大渡河），南至牂牁江（一说即今北盘江，一说即今都江），凿灵山道（今广西南部），架桥孙水（一说在今贵州瓮安西北），直达印都（西南州郡）。汉廷在这一带设立了一都尉，十县令，归蜀管辖。

就在汉武帝集中力量准备平定南越时，南越国本身也发生了变化。赵婴齐在长安时，曾娶邯郸樛（jiū）氏为姬妾，生子赵兴，而他在南越时，已娶越女为妻，生子赵建德。婴齐接南越王位后，受樛氏姬妾的迷惑，竟然向汉廷请求立樛氏为王后，赵兴为太子。出于利益的考虑，汉武帝批准了他的请求。赵婴齐这种舍长立幼的做法，打破了封建常规制度，为南越国的灭亡种下了祸根。当时，南越丞相吕嘉等人曾在立嗣的问题上劝谏过赵婴齐，"盍于婴齐择立太子之日，积极诚谏，以去就争，使改立建德，嘉为国重臣，争之不已。"遗憾的是，此时的婴齐已听不进这些臣僚的劝谏了，他这个荒唐的做法，成为导致南越国覆亡的导火线。

婴齐继位不久即病死，汉朝追封他为"明王"，太子赵兴即王位，母亲樛氏被封为王太后。这位太后长在长安，在未嫁婴齐之时，与一名叫安国少季的官吏有过暧昧关系，此事整个长安上层人物几乎人人知晓。元鼎四年（公元前113年），汉武帝专门派安国少季为使者，带上辩士谏大夫终军和勇士魏臣等到番禺，还派卫尉路博德将兵屯桂阳以接应使者，给南越造成内外压力，劝谕南越王赵兴和樛太后到长安朝见天子。

这个时候，南越王赵兴继位不久，年纪尚轻，太后又是汉女入越，人生地疏，朝中的实权实际上掌握在丞相吕嘉手中，形势对赵兴母子十分不妙。更为不妙的是，自安国少季到达南越国后，这位樛太后徐娘半老却风情不减，竟与旧日情人安国少季再次私通，直搅得宫内宫外乌烟瘴气，出现了"国人颇知之，多不附太后"的局面。樛太后深知自己不得南越国民心，恐国中发生动乱，于是心生邪念，力劝赵兴和南越国臣僚向汉武帝请求内属："比内诸侯，三岁一朝，除边关"，主动放弃南越立国以来一直保持的相对独立的地位。太后的这一做法，无非是想借汉朝的力量来削弱吕嘉的大权，使势弱力孤的她和赵兴重掌实权，保住赵氏王室。

汉武帝接到南越王赵兴请求内属的上书，非常高兴，立即按汉朝之例，给越相吕嘉颁发银印，并赐给内史、中尉、太傅等南越高级官吏印章，其余的官吏由南越国自行备印。此举意味着南越王国高级官员由中央朝廷直接对其进行任命。汉武帝明令废除南越野蛮的黥鼻刑罚等，推行汉朝法律，改其旧俗，同内诸侯。同时还命令使者全部留镇番禺，力求南越局势平稳。这道诏令预示着南越国将由一个独立自主的王国，变成汉廷真正的内属国了。樛太后和赵兴接旨后，喜不自禁，立即整理行装，准备入朝晋见天子谢恩。

赵兴母子的这一举动，引起了国内众臣的震怒，作为三朝丞相的吕嘉更是愤恨不已。于是，赵兴母子同以丞相吕嘉为首的两个政治集团的矛盾变得尖锐起来。

吕嘉，从历史留下的点滴记载看，为越人。清代梁廷枏的《南越五主传》中引用了已失传的《粤记》一书，说吕嘉“本越人之雄，佗因越人所服而相之，而南越以治”。吕嘉颇有政治才能，又很得越人的信服，赵氏王室需要他来和辑百越。赵氏王室的重用使吕嘉感激涕零，他死心塌地为南越王国着想，备受赵氏王室的赏识。

南越国作为一个独立的割据王国，对汉称臣实际上是一种效仿周代的诸侯对于周天子似的称臣，也可以说是一种应付强敌的权宜之计。而在政治、军事、经济等各个方面，南越国是完全自主的：南越丞相的设置，则不同于同期汉朝各诸侯国的丞相是由中央王朝委派，“不得与国政，辅王而已”。南越国的丞相是由南越王直接任命，其实际职能应该与西汉中央王朝的丞相一样，能直接参与处理军国大事，掌有重权。自从吕嘉坐上南越丞相位置之后，除赵佗时代不算，从南越的文王赵胡、明王婴齐，直至四主赵兴，在长达20多年的时间内，南越的丞相再未易人，由此可见南越的相权在吕嘉手中已达到了登峰造极的地步。到南越王赵兴时，吕嘉已经“年长矣，相三王，宗族官贵为长吏七十余人，男尽尚王女，女尽嫁王子弟宗室，及苍梧秦王有连。其居国中甚重，粤人信之，多为耳目者，得众心愈于王”。吕嘉不但在朝内擅权，在外又与拥有重权的南越藩王相勾结，造成内外呼应的犄角之势，这就更加强了他在南越国中的特殊地位。从史料看，吕氏家族中除了吕嘉任丞相外，还有吕嘉的弟弟为南越的“将”，即掌握着兵权。吕氏家族70多人都在朝中为官，吕嘉本人及其家族不但培养了一批亲信与部属，还博得了越族贵族的支持和南越国的中下层——广大越族百姓的信任。在以越人为主的南越国，吕嘉博得了越人，实际上也就掌握了南越国的权力。事实上，南越国自赵胡开始，便再未出现过像赵佗那样的“一代雄主”，不但如此，还颇有一代不如一代的味道，这一代又一代国王，只懂得吃喝玩乐、作威作福，面对这位三朝重臣，除了尽力去拉拢他寻求支持之外，似乎别无他法。

正是出于这样一种状况，才使吕嘉长期为相，并造成了擅权专政的局面，这种局面对南越国特别是赵兴母子显然是不利的。

且说正在整治行装准备赶赴长安的樛太后，通过耳目了解到，以吕嘉为首的一批朝臣反对内属的呼声越来越高，只是不肯当面谏阻，只将满腔怒火压在心中，以待时机总爆发。吕嘉也采取了暗中对抗的办法，称年老体衰、疾病在身而不上朝，也不与暂未离开南越的汉使者见面，软磨硬抗，以俟时机。种种迹象无不表明，欲除内属之患，必须首先除掉丞相吕嘉。于是，在樛太后心中，一个恶毒的念头涌现出来。她向赵兴说道：“今丞相称病不朝，吾看他反内属之心不死，或许他要发动叛乱，不若早下决心除之。”

赵兴叹道：“母后，不可！丞相忠心辅佐，南越不可无丞相之助，待吾慢慢说服他，只要他回心转意，满朝文武会听从的。”

樛太后见赵兴仍恋恋不舍丞相吕嘉，遂私下与汉使者勾通，以求彻底解决丞相吕嘉等反对内属汉廷之事。汉使者早就对吕嘉的态度和做法极为不满，于是，经过一番密谋后，终于想出了一条置丞相吕嘉及一切反对南越国内属的群臣于死地的计划，这个计划是：由樛太后在宫中设宴宴请汉使者及众大臣赴宴，借此机会，杀死吕嘉。

一切按计划进行。在宴席上，汉使朝东坐西，南越王赵兴和樛太后南北对坐，吕嘉与众大臣则面西而坐。当宴会开始后，樛太后借酒对吕嘉说：

“南越国内属是利国的事情，丞相总是不赞成，不知是何居心？”她想用这番话来激怒吕嘉，也激怒汉使，并借汉使之手杀掉吕嘉。由于吕嘉之弟是将军，带领士兵守在宫外，前来参加宴会的汉使安国少季等一时犹豫不决，未敢动手。吕嘉见情势不妙，立即起身离席出宫。太后按捺不住心中的怒气，竟亲自操起长矛欲投掷吕嘉。南越王赵兴发现后，立即向前阻拦，使长矛未能投出。一场太后精心策划的南越宫廷“鸿门宴”就这样流产了。

吕嘉在其弟保护下安全回到家中，后一直托病不朝，私下却与其弟密谋发动政变。吕嘉知道赵兴不想把事情闹大，所以几个月没有采取行动。樛太后一直想着早日铲除吕嘉，却总未找到合适的人选和机会。

此时的南越上层已是杀气腾腾，危机四伏，整个国家走到了生死存亡的紧急关头。汉武帝获知这一信息后，一面怪罪安国少季等汉使怯弱无决断，同时认为，南越王赵兴和太后已经归汉，只有丞相吕嘉犯上作乱，不必兴师动众，决定派庄参率2000人出使南越，即可解决吕嘉的问题。但庄参认为：若汉以友好姿态去的话，仅几人就够了，如果是准备去动武，区区2000人无济于事。汉武帝听罢极为气愤，盛怒之下罢免了庄参。其时，郏壮士故济北相韩千秋觉得这是一个投机和显示自己能力的难得机会，便自告奋勇说：“一个小小南越有什么了不起，又有赵王做内应，只是吕嘉一人为害，给我勇士300人，一定斩吕嘉的头颅回报。”汉武帝听后龙心大悦，即派韩千秋和樛太后的弟弟樛乐于元鼎五年（公元前112年）四月带2000人前往南越，讨伐吕嘉。自此，拉开了平定南越的序幕。

历史的终结

当韩千秋、樛乐带兵南下的消息传到南越国后，吕嘉索性一不做二不休，决定孤注一掷，公开发动叛乱。在叛乱前，他首先造出舆论，说南越王赵兴太年轻，樛太后是中原人，与汉人有奸情，不顾赵氏社稷，只求汉皇帝的恩宠。又说樛太后以入朝为名，要把先王遗下的珠宝都献给汉帝以讨好谄媚，还说樛太后到长安后就会把众多的南越随员卖为奴仆，使他们有家不能归。这些虚实结合的宣传鼓动，加重了群臣以及越人对樛太后和赵兴等人的反感，倒戈叛乱之声占据上风，吕嘉见时机成熟，便迅速指挥弟弟带兵杀入王宫，杀死了南越王赵兴、樛太后及使者安国少季等。随后，吕嘉派专人通告苍梧秦王赵光及南越王属下郡县，“为万世虑之意”，起兵杀死赵兴、樛太后和汉使者，并立婴齐越妻所生的长子术阳侯赵建德为南越王。

就在吕嘉发动叛乱，在南越国宫里宫外大肆屠杀之时，韩千秋、樛乐已率2000汉军逾岭进入南越，并攻下了几个边境小邑。吕嘉得知这一情报，心生一计，他命令南越军队佯装不抵抗，并开道给食诱敌进入。韩千秋等不知是计，因此轻敌冒进。当他们进至离番禺还有40里的地方，吕嘉突发奇兵反击，韩千秋、樛乐兵败被杀，2000名汉卒全军覆没。

吕嘉见南越王赵兴、樛太后及南征汉军相继被杀，有些得意忘形，他将汉使者的凭信——使节包好，连同一封“好为谩辞谢罪”的信，置于汉越交界的边塞上，又发兵据守南越各个关塞，准备与南下汉军决一死战。

吕嘉的行动，使汉武帝极为震怒，同时也认识到了南越国的实力。他一面抚恤死难者的亲属，一面下达征伐南越国的诏书。为了吸取上次人单势寡的教训，汉武帝下令调遣部分粤人及江淮以南楼船将士十万人于元鼎五年秋分兵五路进攻南越。这五路大军的进攻路线分别是：

一路以卫尉路博德为伏波将军，从长沙国境内出桂阳下湟水，从湖南经萌渚岭而入连州一线，再沿江到石门；二路以主爵都尉杨仆为楼船将军，出豫章，下横浦，从江西大庾岭入南雄一线；此两路均取北江而下，直至番禺都城。两路大军共计六万人马，是攻打南越的主力军。

三路、四路以归义侯郑严、田甲为弋船将军和下濑将军，出湖南零陵，或下离水，或至苍梧，沿西江而下，然后直通番禺；五路以驰义侯何遗率巴蜀罪人及夜郎军队下牂牁江，取道西江，会于番禺城下。

就在汉武帝派出十万人马分兵五路讨伐吕嘉之时，原在建元四年借赵佗新丧趁机侵边的闽越被汉军击败、后封为东越王的余善又想讨好汉廷，主动请求发八千将士助汉攻越。东越王余善之奏很快获得汉武帝同意，并要他即刻起兵。

此前，余善本来就是发动对南越国袭击的主谋之一，及至汉廷出兵，事情闹大了，又杀其王兄以求自保，是个相当狡诈之人。这次当他接到汉廷的诏令后，原计划由闽越进入揭阳一线，再经潮州水系由海路直抵番禺。但他又害怕受到南越的致命打击，所以，当他亲率八千将士到达揭阳后，以海风甚烈，难行舟船为由，就地待命。同时，余善又想讨好南越丞相吕嘉，把汉军的发兵之举动，密派使者告于丞相吕嘉。他坐持两端，再不进兵，企图两方讨好，以获渔翁之利。

当汉朝五路大军浩浩荡荡、杀气腾腾地向南越国扑来时，吕嘉及其手下军事将领凭借岭南的天险，指挥军队予以阻击，双方军队在岭南地区展开了激烈的争夺战。当战争持续到一年后的秋天，楼船将军杨仆一军首先逾岭破横浦关而入，顺凌水入浈水，到韶关之后再转入北江，并攻陷寻峡，继而又攻破番禺城北30里的石门，缴获了南越大批军粮船只，使汉军的供给得到充分的补充。石门攻破后，杨仆不敢贸然对番禺城发动进攻，留下万名将士扼守，等待伏波将军路博德军的到来，共同进击。

为了出奇制胜，楼船将军杨仆之军由波涛汹涌的北江水上直捣番禺，立即占据番禺城之东南；伏波将军路博德率步马将士在后，到达番禺，占领了城之西北面，猛攻番禺城。

番禺城依山面水而筑，历经秦尉任嚣、南越王赵佗和吕嘉的多次扩建加固，池深城高，汉军虽攻城多日，无半点进展。

后来，有谋士献策，需用火攻，方可破城。杨仆从其计，遂号令将士聚集柴木，纵火烧城，大败番禺守军。因番禺守军素闻伏波将军大名，又不知汉军杀来多少人马，就纷纷从城西北而出，这些南越兵卒几乎全部为路博德军所俘获。

路博德见敌军来降，立即遣使者好言招抚，令出逃士卒复入城内进行劝降。至此，守军人心涣散，遂全部投降，番禺只剩一座空城。此时已是元鼎六年十月。

南越王赵建德和吕嘉见汉兵攻之甚急，无力再固守下去，遂率其残部数百人逃出番禺，乘船东去，抵达福建漳浦县之太武山上。在山上仓促挖深沟筑高垒，筑城以自守，并与跟随的将士集体盟誓：宁为玉碎，不为瓦全，誓与此城共存亡。

汉军追来后，再度攻城，不久城破。无奈中，吕嘉裹挟赵建德率几百人逃亡海上，路博德闻知立即派兵追赶，结果，伏波将军的校尉司马苏弘擒赵建德，原南越国的郎官孙都俘获了吕嘉。

吕嘉和南越王赵建德被擒后，南越国附属郡县不战而降，诸王侯官吏纷纷向汉朝投降。苍梧王赵光闻汉兵到来立即投降，揭阳县令史定投降，原越将毕取率军投降，桂林郡监居翁劝谕骆越40万人一起归汉。至此，南越国全部平定。

战争刚一结束，汉军将领便快马将已擒获吕嘉及南越王的消息飞报长安朝廷。此时，汉武帝刘彻正出行至左邑桐乡，欣闻南越国已破，传诏天下，以左邑桐乡改名为闻喜县。

元封元年（公元前110年）春，武帝刘彻行至汲新中乡，又闻已得吕嘉首级送入长安，立即传诏，以汲新中乡改名为获嘉县。

汉武帝刘彻为惩罚已被杀的吕嘉，回到长安后，传诏将吕嘉的子孙宗族全部从南越迁至四川，并设置不韦县，以彰其先人吕嘉之恶。

至汉武帝元鼎六年（公元前111年），在历史上存在了五世93年的南越国宣告终结。

赵眜就是赵胡

就在南越王墓引起世人瞩目的同时，也留下了许多颇有争议的谜团，其中最大的谜团，就是墓主究竟是谁？若按司马迁《史记》和班固《汉书》记载，第二代南越王名叫赵胡。而墓中出土的印章却是赵眜，这个名字显然与史书上的记载不符。那么，这个赵眜是否就是史书中记载的赵胡？如果不是，那又是谁呢？如果是，究竟是怎样弄错了？是谁将他弄错了？

南越王墓发掘完成不久，参加发掘的黄展岳、麦英豪等主要成员很快编写出了《西汉南越王墓发掘初步报告》一文，以广州象岗汉墓发掘队的名义，刊发于《考古》1984年第3期。

在这篇初步报告中，编写者认为“赵眜”就是“赵胡”，并对两者的关系首次做了这样的公开解释：墓主身着玉衣，身上有“文帝行玺”金印，故确定为第二代南越王。《汉书·南粤传》记赵佗僭号为武帝，第三代南越王婴齐去僭号，而“藏其先武帝文帝玺”。今本《史记·南越列传》脱失“文帝”二字。这枚“文帝行玺”的发现，证明《汉书》记载是正确的，第二代南越王曾僭号为“文帝”。《史记》《汉书》本传均谓赵佗传孙胡，但发现的名章作“赵眜”，又有“泰子”印二枚，与《史记》《汉书》皆不合。我们认为，如果单从“赵眜”“泰子”二印考虑，似可斟酌，但“赵眜”印、“文帝”印同出，说明这个赵眜只能是《史记》《汉书》中的第二代南越王赵胡。《史记》误“眜”为“胡”，或出自司马迁所据档案资料不实，致误；或司马迁并不误，后被班固传误，后人又据班固误抄改订《史记》正字，遂致一误再误。现在应据此印文改赵胡为赵眜，还他本来名字。

这份报告一经发表，在学术界产生了强烈反响，引爆了一场学术大争论。有学者赞成以上看法，亦有学者断然否定，并发表文章提出了新的见解。

面对世人的瞩目和学界多种不同的意见，以麦英豪、黄展岳等为首的南越王墓发掘人员，不得不对自己以前发表的观点认真思考和检查。经过深入细致的研究后，麦、黄等人觉察到，在过去编写的《初步报告》和发表的文章中，存在着论证不足、漏误不实等缺憾，但他们确认的“文帝”与赵眛应是一人，赵眛即《史记》《汉书》所称的赵胡。

也有学者质疑，认为赵眛是赵佗之子，故称“泰子”，但麦英豪、黄展岳认为，对照墓主遗骸的鉴定研究，也有助于说明墓主与赵佗的祖孙关系。

从墓主遗骸的鉴定，可以判断死亡年龄为35岁至45岁。今以40岁估算，知墓主约生于汉文帝末年，是时赵佗应有八九十岁，耄耋之年生子，实为奇谈。故墓主绝非赵佗之子，甚明。把他看成赵佗的孙子，则符合实际情况。从古代帝王早婚，祖孙岁差又达八九十年这两个方面估算，墓主赵眛不会是赵佗的长孙，而应是赵佗的次孙中的一个。《汉书·南粤传》载，汉文帝元年陆贾出使南越，赵佗上汉文帝书称“于今抱孙焉”。按文帝元年即公元前179年，至建元四年（公元前137年）佗卒，相隔有43年，就退一万步来说，汉文帝元年赵佗的孙子刚出生，到佗死之年这孙子已是43岁的壮年了，再加上南越二世在位约16年，如果二世是长孙的话，死年已是58岁或59岁将近老年的人了，这个岁数与墓主遗骸鉴定的年岁迥异。所以，这是论定墓主是佗的次孙的又一力证。再说墓中出土不少药物，反映了墓主生前多病。这一点与上引“后十余岁，胡实病甚”的墓主健康状况也是相符的。

由于麦英豪、黄展岳以大量的历史典籍和考古资料对象岗古墓墓主到底是谁的问题，做了严谨和较为科学的论述，当这篇长文抛出后，认同麦、黄两人观点的人越来越多，学界原来那极其热闹的争论渐渐沉寂。

最后的秘境

根据文献记载，南越国共传5主93年，第一代王赵佗在位长达67年之久。第二代王赵胡是赵佗之孙，在位十余年病死，葬于象岗，其陵墓已经发掘。第三代王赵婴齐是赵胡之子，在位只有八九年。第四代王是婴齐之子赵兴，即位不久便被丞相吕嘉所杀，最后的亡国之主赵建德在位不久也死去。若把南越国第四、五主在位时间合起来，前后也只不过三年多。从两人死亡的结局看，生前和死后不可能建造与前辈匹敌或与自己身份相符的大型陵墓。而有精力和财力建造大型陵墓的只有前三主。第二主赵胡的陵墓已被发掘，那么整个南越国五主中，就只有一主赵佗和三主赵婴齐的陵墓尚未找到。

关于三主婴齐的陵墓，文献中已有被三国时吴主孙权派兵盗掘的记载。与这个记载有些关联的还有，1983年5月，也就是在象岗大墓发现之前的一个多月，广州市考古队在西村车辆段宿舍工地，曾清理了一座汉代大型木椁墓。墓坑长13米，宽6米，全部以河沙填实。这座墓堪称广州所见的汉代规模最大的一座木椁墓，遗憾的是墓室早已被盗。在发掘中，考古人员于盗洞内发现了玉舞人、玉璧、玉璜、玉剑饰等精美玉器若干件。当象岗古墓发掘后，将出土文物与之对比，发现木椁墓遗落的器物，不论是玉质还是雕琢工艺，都不在象岗古墓出土器物之下。据此推断，木椁墓的这些器物当是盗墓者在慌忙之中遗落的。过去广州也曾发掘过一些汉代大墓，但从未出土过如此精美的玉佩饰，这表明墓主有较高的身份。另外，从墓中出土的玉剑饰推断，墓主应为男性。根据以上种种迹象，考古人员推断，此墓可能就是文献中记载的南越国第三主赵婴齐的陵墓。

如果考古人员对木椁墓的推断属实的话，那么，在南越五主中，就只剩一主赵佗的陵墓没有找到。赵佗在位67年，且是南越国的鼎盛时期，他的陵墓一定比象岗赵胡的陵墓规格更高，内中的随葬品也一定更加华丽和壮观。那么，赵佗的陵墓到底密藏在何处？这成为岭南考古中一个最大的谜团。为解开这个谜团，广州市考古人员发掘象岗赵胡大墓之后，经过查阅有关地方史籍和整理考古资料，对赵佗墓的秘所做出了种种推论。但真正找到这最后的秘境，揭开赵佗陵墓之谜，还有待于今后的考古新发现。

——历史在期待。

第十章

法门之光

佛光初照

公元前243年，西域沙门僧释利房等一行十八人，经过三年的艰难跋涉，穿越三十六国，终于踏上了中国的土地。此时正是秦始皇四年。

这年秋天，释利房等十八人来到了中国西部周原腹地，此处离秦国的首都咸阳，只有一步之遥了。

这天，当他们来到古周原美阳城附近，天色已近黄昏。释利房便和同伴商量，在美阳城西的佛指沟（后来得此名，原为无名沟岔，今岐山县内，法门寺西）休整，以待来日赶往咸阳。

当他们下得沟来，找到一个避风的地方，刚要安歇，忽有一僧人大叫："快看！"

众人闻听，蓦然抬头，朝他手指的方向望去。

只见整个美阳上空，飘逸荡漾起五彩祥云。这祥云一朵朵、一串串，相互辉映，灿烂辉煌。在五彩云朵覆盖下，金色的大地青烟袅袅，紫气升腾，形成了一幅美妙绝伦的奇情异景。

众僧人怦然心动，惊奇不已，连声呼叫："宝地，宝地，阿弥陀佛，此处真乃圣地。"

不知过了多久，释利房突然看到一个周身透亮、金光耀眼的长者从远处缓缓走来。来者走走停停，最后在一个高坡上站住不动。释利房感到奇怪，随即感到一股温热在胸中翻腾，这股温热形成了一种无形的力量，使他不知不觉站起来，朝着长者大步走去。

当他来到跟前时，借着月光，惊奇地发现，来者正是早已寂灭的释迦牟尼佛。只见伟大的佛陀正站立高坡用慈祥的目光盯着自己。释利房惊骇之中，只觉一股热流涌入脑际，不禁大叫一声："佛陀，您可来也……"

"子等携我教法终达东土，实属不易，只是暂不要将我残存肉身显示于世。等众生普度、万民归佛之后，再显我灵骨吧。"佛陀说完，威严而不高傲、庄重而又慈祥地看了一眼释利房，随着一道闪亮的金光，佛陀踪迹全无。

"师圣佛陀！"释利房大叫一声，茫然四顾，只见东方微亮，明月西斜。晨曦的光照中，香风扑面，甘露飘荡，祥云飞舞，脚下的大地在微微颤动……

等众僧人找过来时，却见释利房脚下已突兀起一座高高的圣冢。

待释利房把夜见佛陀的情形说了出来，众人大为惊喜，急忙商量如何安置佛骨舍利。最后，大家一致同意，先将佛骨舍利全部埋入"圣冢"之下，然后再到咸阳面见君主。

释利房等人只带了佛经等物来到秦都咸阳面见秦王嬴政。待他们说明来意，意想不到的是，秦王把释利房等人的说法视为歪理邪说、蛊惑之魅。释利房等不但没受到礼遇，反而被打入了大牢。

后来，在臣僚劝说下，秦王把释利房等人放了出来，令其速回本土，不得驻留，所带各种佛经、器物被焚毁一光。

释利房等僧众灰头土脸地逃出城外，感慨万千，遂决定一行十八人，分成四路，以秦都咸阳为中心，分别向南向北、向西向东，流散民间，秘密与众讲经说法。他们约定每年四月初八佛诞日这天，在周原腹地美阳的"圣冢"会面，交流各自的传法经验。

第二天黎明，释利房等僧众步出咸阳地界，恋恋不舍地朝各自的方向进发。

一晃几十年过去了，释利房所率僧众已熟悉当地语言，开始在民间传播佛法。因缺少经书，只凭口传，佛法的普及面难以扩大。直到十八人先后去世，佛法在中国也未形成气候。

明帝梦佛

转眼已是东汉永平七年（公元64年）。这年春的一个深夜，孝明皇帝刘庄正在后宫熟睡。忽然一个身披金色外衣、头顶日光的神人自天而降，飘落到孝明皇帝就寝的大殿之前。

神人全身灿灿发光、面容慈祥，举止泰然来到大殿窗下。孝明受神感召，起身穿衣，出外迎请。那神人略作示意，瞬间化作一道耀眼的白光飘逸而去。孝明皇帝大叫一声，不觉醒来，才知刚才是南柯一梦。

第二天一早，孝明皇帝召来几个臣僚请教梦中缘由。其中有个叫傅毅的老臣博学多闻，对《周公解梦》研究颇深。闻知此情，他上前跪拜道："依臣推算，圣上梦见金人，乃是西方圣人，号为佛陀。这佛陀能飞行虚空，身有日光，具六神通。佛陀显圣于陛下，昭示大汉国定会昌盛于天下。"

汉明帝听罢，惊异之色顿时全无，龙心大悦，当即召令群臣谋议如何才能将佛法引入大汉帝国。傅毅借此机会，将秦始皇早年驱逐佛家弟子的故事讲了出来，并大胆推断："佛门弟子一定还在西域传播佛法，只要派人西寻，不难获遇。"

当日，汉明帝即遣羽林郎蔡愔，博士秦景、王遵等十二人进入西域寻找佛门弟子，求迎佛法。

蔡愔等翻越葱岭，西出玉门，一路西寻。经过近两年时间，终于在月氏国发现了乘白马携释迦牟尼真像和《四十二章经》的沙门僧人迦叶摩腾、竺法兰。在蔡愔等人一番宣示、交涉后，两僧答应随迎佛队伍前去东土中国。蔡愔等人惊喜之余，立即同两僧携白马、经卷返回本土。

孝明帝永平十年（公元67年）秋，蔡愔等迎佛队伍抵达国都洛阳郊外。明帝得知消息后欢喜异常，亲自出城迎奉，诏令群臣将迦叶摩腾、竺法兰两位僧人安置在洛阳西郊外鸿胪寺，以国礼相待，并请两位高僧住院翻译佛经，与帝说法。为铭记白马驮经之功，明帝诏令将两位高僧住居的鸿胪寺改为白马寺。

圣冢现世

公元148年，也就是历史上东汉桓帝建和二年，西域安息国的高僧安世高为弘扬佛法踏上了中国的土地。这时，住在白马寺的伽叶摩腾和竺法兰两位高僧虽已去世，但佛法在中国的传播已有了相当规模。

当安世高来到周原腹地的美阳城外，天色已晚，便在一个村头觅一间闲置不用的破屋，住下来休息。

夜晚三更时分，睡意朦胧中的安世高忽见窗外一片红光划过，照得漆黑的破屋如同白昼。他翻身而起，快步走出屋外。只见破屋北部的不远处，平地射出一道霞光。那霞光五彩缤纷，直冲斗牛。安世高心中大惊，凭自己多年的修行，当即判断出这是佛门圣物显现的灵光。

安世高怀着激动的心情赶到发光的所在，只见四面田野平整如水，唯中间高高凸起一堆黄土。看来这个荒冢野坟样的凸起物已经历了漫长岁月。这个凸起物到底始于何时？怎么会有佛门圣物的灵光闪耀？难道……安世高的心怦怦狂跳起来。他暗暗地记住这个地方，不再久留，日夜兼程赶赴东都洛阳，准备面见汉桓帝。

桓帝刘志，生活荒淫腐朽，为延年祈福、长生不老，开始迷信宗教。无论哪宗哪派他都热情接纳，几乎是逢神必拜，有仙必求。

安世高正是在这样一种情形下顺利晋见了汉桓帝，说出自己来中国弘扬佛法的打算。汉桓帝当即把这位西域高僧留在宫中为自己说法，并以国礼相待。

安世高在洛阳安顿下来并得到桓帝尊崇之后，仍念念不忘关中周原腹地那个散发灵光的荒冢。通过近两个月的了解观察，他已经确切地知道中国人尚不知释迦牟尼的佛骨舍利掩埋在哪个具体地方，甚至尚不知佛骨舍利早在公元前243年就与这片国土结下了佛缘。

安世高本是西域安息国国王的太子，自幼聪明绝伦，出家后曾游历西域三十多国，通晓各国语言，对佛教发展的具体细节了如指掌，尤其对南传佛教上部座系统理论学说的研究堪称一代宗师。正是凭着这些知识、经验和信息，他才觉得周原那个荒冢非同小可。

终于有一天，他向汉桓帝坦白了自己的心底："贫僧这次东来，路经关中周原美阳，发现那里有一处荒冢，荒冢之内夜有灵光溢出。依贫僧多年修行推知，这种灵光下边必有佛骨舍利。佛经有云，舍利生辉，佑及万国。陛下若得舍利，可保万福……"

桓帝听罢，神情振奋，立即令白马寺高僧静安法师等人跟随安世高到关中挖掘荒冢。

安世高等一行来到周原腹地美阳城外，找几十个当地乡民开始对荒冢挖掘。只半日工夫，他们便发现了一块带有梵文的青砖，接着又有七块方砖被挖出。安世高将这八块青砖拼凑在一起，仔细观察。砖上字迹极浅又加黄土泥水浸染模糊难认，但他还是分辨出来了。

青砖上的梵文为西域僧人释利房所书，大体叙述了公元前243年前后一行十八人来中国的历程以及在秦都咸阳发生的故事，同时述及离开咸阳后在中国活动的范围。最后，文中用了较大篇幅叙述这个"圣冢"的发现经过以及释迦牟尼的真身显世和嘱托。

看得出，释利房等人在咸阳城外分手后，每年的四月八日准时来到这“圣冢”不远的佛指沟聚会。直到三十年后的公元前213年，聚会才取消。也就在这一年四月八日，释利房等仅存的三人来“圣冢”做了最后拜谒，并趁夜深人静挖开“圣冢”，将早已刻好的青砖埋了下去，以使前来结缘的后人弄清事实真相。释利房等三人离开之后，最终圆寂于何时、何地，再也没有人知道了。

当然，释利房最重要的记述，是青砖之下埋藏的十九份佛陀舍利。

一切都已明了。安世高心中狂跳不已，指挥乡民继续向下挖掘。三尺黄土很快被掘开，盛装释迦牟尼佛骨舍利的宝函露了出来。几百年的泥水浸泡，宝函外部已经锈渍斑斑。安世高剔去渍斑，打开宝函，露出里面十九个晶莹透明的长颈陶壶，每一个壶中，各装一份佛骨舍利。舍利在壶中灿灿发光，曜曜夺目。

“阿弥陀佛……”安世高见此圣物激动得五体投地，泣不成声，昏厥过去。

建造佛塔

佛骨舍利很快送到京都洛阳。汉桓帝一见惊喜万分，加上安世高等僧众一番倡说，更感神奇，于是下诏在宫中建造浮屠，以金银制作佛像，重造舍利宝函，以示供奉。

安世高春风得意，在帝王之家和乡野百姓心中的地位扶摇直上。借向桓帝说法的机会，他提请皇帝颁布诏令，将宫中供奉的佛骨舍利分散于九州大地，建造精舍庙宇分别供养。这样做可以使佛陀的圣光普照整个华夏，大汉帝国也将会出现四海无波、八荒来服的鼎盛景况。

桓帝听取了安世高的建议，拨出官银，命白马寺高僧静安法师随安世高一道筹措分发佛骨舍利及在各地建造佛塔寺院事宜。

两人领旨后很快行动起来，并决定先在关中周原腹地美阳县“圣冢”之上建造宝塔，四周修筑寺庙，并在塔下挖掘地宫，以存放佛骨舍利。

很快，周原腹地的荒冢上架起了四层木塔。塔下地宫中，存放着用紫檀香木做成的棺椁。棺椁之内金瓶中，供奉着佛陀最大的指骨舍利。木塔上方书写六个大字“真身舍利宝塔”。

宝塔建成之后，一座庞大威严的寺庙也拔地而起，气势雄伟、巍峨壮观的玉石山门上，高悬苍劲的“阿育王寺”（今法门寺）四个金色大字。

从此，继洛阳白马寺之后，中国又一伟大的佛教圣地、关中塔庙始祖——法门寺诞生了。

紧随其后，西晋的会稽鄮县塔，东晋的金陵长干塔，石赵的青州东城塔，姚秦的河东蒲坂塔，北周的瓜州城东古塔、沙州城内的大乘寺塔、凉州姑臧塔、洛州故都西塔、甘州删丹县塔、晋州霍山南塔，北齐的代州城东古塔，隋的益州福感寺塔、益州晋源县塔、郑州超化寺塔、怀州妙乐寺塔、并州净明寺塔、并州榆社县塔、魏州临淄县塔等十八座舍利宝塔，先后建成。十八份释迦牟尼佛骨舍利依次藏于塔中供奉。

由于佛塔寺院在中国的普遍修建和佛骨舍利适时分散供养，佛法犹如八面来风、四方开花，很快在民间盛行繁荣起来。释迦牟尼佛的圣光普照了九州大地，古老的东方中国，迎来了一个真正意义上的尊佛崇佛的新时代。

大明隆庆二年（1568年）八月十四日深夜，周原大地[1]爆发了人类有史以来极为罕见的大地震。傲然挺立的法门寺四级木制回廊式释迦牟尼真身宝塔瞬间变作一堆断木瓦砾。这座在东汉桓帝年间，由西域高僧安世高亲自设计、监工筑造的宝塔，经历了一千余年的风雨，轰然倒下了。

明万历七年（1579年）春，在当时崇信佛法的李太后干预下，年轻的万

1 指宝鸡扶风、岐山一带，此地是周文化的发祥地和灭商之前周人的聚居地，因此被称为周原大地。

历皇帝下诏重建法门寺宝塔。

三十年后的万历三十七年（1609年），总体高度为十三层、四十六米的砖石结构法门寺宝塔，又一次巍然矗立在周原大地上。

像万历之后的明朝一样不幸的是，扶风法门寺宝塔在周原大地与苍生共处几十年之后，受到了一次致命打击。

清顺治十一年六月初九日（1654年7月22日）夜半，中国西部甘肃省天水周围发生8级大地震，震中烈度为11度。这次大地震波及200公里以外的扶风，烈度9度到10度。县城北门外“垣宇倾颓，压毙人畜”，法门寺宝塔洞内所藏镀金盾形牌和一些佛像，纷纷坠于地面，整个塔身向西南方倾斜五尺之多。塔体裂缝，西南角塔基下陷二尺多深，塔体重心偏离达五尺之多。这次重创，为宝塔在三百多年后轰然崩塌埋下了隐患。

随着岁月的进展和风雨剥蚀，法门寺宝塔开始凋零残破。晚清后期直至民国，连年的战乱，持续的灾荒，使整个法门寺变得支离破碎，荒草丛生，野狐出没，人烟几乎绝迹。

历史的脚步到了1976年，中国西南部的四川省松潘地区发生强烈地震，余波波及扶风法门寺，塔体进一步倾斜，裂度由此扩大，离最终的崩塌只有一步之遥。

1981年夏季，备受摧残的法门寺真身宝塔，在绵绵不断的淫雨中再也难以支撑残朽的躯体，不时有瓦片、泥土、碎块从身上掉下。

这年8月24日，一个风雨飘摇之夜，法门寺释迦牟尼真身宝塔——这位齿摇发苍、风烛残年的历史圣者，再也经不住历史的重负和风雨摧残，终于在一阵撼天动地的巨响声中，轰然倒下。

——法门真身宝塔进入涅槃。

就在闷雷响过，真身宝塔爆裂之时，扶风县驻法门寺文管所唯一的文管员王志英从居住的小屋里跑出，发现并认识到跌落于残砖瓦砾之中的佛经、佛像的文物价值。于是，他顾不得回屋装备雨具，立即冲进雨幕遮掩下的宝塔前，从残砖瓦砾中捡拾佛经和佛像。法门寺住持澄观法师随之率众僧奔于塔下，搬砖运石，抢救文物。

抢救出的部分文物运往县博物馆保存后，很长一段时间里，法门寺就这样被遗忘在那里，直到韩金科的出现，他和周原父老重建宝塔的一腔热情、不断的坚持终于让相关部门注意到法门寺这座千年古刹。

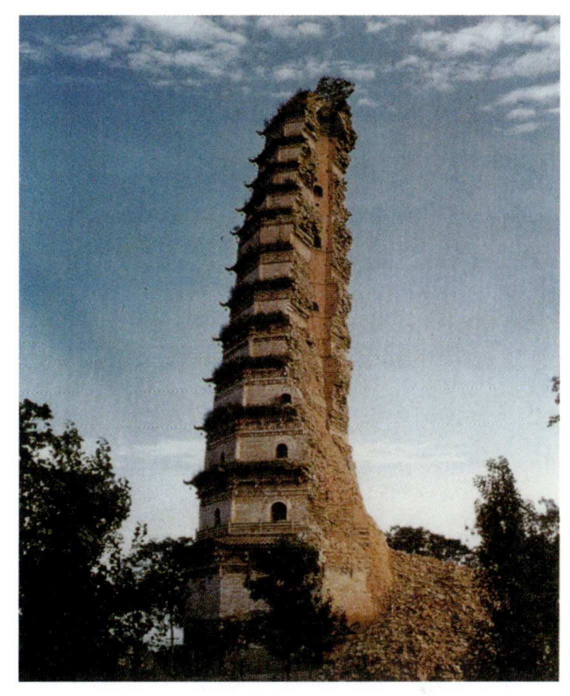

图10-1　法门寺倒塌的半边残塔

1986年12月，陕西省人民政府决定，重新修复法门寺明代真身宝塔，责成陕西省文物局组成考古队负责重建前的地基清理工程。1987年2月28日，考古队全部人员进驻法门寺，开始了具有历史性意义的伟大行动。

发现地下玄宫

考古队进入法门寺的首要任务，是清理原塔基的地面废墟。当杂物被清除以后，正式清理发掘地基工作开始了。随着发掘的深入，原始的夯土开始出现。正在这时，只听“砰”的一声，进入土中的镢头触动了硬物。大家沉着的心为之一震。

“像是石头。”众人几乎同时喊出。参加发掘的扶风县文化局局长韩金科大声道："是不是触到了地宫？要真的是地宫，那可要加倍地小心行事。"

发掘在高度谨慎与小心中明显加快了速度，夯土越来越少，在塔基中心那巨大的台墩上，一块汉白玉石板的层面显露出来。

当大家小心翼翼地用手拨开石板上粘着的泥土时，只见一只线雕雄狮出现在石板正中央。狮身呈半蹲姿势，双目满含着雄性动物的挑战之光，微张的大口衔着一枚铁环。雄狮左脚前方部位，石板已碎裂成两块，但仍完好地缝合着，似无人动过。

几秒钟后，南北走向的长方体坑内，又裸露出几块形状各异的石块端部。韩金科小心地上前用手扒开中心部分的虚土，将线雕雄狮的石板中断为两截的角石取掉。石板下露出一道小缝，缝内一股阴冷之气直扑面颊，使他不禁打了个寒战。

韩金科慢慢俯下身子左眼闭、右眼睁，向缝内看去。里边漆黑一团，什么也看不见。他向旁边一挥手："快拿手电筒来。"

手电光穿过缝隙中缥缈的浓雾，照亮了一个硕大的空间。只见里面烟雾升腾，一片难辨分明的物体散发着灿烂光芒。

韩金科没有吭声，把手电递给曹纬，示意他察看。曹纬借着手电的光俯身向下望去，不禁大叫一声："下面是一座地宫，金碧辉煌，金碧辉煌！"

众人听罢，刷地围了上去。

省考古研究所的曹纬、县考古修塔队的傅升岐以及徐增福、淮建邦都是从事多年考古活动的专家。他们凭多年的田野考古经验，以及眼前这南北铺盖的石板式样与子午线走向重合的实物，初步推测，这是皇家地宫的规模，可能远远超过了眼见的面积。而地宫中珍藏的宝物，肯定会超出所有人的想象。现场的每个人，都为这一重大发现心魂激荡。

时间接近正午12点。

为使地宫珍宝万无一失，考古发掘队令所有的人员都要严守机密，并将刚才发现的裂缝原土封存，派几个人寸步不离把守。然后，他们立即向县委、县政府电话汇报，请求火速派保卫人员前来保护。随后，韩金科和曹纬二人乘车赴西安汇报。

下午4点，驻西安的考古工作者全部乘车到达法门寺。

石兴邦统领三级联合考古队，连夜投入工作。经过对现场认真、细致的观察，他们肯定了扶风县考古修塔建筑队的推测，一致认为，塔基下就是一处南北走向的横卧式地宫。但目前首要问题是，要尽快找到地宫的宫门。

从凤翔雍城考古工地赶来的韩伟，指挥考古人员王保平、吕增福、徐克诚等人，在寺院内罗汉殿北及原真身宝塔之间实施钻探，以图寻找地宫入口。

为尽快找到地宫神秘的宫门，考古队调来几十名民工一起发掘。

然而，整整一天过去了，仍不见地宫大门的影子。

时值春寒料峭，周原大地冷风袭人。夜幕降临时，仍然没有多大起色，毫无任何发现。有人开始怀疑，这地宫是不是一座地下迷宫？

4月5日凌晨，在罗汉殿北8.4米处，一民工于地下30厘米的地方试掘了两镢，地下突然裂开一个小洞。民工大声叫喊起来："这儿有情况！"

众人哗啦一下围了过来。地宫入口被发现了。至此，考古队员舒缓了一口气。

经过发掘，地宫入口宽达2米，根据考古人员钻探的其水平距离下降的数值，判断入口为砖砌的斜坡踏步漫道，大约有20阶，长度为5.6米。

地宫入口处的第一级台阶，是青石板铺成。

在地宫隧道里

考古清理人员从第一级台阶向里推进，台阶高16.5厘米至19厘米，宽27厘米至33.5厘米，长2米，由六块方砖加一块小条砖并排铺成一层。每级约三层，呈四十五度斜坡向下、向里延伸。每一级台阶上，都发现唐代粗瓷油灯盏及撒满了带翠绿色铜锈的唐开元、乾元、五铢等各式铜钱，很像关中周原榆树上生长的榆钱，飘落一地。另有数枚稀有的玳瑁币夹杂其间，使发掘增加了一层神秘之感。

从第十四层台阶起，开元通宝铜钱越来越密。漫道北端的高浮雕门楣显露出来，但为一块巨石所封堵。当把填土清理后，知道为第二十层台阶。台阶下面是一平台，略呈方形，东西长1.95米，南北宽1.75米，由五排方砖铺成，每排六块，表面平整，同样撒满了绿锈斑驳的各式铜钱。

紧接青石平台，有一堆重叠有序的石块。考古人员小心翼翼搬开这堆杂色石块，一数，共八块。石兴邦一下子顿悟："这是封门石。"于是，他指挥考古人员拿来导链，把封门石吊起。

待八块封门石搬掉后，凸现于眼前的是一个双扇素面青石门。地宫大门出现了。

石门高约1米，门扇正面无纹，不太光整。两扇门环处，一把大铁锁紧紧锁住了浇铸进门扇的铁环。铁锁已因年代的久远而完全锈死，无法正常开启。

门框由较大的四块青石做成，门楣横架于其上，门楣东西两端夹填着石块，正面光滑平整，上有梵文痕迹。门楣上方有一硕大顶石，顶石上方安置一梯形石块，石块正中刻有两只对首飞翔的凤鸟。凤鸟周围衬有线雕缠枝纹，布局对称，构图明朗。石顶左上角有"醴泉县人王行□"等刻文。石兴邦一眼认出，这两只凤鸟就是迦陵频伽鸟，是一种佛典里象征吉祥瑞福的神鸟。鸟嘴微张，嘴里含着一枚珠丹，是献给佛祖的最珍贵的吉祥物。

图10-2 法门寺唐代地宫大门，门楣额刻有双凤

考古人员站在第一道石门前研究开启办法，最后决定，只有用考古学中特殊的手段和方法进行处理。

为了尊重宗教教义和宗教政策，在开锁之前，考古队请来法门寺住持澄观、静一等法师在漫道平台摆案焚香，为即将开启的地宫大门诵经祈祷。

4月9日上午10点21分，富有经验的考古人员任周芳用一根锯条锯开了门上锈蚀的大铁锁，然后在录像机和辅助灯光照耀下，韩金科轻轻推开了两扇石门。

随着石门“咯嘣、咯嘣”地向两侧运转，一股阴森潮湿的雾气“呼”地喷射而出。雾气凝重急促，弥漫散发出一股刺鼻的霉烟味，刺得众人热泪直流、咳嗽不止，不得不撤离到石门两侧以避雾气。

待雾气渐渐散尽，录像机的灯光重新对准地宫。透过淡淡的雾气，考古人员看到，隧道内石壁断裂严重，地面散铺着无数的铜钱和崩裂的碎石渣。

清理者依次进入地宫隧道。手电光下，可以看到隧道两边的石墙、顶部和地面均为黑色大理石镶砌，且用白石灰勾缝。铜币仍然散落满地。在数以万计的铜币中，又发现了几枚玳瑁币，与踏步漫道上玳瑁币加起来，一共十三枚。这种玳瑁币在法门寺地宫洞开之前，中国大陆只发现过两枚！至此，法门寺地宫共出土古代货币计七万多枚、四百多公斤，几乎囊括了唐代全部货币品类。

沿着隧道向里推进，第二道石门出现了。

石门前为两块石碑所堵封。两碑字迹朝外，紧贴前室石门竖立。考古人员用了近三个小时，将两块石碑全部运出地宫。石碑刻满了以楷书书写的文字，字体看上去颇有中国传统书法飘逸大方、遒劲有力的气势。

第一块石碑，起首刻着如下文字：

大唐咸通启送岐阳真身志文

内殿首座左右街净光大师赐紫沙门臣僧澈撰内讲论赐紫沙门臣令真书

第二块碑文较前一石碑字数要多，起首两行文字如下：

监送真身使

应从重真寺随真身供养道具及恩赐金银器物宝函等并新恩赐到金银宝器衣物等如后

几位考古队员一边擦着汗渍渍、灰蒙蒙的脸，一边反复琢磨字意。最后，不禁喜形于色亢奋激动起来。

“无价宝！无价宝啊！”最先悟出门道的考古专家激动得不能自已，跳着喊了起来，众人跟着陷入不可抑制的亢奋状态。稍后，在考古发掘记录册上，把前一块命名为《志文》碑，第二块命名为《物帐》碑。

图10–3　法门寺地宫出土的《物帐》碑，这是目前中国考古发现的唐代唯一最完整的物帐碑，碑文详载大唐咸通十四年迎奉佛骨后，皇室供佛器物的名称、大小尺寸、重量、施奉者姓名等

闻讯赶来的陕西省副省长、历史学家孙达人，仔细读完碑文后，喜形于色，高声对众考古人员放言道："了不得呀，了不得！有了这两块石碑刻文，就可以按图索骥，寻找珍宝。千年迷宫，就要再现它的谜底了！"

那么，这两块石碑到底说了什么呢？

第一块石碑主要记事。《志文》碑文述说了中国历史上从元魏至唐代帝王历次到法门寺礼拜佛骨的经过，其中包括历史上有名的也是法门寺最大一次劫难的"会昌灭佛"事件。从记载中，后人更加真切地了解了盛唐之时那波澜壮阔、气势恢宏又奇事百出的迎佛送骨活动。

第二块石碑主要记物，《物帐》碑上罗列着地宫里2499件文物清单。碑文详细记载了晚唐时期懿、僖二宗，惠安皇太后、昭仪、晋国夫人、诸头等皇室戚贵、内臣僧官供奉佛指真身舍利的金银宝器、衫袍衣裙等器物。这是中国唐代考古发现的唯一最完整的《物帐》碑。碑文物主清楚，名称罗列明晰，有标重类注，为研究唐代政治、经济以及衣物宝器名称、制作工艺、衡制、纺织服饰等方面提供了丰富的资料。

正是有了两块石碑记载的一系列活动，才有了后来者在法门寺地宫看到的一切，并回眸历史长河中那些欢乐与悲哀、神秘与惊险的千年往事。

帝王初临

西魏恭帝二年（公元555年），也就是《志文》碑记载的元魏二年，发生了岐州牧拓跋育打开法门寺地宫，供养佛骨或瞻仰佛骨的事件。这是法门寺历史上第一次启奉佛骨的文字记载。

拓跋育曾为魏十二大将军之一，魏恭帝二年降爵为公，出任岐州牧一职。在被削官降级之际，他来到法门寺启奉佛骨，寻找一点精神寄托，请这位慈悲的圣者保佑。

就在拓跋育开启地宫迎奉佛骨的前后，发生了一件看似与法门寺无直接关系却关乎后来命运的一件事。

西魏大统七年（公元541年）一天深夜，一个女人在同州（陕西大荔县）般若尼寺一块木板上生下了一个男娃，取名为那罗廷，意为“金刚不可坏”。这个男娃在般若寺生活了十三年，后来成为大隋王朝的开国皇帝，号为隋文帝，本姓杨，名坚。

有了般若尼寺这一段缘分，隋文帝对佛教产生了特殊感情。据王邵《舍利感应记》载，隋文帝即位前，有位印度沙门来到他的住宅，送给他一包佛舍利，请其供养。

仁寿元年（公元601年）隋文帝敕令天下三十一个州各建舍利塔分藏他供养的那包舍利。次年再度颁诏，下令增五十个州建立舍利塔，以便分藏。

就在全国掀起建塔热潮的同时，仁寿末年（公元604年），时任右内史的李敏曾专门率人前来法门寺，修缮寺院和宝塔。

在这次修缮中，李敏等人打开了地宫，迎奉佛骨。随之在西北二十余里的凤泉寺又兴建一座舍利塔。修建时，天空忽然出现祥云，法门寺僧人在观看的同时，将图景画了下来，名曰“陕州瑞相图”，后放到佛堂供养。只是这《瑞相图》不知毁于何时、何人之手，后人不曾相见，只凭流传了。

继隋文帝之后，他的儿子隋炀帝杨广在即位的第一年，即大业元年（公元605年），又大肆兴造佛寺，并于次年在东都洛阳上林苑设置译经馆，命高僧彦琮主持其事，征召达摩笈多和众多高僧学士从事佛经翻译，闹得京都内外遍布僧尼，热闹异常，甚至日本岛国也闻风而动。大业三年（公元607年），日本的圣德太子派使者小野妹子和沙门（出家的佛教徒的总称）十余人来中国学法。隋炀帝在其他方面没有继承父业，唯在对待佛门一事上比他父亲有过之而无不及。但就其一生的荒淫无道来看，他的所谓崇佛也实在具有讽刺意味。

尽管如此，由于杨家父子两代皇帝的努力，奉佛的热潮在表面上由低谷达到了一个高峰。随之而来的，是佛教在东土中国，进入了一个大红大紫的黄金时代，法门寺也由此迈向辉煌。

大业十三年（公元617年），各地反隋义军风起云涌。太原留守李渊听信儿子李世民劝告，在太原起兵反隋，并于这年冬十一月攻入长安，立代王杨侑为皇帝，改元义宁，自封为“大都督内外诸军事，大丞相，进封唐王”。

义宁二年（公元618年）春，身为“大丞相”的李渊率部来到扶风一带视察民情，来到了法门寺。此时的法门寺，已改称成实寺。李渊受到热情接待后，按僧众的请求，下令将成实寺又改为法门寺。

李渊回长安不久，就代隋登上了皇帝的宝座，改年号为武德。他和法门寺之间的这一段因缘，对法门寺本身在唐代的存续发展起到重要作用。

武德二年（公元619年），秦王李世民来到了法门寺。

李世民的到来让法门寺众僧欣喜异常。在寺院老僧普贤法师组织下，全体僧众为李世民诵经焚香，大肆颂扬其攻伐征战的英明功德。佛门教义的宗旨是反对战争和杀戮，六戒中的首戒便是不杀生。但此时的僧众顾不得那么多了，因为李家王朝像耀眼的旭日已经在东方升起，天下眼看要归属这个家族了。

按僧众的请求，李世民亲自命人找来80名民间汉子来寺剃度，充作僧人，使法门寺僧人一下增加到110人，而当时天下僧众总和不过3000人，可见李世民对法门寺的看重和厚待。临别时，李世民又赠一批财物于寺院，以示对佛祖的尊崇和敬重。

李世民的到来，使法门寺声名鹊起，誉满京华，一时间天下寺院无一能与之匹敌。自此，法门寺具有了至尊至圣的历史地位。

大唐历史上著名的“玄武门政变”之后，秦王李世民坐上了龙椅。作为新朝皇帝，龙袍加身后的第一件重大举动，便是在曾经攻伐征战过的七处重大战场建立佛家寺院。他的目的很明确，是要以弘扬佛法、崇敬佛祖的举动，笼络民心，消解反唐势力的斗志，使其安分守己，臣服大唐王朝。

这个时候，有一个人在讨得李世民欢喜的同时，也有了一个流传后世的机会。此人便是法门寺地宫出土的《志文》碑上记载的“唐太宗朝刺史张德亮”。

太宗贞观五年（公元631年）二月，时任岐州刺史的张德亮，在得知法门寺被火焚烧（焚烧原因不详，可能是不慎失火被烧）后，立即奏报唐太宗，并获准修补塔寺。就在这次修补中，他听到一个“此塔一闭，经三十年一示人，令道俗生善”的传说和“古所谓三十年一开，开则岁谷稔而兵戈息”的传闻。张德亮以“恐开聚众，不敢私开”为由奏报太宗，请“开剖出舍利以示人”。唐太宗恩准。

于是，这位刺史张德亮便率人打开了法门寺地宫，找出了佛舍利。之后的情景，《法苑珠林·敬塔篇》做了这样的记载：

> 既出舍利，遍示道俗。有一盲人，积年目瞑，努眼直视，忽然明净。京邑内外，奔赴塔所，日有数万。
>
> 舍利高出，见者不同。或见如玉，白光映彻内外。或见绿色，或见佛形像，或见菩萨、圣僧，或见赤光，或见五色杂光。或有全不见者，问其本末，为一生已来，多造重罪。有善友人教使彻到忏悔。或有烧头炼指，刺血洒地，殷重至诚，遂得见之。种种不同，不可备录。

唐太宗没有见到舍利。当时的舍利只在法门寺院内供奉展示，并未运到京都长安。但长安有不少人前来观瞻，有一盲人看后，突然复明。插曲的背后，还有一些罪恶多端之人，只有烧头炼指、刺血洒地才能看到舍利形状和颜色。至于他们把头颅用烈火烧烤一顿之后，看到的舍利是什么形状、什么颜色，文中没有提及。不难想象的是，除了一片漆黑便是一片惨白，因为他们的大脑神经已被烈火烧焦，剩下的恐怕只有麻木的肉身了。

张德亮挖出的佛骨舍利何时放回了地宫，他本人和唐太宗都作何感想，史上未见记载。但经张德亮这一折腾，便有了法门寺地宫三十年一开的规矩，以及日后大唐王朝皇室六次浩浩荡荡迎奉佛骨的事件发生。

高宗迎佛骨

贞观末年，唐太宗的健康状况不断恶化。为了治病健身，唐太宗开始服食丹药，当他连续服食了一两年的“国产”丹药仍不见效后，这位垂垂老矣的皇帝便希望能得到国外具有奇特疗效的神药加以治疗。皇帝的这种幻想康复长寿的急切心理，被一个叫作王玄策的大臣窥视。这个专靠迎合皇帝心理起家的王玄策，不失时机地向唐太宗进献了一名大唐与中天竺战争中俘虏来的“胡僧”那罗迩娑婆寐。此僧“自言寿二百岁，云有长生之术”，宣称能配制金石秘剂。这个明显的谎言竟打动了唐太宗，于是唐太宗龙心大悦，命该僧入金飚门宫内配制丹药，又令兵部尚书崔敦礼率一帮群臣协助制作。

经过近一年的炼制，由这位“胡僧”主持炼制的丹药出炉，兵部尚书崔敦礼为邀头功，赶紧捧送入宫。正在病中呻吟的唐太宗李世民见到期盼已久的仙丹神药送至床前，颇为激动，在感念“胡僧”忠心侍君的同时，很快将药服下。

然而，这聪明一世的李世民万万没有想到，他吞食的长生不老药竟成了送他入地狱的催命鬼。他原本衰朽不堪的身体顿觉不适，病情迅速恶化，不到两个月，便暴疾而死，享年52岁。

唐太宗一生都很会利用佛教为自己的统治服务，他本人的性命及大唐帝国日渐兴盛的事业，都曾得到过佛门弟子的不少帮助和维护，想不到最后竟死于佛门弟子之手。这一残酷的现实，恐怕是他始料不及的。

唐太宗魂归西天，太子李治登上了皇帝的宝座，是为高宗。

高宗对佛法向来看重，对西去取经的旷世名僧玄奘十分敬重，曾著文对玄奘的人生经历和功业表达赞美之情。玄奘病亡，他哀恸感伤，喟叹：“朕失国宝！”也是他开创了开启地宫、迎佛骨到皇宫供奉的先河。这便是后来法门寺地宫出土的《志文》碑所载的“高宗延之于洛邑”的事件。

根据《法苑珠林·敬塔篇》载，事件的具体经过如下：

显庆四年九月，以破译咒术闻名的山僧智琮慧辩、弘静，应召入朝，拜见高宗。在谈话中，两僧提到了法门寺，说法门寺年代久远，声名渐长，需要好好地弘扬和爱护。并提请皇帝：“古老传云，三十年一度（佛骨）出，前贞观初年已曾出现，大有感应，今期已满，请更出之。”结果获得批准。

帝曰：“能得舍利，深是善因。可前至塔所，七日行道，祈请有瑞，乃可开发。”

高宗即给钱五千贯，绢五千匹，以充供养。琮与给使王长信等，十月五日，从京旦发，六日逼夜方到。

琮即入塔内，专精苦到，行道久之，未验。至十日三更，乃臂上安炭火烧香，懔厉专注，曾无异想。

这段记载不难读懂，无非是说智琮与王长信等人受皇帝之命来法门寺迎请佛骨。让人感到惊异的是，僧人智琮竟把炭火放在手臂上，以示对佛的敬重和崇拜。而这种崇拜和虔诚终于引发了一段神秘灵异事件。

忽闻塔内像下振裂之声。寻声往观，乃见瑞光流溢，霏霏上涌。塔内三像足下各放光明，赤白绿色旋绕而上至于桁桷（屋梁），合成帐盖。

琮大喜，踊跃欲召僧看，乃睹塔内，侧塞僧徒，合掌而立，谓是同寺。

须臾既久，光盖渐歇，冉冉而下，去地三尺不见。群僧方知圣隐。

中使王长信等同睹瑞相，流辉遍满，赫奕澜漫，若有旋转，久方没尽。及旦看之，获舍利一枚，殊大于粒。光明鲜洁，更细寻视，又获七粒。总置盘内，一枚独转绕，余七粒各放光明，炫耀人目。琮等以所感瑞，具状上闻。敕使常侍王君德等送绢三千匹，令造朕等身阿育王像，余者修补故塔。仍以像在塔内，可即开发，出佛舍利以流福慧……

初开舍利，二十余人同共下凿。

及获舍利，诸人并见，唯一人不见。其人懊恼自拔头发，苦心邀请。乃置舍利于掌，虽觉其重，不见如初。

由是诸人恐不见骨，不敢睹光。寺东云龙坊人，敕使未至前数日，望寺塔上有赤色光周照远近，或见如虹，直上至天，或见光照寺城，丹赤如昼。旦具以闻，寺僧叹讶曰：舍利不久应开，此瑞如贞观不异，基舍利形状如小指，初骨长可二寸，内孔正方，外楞亦尔。下乎上渐，内外光净。以指内孔恰得受指，便得胜戴，以示大众……

以上记载了智琮等僧众和部分官僚打开地宫，并找到佛骨舍利的故事。因为舍利既出，所以整个天空大地祥兆瑞景就争相出现。需要指出的是，自从佛入东土甚至在佛未入东土而自身处于生灭之时，关于天空大地出现瑞兆的记载，就见于后人撰写的史籍中，尽管这瑞兆各异，但相差总是不大。唯关于对大唐王朝与法门寺发生联系的一系列记载，除了这些之外，总是在短短的文章中夹杂着一个或几个颇为幽默、令人发笑的故事。你看在这次挖掘地宫找到舍利后，大家都看到了，唯一个人看不到，他便在懊恼羞愧中自拔头发，苦心邀请。但当有人将舍利放到他的手掌之上时，他虽感觉到其物的重量，可惜仍视而不见其真面貌。

据此可以推论，这个人肯定不是僧人而是由朝廷派来的差役。因为僧人是不留头发的，既然没有头发，就不存在拔的问题。就当时的情形而言，一般普通老百姓没有资格进入地宫，所以断定他是由朝廷派来的。

接着往下看：

至显庆五年春，三月，下敕请舍利往东都入内供养。时西域又献佛束顶骨至京师，……又追京师僧七人往东都入内行道。

敕以舍利出示行道僧，曰：此佛真身，僧等可顶戴供养，经一宿还收入内。皇后舍所寝衣帐，准价千匹绢，为舍利造金棺银椁，雕镂穷奇。

这段记载是说唐高宗在得知法门寺佛骨舍利被挖出后，即下令运到东都洛阳的皇宫中供奉起来。所谓的“内”即大内皇宫。早在东晋时代，宫廷之内就建立了举行法事活动的地方，晋时称精舍，隋之后称内道场。隋炀帝时曾有在内道场汇集佛道经典编撰目录，至唐代已大规模地发展了内道场制度，而其全盛时期则是在中晚唐以后。

唐高宗首次诏令将佛骨舍利迎入东都洛阳内道场供养，自然引起朝廷上下的震动，几乎所有的皇亲国戚、臣僚妃嫔纷纷出资捐物，前来施舍供奉，京城内外一片欢腾的景象。

佛骨舍利在皇宫历经三年的奉迎、礼拜，终于在唐高宗龙朔二年（公元662年）送还法门寺。这年二月十五日，由京师派来的诸僧与臣僚，会同法门寺僧众打开了塔下的地宫，将佛骨藏于其中。

就在佛骨送还的时候，唐高宗赐绢一千五百匹，诏令惠恭、意方等禅师办理法门寺重修事宜，以示皇恩浩荡和皇帝本人对佛的崇敬之情。

当佛骨入地宫后，惠恭等僧人便四处征集材料和能工巧匠，开始了“不日不夜，载营载葺，庄严轮奂，制置殊丽。危槛对植，曲房分起，栾栌斗拱，枕而盘郁”的大修复。法门寺在这次重修中，更加辉煌壮丽，气势非凡，并具有了典型的皇家寺院气魄和格局——这时的法门寺已形成了二十四院并存的浩大规模。

继唐高宗之后，大唐历史上先后有武则天、肃宗、德宗、宪宗、懿宗到法门寺迎奉过佛骨，《志文》碑同时记载了中宗、代宗、僖宗三代到法门寺送佛骨或下诏修复的事件，当然也有武宗灭佛的事件。《志文》碑的发现像一盏明灯，照亮了大唐历史，同时也揭示了地宫的一段波折岁月。

地宫珍宝

发掘仍在继续。隧道尽头两块石碑的后面，又出现了一副双扇石门。

在门框的两个内侧面，均有一线刻雕的“天王力士”像，神态威勇，颇有一股不可战胜的护法气势。而两扇门上，各有一尊“菩萨”像，线条镂刻流畅，造型看似相同却又相异，显露隋唐壁画人物丰腴饱满的特点，生动可人，逼真传神。

两尊菩萨像打破了第一道门只涂黑漆的格局。两相比较，考古人员才恍然悟知，第一道门上的黑漆，原是有意赋予哀悼念怀佛祖之意。菩萨像的出现表示已进入道场中心。随着第二道石门打开，考古队员及数名佛门代表的情绪都达到了顶点。

队员们发现，室内的铺地石为南北向两行，由于年代久远，已经互相拱起。

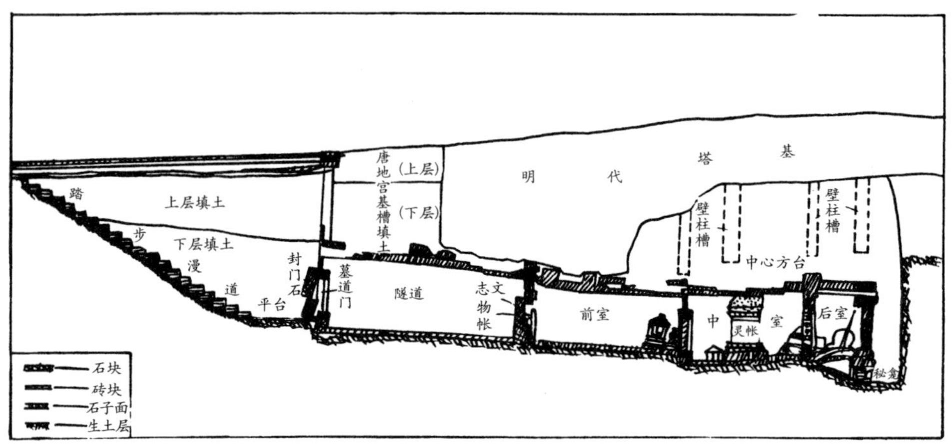

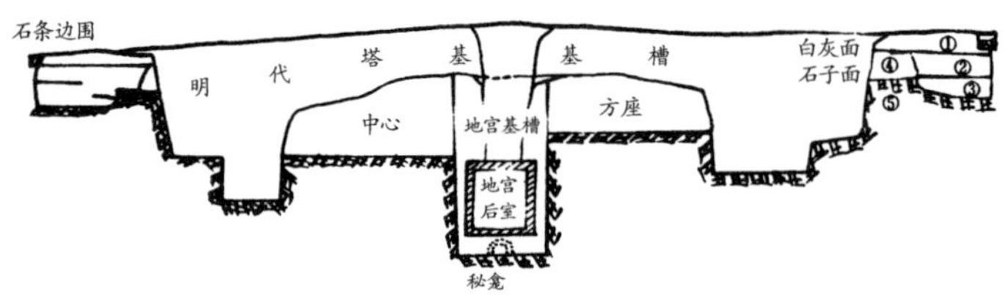

图10-4　法门寺真身宝塔唐代地宫纵剖面、横剖面图

考古学家石兴邦现场判断，石门开后显露的长长隧道为塔基地宫的前室。室中深处，是一堆又一堆码叠垒摞整齐的丝织品，以及石函、蹀躞十事、白瓷瓶，还有一铜质锡杖，甚为罕见。

锡杖乃鎏金单轮六环，由轮首、执手、杖樽三部分组成，原与木杖套接，木杖已朽坏，总长度不明。桃形轮杖上端两侧各套三枚锡环，经测量，锡环直径均为117毫米。桃形轮及圆环剖面均呈菱形，轮顶饰有智慧珠。执手为八棱形，杖末端为圆球形。轮高310毫米，宽270毫米，执手长317毫米，直径22毫米，杖樽长312毫米。此乃重要佛家礼品，显系哪位大德高僧之宝物。

再往前探寻，是一座汉白玉浮雕彩绘阿育王塔，通高785毫米，四面都刻有端庄秀丽的菩萨像。从雕刻手法看，属于盛唐时期制造，于咸通年间置于法门寺地宫前，显然进行了重新装绘。至于塔中盛装的秘密，只有打开才能知晓。

据《物帐》碑载，武则天、唐懿宗、僖宗、惠安皇太后等人供奉给佛祖的各类丝织品数量多达七百多件，全部放于地宫之中。可惜地宫封闭条件和年代太久的限制，许多供物已碳化朽败，仅存残迹，丝绸织物也表层粉化。只有堆积叠压在底部的丝绸，色彩花纹保存完好，艳丽如初。

图10-5　法门寺地宫出土的汉白玉浮雕绘彩阿育王塔

前室所有珍贵文物，按严格的考古程序清理出地宫后，考古队员发现，在紧接前室的最后面又是一个珍宝世界。考古学家命名它为中室。其内部结构与前室大致相同。

在中室的中间位置，竖立着一尊白如莹雪的汉白玉四棱塔状雕刻物。在它的前面正中位置，有一鎏金铜熏炉。汉白玉灵帐架在四棱形塔的上面，灵帐上披有三领金袈裟，与地宫前室武则天的金袈裟质地相同，件件金光闪闪，令人叹为观止。金袈裟边上放有一双光彩照人的金鞋。

考古队员进一步往里探寻，又发现一个奇迹：在汉白玉石灵帐后部靠北壁处，放有一大型银风炉。风炉的正前方，有三具金银棱檀香圆盒形木箱，高约13厘米，直径为40厘米。打开箱子，其中两个箱子装着一模一样的鎏金双凤纹银棺。在另一具檀香木箱内满装着世间罕见的唐代宫廷瓷器——秘色瓷。这批瓷器共计15件，有秘瓷八棱净水瓶、秘色瓷盘、平脱银扣秘瓷碗等。秘色瓷的旁边，出土了两件白瓷碗和一件白瓷瓶。

这一批精美器物正是《监送真身使随真身供养道具及金银宝器衣物帐》中所指明的供养器具，是整个唐代考古不可多得的珍品。

图10-6　八棱秘色瓷净水瓶

这批秘色瓷的出现，解决了长期以来考古界和工艺陶瓷界之间的争议。以往有关秘色瓷的讨论仅限于文献资料，而文献资料的记载众说不一，使研究和辩论双方都证据不足。法门寺地宫秘色瓷实物配合《物帐》碑记载，联系以前唐代考古发现，可以得出结论，秘色瓷的始烧年代在唐朝，或者更确切一些，在晚唐时期。

千年隐秘就此揭开。

第四道石门

当考古队员仔细清理完一件件文物，正要舒展一下腰背手足时，中室后壁又出现一道石门。此为地宫第四道石门，也是最后一道大门。

不知什么原因石门没有上锁，考古人员轻而易举地推开，进入后室。

图10－7　银金花双轮十二环锡杖

眼前的景观，无疑是大唐帝国皇室精美物品的聚集地。小到生活用具，大到工艺玩物，应有尽有，一派富丽奢华的金银世界。质地之精巧，数量之众多，均是前面几个洞室发掘的金银器物无法匹敌的。

后室器物看似散乱随意放置，但考古专家们还是做出了“这大批的遗物以八重宝函为中心分布”的结论。

满室的奇珍异宝堆积如山，考古人员 件件清理、登记、现场保护。首先映入考古人员眼帘的是硕大的八重宝函。根据《物帐》碑记载，八重宝函乃佛祖灵骨珍藏宝器（后来打开被证实）。

除八重宝函，最引人注目和惊叹的当属迎真身银金花双轮十二环锡杖。

长期以来，日本正仓院所藏白铜头六环锡杖，号称世界锡杖之王，大和民族的佛门弟子引以为荣。而在法门寺地宫后室出土的这件迎真身银金花双轮十二环锡杖，高196厘米。杖首有垂直相交银丝盘屈的两个桃形外轮，轮顶为仰莲束腰座，上托智慧珠1颗。外轮每面各套雕花金环3

枚，共12枚。外轮中心的杖顶又有忍冬花（即银金花，象征“益寿”）、流云纹、仰莲瓣组成的三重佛座，其上承托五钴杵与宝珠。杖身中空，錾刻有手持法铃、身披袈裟于莲台之上的沙门僧12位。这件锡杖整体造型雍容华贵，制作精绝，无论是工艺还是等级，都比日本正仓院150厘米高的白铜头锡杖等级要高，形制要宏伟得多，是不可多得的礼佛事佛之珍品。

与迎真身银金花十二环锡杖同时发掘出土的还有一件纯金单轮十二环锡杖。通体用纯金制成，杖杆为圆柱形，顶部有桃形轮杖首。轮心之杖端，为跏趺坐于莲座上的坐佛，有背光，杖樽为宝珠形，轮顶为仰莲座智慧珠，轮侧各套有6枚锡环，总重221克。这件锡杖以纯金制作工艺的精良取胜，巧妙绝伦，是顶级的佛教法器。

经过几天几夜的工作，地宫后室的表面文物清理完毕。此时已是深夜，考古人员带着满身的疲惫陆陆续续由地宫往上撤出，照明设备也开始关闭灯光，准备撤离。

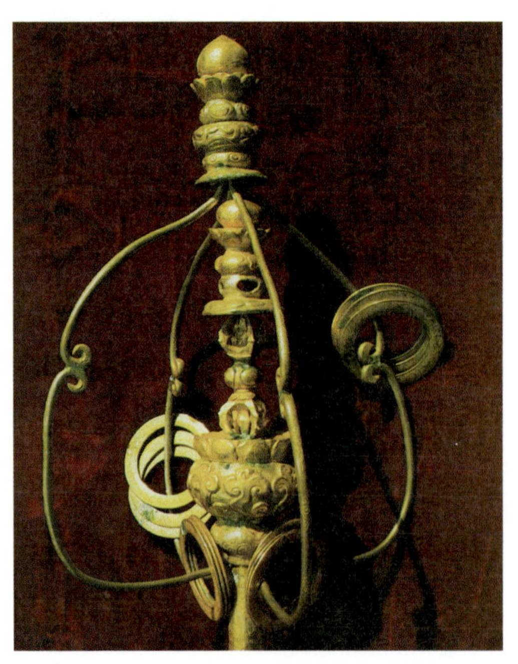

图10-8　银金花双轮十二环锡杖首部

就在这时，心细如丝的韩金科在即将撤出的最后一刻，恋恋不舍地以手摸了摸后室墙壁，发现壁画上的图案颇有点像密宗的仪轨。忽然脚下踩着的泥土，使他心里一震。“怎么这么虚松？”

疑惑中，他弯下腰用手一挖，大吃一惊：原来地宫后室的正面墙根下掏有一窑窝，里面好像藏着器物。他急忙大声喊道：“等一等，快打开照明灯。”

这一嗓子使走在前面的考古

人员回过了头。紧跟着，总指挥石兴邦也拨开其他人赶了过来。

窑窝里确实有器物，而且是秘密藏贮地。石兴邦紧张而庄严地说："可能是一个秘龛。"

众人听罢，都惊讶不已。至高无上的佛教圣物可能就在这一秘龛之内。

于是，韩金科等人一齐弯腰动手，仔细清理。

很快，一尊外部包裹着夹金织锦的铁函显露了出来。众人欢呼，相互传看，而后一同将铁函抱出了地宫。此时是1987年4月28日。

秘龛铁函内盛放了什么圣物？为何放置得如此神秘？

开元密宗三大士

唐长安四年（公元705年）正月，中国历史上唯一的一代女皇武则天病重不起，早已按捺不住的宰相张柬之等抓住时机率兵进宫，杀死武则天正在宠幸的"嬖臣"张昌宗、张易之，拥唐中宗李显复位，并取消武周国号。是年冬天，武则天在忧郁中死去。

中宗李显成功坐上龙椅，但天生庸懦无能，专信韦皇后，而这位韦皇后为达到自称皇帝的目的，先是残杀太子，后又谋害中宗。羽毛渐丰的李家后嗣李隆基统率御林军杀进皇宫，除掉韦皇后，恢复了其父唐睿宗李旦的帝位。景云三年（公元712年），睿宗让位于太子李隆基——后来创立了"开元盛世"的唐玄宗。

唐玄宗即位不久，便对佛教采取了一定的限制。由于受武则天崇佛的影响，到中宗时期，普天之下已出现了"造寺不止，枉费财者数百亿；度人不休，免租庸者数十万"的奇特现象。而此时的朝廷竟听任贵戚造寺度人，那些富户强丁多削发避役。到了睿宗景云二年（公元711年），同样懦弱无能的李旦，又准许贵妃、王公大臣之家建造功德院，浪费钱财无以计数，大唐王朝的国计民生受到威胁。

开元二年（公元741年），根据朝臣姚崇的上书，年轻气盛的唐玄宗下诏，敕命淘汰伪滥僧尼1.2万余人，责令还俗，并传谕百官，嗣后不得私造寺庙。并同时规定，僧尼必须致敬君上，恭敬父母。自此之后，关于佛门僧尼是否恭敬君王的不休争论基本结束了。

尽管唐玄宗对佛教做了具体的限制，但并没有禁佛。相反的是在他执掌朝政期间，佛教弟子迎来了造像的黄金时代。至今世界上最大的石刻佛像——乐山大佛，就出现在唐玄宗一朝和稍后的时期，这尊花费了90年时光雕凿而成的巨大佛像，在显示了“开元盛世”浩大气魄的同时，也展现了唐玄宗对佛的心态。与这个心态对应的还有鉴真和尚东渡日本事件。正是在朝廷的许可和支持下，鉴真和尚才得以多次组团东渡，并最终到达了日本，为大唐文化的传播做出了贡献。

唐玄宗以自己的智谋才情将大唐王朝推入了“开元盛世”，开始要“殚耳目之玩，穷声技之巧”，尽情地享受一下人生——正是在这样一种时代背景下，三个不同凡响的印度和尚相继来到中国，他们分别是善无畏、金刚智和不空，史称“开元三大士”。

这“开元三大士”将一种叫作密宗教派的佛家理论带到中国，并在朝廷的支持下很快发展传播起来。

所谓密教，本是相对显教而言的。佛学中的显教，就是释迦牟尼佛所说的种种经典，因有文字语言，让人一目了然，故称显教。而密教则是毗卢遮那佛（法身佛）直接所说的奥秘大法，其教理组织不易说明，但以咒术、仪礼形式作为特征。比如文字的意义，本从声音而来，有“阿”之声音，而后有“阿”字，其声音又是依因缘而生，一对触耳，再闻不得，故声音亦毕竟不可得。这样，由文字音声上，可观诸法空不可得之理。也正因如此，密教以真言密咒为最根本修习方法。

密教不重教义理论，唯持高度组织化的各种密咒、仪规和神格信仰来进行修法。修法前必须建造“曼荼罗”，即建造坛场，坛场在室外净地或室内皆可，并配置或者图画种种诸佛菩萨威仪之像。每当开始修法时，都要口诵真言，即持“语密”，直修到身、语、意三密相应，便可即身成佛了。

由于密教的佛法教义无法以一般文字语言说明，只可在身、语、意三密相应之间进行体会，于是就显得分外神秘，并且在这种神秘之中，也蕴藏着更为深邃、玄奥、广大、不可思议的意境。正因如此，它才深深吸引了一批信徒，并在中国很快扎下了根。

善无畏性爱恬淡简朴，静虑怡神，来中国后，传法有道，声誉大起，被唐玄宗礼拜为国师。当时中国本土有一名叫一行的高僧，奉玄宗之命去见善无畏，请教佛法。谁知二人一见，相互倾心。从此，一行便投在善无畏门下，学习密教传承以及基本密法。以后，一行在主持大唐繁重的修订历法工作的同时，协助善无畏翻译出密典多部，其中就有《大毗卢遮那佛神变加持经》七卷，即密教经典之一的著名的《大日经》。这部经卷，抒发佛门义理，精致严谨，深得密法真髓，千百年来备受推崇。

另一位“开元三大士”天竺高僧金刚智，于开元八年（公元720年）来到长安，开始传授密法。他在唐玄宗的崇信下，于皇宫内外设坛灌顶，广度四众，朝野士庶争相归依。从师于善无畏的一行，也拜在他的门下亲受其灌顶，秉承其所传密法，深得其要。后来金刚智收受一位来自狮子国（今斯里兰卡）的弟子，这便是位列“开元三大士”之一的不空。

金刚智在弟子不空及一行的协助下，也译出密教经典多部，其中有《金刚顶瑜伽中略出念诵经》四卷，以及《金刚顶一切如来真实摄大乘现证教王经》三卷，后人习惯上将两者并称《金刚顶经》，这部经卷，亦是密教根本经典之一。

就在善无畏、金刚智、不空、一行等创建汉地密教的同时，印度密教又有一条支流，越过喜马拉雅山进入中国西藏。以后这条支流教网日张，流行远播于西藏、青海、蒙古等地，形成了区别汉地密教的“藏密”，并成为西藏佛教的重要组成部分。

与此相反的是，随着唐末五代的连年战乱，由善无畏、金刚智等首创的中土密教，渐渐法脉断绝，不为人知了。幸得当年来华求法的日本僧人最澄、空海、圆仁、圆珍等将汉密带回了日本，并逐渐使这一佛教宗派发展、繁荣起来。

许多年之后，人们在法门寺地宫发现了早已断绝的“唐密曼荼罗道场”，因而也就从中窥看到中土密教的神秘和本质。这一切，当然是后话了，暂且不提。

却说这“开元三大士”在中土创建密教并很快扎根发芽、开花结果，这中间除了密教本身极其神秘和组织严密的教理之外，还有一个明显的特点就是教义中深含着享乐淫逸的内容，其教派的始祖龙树曾宣称“人生唯有追求欲色为至乐”的荒淫论调。这个论调和正在追求欲色淫乐的唐玄宗一拍即合，并很快在大唐朝野内外传播开来。

图10-9　北京雍和宫密宗双身造像（汪尧民摹绘）

唐玄宗对密宗教派的理论越来越崇信，最后到了一刻也难以分离的程度。他在长安宫中住得久了，要去东都洛阳散心，僧人善无畏也得令必须随驾前往，并不间断地向这位淫逸皇帝传授“佛显五智”

说，即大日如来、阿閦、宝生、无量寿、不空成就的五种智慧，按照密宗理论，如果众生有了这五种智慧，虽食肉、饮酒、做男女之事也能达到“菩提”（觉或者智），这五种智慧必须由师父秘密传授才能得到。

正是在这样一种崇佛理论的具体指导下，唐玄宗才越来越迷恋女色，不问国事，最后导致了使大唐由兴转衰的“安史之乱”。

“安史之乱”的爆发以及“马嵬坡事变”的出现连同唐玄宗的仓皇南逃，给了太子李亨以篡夺皇位的可乘之机。他自奉天北上，收兵至彭原，率官吏马抵平凉。西北军人立即拥立李亨在关中灵武县境即位，从此完成了玄宗朝向肃宗朝的更替。

就在马嵬坡事变刚过，唐玄宗要逃亡之时，关于去向问题，君臣分别选择了蜀中、太原、朔方、西凉等几个地方。随驾的高力士最后做了总结性的发言：“太原虽近，地与贼连，先属禄山，人心难测。朔方近塞，全是蕃戎，教之甚难，不达人意。西凉地远，沙塞萧条，大驾巡幸，人马不少，既无备拟，立见凄惶。剑南虽小，土富人强，表里山河，内外险固。以臣所视，幸蜀为宜。”高力士力主去巴蜀，恰合玄宗的心意，这就促成了玄宗幸蜀。

唐玄宗走了，太子李亨篡权成功，是为唐肃宗。面对刀光剑影的乱世，这位新即位的皇帝却无法回避高力士所担心的“朔方近塞，全是蕃戎，教之甚难，不达人意”的矛盾。虽然朔方军队将领郭子仪、李光弼等率部拥立肃宗并愿为之拼杀疆场，从而构成了大唐军队的主要支柱，但该部多为突厥，极难顺从。后来肃宗又调集的西北各镇军人，也是一支成分复杂、信仰不同的少数民族军队，只凭传统的儒家忠君保国思想是不能稳定它的。而军心不稳，战斗力就无从谈起，并且蕴藏着随时倒戈的危险。为了求得各个民族间在思想上的共识，让军队为大唐效力，唐肃宗不得不再次借用已在西北少数民族中有极大影响的佛教，而法门寺已是极负盛名的佛门圣地，唐肃宗立即诏令平叛指挥部移驻当时被称为凤翔郡的扶风。

唐肃宗到了扶风，首先秘遣使者至已陷入“魔掌”的长安城，向开元三大士之一的不空求秘密法，以降叛军“恶魔”。

不空接到诏令，立即指导肃宗收复京都长安的策略，并指导在扶风设曼荼罗“降魔”。他召僧侣数百，每日念《大威德金轮佛顶炽盛光如消除一切灾难陀罗尼经》，以招兵引将，消灾降魔。当时数百名僧众在曼荼罗内道场昼夜念佛，声闻禁外……不久，陇右、河西、安西、西域诸路大军奔赴扶风，聚集在肃宗的大旗下，开始了向叛军的战略反攻。

至德二年，唐军收复长安，唐肃宗将这次胜利归于佛的神灵保佑，功劳首推僧人不空，并诏不空入皇宫为皇帝行“转轮王七宝”灌顶大法，俨然一位忠诚的佛门弟子。

既然佛的神灵可以稳定军心，可以保佑唐军取得一次次胜利，那么就一定能保佑李家王朝政权的稳定与巩固。出于这种考虑，唐肃宗不顾当时战乱未平、国困民穷的尴尬处境，于上元二年（公元761年）诏令臣僚僧众到法门寺打开地宫，迎奉佛骨。

与此同时，李光弼正率领唐军与叛军史思明部在洛阳血战，唐将康楚元在襄州叛变，并切断唐王朝的漕运粮道，大唐王朝尚处在风雨飘摇之中。由于财政的极度困难和战局的吃紧，迎奉佛骨的活动只持续了两个月便匆匆结束了。

唐肃宗在改元宝应后不久便病死，生前借助佛事活动平息“安史之乱”的目的虽未达到，但客观上为巩固李家王朝的政权起到了极大的作用。而经过一场兵祸战乱之后的李家王朝，以胜过以前的热情展开迎奉佛骨的活动。

韩愈的谏佛骨案

唐宪宗是在“永贞内讧”[1]的政治斗争中登上皇帝宝座的，他用优抚的办法招降诸州叛将，使持续近一个世纪的大唐帝国藩镇割据的内乱局面稍有好转。他当时被誉为是个治国有方、睿智明断的皇帝。

登上历史舞台的唐宪宗对先辈们特别是处于乱世中的肃宗、德宗两朝，借助佛教的力量来稳定、巩固李家王朝的做法坚信不移。就在他登基的元和元年（公元806年），即诏令天下大德高僧全部赴京师长安阐扬佛法，并特地把名声正兴的知玄和尚召入内殿寻求佛道，同时赐予这位高僧“悟达国师”的名号。第二年，唐宪宗又诏令宦官吐突承璀等人任左右街功德使职务，掌天下僧尼道士，沙门僧端甫、灵邃分别为左右街僧事。由皇帝本人身边的宦官和高僧共同来管理沙门，在客观上进一步加强和密切了朝廷与佛门的关系。

应该承认，唐宪宗李纯算是中唐李家王朝中较有作为和智谋的皇帝。在乱世纷争的局势中上台的他，经过一系列惊心动魄的政治、军事斗争，尤其是元和七年魏博镇田弘正归降唐廷之后，唐宪宗终于赢得了全面削平藩镇的机会和实力。元和十年（公元815年），唐将李想率部奇袭蔡州，将淮西王吴元济生擒。元和十三年（公元818年），承德王向朝廷请降。元和十四年（公元819年），淄青王李师道亦请降归附。唐宪宗在征剿招抚的同时，又将这些归附的藩镇由大划小，分而治之，由朝廷统管，从而取得了自“安史之乱”之后的“中兴”局面。

元和十三年十一月，唐宪宗正在宫中怀抱妃嫔饮酒作乐，有功德使前来

1 唐代宫廷政变。贞元二十八年（公元805年）初，顺宗李颂即位，因病不能视事，重用王淑文、王伾实行改革，引起宦官及部分藩镇反对。三月，宦官俱文珍等逼顺宗立长子李淳为太子，改名李纯。八月，俱文珍与韦皋、裴均、严绶等人强迫顺宗禅位，改元永贞，李纯登基。次年正月，改元元和。这一年间的宫中纷扰，史称“永贞内讧”。

奏报："凤翔法门寺塔有佛指骨，相传三十年一开，开则岁丰人安。来年应开，请迎之。"唐宪宗正在想着如何使自己的施政措施和取得的成果与"天命佛法"联系起来，立即准奏。元和十四年正月，唐宪宗诏令太监杜英奇带领宫人、高僧30人，手持香花赴凤翔法门寺迎奉佛骨。

出发前夕，杜英奇传令从凤翔至长安沿途各州、县，务必隆重迎奉佛骨，并授意沿途广搭彩棚，红毡铺地，以示对佛的敬重。

杜英奇一行来到法门寺后，先由宫人、高僧持香花来到塔下，然后焚香点烛，顶礼膜拜一番后，开启了地宫石门。杜英奇等人迎出佛骨，直奔京城而去。

自法门寺至长安两百多里的漫漫长道上，无论州县府衙还是村镇寺庙，处处筑起高台香刹，张灯结彩，跪而拜迎。

迎佛队伍进入长安城，街市上的巨商豪富争相举行盛大的迎奉仪式，到处结彩为楼，水银灌地，金玉扎树，形成了一条条流金溢翠的五彩河流。自开元门到安福楼，被数人恭抬的盛装佛骨舍利的黄金宝刹，几乎是从人群的头顶上踏过去的。为了向佛骨表示虔诚之意，砍肢割臂者不计其数，献儿献女、倾家荡产、极尽耗费者数以千万计。在一贞节牌坊前，有一老妪竟将一壶水银强行灌入女儿口内，使其当场中毒死亡，以此敬佛。

此时的京师长安，一场大雪刚刚停歇，宫阙禁苑、豪门房舍一片银装素裹。灿烂的阳光照射下来，使这座都城分外辉煌壮丽。年轻气盛、志得意满的宪宗皇帝身披华彩亮丽的裘衣披风，在浓妆淡抹、妖艳华贵的妃嫔的簇拥下，站在大明宫道场前的锦绣高台之上，专候迎佛队伍的到来。

在万民齐呼、声震苍穹的礼佛声中，浩浩荡荡的迎佛队伍来到了宫前道场。宪宗抢步上前，叩头拜佛。紧接着，文武百官、妃嫔仕女、太监僧人等也跪地拜佛，整个道场一片沸腾。随后，宪宗将佛骨留于禁宫，几废朝政，日日素衣斋食，焚香点烛，守于佛骨之前，并借助神灵的感应，欣然命笔，赋诗一首敬献佛灵，其诗曰：

功成积劫印文端，
不是南山恐得难。
眼睹数层金光润，
手撑一片玉光寒。
炼经百火精神透，
藏之千载瑛彩完。
净果熏修真秘密，
正心莫作等闲看。

此诗一出，朝野大震，崇佛礼佛的狂潮再度掀起，“王公士庶，奔走施舍，唯恐在后。百姓有废业破产，烧顶灼臂而求供养者……”

面对皇帝、官宦、四方百姓如此疯狂、如此痴迷、如此愚顽的礼佛之举，有一个人再也按捺不住心中的愤怒之情，他奋笔疾书，一气呵成了一篇《谏佛骨表》，准备对这种礼佛之举坚决抵制——这个人就是官拜刑部侍郎的韩愈。文曰：

臣某言：伏以佛者，夷狄之一法耳，自后汉时流入中国，上古未尝有也。昔者，黄帝在位百年，年百一十岁；少昊在位八十年，年百岁；颛顼在位七十九年，年九十八岁；帝喾在位七十年，年百五岁；帝尧在位九十八年，年百一十八岁；帝舜及禹，年皆百岁，此时天下太平，百姓安乐寿考，然而中国未有佛也。其后，殷汤亦年百岁，汤孙太戊在位七十五年，武丁在位五十九年，书史不言其年寿所极，推其年数，盖亦俱不减百岁。周文王年九十七岁，武王年九十三岁，穆王在位百年。此时佛法亦未入中国，非因事佛而致然也。

汉明帝时，始有佛法，明帝在位，才十八年耳。其后乱亡相继，运祚不长。宋、齐、梁、陈、元魏以下，事佛渐谨，年代尤促。唯梁武帝在位四十八年，前后三度舍身施佛，宗庙之祭，不用牲牢，昼日一食，止于菜果，其后竟为侯景所逼，饿死台城，国亦寻灭。事佛求福，乃更得祸。由此观之，佛不足事，亦可知矣。

高祖始受隋禅，则议除之。当时群臣材识不远，不能深知先王之道、古今之宜，推阐圣明，以救斯弊，其事遂止，臣常恨焉。伏惟睿圣文武皇帝陛下，神圣英武，数千百年以来，未有伦比。即位之初，即不许度人为僧、尼、道士，又不许创立寺观。臣常以为高祖之志，必行于陛下之手。今纵未能即行，岂可恣之转令盛也！

今闻陛下令群僧迎佛骨于凤翔，御楼以观，舁入大内；又令诸寺递迎供养。臣虽至愚，必知陛下不惑于佛，作此崇奉，以祈福祥也。直以年丰人乐，徇人之心，为京都士庶设诡异之观、戏玩之具耳！安有圣明若此，而肯信此等事哉！然百姓愚冥，易惑难晓，苟见陛下如此，将谓真心事佛，皆云："天子大圣，犹一心敬信，百姓何人，岂合更惜身命？"焚顶烧指，百十为群，解衣散钱，自朝至暮，转相仿效，惟恐后时，老少奔波，弃其业次。若不即加禁遏，更历诸寺，必有断臂脔身以为供养者。伤风败俗，传笑四方，非细事也。

大佛本夷狄之人，与中国言语不通，衣服殊制，口不言先王之法言，身不服先王之法服，不知君臣之义、父子之情。假如其身至今尚在，奉其国命来朝京师，陛下容而接之，不过宣政一见，礼宾一设，赐衣一袭，卫而出之于境，不令惑众也。况其身死已久，枯朽之骨，凶秽之馀，岂可直入宫禁！孔子曰："敬鬼神而远之。"古之诸侯行吊于其国，尚令巫祝先以桃茢祓除不祥，然后进吊。今无故取朽秽之物，亲临观之，巫祝不先，桃茢不用，群臣不言其非，御史不举其失，臣实耻之，乞以此骨付之有司，投诸水火，永绝根本，断天下之疑，绝后代之惑，使天下之人知大圣人之所作为，出于寻常万万也，岂不盛哉！岂不快哉！佛如有灵，能作祸祟，凡有殃咎，宜加臣身。上天鉴临，臣不怨悔。无任感激恳悃之至。谨奉表以闻，臣某诚惶诚恐。

刑部侍郎韩愈的文表一经呈上，无异于对大唐宪宗皇帝和众臣僚凉水灌顶，当头棒喝。那“乱亡相继，运祚不长”“事佛渐谨，年代尤促”的语句，使满朝文武惊骇不已，皇帝本人怒火中烧，几乎昏厥过去。

唐宪宗将《谏佛骨表》掷于地下，满腔怒火，嘴唇哆嗦着下诏立即处死韩愈。

雪拥蓝关马不前

韩愈在写《谏佛骨表》时，是凭着一时的气盛还是思虑良久，在呈给大唐天子时，是否考虑到会有这样的悲惨结局出现等，史籍没有记载。有记载的只是当一群武士闻声而入，打掉他的乌纱帽用绳索捆绑时，他已面无血色，一句话也喊不出来了。

眼看韩愈大祸临头，很快将身首异处，宰相裴度急忙出班奏谏：“韩愈出言不逊，罪有应得，然实则忠心耿耿，才如此直言不讳。昔太宗听魏徵直言，从其谏，才能亲贤疏奸，安邦治国。韩愈虽冒犯神威，然其苦谏亦是一片忠心，怎能轻而杀之？”

唐宪宗听后，仍余怒未息，愤然回驳道：“好一个‘枯朽之骨’‘朽秽之物’，‘投诸水火，永绝根本’。昔太宗只为信佛，迎奉佛骨，才有了贞观之治。则天皇帝因为信佛礼佛，迎奉佛骨，才有了大唐的强盛。这且不算，然韩愈竟说出了‘运祚不长’‘年代尤促’的混话，这不分明是在咒我这个皇帝早日归天吗？作为人臣，如此狂妄，罪实难恕！”

此时，惊骇不已的群臣似乎已清醒过来，他们见皇帝如此盛怒，连宰相的求情也不应允，又感到为此事杀了韩愈实在有些过分，便纷纷出来为韩愈求情。唐宪宗见众意难违，遂诏令将韩愈贬为潮州（今广东潮安县）刺史，并即刻赴任。

幸免一死的韩愈接到诏命，不敢久留，当天便辞别亲友，收拾行装，找了驾马车，带着家眷及几个仆人匆匆上路。车出长安南门，韩愈禁不住回头凝望，那辉煌壮丽的宫阙殿宇已经看不到了。

韩愈谏迎佛骨这件惊心动魄的公案，看起来以当事者的被贬潮州做结束，但事情又没有那么简单。就在韩愈走出长安都城渐没在黄尘古道之时，他的一位叫冯宿的朋友却又大难临头了。

时任礼部郎中的冯宿，原来与韩愈是同年同榜进士，由于有了这层关系，二人得中后在长安“朝夕同出入起居”。当韩愈打出了“古文运动”的大旗时，冯宿在他的旗下竭力为其鼓吹，亲自实践的《初筵赋》曾得到韩愈的好评。唐军征伐淮西时，二人同在还是大将军的裴度幕府，韩任行军司马，冯任节度判官，均得裴度赏识。后来成为宰相的裴度之所以敢为韩愈冒死进谏并使韩愈免了杀身之祸，是与这时所建立起来的感情分不开的。而冯宿为人“孝友忠信，清廉正直”，因为有了裴度的提携，升迁较快，遭到不少人的忌妒，加上他为了维护朝廷损害了某些地方藩镇的利益，当这些藩镇归顺朝廷后，自然还对冯宿怀恨在心，并设法整治他。韩愈案发，作为韩愈好友的冯宿自然成为对立面打击的重要目标，苦于找不到借口的对手，便借机诬陷韩愈的奏表是由冯宿起草的。宪宗皇帝竟信以为真，诏令将冯宿贬为歙州（今安徽歙县）刺史。

韩愈被贬情有可原，而冯宿的被贬实在是有些冤枉。冯宿虽为当时的著名文人，然较韩愈却逊一筹，从《谏佛骨表》的文风看来，当为韩愈所书无疑。再从情理上说，这种有杀头之险的奏表，韩愈似不会让冯宿代劳。冯宿的被贬，实则是由于朝廷内部政治斗争所致，其微妙处后人无从知晓，但韩愈一案成了他遭殃的导火线也是推之不过的事实。

当然，冯宿被贬一事，韩愈到了潮州很长一段时间后才知道。此时的他正在漫漫旷野里向蓝田关一带艰难挺进。

尽管春节早已过去，春风却迟迟未至，一眼望不见边的西部黄土塬上，依然是朔风凛冽，冰冷如铁。

雄奇峻拔的蓝田关渐渐近了，灰蒙蒙的天空泛起了片片乌云，乌云在朔风的吹动下滚转翻腾，起伏波动。天空越来越暗，乌云越滚越低，一场铺天盖地的大雪悄然而至。纷纷扬扬的鹅毛大雪遮住了古道尘沙，淹没了高塬沟壑，起伏的群山一片洁白，苍茫的天地一片混沌。韩愈的马车在这风急雪紧的旷野里急急前行。就在车马进入蓝田关时，车轮陷于大雪覆盖的沟岔，任凭御手怎样挥鞭叫喝，那全身已被冰雪捶打得精疲力竭的老马只能仰天长嘶，不肯举蹄前行。

天色越发灰暗，大雪越下越紧，韩愈无可奈何地环顾群山旷野，希祈得到意外的救援。就在这时，只见远处的雪雾中飞来一匹快马，马上坐着一位青春俊秀、飘逸洒脱的男子。那男子来到韩愈面前，滚鞍下马，叩首作拜。韩愈定神一看，来者竟是侄儿韩湘。

韩湘，乳名韩湘子，韩愈长兄韩会之子，幼丧父母，由其叔父韩愈抚养。少年时，韩湘入校求学，但他天生顽皮，不喜读书，并折腾得其他学生也无法将书读下去。在师父的建议下，韩愈只好送他到一座寺庙中习经。但没过几日，寺院住持前来告状，说韩湘天性愚顽轻狂，无法调教。韩愈将这位侄儿叫来，愤然警告道："市井小民都要有一技之长，你如此放荡不羁，不学无术，将来怎么谋生活命？"

韩湘子望着叔父，竟笑而答道："我已有一技之长，恨叔不知矣。"说罢，乃指阶前一盆正在吐蕊的牡丹说，"叔父想要此花开成青、紫、黄、赤，任您吩咐。"

韩愈气恼中顺口说道："我不要青、紫、黄、赤，专要红、白、黑、绿四色。侄儿不要再顽固不化，快好好读书去吧。"

韩湘并没有依言行事，而是极为神秘认真地用一块布将牡丹枝遮住，第二天，这株牡丹果然开成了红、白、黑、绿四色。最为神奇的是，花朵上竟有紫色字样，并连成一句诗：

云横秦岭家何在，
雪拥蓝关马不前。

韩愈和家人看到盛开的牡丹和诗句大为惊异，知道韩湘果有奇术，不再逼其读书。后韩湘辞归江淮，浪迹天涯，其间得到钟、吕二仙传授修行之术，并遁至终南山修道，得成正果，成为历史上流传的八仙之一。

史载韩愈在徐州任官时，浪迹中的韩湘曾专程拜访过韩愈，因叔侄已有多年不见，加之韩湘当时浪迹无着而蓬头垢面，韩愈竟一时没能认出。韩湘子走时，哭笑不得的他作了一首《徐州赠族侄》送给韩湘，算是这次相见的纪念，诗曰：

击门者谁子？
问言乃吾宗。
自云有奇术，
探妙知天工。

当韩愈获罪被贬来到蓝田关时，韩湘居住何处，怎么探知的消息，又从哪里弄了匹马在风雪中匆匆赶来，为何叔侄二人偏偏相会于蓝田关而不是别处，史籍少有记载。有传闻说，正处于欲进不能、欲退不可的两难局面的韩愈，见到这位侄儿飘然而至，自是百感交集，泪水涟涟，其心境的悲苦和内心的热情，自然胜过了早年在徐州官邸的接见。而此时的韩湘似乎还是那么顽固洒脱和放荡不羁。在叩首起身之后，他问韩愈的第一句话是："您老还记得当年那牡丹花上的诗句吗？说的正是今日之事也！"韩愈想起旧事，嗟叹再三，无可奈何又倍加感激地说道："我为你吟成一首完整的诗吧。"说着便面对风雪群山吟道：

一封朝奏九重天，夕贬潮州路八千。
欲为圣明除弊事，肯将衰朽惜残年？
云横秦岭家何在？雪拥蓝关马不前。
知汝远来应有意，好收吾骨瘴江边。

此即中国文学史上著名的《左迁至蓝关示侄孙湘》。

从这首诗的文风和气势来看，当是一代文豪韩愈所作无疑，而韩氏叔侄二人曾在蓝田关相见过大概也是事实。至于此时的韩湘是否就是后来八仙之一的韩湘了，还有以前那神秘的传闻是否真实，则很难推断了。[1]

一代文豪的反思

几乎忘记了已离开长安多少个日夜了。在韩愈的心中，这座辉煌壮丽又危机四伏的都城，已经渐渐淡远，它从此之后很可能不再容纳自己，那灯红酒绿、歌舞升平的生活也将不复存在了，属于自己的只有面前这漫漫古道、凛凛西风和一匹行将倒毙的瘦马拉着的一辆破车。道路曲折艰难，前景凶险难测，奔腾的思绪越来越难以平静，心情更加忧郁愁苦。

1 关于韩湘子其人的生平，历史记载不一。他跟韩愈的亲属关系也有多种说法。据我们考察的资料来看，韩湘系韩愈之侄子，当更为可信。

元和十四年（公元819年）三月十五日，经过了两个月的风寒冰冻，跋山涉水，辗转行程，历尽千辛万苦的韩愈终于来到潮州。

经过一个时期的休整、反思，韩愈渐渐地从悲悯苦痛中摆脱出来，文化良知和人格的力量又促使他在这块被贬谪的土地上，再一次显示出文人的高贵胸襟。他决定不惜残年余生和这里的百姓同甘共苦，建设家园，共创大业，以实现自己的志向与政治抱负。

事实上，韩愈在潮州执政的一年多时间，确为百姓做了几件好事。他提倡轻赋减税，与民休养生息，实行“自赎法”，解放了大批被卖身的奴隶，安定了社会秩序，使潮州从原始走向开化。所有这些，后人可从当时潮州百姓在海边设立的韩公祠，以及韩愈本人留下的《潮州祭神文五篇》（即《祭海神文》《祭止雨文》《祭城隍文》《祭界石神文》《祭大湖神文》）中看到。要说明的是，这五篇祭文不再是作者触景生情式的纯文学篇章，而是一种和当地民风民俗以及政治、文化等诸方面高度结合和沟通的产物。每篇祭文的背后都无一例外地附带着一个颇值得玩味的故事或叫事件，也正因如此，才赋予祭文更加广泛的意义和深刻的内涵，从中折射出韩愈的良苦用心和足智多谋的治理本领。

当韩愈走马上任并在潮州属地海门、神泉、惠来一带巡察时，发现田野的庄稼被大片大片糟踏殆尽，有的村落荒草丛生，房屋倒塌，一片凄凉惨景。问及原因，都说是因鳄鱼所害。原来这一带滩涂地势低洼，水过处留下一处深潭，潭大方圆几十里，一望无际。潭中除了各种植物、鱼类生存之外，还潜藏着一种叫作鳄鱼的两栖爬行动物。它们勇猛凶残，身长丈余，牙尖齿利，口似血盆，每随潮来，数十成百，像一支临阵的军队，气势汹汹地自水中登陆，毁坏庄稼，咬食人畜，闹得四周百姓苦不堪言。为避鳄鱼之害，崇尚迷信道法的百姓，只好广修祭祀，向潭中抛撒牛羊，一些官僚乡绅甚至强迫百姓凑钱买来贫家的童男童女，抛入潭中以喂养鳄鱼。尽管如此，鳄鱼照常出潭为害，逼得大批百姓背井离土，逃难他乡。

作为一向反对鬼神并以“大儒”自居的韩愈，闻听后自是愤怒异常，他当即传令：“主此谋者当杀。调集团练、乡勇，各备坚兵毒弩，尽杀丑类，为民除害。”

当各地的团练、乡勇们拿着武器会聚而来准备除害时，令韩愈大出意料的是，他的面前跪趴着无数请愿的百姓。惊讶中的韩愈不知为何，问及缘由，才听几位白发苍苍的请愿者说：“鳄鱼乃海龙之子，杀之不祥，若龙怒，将起波天之涛，淹没州县。天授年间，因百姓杀死一条鳄鱼，引起海水上漫，淹没了三县十八乡”

韩愈明明知道此说荒唐，但面对如此众多的请愿者，他又显然感到民风民俗民心的不可违。既然百姓的思想被神主宰，聪明的韩愈只好假借神力来惩治害虫，这样可皆大欢喜。

想通了这一切，韩愈便扶起老者，慷慨陈词：“我原想为民除害，怎能做此逆举。鳄鱼既是灵物，当不能杀。传令下去，兵马仍驻原地待命。各乡父老百姓，准备香烛纸马、锣鼓礼炮、旌旗猪羊等祭品，以隆重的仪式、盛大的规模，欢送鳄鱼归迁入海，自找它们那海神父母。”

韩愈的一通演讲，百姓皆欢呼动容，以感念的心情各自回家做各种准备。

七月十五日，这是当地百姓公认的海神的生日。按照韩愈的事先安排，天刚放亮，四乡百姓便敲着牛皮鼓，打着铜锣，抬着各种肉类祭品，携带鞭炮，从四面八方拥向指定的海神庙。作为刺史的韩愈也率各等官僚、军兵，抬着祭品，打着龙虎旗，扛着铁铳火药炮来到海神庙。韩愈亲自在供桌前上香、烧纸，然后开始宣读那篇流传后世的《祭海神文》：

维年月日，潮州刺史韩愈，使军事衙推秦济，以羊一猪一，投恶溪之潭水，以与鳄鱼食，而告之曰……

鳄鱼有知，其听刺史言：潮之州，大海在其南，鲸鹏之大，虾蟹之细，无不容归，以生以食，鳄鱼朝发而夕至也。今与鳄鱼

> 约，尽三日，其率丑类南徙于海，以避天子之命吏。三日不能，至五日；五日不能，至七日。七日不能是终不肯徙也。是不有刺史听从其言也；不然，则是鳄鱼冥顽不灵，刺史虽有言，不闻不知也。夫傲天子之命吏，不听其言，不徙以避之，与冥顽不灵而为民物害者，皆可杀。刺史则选材技吏民，操强弓毒矢，以与鳄鱼从事，甚无悔！

韩愈读完祭文，命人将宰杀的猪羊、香饵用绳索拴在一条大船的后部，然后抛向水中。大船拖着祭品在前边开道，沿岸万千百姓一齐敲锣、擂鼓、鸣放鞭炮，并把事先做好的数万只纸船，点上香烛，放到水里，随水漂向大海。士卒官吏则抬着火药铁铳炮，尾随纸船向水里放炮。一时间，鼓声、锣声、炮声夹杂着百姓的叫嚣欢呼声震天动地，响彻云霄……

一场有神论者和无神论者联手主演的闹剧落下了帷幕。自此之后，鳄鱼不再出现，百姓安居乐业。为了感谢这位刺史对百姓的恩德，一座韩公祠很快在潭边建了起来，而这位旷世文豪一篇文章赶跑鳄鱼的故事也流传下来。

韩愈在看似一场闹剧中取得了预期的效果，并使他留下了千古芳名。而这位无神论者最终在当地百姓心中又成了神的原因在于：韩愈本人当初就已料到，前有诱饵引路，后有炮火轰鸣，不要说是鳄鱼，就是海龙王也会跑掉的。鳄鱼本属浅水动物，一旦进入深海，就会迷失方向找不到归路，自然也不会再在这个深潭出现——韩愈的用心和聪明正在于此。

尽管这位韩刺史在潮州执政期间，为百姓做了不少好事，但他本无意在此久留，梦回朝廷重新施展抱负和充分享受人生的愿望日渐强烈。为了实现这个愿望，在上任不满一年之时，他便颇有些违心地匆匆草拟一篇《潮州刺史谢上表》呈奏唐宪宗。在这篇后人多有微词的《谢上表》中，韩愈既承认了当初的过激言行，又表示了忏悔之意，对自己被贬不仅未有丝毫怨言，反而一再表示对宪宗皇帝不杀之恩的感激之情，并极尽阿谀奉承之能事。他的良苦用心终于使宪宗皇帝大为感动，在接到奏表的第二天，唐宪宗便在朝中对众臣说："昨日接到潮州的谢上表，想起韩愈谏迎佛骨之事乃是对朕的一片忠心，朕岂不知，不过，作为人臣，本不该说朕信佛折寿，因而朕才加罪于他。"

唐宪宗这番述说，明眼人一听便知是想起用韩愈，意在试探众臣的意见。

当众臣正在考虑如何回答时，韩愈的宿敌、朝臣皇甫镈因怕韩愈归来对自己不利，便抢先答道："韩愈一向狂妄自大，可以酌情调至近处的州做刺史。"唐宪宗和众臣僚不好再跟这位皇甫大人较劲，皇帝只好诏令调韩愈为袁州（今江西宜春市）刺史。

韩愈的这篇《谢上表》没能达到预期的目的，却给后人留下了不少有损他人格的话柄，就连十分钦佩他为人为文的欧阳修也不得不说："前世有名人，当论时事，感激不避其诛死，其若知义者；及到贬所，则戚戚怨嗟，有不堪之穷愁形于文字。虽韩文公不免此累也。"明代的张萱在论及此事时，也不无感慨地说："始以谏佛骨见斥，既欲以请封禅而谋进，非两截乎？"

不管后世怎么评说，韩愈的这篇《谢上表》还是多少给他带来了一点好处。除了地域上离京师长安更近之外，重要的是在政治上已迈出了回归的步伐，辉煌的殿宇离他也许只有一步之遥了。

元和十五年（公元820年），唐宪宗驾崩，他的迎佛折寿之举不幸被韩愈言中，死时年仅43岁。

宪宗死后，他的儿子穆宗继位，韩愈被重征入朝，任国子监祭酒。后又出任兵部、吏部侍郎等职。至此，这件历史公案总算有了个满意的结局。

会昌法难

韩愈终于回到了他梦中的京都，开始新的人生之路，关于他因谏迎佛骨而倒霉的一段历史也告终结。

但是，他谏佛骨而引起的是是非非远没有随着他回到长安而告终结，这个在中国佛教发展传播史上极具典型和预言性的事件，因其特殊的历史背景成为中国正统的儒道思想与外来文化碰撞和交流的焦点，也是自佛教东传以来各种矛盾斗争激化到最盛程度的标志。而韩愈的思想正是历史上佛教敌对势力诸宗派的反佛观点和愿望的具体反映。因此，这一引人注目又轰动一时的历史公案，才引得千百年来历代学者的高度重视和关注，才有了诸多观点异彩纷呈地加以评说。

其实，佛教自传入中国后，一直面临着本土宗教和本土文化的排斥和打击。当永平七年明帝夜梦金人并派遣羽林郎蔡愔等入西土求法，终于以白马驮经迎来佛教之后，就开始了五岳道士与佛教的设坛焚经之论战。此后西晋的佛道之争及萧齐的夷夏之争、三破之论，梁武帝舍道事佛，北齐废道……可谓烽烟迭起，争战不断。佛教与儒教、道教就是在这样一个起伏不定、烽火狼烟的大格局中，进行着它们的碰撞、倾轧、侵吞、分离和融合。佛教自来到东土有过几次的繁荣，又有几次的沉沦和劫难。在中国漫长的历史进程中，曾先后有四位皇帝发动过毁佛灭佛的典型事件。他们分别是韩愈谏佛骨之前的北魏太武帝、北周武帝和韩愈谏佛骨之后的唐武宗、后周世宗，史称“三武一宗”之厄。

抛却北魏和北周两位武帝的毁佛经过不表，接着唐宪宗一朝和韩愈的“谏佛公案”往下叙述。

随着宪宗的死去和其子穆宗的即位，韩愈虽已平反昭雪重新回朝为官，但他的反佛言论并未得到执政者的响应，如果有什么不同，那便是朝廷为避免佛门僧尼的鱼目混珠和滥竽充数，而进行了一次有效的整顿。

唐敬宗宝历元年（公元825年），敕令京师两街各建方等戒坛，命左右街功德使选择有戒行者为大德主持考试，凡童子能背诵佛经一百五十页者、女童能背一百页者，方能准许剃度。这在一定程度上避免了佛门的混乱，同时也使僧尼在入寺前就掌握了部分佛教知识，为以后的继续度化打下了基础。

中唐以后，由于连年的战乱和政治上的腐败，各地寺院也渐渐变成了娱乐场所，原有的那种神圣、肃穆、威严已不复存在。僧尼们为招引庶民百姓、达官贵人，往往卖法阿俗，也就是将佛教的讲说世俗化。这种“俗讲”逐渐受到公众的青睐，甚至出现了由皇帝本人敕命而进行的俗讲，有的俗讲僧还被赐予“赐紫”“引驾”“大德”一类古怪的官名。朝野内外，上自天子妃嫔，下到刁民荡妇，都争相拥入寺院，迷恋于说法、譬喻及刺激感官的音乐和唱词。

在这股悄然兴起的俗讲狂潮中，有一位叫文淑的僧人脱颖而出，大有鹤立鸡群之感，连敬宗皇帝都因他的盛名而亲临寺院聆听。而这位文淑所讲的正如《因话录》所载，“假托经论，所言无非淫秽鄙亵之事，不逞之徒，转相鼓扇扶树，愚夫冶妇，乐闻其说。”想不到堂堂大唐皇帝也混同于“愚夫冶妇”以此为乐了。

一件神圣的事物，如果被它的操作者变得低级下流、淫秽不堪，便注定潜藏着巨大的危险和厄运。唐敬宗一朝将本来神圣、肃洁的佛教变成了淫秽的性感官刺激物，这无疑将招致佛门和僧民们的厄运浩劫。

继唐敬宗之后，即位的唐文宗已经觉察到父皇给佛门带来的巨大危险和潜在灾难。于是他果断采取措施，诏敕天下僧尼一个不漏地试考经文，如不及格，勒令还俗，试图使佛教发展正常化。遗憾的是，这位慧眼大智的皇帝在整肃僧尼队伍过程中又感到力不从心，已成气候的“俗讲”派僧尼和它的拥护者对这道诏令进行了强硬的抵抗和机智的周旋，文宗的整肃计划不但没有成功，反而增加了各派之间的矛盾甚至仇视，当这个无法控制的矛盾激化到顶点时，佛门和僧尼的灭顶之灾也算是正式到来了——这便是历史上最为著名的“会昌法难”。

随着文宗皇帝的死亡和其子武宗李炎的继位，中唐时期结束了。作为晚唐的第一个皇帝，武宗在执政期间做的最为重大的事恐怕就是对佛门的荡灭。

在叙述武宗对佛门荡灭过程之前，不妨先看一看这场法难的真正内幕。

唐武宗本人素来偏好道术，排斥佛教。开成五年（公元840年）正月，唐武宗登基，这年秋天，他即召请道士赵归真等81人入宫，在三大殿修金箓道场。第二年，即改元后的会昌元年（公元841年）正月初四国忌日，唐武宗按照惯例敕命行香设千僧斋；到了六月十一日，武宗生日，于宫内集两街大德及道士四人谈经对论，结果两名道士被赐紫，释门大德却什么也没得到。当时，在中国传法的南天竺沙门宝月闻此极为不满，于是不经同意便擅自入宫，从怀中抽出表进呈武宗，请求回归本国。见其骄狂的模样和举动，武宗大怒，当即诏令将宝月收禁五日，不放其归国，并把他率领的三个弟子与通事僧等人各打七棒和十棒。宝月的逞骄犯颜，在武宗心中埋下了最终灭佛的种子。

武宗与道士赵归真过从甚密，赵归真和其弟子不时地为荡灭佛教煽风点火，并以“李氏十八子运尽”、由“黑衣天子”理国，附会为唐第十八代皇帝武宗将被僧人夺位篡权，挑拨武宗与僧尼的关系。赵归真曾在禁中设坛，要“练身登霞，逍遥九天，康福长寿，永保长生之乐”，当他的做法最终失败后，便借口释教黑气“碍于仙道”，唆使武宗灭绝佛教，以便升天成仙。正是在这些挑拨、唆使下，武宗加紧了排佛的行动。

当然，会昌法难得以付诸实施与当时的政治形势密切相关。据粗略统计，截至武宗一朝，唐朝和尚被朝廷封官的达30人之多，其中不乏有司徒、司空、国公等一类的显官贵爵，甚至有的被封为将军而参与军机事务，涉及国家军事机密。至于那些虽无官爵，但与权贵交往密切因而气焰嚣张的僧人，更是屡见不鲜。由于僧众日渐形成的政治势力冲击了正常的封建政治秩序，就不能不引起臣僚的憎恶和皇帝的担忧，这种担忧最终促使武宗走向灭佛道路。

促使武宗灭佛的直接原因，应算是寺院经济的极端膨胀和僧尼的淫乱放纵。由于中唐时期特别是唐宪宗一朝大力扶植佛教，致使佛教势力和社会影响越来越大，成为中国佛教史上罕见的极盛时期。到唐武宗时，全国大中型寺院近5000座，小型庙宇多达4万余座，僧尼近30万人，寺院奴隶达15万人。全国寺院共占有良田数千亩，形成一个又一个相对封闭的庄园。寺院内部的经济大权掌握在住持僧手中，僧尼们极少下田劳动，而是靠农民耕种，寺院以收取地租和发放高利贷作为经济来源。这种做法使寺院经济迅速膨胀起来，以致达到“十分天下之财，而佛有七八”的程度。由于佛门僧尼凭借皇帝的支持和扶植，巧取豪夺，不仅触犯了地主和贵族的利益，而且极大地影响了国家的财政收入，寺院经济逐渐与皇权利益严重对峙。在这种可怕局面下，佛门僧尼又不廉洁自律、谨慎行事、一心事佛，而是迷恋咒术、烧炼、鸟文等邪术，有的僧尼犯淫养妻，不守戒行，甚至抢劫妇女，打砸烧掠，流氓成性，犯罪不止……这些自毁形象的表现和庞大的经济势力在使朝廷和贵族阶级感到不安和憎恶的同时，也到了非彻底解决不可的时候。

会昌二年（公元842年）三月初三日，在当朝宰相李德裕的奏请下，唐武宗敕命发遣保外无名僧，谕令不许置童子沙弥。

五月二十日，武宗将大内、两街供奉的大德裁撤20人。

六月十一日，武宗寿诞，按惯例僧道各2人入宫御前论议。同去年一样，道士得紫，僧人空手而归。

十月九日，唐武宗再度敕令：天下所有僧尼解烧炼、咒术、禁气，身上杖痕鸟文，杂工巧，曾犯淫、养妻、不修戒行者，勒令还俗。若僧尼有钱谷田地，应收纳入官。如惜钱财，情愿还俗，亦令其还俗，充入两税户。

敕令下达后，有左街功德使奏报说，所属僧尼除年老及戒行精确者外，其爱惜资财还俗者达1232人。右街功德使奏报称，还俗者达2259人。唐武宗听罢再次敕令：寺院所蓄奴婢，僧人许留奴1人，女尼许留婢2人，其余一并放归本家，无家者由官方赁卖。

应该说，此时的武宗在反佛的问题上只是牛刀小试，并未大动干戈。从敕令的内容来看，对佛门以及僧尼的处理并不算过分，即使在这个时候，一些僧尼还可以带着大笔的钱财还俗度日，而寺院中的僧尼还有奴婢专门为其服务，可谓待遇不薄。可惜的是，骄横惯了的僧尼并不领武宗的情，他们想方设法给予对抗和蒙蔽，大有和武宗以及朝廷决一雌雄之势，并期冀换来像文宗一朝那样的结果。遗憾的是，这种错误的判断和各种对抗措施，只能加剧僧尼们自身的悲剧，加快毁灭的步伐，因为此时毕竟不是文宗而是武宗一朝了。

牛刀小试后的武宗，对佛门开始步步紧逼，大动干戈了。

会昌三年（公元843年）二月，唐武宗通过功德使颁令，僧尼业已还俗者不得再行入寺。五月二十五日，朝廷派人查问京城各佛寺外国僧人的来由。六月十一日唐武宗寿诞，召僧道入内论议，依然是只赐紫给道士。当时，有太子詹事韦宗卿向唐武宗进献《涅槃经疏》二十卷、《大圆伊字镜略》二十卷。唐武宗连看都没看一眼，当即命人将两部佛书焚毁，并颁布了令佛门弟子绝望的敕令：

> 韦宗卿参列崇班，合遵儒业，溺于邪说，是扇妖风。既开眩惑之端，全戾典坟之旨。簪缨之内，颓靡何深。况非圣之言，尚宜禁斥，外方之教，安可流传。

唐武宗在这道敕令中把佛教视作“邪说”，认为“外方之教，安可流传”。他斥责佛本是西戎人，其经疏为胡书，说韦宗卿不知共遏迷聋，反而收集妖妄，抟惑愚人。可怜可叹的是这个韦宗卿不知出于何种心理，在这个不恰当的时候做出这种不恰当的事情，他当场被贬为成都府尹，离开了京师长安。随着韦宗卿的被贬谪，唐武宗又补发敕令，将宫内佛经、佛像一律焚毁。

就在这年四月，昭仪节度使刘从谏死，三军以从谏之侄刘稹为兵马留后，上表请授节钺，但朝廷没有批准三军的请求，反而令刘稹护送刘从谏之丧前往洛阳。刘稹见朝廷不给面子，又故意要挟，于是在盛怒之下抗旨作乱。唐武宗下令出兵平叛，双方经过一年多的厮杀，于会昌四年七月才平息此乱。在此期间，刘稹府的部分兵丁、家人见大势已去，便纷纷潜逃至佛教寺院避难。唐武宗得知这件事后，立即敕令两街功德使查禁城中僧人，凡是朝廷“公案”上无名者尽行勒令还俗，遣送回原籍。各道、州、府也一同行动，清洗僧尼，对来由不明的僧人，一律捉拿问罪。从这一年起，两街惯例的佛法讲说被废止了。

自会昌四年（公元844年）开始，唐武宗进一步加快了毁佛的步伐，法难之中，法门寺的厄运也随之降临了。

这年三月，唐武宗在敕令“焚烧经教，毁拆佛像，起出僧众，各归本寺”的同时，又敕令：代州五台山、泗州普光寺、终南山五台寺、凤翔府法门寺，寺中原有佛指节，皆不许置供及巡礼等，如有人送一钱者，脊杖二十。如有僧尼等在前述处受一钱者，脊杖二十。诸道州县如有送供者，当处捉获，脊杖二十。于是，四处灵境，绝人往来，无人敢再送供。准敕勘责彼处僧人，无公验者，并当处煞，具姓名闻奏。

唐武宗对法门寺等灵境采取的措施，与已提到的平定潞府刘稹之乱有极大的关连，即使进行“戡乱”，也只有在“敕准”的情况下才能入寺勘验僧人。这一点，说明法门寺作为一所宫墙外的内道场，依然具有皇家寺院的资格与名分。既然是皇家寺院，在一般情况下是不允许因公扰僧的，但在“会昌法难”中，法门寺的这种特权被取消了。特权一旦被取消，它的厄运和其他寺院一样，在一年之后将全面降临。

法门寺地宫大劫

以往的唐代都城长安长生殿设有内道场，专门安置佛像佛经，并抽调两街诸寺高僧37人，轮流入内持念。而这次武宗竟下令焚烧全部经教，拆毁佛像，并将在大内的僧人驱逐回本寺，道场之内改放道教始祖老子之像。

这年六月的寿诞日，唐武宗只召道士而不再召僧人入内论议，并敕令僧尼不许街里行、犯钟声，如有外出者，须于钟声未动前返回。各处僧尼不得在别处寺院留宿，违者治罪。

同年七月，唐武宗颁发敕令，拆毁天下山房、兰若、普通佛堂、义井、村邑斋堂及不入寺额者，其僧尼均勒令还俗。按照有唐一代的称谓，凡由官府所批并赐僧众名额者为寺，由私人或民众共同建造的佛庙称为招提、兰若、野邑、山房，等等。此敕令颁发后，仅长安城内就毁掉私人佛堂300余所，四方之内毁掉的就无法计算了。

同年十月，唐武宗又诏令，拆毁天下小型佛寺，经文佛像移于大寺，各寺大钟转送道观。其被拆佛寺的僧尼，不依戒行者，不论老少一律还俗，遣回本籍。对于年老且精于戒行者，分配到各大寺，虽有戒行而年少者，也一并还俗回籍。这一次，长安城又拆小寺33所，其他城乡拆毁庙宇更是不计其数。

与这次毁佛相反的是，道士赵归真对武宗说："佛生西戎，教说不生，夫不生者，只是死也。"赵归真见皇帝对自己的言辞颇有好感，并进一步迷惑鼓动皇帝说，倘炼丹服食，可求长生……武宗终于被他的话所打动，即令赵归真于大内筑造仙台，以炼制丹药。至此，唐武宗对佛道两家恶好的巨大反差，一览无余地显露出来。

唐武宗和佛教的短兵相接，并对佛教施以最为严厉的屠灭，在会昌五年全面展开了。

这年三月，唐武宗敕令天下寺院不得设置庄园，并令盘查清点天下寺舍的奴婢和财物，京城诸寺由两军中尉勘检，诸州府寺舍委令中书门下检查。

同时将城中寺舍的奴婢分为三等，分别收遣。自四月一日起，年龄在40岁以下的僧尼尽行勒令还俗，返还原籍。于是，长安城每天约有300多名僧尼还俗，直到十五日才暂告一段落。自十六日起，令50岁以下的僧尼还俗，至五月十日方止。自五月十一日起，令无度牒者还俗，最后勒令有度牒者亦须还俗。到五月底，长安城内的僧尼已是一扫而光了。本土的佛僧不再存在，对于外国来的胡僧，唐武宗同样下了驱逐的诏令，凡无祠部牒者，亦须还俗，送归本国。如有不服还俗敕令者，朝廷在各佛寺大门上张贴的牒文是："科违敕罪，当时决杀。"

会昌五年八月，唐武宗再次下诏，对只有招架之功、已无还手之力的佛门子弟给予最为致命的打击。诏敕中称：

> 洎于九州山原，两京城阙，僧徒日广，佛寺日崇。劳人力于土木之功，夺人力于金宝之饰，遗君亲于师资之际，违配偶于戒律之间。坏法害人，无逾此道。且一夫不田，有受其饥者；一妇不蚕，有受其寒者。今天下僧尼，不可胜数，皆待农而食，待蚕而衣。寺宇招提，莫知纪极，皆云构藻饰，僭拟宫殿。……岂可以区区西方之教，与我抗衡哉！

唐武宗认为，由于全国的和尚数量越来越多，寺院遍布，不仅在修建中要耗费很多的人力、物力和财力，而且大量金银财宝都流入寺院。与此同时，僧徒们又与官府勾结，害人坏法，威胁国家安全，不予以打击，大唐王朝就难以稳定和巩固。唐武宗的这道敕令，也许真正道出了他反佛和毁佛的初衷。既然佛教势力发展到足以跟朝廷抗衡的地步，作为朝廷的执政者自然就不能等闲视之，灭佛已成为国家所需和时代的必然。

在武宗发动的一系列灭佛运动中，全国共有4600座佛寺被毁，其他有关佛教建筑被毁4万余座，勒令还俗的僧尼达26万之多，没收寺院土地数千亩、财产无以计数，收寺院奴婢为两税户达15万人。

关于“会昌法难”的具体情况，当时正在大唐求法的日本僧人圆仁，以其耳闻目睹的事实曾做了翔实的记述。圆仁于开成三年自岛国日本西渡大唐求法，可惜他生不逢时，来到中国后正遇上“会昌法难”，并于会昌五年五月底被大唐朝廷以无祠部牒为名，勒令还俗回国。回国后的他，根据自己在大唐的所见所闻和亲身经历，写成了在佛教史上极具重要意义的《入唐求法巡礼行记》。这部著作为后来者研究“会昌法难”的细节，提供了强有力的依据。

“会昌法难”给佛教带来的毁灭性打击远不止这些。考古人员在法门寺地宫中发现的《咸通启送真身志文》碑则进一步说明，这次法难其惊心动魄是难以想象的。其碑文载：

> 洎武皇帝荡灭真教，坑焚具多，衔天宪者碎殄影骨，上以塞君命，盖君子从权之道也。缘谢而隐，感兆斯来。乃有九陇山禅僧师益贡章闻于先朝，乞结坛于塔下，果获金骨，潜符圣心，以成通十二年八月十九日得舍利于旧隧道之西北角。

这段碑文的大意是，“会昌法难”中，唐武宗曾敕令毁碎佛指骨舍利，但受命者只是毁碎了佛骨舍利的影骨（仿制品），搪塞过去。而那真正的佛骨却被秘藏起来，至咸通年间才在旧隧道的西北角处找到。

这看似简短、平淡的文字若细一琢磨，便不难发现其中暗含的一幕幕惊心动魄、刀光剑影的故事。一个个悬念促使我们去做一番寻根问底。首先是唐武宗对谁下达了要毁灭佛骨的命令？受命者是怎样来到法门寺的？法门寺僧众又如何得知了这个消息？这影骨是以前制造的还是地宫被打开后现场制造的？“碎殄影骨，上以塞君命”的主谋者，是朝廷派来的官员还是法门寺僧人？或者双方共同密谋？不管怎样，法门寺地宫发生的事变，主谋者和参与者是冒着杀身的危险而发动的，倘有半点闪失，无数人的头颅将要落地，真身佛骨也将毁于一旦。尽管从后来的发掘中可以看出，当时法门寺地宫的大多器物——甚至包括地宫石门都遭到了大劫，但那枚真身佛骨安然无恙，这不能不说是世界佛教和整个人类的幸事。1987年4月28日深夜，当考古人员韩金科呼叫打开照明灯，从地宫的西北角一个隐秘的地方搬出一个宝函时，那枚在“会昌法难”中劫后余存的释迦牟尼真身指骨舍利就躺在里面，《志文》碑记载的内容被现实所验证。当然，那时的韩金科和考古人员还不知道这个重大发现，要等谜底揭开，还需一些时日。

“会昌法难”使法门寺同全国各地的寺院一样，遭到了殿宇被拆、地宫被毁、僧尼还俗、佛教经典湮灭散失的厄运——这是唐代乃至整个中国佛教发展史中所受到的最为严重的一次打击。这场“法难”从表面看来是由于武宗信仰道教，加之道士赵归真等人趁机怂恿鼓动所造成，但实际上是佛教势力和大唐朝廷势力之利益矛盾冲突的总爆发。任何事物超过一定限度，即向相反的方向发展。佛教势力的过分膨胀导致了灭门之灾，而朝廷势力过分地打击佛教对大唐的统治也极为不利。双方在冲突中的过分行动，则又预示着必然要有一个大的反复和重新解决矛盾的开端。

会昌六年（公元846年）三月，当毁佛行动还在进行之时，唐武宗便因服食赵归真等人供奉的仙药暴疾而死，其叔父李忱继位，是为唐宣宗。唐宣宗即位后，立即诛杀鼓动武宗灭佛的道士赵归真、刘玄靖等人，并于当年五月下令恢复京都寺宇。

大中元年（公元847年）闰三月，唐宣宗再次下诏：“会昌季年，并省寺宇，虽云异方之教，无损致理之源。中国之人，久行其道，厘革过当，事体未弘。其灵山胜境、天下州府，应会昌五年四月所废寺宇，有宿旧名僧，复能修创，一任住持，所司不得禁止。”

敕令颁布之后，各地方寺宇开始全面恢复。由于佛教的复兴，其他各个方面都一反常态，朝着有背于会昌一朝的方向发展，并从一个极端走向另一个极端。这一反复，使国家本来处于虚弱之态的财政蒙受了巨大损失，整个大唐王朝也被折腾得步入衰途。

唐宣宗掀起的崇佛热潮，愈演愈烈，愈演愈狂，逐渐脱离了佛门的正常轨道。长安城内的大寺院，如慈恩寺、青龙寺、荐福寺、永寿寺等已开设戏场，戏场的活动有乐舞、俗讲、歌舞小戏、杂技魔术等诸种。此时的寺院变成娱乐场，犹如今天的酒吧、KTV（小型的唱吧，可以跳舞、唱歌、喝酒）。

唐宣宗本人不仅亲往戏场，后妃公主也时常前去寻欢作乐，许多妃嫔公主在戏场同僧人眉来眼去，有的甚至勾搭成奸，在寺院秘室和皇宫禁地做男欢女爱之事。不到几年的时间，整个寺院就由冷清凄惨的景观发展到一片淫秽污浊之气充塞整个殿宇的地步了。

面对这种极不寻常的现状，在大中五年（公元851年），终于有一个叫孙樵的进士上表劝谏道："陛下自即位以来，诏营废寺以复群髡。自元年正月，洎今年五月，斤斧之声，不绝天下，而工未以讫。闻陛下即复之不休，臣恐数年之间，天下二十七万禓如故矣。"

这位进士的上表，只是劝谏皇帝不要耗费太多的钱财和人力广造佛寺，而没有指出那些淫秽不堪的现象，这显然是给皇帝留有面子，同时也为自己留了条退路。尽管如此，这位进士孙樵还是遭到了唐宣宗在盛怒中的一番严厉斥责。

宣宗在位没有几年便魂归西天，接替其位的便是以迎奉法门寺佛骨出了名的懿宗李漼（cuǐ）。

最后的圣光

这位新任天子，在奉佛的问题上比之他的历代先祖有过之而无不及。自他即位开始，便内结道场，聚僧念诵，并多次行幸寺院，大量布施财物。对于这位皇帝超常的举动，许多臣僚起来劝谏，希望其有所收敛，但他充耳不闻，依然我行我素。咸通三年（公元862年），又有左散骑常侍萧仿上疏，劝谏皇帝远避佛事，勤理朝政，并指出："昔年韩愈已获罪于宪宗，今日微臣固甘心于遐缴。"而这位皇帝不同于他的祖先的是，对上表者既不贬官也不斥责，只是当作压根儿就没有这个人和上表之事。他照样潇洒大方地敕命于两街僧尼四寺各置方等戒坛度僧，并在大内经常以美味佳肴招待成千上万的僧人，他本人还亲自制作赞呗。每年遇到佛祖降生日，唐懿宗便敕令在宫中大肆庆贺，结彩为寺，宫廷伶人李可及"尝教数百人作四方菩萨蛮队"，"作菩萨蛮舞，如佛降生"。而咸通十四年举行的迎奉佛骨活动，使这股宫廷崇佛的热潮升到极致，佛教在大唐王朝也显现了最后一次辉煌。

当大唐历史进入懿宗一朝，已是老态毕露，余日无多。藩镇势力的急剧扩张，南蛮、戍卒的不断反叛，苛捐杂税的日益增多，民众反叛情绪的日趋高涨，使一个雄踞东方长达三个世纪的封建帝国走向衰亡。

咸通十四年（公元873年），懿宗在内外交困中身患重病，他迫感来日不多，便将国家前途和自己的命运交给佛祖，希冀得到神灵的保佑和自身的解脱。这年三月二十二日，唐懿宗亲派供奉官李奉建、高品彭延鲁和左右街僧众到法门寺迎奉佛骨。朝中百官闻讯纷纷上疏劝谏，有的竟提出当年宪宗迎奉佛骨误国害民，自身不久晏驾之事。但懿宗决心已下，毫无收回敕命之意，并当着诸多臣僚面说出了令人无可奈何的话："但生得见，殁而无恨也！"由此可见这位皇帝对佛骨已迷狂到怎样的程度，对大唐帝国的前途和自身的能力是怎样的悲观和无可奈何。

后来的历史学家在谈到懿宗这个固执并有些自我麻醉意味的举动时，总是给予过多的责难，而同情者却几乎没有。客观地说，到了懿宗这一朝，他这个皇帝的确是越当越难，越当越觉得复兴的无望。当然，这个原因要追溯到许久之前，应负责任的也不应是懿宗一人。早在唐宪宗死后不到三年，由于继位的穆宗不知李氏家族创业之艰难、"中兴"之辛劳，"谓威权在手，可以力制万万，谓旒冕在躬，可以坐驰九有”。于是，他所任非人，怠而荒政，上不理朝廷之秩序，下不恤黎民之痛苦，致使藩镇在蛰伏中重新抬头，朱克融再据卢龙，成德将王庭凑、魏博将史宪诚随之叛唐。朝廷虽发兵讨伐，但无济于事。直至唐最终消亡，河北再也没有收复过。到了敬宗一朝，出现了“中人擅权，事多假借，京师豪右，大挠穷民”，更是江河日下，日薄西山。文宗皇帝虽“有帝之道，而无帝之才”，终于导致“王室寖卑，政由阍寺”。藩镇作乱已构成大患，朝廷内部又出现宦官干政，更为晚唐错综复杂的形势蒙上了一层阴影。在这阴影笼罩下，多亏出了个宣宗皇帝还算有点帝王气度和才能，朝野内外大有“权豪敛迹”“奸臣畏法”“阍寺慑气”的新气象。遗憾的是这种气象没能维持多久便又复归原初，大唐王朝可能再度中兴的机会一去不返。宣宗死后，懿宗即位，这位新皇帝“器本中庸，流于近习”，压根儿就无法治理一个泱泱大国，上台不久便乱象横生，战事迭起，大唐王朝如一艘千疮万孔的古船向死亡的深海疾速滑去。

唐懿宗执政十四年期间，战乱从未中止，反唐的烈火越烧越烈。为了平息战乱，而进一步征兵敛税，这一做法的结果是“征二蜀之捍防，蒸人荡覆，徐寇虽殄，河南几空”。天下已形成了昏政、搜刮、反叛、再搜刮、再反叛的恶性循环，庸懦无能的懿宗皇帝渐渐将佛摆到了一个比任何时候都更重要、更神圣的地位。在这位皇帝的心中，自己注定已无力回天，只有佛可以保大唐不亡，可以为百姓带来福音。这或许就是懿宗在悲观绝望中的又一种侥幸心理和自我麻醉心态。于是，浩大的迎奉佛骨行动开始了。

这次迎奉佛骨的场面历史记载较为详细，其中《杜阳杂编》这样记述道：

咸通十四年春，诏大德僧数十辈，于凤翔法门寺迎佛骨。百官上疏谏，有言宪宗故事者，上曰：“但生得见，殁而无恨也。”

遂以金银为宝刹，以珠玉为宝帐、香舁，仍用孔雀氄毛饰。其宝刹小者高一丈，大者二丈。刻香檀为飞帘、花槛、瓦木、阶砌之类，其上遍以金银覆之。舁一刹，则用夫数百。其宝帐香舁，不可胜纪。工巧辉焕，与日争丽。又悉珊瑚、玛瑙、真珠、瑟瑟，缀为幡幢。计用珍宝，不啻百斛。其剪彩为幡为伞，约以万队。

四月八日，佛骨入长安。自开远门（入）安福楼，夹道佛声振地。士女瞻礼，僧徒道从，上御安福寺，亲自顶礼，泣下沾臆。即召两街供奉僧，赐金帛各有差。而京师耆老，元和迎真体者，迎真身来，悉赐银碗锦彩。

长安豪家，竞饰车服，驾肩弥路。四方挈老扶幼。来观者，莫不蔬素，以待恩福。

时有军卒，断左臂于佛前，以手执之，一步一礼，血流洒地，至于肘行膝步、噬指截发（者），不可算数。又有僧以艾覆顶上，谓之“炼顶”。火发痛作，即掉其首，呼叫坊市少年擒之，不令动摇，而痛不可忍，乃号哭卧于道上，头顶焦烂，举止苍迫。凡见者无不大哂焉。

上迎佛骨入内道场，即设金花帐、温清床、龙麟之席、凤毛之褥，焚玉髓之香，荐琼膏之乳，皆九年诃陵国所贡献也。

初，迎佛骨，有诏令京城及畿甸于路旁垒土为香刹，或高一二丈，迨八九尺，悉以金翠饰之。京城之内，约及万数……又坊市豪家，相为无遮斋大会，通衢门结彩为楼阁台殿，或水银以为池，金玉以为树，竞聚僧徒，广设僧像，吹螺击钹，灯烛相继。又令小儿玉带金额，白脚。呵唱于其间，恣为嬉戏。又结锦绣为小车舆，以载歌舞。如是充于辇毂之下，而延寿里推为繁华之最。是岁秋七月，天子晏驾……

《资治通鉴》载：

……四月，壬寅，佛骨至京师，导以禁军兵仗、公私音乐，沸天烛地，绵亘数十里，仪卫之盛，过于郊祀，元和之时不及远矣。富室夹道为彩楼及无遮会，竞为侈靡。上御安福门，降楼膜拜，流涕沾臆，赐僧及京城耆老尝见元和事者金帛。迎佛骨入禁中，三日，出置安国崇化寺。宰相已下竞施金帛，不可胜纪，因下德音，降中外系囚。……十二月，己亥，诏送佛骨还法门寺。

如果把这两段记载组接起来，便可看到懿宗迎奉佛骨的全部过程。他沿袭唐高宗与武后两次迎奉佛骨的盛况，又在此基础上做了前所未有的发挥和创造。诸如导以禁军兵仗、沿途二百里道旁垒设香刹，等等，都是闻所未闻的，所耗费的人力、物力、财力更是无法计算。深为后人铭记的是，懿宗皇帝在城楼上看到迎来的佛骨舍利宝函，竟激动得流下了热泪。可以想象，此时的大唐皇帝一定是百感交集，希望、理想、痛苦、焦灼、幸福、欣慰……这一切都由一股热泪表达出来。遗憾的是，懿宗皇帝最终所渴望的祈福延寿没能实现，甚至连佛骨都未来得及送回法门寺就一命呜呼了。这个结局怎不令人扼腕叹息。

让后人感到不可思议的是，在大唐咸通十五年正月初四日，新即位的天子僖宗李儇匆匆下诏将佛骨送还法门寺时，随之供奉的金银宝物其数量和精美程度都极为惊人。多少年后，当考古人员打开法门寺地宫时，发现的财宝中有120多件是懿宗、僖宗两朝的供品。尽管由于懿宗的溘然长逝，使迎奉活动明显地具有了悲剧色彩，但众生们所表现出的炽热的宗教情感不但没有减弱，反而得到加强。可能由于他们从自身的苦难和朝廷的危急中，预感到一种不祥的征兆和改天换地的迫在眉睫，才出现了“京城耄耋士女”争相送别，呜咽流涕的场面，才有了“六十年一度迎真身，不知再见复在何时”的悲怆之问，才有了整个大唐帝国回光返照式的妄举。事实上，就在僖宗送佛骨于法门寺的30多年后，在中国历史上风云近300年的大唐王朝灭亡了。

随着唐末社会更大的动乱以及后周王朝的第四次禁佛运动，盛极一时的法门寺彻底衰败了。

随着百年战乱平息、朝廷更替，以及中国政治舞台逐渐东移，关中周原大地那战车的辙道、骏马的蹄印、将士的血滴渐渐被岁月的流水冲刷得模糊不清。那盛极一时、声震四海的法门寺也已在战争的烟火中变成残垣断壁，荒草飘动。而那光照人寰的佛指舍利连同神秘的地下玄宫中的无数珍宝，在一夜之间悄然消失了。它的真伪及地宫的方位与形貌如同古罗马的庞贝城和《荷马史诗》中描绘的特洛伊古城一样，再也不被世人所知，并成为千古之谜。

斗转星移，阴阳轮回。

终于，沉闷的历史在静寂了千年之后，爆发了第一声惊雷。

1987年4月9日，遁失了1113年的法门寺地宫大门又轰然洞开。

于是，板结、沉睡的古周原惊醒了，地球人类震撼了。一个古老辉煌的帝国再度展示了它的盖世雄风。一位圣者带着深邃的智慧和普度众生的慈心悲愿，从容庄重地步出幽暗沉寂的地宫，来到了他熟悉而陌生的俗世凡尘。

法门寺地宫的洞开，连同万世不朽的圣骨以及奇珍异宝的面世，预告着一部绝不应该湮灭的辉煌的历史书卷，将重新昭示于人间大地。

八重宝函再现人间

1987年4月28日深夜，韩金科将匿藏于法门寺地宫西北角的一个神秘的龛笼挖出之后，众皆欢呼。借着兴奋劲头，石兴邦等几名有经验的老考古队员又把地宫上上下下、角角落落检查一遍，确定再无贵重文物之后，全部撤出地宫。

整理开始后，神奇的天象异兆，在古老的周原天地间出现了。

远近闻讯云集于法门寺讲经堂的几十名高僧，连续三个晚上在凌晨3点多钟的时候，都感到有异样玄象，像雨、像雾、像风、像气、像电，令人辗转难寐。其间，两位大德高僧仿佛见天空闪现数道七色佛光，且有鼓乐丝竹之声自天幕传来……

这一切奇象异景，是否意味着法门寺地宫开启，人类梦牵魂绕的佛骨舍利即将重见天日？

永生不灭的佛祖骨舍利安在？

想不到，那个祈盼已久的伟大时刻来临了。彩霞映照下的扶风县博物馆，正浸染在春夏之交的温馨中。那飞檐斗拱、雕梁画栋遮掩下的石子铺成的小径上，不时划过几缕暖暖的春风。数位身穿白色大褂的考古学家与文物保护专家无声地穿过一道道武警部队官兵组成的防线和岗哨，秩序井然地进入博物馆后院用展室改造的临时工作间。

从北京专程赶来的中国社会科学院历史研究所专家王㐨，满头花发映衬着清癯的面容，显得沉静而庄严。

屋里极静。王㐨来到上铺白布的工作台前坐定。台上放着一个洁白的四方铁盘，里面盛放着镊子、夹子、放大镜、胶带纸、卡片纸、笔等备用工具。

一切准备就绪。王㐨端坐在椅子上向韩伟示意，身边的工作人员捧来一个精致的黑漆檀香木函放到工作台上。经过一系列详细观测、研究、分析，王㐨和其他几位文物保护专家皆认为这个表面精美华丽、整体极为沉重的宝函，无论是外部装饰还是整体的重量，都在向大家宣示里面藏着非同凡响的秘密。

这个沉重华丽的宝函是供养佛骨舍利的圣器吗？

史书曾明确记载："至显庆五年春，三月，下敕请舍利往东都入内供养……皇后舍所寝衣帐准价千匹绢，为舍利造金棺银椁，雕镂穷奇。”

如果史书记载无误，这个宝函将意味着装有佛指舍利并和武则天有必然的关联。

宝函外部曾用红锦袋包裹，王孖只得一丝丝、一片片揭掉木函上的丝绸残痕，小心地放到早已准备好的白纸板上。宝函原貌很快显露出来。

图10-10　地宫后室供养第一枚佛指舍利的八重宝函（最外层已朽）

这是一具精美绝伦的黑漆宝函，整身呈正方形，边长为30厘米。雕花银棱略斜，盝顶，通体用檀香木制成，内壁用黑漆漆过，乌黑发亮。外壁四周是描金加彩的减地浮雕，雕刻极为精细。画面上有释迦牟尼说法图、阿弥陀佛极乐世界图、礼佛图等各种精美浮雕。一幅幅图画生动、形象、传神，色彩斑斓，美中见妙，无疑是唐代漆木器中罕见的珍品。而这样的木雕礼佛图，在以往的考古发掘中从未发现过。

宝函的正面有一鎏金锁扣，上面亮晃晃地悬挂着一把小巧玲珑的金锁。耀眼的金钥匙插在金锁孔内，钥匙上还系着一条红绸。王孖掏出手帕擦了擦汗涔涔的手，方才轻拧那小小的金钥匙。“嚓”的一声，金锁登时弹了起来。

继之，函盖被轻轻揭开，一片黄白交错的光芒扑面而来。

宝函之内是一个鎏金四天王顶银宝函，用一条约5厘米宽的绛黄色绸带呈十字交叉状紧紧捆住。虽逾千年，绸带依然光泽鲜艳，如同新裁，面上遍布蹙金二方连续金花，绸带尾系着数颗乳香粒。

解开绸带，又见函外用平雕刀法刻满画面，函顶錾两条并列的行龙，首尾相对，四周衬流云纹。每侧斜面均錾双龙戏珠，底饰卷草。四侧立沿各錾两只迦陵频伽鸟，身侧饰以海石榴花和蔓草。

函体四壁分錾“护世四天王”像：正面是北方大圣毗沙门天王，左面是东方提头赖吒天王，右面是西方毗娄勒叉天王，后面是南方毗娄博叉天王。与前一层相同，有一套金锁、金钥匙。

打开这第二重宝函，内有一素面盝顶银宝函，钣金成型，通体光素无纹，盖与宝函体在背后以铰链相连。

再向里揭开一层，是一鎏金如来盝顶银宝函，函顶和四面都镂刻有数尊稳坐莲花宝座之上的佛像。

鎏金如来盝顶银宝函内，又套着六臂观音顶纯金宝函。函盖面上是双凤，盖侧各有四只绕中心追逐的瑞鸟，中为四部圣洁交错怒放的西番莲蓬。函身与函顶交相辉映，雕有数幅圣贤大德佛祖图。正面为一奇妙的六臂如意轮观音图，她坐于莲台之上，两侧有八大侍从供养。函之左侧，为药师如来图；函之右侧，为阿弥陀佛图；函之背面，为大日如来图。

第六层宝函，散发着一片炫目的五彩之光，此为金筐宝钿珍珠装金宝函。这重宝函亦为纯金雕铸，上面錾满神异图画，它的十二棱二十条边和函盖、函身镶满各色宝石，红宝钿、绿宝钢、翡翠、玛瑙……函盖顶面和函体四壁有红、绿二色宝石镶嵌成大大小小的团花。连金钥匙的金链带上，也用三色宝石镶嵌着玲珑团花。浮光耀眼，一派仙宫极乐才有的珍奇境界。

第七层宝函内，装着金筐宝钿珍珠装珷石函。以玞石琢磨而成，盝顶，通体嵌饰珍珠，函身四面均用绿松石各镶两只美丽的鸳鸯和花卉。高11厘米，长宽各7.3厘米。精致的雕花金带为边，晶莹透亮的石板，形成了一个金镶玉砌的圣器。

此时，没有人想到，第七层宝函内竟会装一巧妙精绝、登峰造极的小金塔，这件高7.1厘米的宝珠顶单檐四门金塔，飞檐高翘，金砖金瓦层层逼真，塔身四壁刻满人物画，且有四扇可以开合的小金门。是为第八层，也是最后一层。

佛骨舍利面世

金塔座上，有一小银柱，仅2.8厘米高，盘口细颈鼓腰，喇叭口径处雕有十二朵如意云头，鼓腰上二平行线连为四组三钴纹杆状十字团花，衬以珍珠纹。腰底为莲瓣形，银柱托底也呈八瓣莲花状。间以三轮纹，柱底还有一墨书小字“南”。

图10-11　地宫出土的宝珠顶单檐四门纯金塔与第一枚佛指舍利

就在这根小银柱上，套着一枚偌大的指骨。

“啊！佛指！佛指舍利！”有人惊呼起来。接着，整个室内一片欢呼。

守候一旁的法门寺住持澄观法师于狂喜中敲起了木鱼，诵经祈祷。

王孖身旁的丝绸专家王亚蓉强按激动心情，对这枚佛指进行系列测量。指骨重16.2克，高4.03厘米，上粗1.75厘米，下粗2.01厘米。上齐下折，色白如玉，三面俱空，一面稍高，骨质细密而泽，中空管状，髓穴方大，上下俱通，二角有纹，纹并不彻。日光灯下，似有灵性异彩绽放开来。更为神奇的是，高倍放大镜下，发现指骨外壁有隐隐的微细血管，内壁有七颗排列成“勺”形的小星组成的大熊星座。

渐渐冷静下来的专家将指骨和《物帐》碑文反复对照勘验，与记载完全相同。借此证明，地宫出土的这枚指骨就是佛祖真身指骨舍利。

王孖与众位专家商议，按照出土佛祖指骨在中外考古史上的特殊地位命名为特级一号。

至此，隐遁真容1113年的历史之谜终于揭开。

王孖深深舒了一口气，回过头问：“今天几日？”

众人一查：“5月7日，古历四月初八。”

“四月初八！这是佛祖释迦牟尼诞生的日子啊！”于是，众再惊呼：“太巧了，太妙了，简直不可思议！”

激动不已的考古学家一时无法对这一历史巧合做出最恰当解释。而这个伟大的时刻永久留在了他们的记忆里。

又是一个银星璀璨的不眠之夜。

考古、文物保护专家继续着清理大行动。他们在汉白玉灵帐中发现一个珍藏着的铁函。铁函重29.9公斤，高52厘米，长宽各58厘米。由于尘封既久，函上一把铁锁已经生锈。如果说揭启八重宝函的秘密是按碑文记载而“索骥”，那么，眼前这件大铁函却出现了截然不同的情景。

不知是《物帐》碑记载疏忽还是别有其因，目前没有找到关于铁函情况的只字片语。

为严格而科学地摸清铁函内尘封的隐情，两日前的夜晚，考古专家在武警战士保护下，悄悄将其带到扶风县医院透视室，用医用X光机对它进行扫描，结果发现内有异状物。因铁函严重锈蚀，从拍出的X光片看，内部已模糊不清，无从推断内中藏着何等宝物。

这一次，韩伟先用一把大铁钳启开了厚厚的函盖。只见铁函内有一木盒，木质大部分腐烂，被红黄二色泥土紧紧固定于函中。启开木盒，内是彩绢，整整叠摞九层，每层花色各异。当最后一层彩绢取开时，一个闪闪泛光的鎏金银棺跃然现出。

这具鎏金银棺的形状和普通民间常见的木棺相似，与庆山寺发现武则天令工匠制作的金棺更如出一辙。它前高后低，盖成瓦状，前挡高5.5厘米，后挡高3.1厘米。棺身长10.2厘米，宽4.5厘米。棺盖上，前端雕五彩花冠一顶，中间是两只拖着长尾的美丽凤鸟。小小的银挡板中间錾有精致的两扇小门，挂一把精制金锁，左右两面门扇上各镶三排九颗金星状小金钉，且各雕一位执戟、执钺的金刚力士。后挡雕一对披发金毛狮，足下流水纹成万顷波浪。棺身左右两侧棺板各雕一位守卫银棺的金刚力士，左执剑，右执斧，气宇轩昂。

整个银棺置于一座雕花金棺床上，左右两侧是雕花帘帷。棺床上，铺数层黑色绸绢，绢上织柳叶纹金花。

图10-12　第二枚佛指舍利面世

专家当场命名为：鎏金双凤纹银棺。

银棺棺盖轻轻开启，奇迹再现。只见棺内艳丽如画的织锦上，安卧着一枚佛祖指骨舍利！其大小、色泽、形状、骨质，与珍卧于八重宝函中的那枚几乎一模一样。专家们将这枚佛指舍利定为特级二号。

关于第三枚佛指的发现，奇特而神秘。

第三枚佛指，存放在地宫后室秘龛中发掘出的那件铁函中。其实，在铁函面世之初，考古人员便已将注意力集中在这件神秘器物的身上。

打开之前，专家们就有一个困惑。这件铁函为什么如此独特，非要放置于地宫最阴暗的角落，且埋在地下一个秘龛之内？难道这就是“会昌灭佛”中被法门寺僧众偷偷藏匿起来的真正意义上的佛指舍利吗？

一切准备就绪，铁函搬到工作台上。因年代久远，铁函周身布满锈斑，呈焦茶色。王孖、王亚蓉、曹纬等专家用关中工具厂提供的刀具，小心地清除了函缝中的铁锈。曹纬用磨制锋利的钢制刀具，凿掉子母扣中的铁臂，随着函盖轻微的颤动，封闭严实的锈斑全部脱落，函盖毫无损坏地被轻轻打开，里面露出了两枚随球和几片腐烂变质的丝绸。凌晨1点半，第一片丝绸被取出，经初步鉴定为罗底蹙金珠袋（用以盛装随球）。袋下是一个小型鎏金银函。王孖用铁丝编成一个长方形套框，慢慢套在小型银函之上，轻松地提取出来。

因为有了前两枚佛指发现的经验，现场的考古人员初步断定，在这个精美华丽的银函之中，一定会有佛骨秘藏。此时已是凌晨2点40分，法门寺中的澄观、静一、宽仁等四位法师闻讯赶到博物馆工作室，双手合十，向即将开启的银函祈祷。

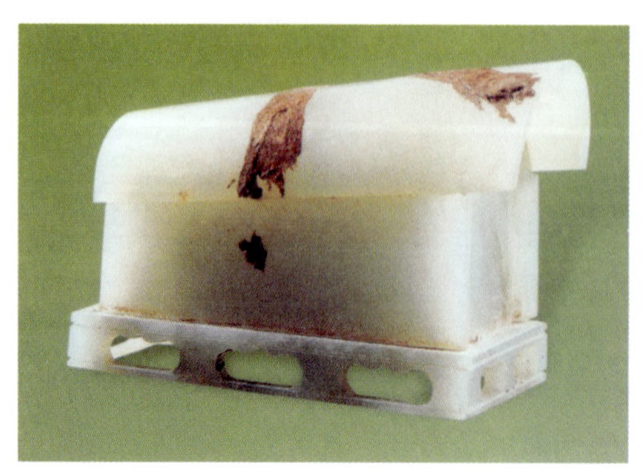

图10-13　供养第三枚佛指舍利的白玉棺

文物保护专家王亚蓉轻轻剥离银函上的丝绸，银函慢慢打开。只见内有液体流动，经测量，液体高于函体底部27毫米，工作人员找来试管收取液体，以作标本。而后，王亚蓉、王孖等专家先后对金函内的物件进行清理，发现一个嵌宝水晶椁。

椁系水晶石造，通明透亮。椁盖上嵌镶黄、蓝宝石各一，体积硕大，炫耀夺目。椁盖雕观世音菩萨及宝瓶插花，四面皆雕文殊菩萨坐像及莲座花鸟。

打开水晶椁，是一口微型玉棺，亦系水晶石造。长40毫米，前宽23毫米，后宽20毫米。前高24毫米，后高22毫米。盖上雕普贤菩萨，前后两侧分别雕杨子、如意、经卷。整个棺体置于雕花壶门座玉石棺床之上。

5月10日8点6分，当王抒揭开玉棺棺盖时，只见又一枚释迦牟尼灵骨静卧其中。众人于惊喜中，又是一片欢呼喝彩。

只见灵骨呈乳黄色，有裂纹，并有蜡质感，同时尚有星星点点的白色霉点附于其上。灵骨因在液体中浸泡千余年，骨质发软而不能摸磨。这枚显然不同于先前发现的两枚玉质灵骨的出现，使人再度想起“会昌灭佛”的记载和圣物出土的特殊神秘位置。由此断定，这就是历经劫难而不灭的释迦牟尼佛的真身骨指舍利。

根据出土的先后次序，专家们将其命名为“特级三号”。

这枚佛骨是当今世界独一无二、佛教界至高无上的至尊圣物。

面对这尊千余年乃得一见的神圣灵骨，站立一旁的澄观、静一、宽仁等四位法师身披袈裟，眼含激动的热泪于香案摆放花果，燃香祷告。缭绕的香雾中，四位法师躬身作揖，《得宝经》诵念声响彻殿宇，震动旷野。

第四枚佛指舍利在阿育王塔中发现。

阿育王塔的全称叫汉白玉浮雕彩绘阿育王塔。全塔由塔座、塔身、塔顶、塔尖四部分组成。汉白玉雕刻工艺精湛绝伦，相叠天衣无缝。塔的周身涂色上彩，颇有云飞霞映、天上宫阙之势。

当四面的银质塔门打开时，只见塔身内平放着宝刹单檐铜塔，其形貌与史书记载的释迦牟尼佛讲经殿完全一致。

塔顶飞檐斗拱，宝珠葫芦状的尖刹，四体四面。前壁的两柱间安放一合双扇金门，金门雕花镂朵，门两侧有菱形小窗，其余三面均有六孔小门。整座塔设于一座须弥座上，须弥座设于方形孔门铜台基之上，每面又有长方形孔门六合。大须弥座上还有宽宽的月台，月台四面各有两位金刚力士守卫。四面外围均有护栏柱和雕花栏板。柱上分别有宝珠顶与金毛狮。月台四面还有通向远方的护栏双边踏步。

就在这座美妙绝伦的铜塔内盛装着一座明光闪闪的银棺。此银棺长8.2厘米，高6.4厘米，前挡板上刻着两位坐佛弟子，棺两侧各雕饰着一对迦陵频伽神鸟。棺座为银质，四面有壶门十三个，饰莲瓣一周。下面又有沉香木雕花棺床。银棺盖被揭开，佛指舍利随着一道灵光，呈现于考古人员面前。

图10-14　阿育王塔中的宝刹单檐铜浮屠

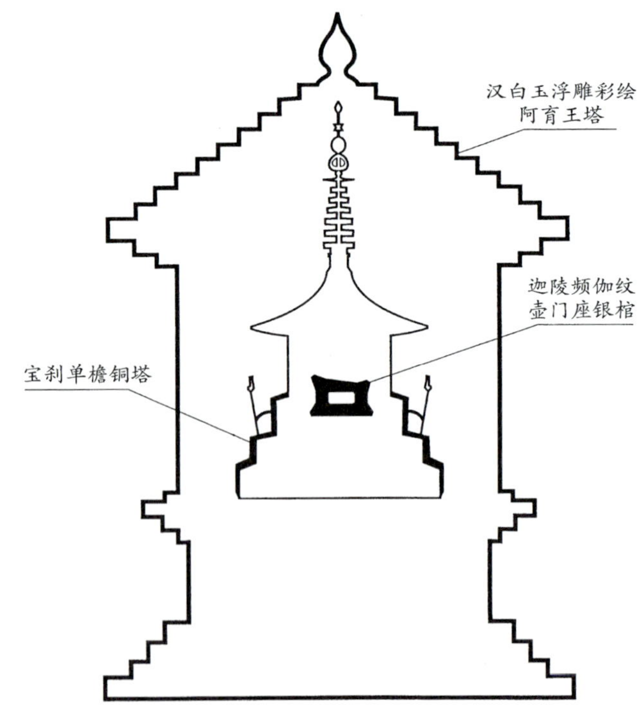

图10-15　外层是彩绘四铺菩萨阿育王石塔，内部是宝刹单檐铜浮屠

图10-16　鎏金双凤纹银棺。棺内供养着第四枚佛指舍利

至此，法门寺地宫出土的文物中，共发现四枚释迦牟尼佛指舍利。除“特三”灵骨微黄、质地似骨以外，其余特一、二、四号三枚质地均类似白玉。地宫志文碑称之为“影骨”，也就是仿佛祖真身灵骨而制造的附属品。

从盛放灵骨的四十五尊造像顶银函上那錾有“奉为皇帝敬造释迦牟尼佛真身宝函”字样分析，这“一身三影”之说合乎佛家之理。

法门寺地宫发现四枚佛指舍利的消息，一夜之间传遍了整个世界，其声光之远大，波动之剧烈，被称为“地球人类的震撼”。

自此，湮没沉寂千年的法门古寺再度走向人间大地，接受大千世界信徒的瞻仰膜拜。法门寺宝塔连同地宫出土的一系列奇珍异珍，以其独一无二的至尊地位，显示了大唐王朝的光辉，建构起全世界佛教圣地的金刚座，并以宏深博大、万世不朽的法门“教、理、行、果”，为人类造就和平博爱、永恒持久的福祉。

* 本章史料来源于《法门寺神圣佛骨重现记》，海南出版社2007年出版，商成勇　岳南著。

第十一章

明朝那些事儿

明十三陵发掘计划

1955年的最后一天，考古队队长赵其昌同探工赵同海携带着考古专用的各种工具，走出古城北京，冒雪北上，来到昌平县明十三陵这块昔日的皇家圣地。

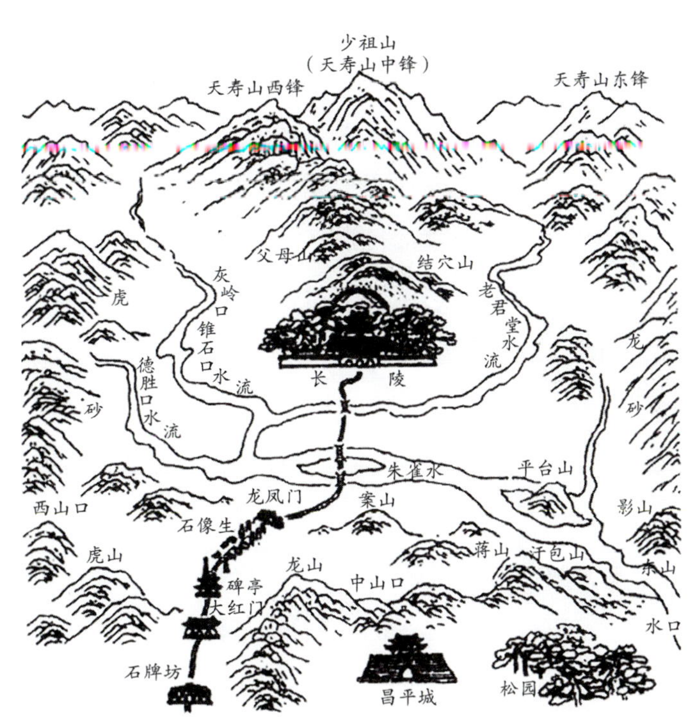

图11-1　长陵风水格局示意图（资料来源：胡汉生《明十三陵》）

寒风呼号，雪花纷飞。起伏的群山和荒芜的陵墓蒙上了一层白雪，沉睡了几百年的皇家陵园越发显得死寂与凄凉。赵其昌踏着没膝的积雪，越过祾恩殿[1]，爬上长陵宝顶。

“会当凌绝顶，一览众山小。”站在大明成祖皇帝这座辉煌、雄伟的宝顶之上，举目四望，群陵棋布，高低错落，黄瓦红墙，掩映在绿松白雪之间，真是一幅绝妙的风景画；俯首南眺，一条长达七公里的中轴线如同一道宽大壮美的银链，从遥远的天际横空而降，直通脚下，巨石雕刻的文臣武将排列两侧，形成一条“神道”，显示着威严而肃穆的皇陵气派。

帝王陵墓发展到明清时代，布局、建筑形式趋向定式，封土都采取宝城宝顶的形式。两朝30多个皇帝和上百个后妃的坟头，都是宝城、宝顶。其建筑方法是在地宫之上砌筑高大的砖城，在砖城内填土，使之高出城墙成一圆顶。城墙上设垛口和女墙，宛如一座小城。城墙称为“宝城”，高出的圆顶称为“宝顶”。这种宝城、宝顶和前方的明楼构成一个整体，不仅突出地显示了陵寝的庄严肃穆，也增强了建筑艺术效果和神秘气氛。

从成祖朱棣在天寿山下建造长陵起，到明代最后一个皇帝思宗朱由检（年号崇祯）止，除景帝朱祁钰因故别葬外，其他诸帝都在天寿山附近营葬，共13处，成为明代中后期皇帝陵墓的集中区。陵区周围因山势筑有围墙，长达12公里，围墙设垛口、城关、敌楼，驻军守护。十三陵各陵建筑自成整体，布局、形制与皇祖朱元璋的孝陵一脉相承，祭殿在前，寝宫在后，门廊、殿堂、明楼[2]、宝城排列得层次分明，严肃整齐，从宫前庄严的神道、石桥、无字碑，直达宝城，一线相贯，地势逐步升高，有曲有直，有高有低，远山近水，连成一个气势宏伟壮丽的建筑整体。

遗憾的是，这笔财富大都没能完整地保留下来。从正统十四年“土木之变”，来自北方的瓦剌大军在十三陵燃起焚烧殿宇的大火之后，这文明便开始了它悲剧性的毁灭。最能象征十三陵各陵建筑艺术与风格的祾恩殿经过数

1 祾恩殿：即享殿，是祭祀时举行典礼的处所。

2 明楼：陵寝建筑中的明楼建在方城之上，作用接近碑亭，方城与宝城连成一体，明楼四面各开一门，四出重檐，屋顶为十字形穹隆，楼内置丰碑。

次战火之后，也只剩长陵的一座顾影自怜了。这座建成于宣德二年的辉煌建筑，历经五百余年沧桑而无恙。

明十六帝及其陵墓一览表

陵名	帝名	建元	庙号与谥号	享年	世系	在位年数	祔葬皇后
孝陵	朱元璋	洪武	太祖 高皇帝	71岁		31年 （1368—1398）	马氏
	朱允炆	建文	清谥惠帝	26岁	太祖长孙	4年 （1399—1402）	
长陵	朱棣	永乐	成祖 文皇帝	65岁	太祖四子	22年 （1403—1424）	徐氏
献陵	朱高炽	洪熙	仁宗 昭皇帝	48岁	成祖长子	1年 （1425）	张氏
景陵	朱瞻基	宣德	宣宗 章皇帝	38岁	仁宗长子	10年 （1426—1435）	孙氏
裕陵	朱祁镇	正统 天顺	英宗 睿皇帝	38岁	宣宗长子	22年 （1436—1449） （1457—1464）	钱氏、周氏
景泰帝陵	朱祁钰	景泰	代宗 景皇帝	30岁	宣宗次子	8年 （1450—1457）	汪氏
茂陵	朱见深	成化	宪宗 纯皇帝	41岁	英宗长子	23年 （1465—1487）	纪氏、王氏、邵氏
泰陵	朱佑樘	弘治	孝宗 敬皇帝	36岁	宪宗三子	18年 （1488—1505）	张氏
康陵	朱厚照	正德	武宗 毅皇帝	31岁	孝宗长子	16年 （1506—1521）	夏氏
永陵	朱厚熜	嘉靖	世宗 肃皇帝	60岁	宪宗孙	45年 （1522—1566）	杜氏、陈氏
昭陵	朱载垕	隆庆	穆宗 庄皇帝	36岁	世宗三子	6年 （1567—1572）	孝懿李氏、陈氏、孝定李氏
定陵	朱翊钧	万历	神宗 显皇帝	58岁	穆宗三子	48年 （1573—1620）	孝端王氏、孝靖王氏
庆陵	朱常洛	泰昌	光宗 贞皇帝	39岁	神宗长子	1月 （1620）	郭氏、王氏、刘氏
德陵	朱由校	天启	熹宗 悊皇帝	23岁	光宗长子	7年 （1621—1627）	张氏
思陵	朱由检	崇祯	思宗 愍皇帝	35岁	光宗五子	17年 （1628—1644）	周氏、田氏（妃）

风雪渐已停歇，夕阳西下，余晖洒在起伏的山峦上，泛起银色的光芒。苍凉的北国之冬一片肃静。赵其昌、赵同海两人经过对长陵三天的勘察，没有发现可供发掘的线索，心中暗想：这个陵墓规模太大了，能否找一个较小的陵墓进行试掘，等积累了经验再掘长陵呢？

三天之后的夜晚，北京市副市长、主管文教工作的吴晗家中，不大宽敞的书房灯烛明亮，长陵的照片、草图、各种数据资料和几块填土标本摆满了地板。吴晗和夏鼐静静地听着赵其昌的调查汇报："我们在长陵的宝城、宝顶上上下下来回跑了两天，找不到半点可供考虑的线索。在明楼后的宝城内打了两个探眼，全是填土，没有生土比较，打铲已经没什么意义了。没有线索，仅靠臆测，会使我们走向失败……"

吴晗低着头，拿铅笔轻轻地敲打着桌子。夏鼐用放大镜不停地检查填土标本。书房中悄然无声。

赵其昌提出一个建议，打破寂寞的氛围："现在天寒地冻，调查中动土又很困难，能不能给我两个月时间，查查文献。十三陵的皇帝、皇后无论生前建陵或死后建陵，总不会同时死去。如果不能同时入葬，就有个再次挖开二次入葬问题。类似的问题，他们又是怎么处理的？我想带着一些问题再着重调查一下，在十三陵多住些日子。"

夏鼐大师一向重视调查，尤其注重结合文献的田野调查，遂说道："十三陵的建造，前后延续200多年，无论建筑布局和形制，早、中、晚期总是有些变化的。应该普遍调查，再归纳一下，比较异同，提出些问题来。然后再结合历史上的丧葬制度相互参照、印证，可能会有些收获。找到可靠线索，然后动工，才有把握，我看这样更好些。"

吴晗听罢表示同意。他指了指书架对赵其昌说："查文献，好！我这里讲明代的书不少，你随便拿去看，今天就可以带走些。再去调查，你打算住多久？"他转向夏鼐，"作铭（夏鼐字），多长时间合适？"

赵其昌伸出两个手指。夏鼐接下来说道："两个月可以，一个陵总要几天，两个月不算多。”

吴晗原以为两个手指是指两周，既然是两个月，也不再说什么了。

赵其昌的建议得到两位师辈人物的许可，突然感到肩上的担子沉重起来，顺口冒出一句：“吴副市长，长陵是十三陵的祖陵，太大了，能不能找个小的，试掘一个？”

吴晗一怔，转身问夏鼐大师：“什么叫试掘，哪个‘试’？”

夏鼐笑笑：“辰伯（吴晗字），考试的‘试’！你考试考得不及格的‘试’。”

吴晗微笑了一下，幽默地说：“我比不得你聪明，当年进清华，数学考试确实不及格，惭愧啊！不过，我搞不明白，这个试掘与发掘有什么不同？”

夏鼐道：“试掘与发掘，其实方法程序上完全一样，完工后整理材料没什么不同，照样印出报告，只是没有很大把握时叫法谦虚一些而已。国外也有这样的先例。”

吴晗听罢，表示认可。至于是否试掘，要等调查后的结果再定，而且还要上报北京市与中央批准。

夏鼐起身对赵其昌说：“我与吴副市长意见一致，同意试掘，前提是要找到重要线索，否则试掘也无从谈起。你回去后，就先从查考文献开始吧。”

新的一年开始了，对于赵其昌来说，也是一个新的开始。

时年28岁的赵其昌，在北京大学历史系考古专业求学时，学的是旧石器、新石器、甲骨文金文、商周的青铜器，以及秦砖汉瓦、魏晋碑刻、唐宋诗文，等等。一下子转到明朝，真是个新课题、新工作，必须从头开始。

在夏鼐指导下，赵其昌开始了史料研究，重点自然是明清两代帝王陵墓的史料。他几乎跑遍北京各大图书馆，在浩如烟海的史籍中，查找着有关的资料，对《明实录》《大明会典》《明史》《国榷》《日下旧闻考》等经典，一一仔细揣摩，连明清人的笔记、野史，都尽可能一一翻阅。他要弄清众多的帝后、王侯、嫔妃和各种陵墓的建筑形制、布局规格、祭祀礼仪、埋葬制度、随葬器物，以及帝王墓葬的发展演变过程，尤其是地下建筑的形制。不到两个月时间，关于十三陵的建造的起因与整体布局，他已基本查清，一个风云际会的历史时空和过往人物显现在眼前。

试掘献陵

积雪消融，枯草微露，赵其昌再度来到昌平十三陵区，携考古探铲作田野调查。

独自一人走进巨大的皇家陵园，赵其昌立感悲怆凄凉。辉煌的明楼、大殿、宝城俱已失去原有的风采雄姿而变得满身疮痍，残垣断壁、荒草凄迷，一代豪华璀璨的建筑群，已经成为一片废墟。“昔日皇陵胜地，垒垒荒冢伴斜阳。”赵其昌和工作队的几位同志白天一座一座地仔细查看陵墓，晚上走访当地老乡。十三座皇陵，想要找到一点线索，真如大海捞针。

经过几天的探访，赵其昌决定把目标重点放在献陵。

献陵位于长陵西侧一华里的黄泉寺山下，埋葬着朱棣的长子朱高炽。陵园规模较小，距长陵地域最近，入葬时间上前后紧接，从发掘工作考虑，如果试掘，以献陵最为合适。它不仅在埋葬制度、地下建筑结构等方面有很多可供参考之处，试掘之后还可以直接把设施、人员拉到长陵，工作、食宿解决起来都比较方便。于是他对献陵开始了第一步工作：查阅史书，收集资料，实地勘察，寻找线索。

朱高炽47岁当上了明朝的第四位皇帝，改元洪熙。十个月后驾崩，死后谥庙号为“仁宗”，葬于献陵。

把朱高炽称为“仁宗”，这“仁”字用得倒也确切。对于一个封建帝王来说，像他那样关心百姓疾苦的实在不多。洪武二十八年，他由祖父朱元璋亲自册立为燕王世子。朱高炽文笔华美，诸王世子中无人能与之相比。朱元璋时常让他帮助自己批阅奏章，而朱高炽选批最多的是那些关于百姓生活的，特别是各地上报灾情的奏疏，他总是立即让爷爷过目。朱元璋曾不解地问他：

“怎么你选的尽是些上报灾情的奏疏？”

“孙儿觉得民以食为天。现下有的地方闹灾，民不聊生，乃是最急迫的事情，才请皇爷优先处理。”

“嗯！”朱元璋点点头，又问，“尧在位时闹了几年水灾，汤时七年大旱，百姓又靠什么活下来的呢？”

“靠的是尧、汤圣人有恤民的政策。”

朱元璋听后大喜：“你这孩子虽然生长在深宫，却关心民间疾苦。好！”

明朝开国皇帝朱元璋是农民起义领袖出身，深知民间疾苦，大明王朝建立后，实行了一系列较开明的政策，经济得到复苏，国库也颇为殷实。但朱棣好大喜功，频繁地进行大规模征战，加之建都北京、疏浚运河等浩大工程耗费了大量人力物力。朱高炽登基当天，第一道命令就是追回第七次下西洋的郑和远洋船队，召回在交趾采办珍珠的中使和在西域买马的官员，并停止为皇宫采购、烧铸、供应等一切花钱的行为。可惜这位雄心勃勃、一心强国富民的皇帝，在位仅十个月，就一命呜呼了。

图11-2　献陵明楼

献陵和其他各陵有一个明显的不同之处，就是在祾恩殿和明楼之间有一座小山相隔，把陵墓切割成两块。如今前方大殿已不存在，仅留有山后一片残破的建筑。赵其昌率人在山后的明楼和宝城内外查找线索，仔细辨别、分析当年入葬的隧道口可能留下的痕迹。明朝陵墓制度，一般是宝城内用厚实的黄土填满，并筑起高大的宝顶，但献陵的宝顶掩埋不住宝城内墙，显得极为简单和寒酸。

近半个月的勘察仍无线索，工作队开始分头探访。一个偶然的机会，他们得知附近村里存有祖宗留下的《陵谱》，据说上面记载有陵墓的建筑形制和入葬经过。这些村庄大多是由当年的守陵宫监发展而来，有秘籍存留也许可能。当赵其昌查访三天终于从当地一富农家中借来《陵谱》时，却不禁哑然失笑，原来所谓《陵谱》所记全是臆说传闻，毫无史料价值。

《陵谱》中关于献陵的记载：

> 仁宗朱高炽为太子时，每日在宫中游荡。其时，宫中规矩，凡夜晚宫中妃子门口挂红灯，太子方可进入。挂绿灯，表明内住长辈，不得入内。
>
> 一夜，朱高炽游宫，见一楼内窗棂上挂着红灯，便喝退侍从，径直入楼。待其宽衣上床后，却见床上竟是姨娘……
>
> 此事在皇宫里哗然传开，或曰太子对比其年长几岁之姨娘早有此意。当夜，是其事先将姨娘房门绿灯摘下，于窗棂之上换成红灯；或曰姨娘早对太子有情，是其亲摘绿灯，换上红灯……
>
> 仁宗皇帝驾崩，其子朱瞻基命人将父皇陵墓建于小土山后，使石碑殿堂及明楼宝顶互不能见，意在以小山将父皇仁宗与其姨娘之丑行遮掩。故此小山谓之“遮羞山”……

老乡们自然不会知道，据文献记载，这座陵墓的建造形制实则与风水有关。皇家园陵最重要的一条就是选择“龙脉”，这起伏的山丘就是“龙脉”的象征。建造献陵时，因这小山形如几案，是作为“龙脉”而完好保存下来的，史书上称为“玉案山”，殊不知风水反给这位仁宗皇帝蒙上一层不白之冤。

史书缺乏记载，《陵谱》只能当作饭后谈资，面对一座座巨大的陵园，他们却找不到一点可供科学发掘的线索。时间一天天过去，吴晗、夏鼐不断派人前来询问，赵其昌心急如焚，建议领导再派五名人员参与调查，以便加速工作进程。

五名人员很快来到十三陵区，组成一个考古工作队，归赵其昌带领。然而，工作队在陵区转了三天，还是未得到一点线索。正当工作人员一筹莫展时，两位全副武装的公安人员却找上门来。他们被当成盗墓贼叫到派出所审讯一顿，最终搞清是个误会。

这个让人忍俊不禁的插曲，却给工作队带来新的启示：能不能从被盗的墓葬中发现点线索，或者从盗墓者的口供里判断陵墓玄宫的结构？主意商定，工作队员再度分头行动。赵其昌去曾经被盗过的万贵妃墓地寻觅踪迹，另一名队员于树功则干脆去了监狱，想从盗墓者口中探出蛛丝马迹。只可惜，两路人马都无功而返。

城墙黑洞是地宫入口?

正当工作队困惑着找不到头绪的时候，吴晗和夏鼐有了新的想法，就是把定陵作为突破口。第一，定陵是十三陵中营建年代较晚的一个，地面建筑保存得比较完整，将来修复起来也容易些。第二，万历是明朝统治时间最长的一个，做了48年皇帝，史料可能会多一些。

定陵虽是明代陵墓中建成较晚的一个，至今只有300多年，但风雨剥蚀、战乱兵燹，使这座巨大陵园残破不堪。高大宽厚的朱红色外罗城早已荡然无存，陵墙两处倒塌，那辉煌的象征皇帝权力与威严的黄色琉璃瓦大殿只残存几排柱础石，似乎在向世间诉说着所经历的劫难。

据史料记载，定陵曾遭受过三次大火的焚烧，以致造成毁灭性的破坏。清军入关后，对明陵进行了大规模破坏，并放火焚烧了万历帝的定陵和天启帝的德陵。

此前不久，李自成率大军逼近京城，从柳沟入德胜口，因居庸关守将投降，十三陵被起义军攻下。李自成下令焚烧十三陵大殿，捣毁定陵、庆陵、德陵宫墙与宫门，整个十三陵“砖石遍地，大火三日不绝”。

顺治四年（1647年）以后，清朝出于政治上的考虑，为缓和民族矛盾，安抚明朝遗老，说江山并非得自朱明王朝，而是取自李自成之手，还对明陵进行了一定的保护，设陵户、给赡田、禁樵采，并对崇祯的思陵进行了修葺。乾隆五十年（1785年），高宗弘历在明成祖朱棣的“神功圣德碑”碑阴镌刻“哀明陵十三韵”，略示对明代帝王哀悼之意，并对曾经遭到破坏的定陵、德陵进行较大规模的修缮。

经工作队考察，所谓乾隆帝对十三陵的修缮，只是利用旧料拆大改小而已，这在定陵的祾恩门、祾恩殿遗迹中反映得最为明显。而天启皇帝的德陵，史料虽记有修缮事宜，但实际并未动工。

民国初年，陵区附近一个姓郭名五的人接替陵户，负责十三陵的看管和保护工作。政府除免其租税外，每年尚略有补助。当地一个闲汉王某感到护陵的差使有油水可捞，便找到郭五要当陵户，遭到郭五拒绝后，王某恼羞成怒，趁夜深人静，提一桶煤油悄悄来到定陵，把油泼在祾恩大殿上，放火焚烧。顿时，烈焰冲天，映红了整个陵区，方圆数十里可见烟火升腾。三天后，祾恩殿就变成了一堆灰炭。王某嫁祸郭五未成，自己反吃了官司，暴死狱中……

赵其昌手提考古探铲，又到宝城外侧，铲开一堆杂草和尘土，仔细辨析外罗城城墙的残迹。

图11-3　定陵全景

在十三陵全部陵宫建筑中，唯有嘉靖皇帝的永陵与万历皇帝的定陵建有外罗城，其他陵宫则没有。史料记载：永陵建成后，嘉靖皇帝前去巡视，他登上阳翠岭，往下一望，见只有明楼、宝城一座，便问督工大臣："陵寝这算完工了吗？"言下之意自然是不满。大臣见皇上不甚满意，赶忙说："还有外罗城一座未建。"自此之后，就日夜赶工加筑外罗城，定陵的建筑全仿永陵，因此也筑有一道庞大的外罗城。

外罗城原有朱门三孔，门楼重檐，上覆黄瓦，镶有山水、花卉、龙凤、麒麟、海马、龙蛇图像，约在康熙四十三年之后渐被毁坏。时至今日，这外罗城墙遗址也埋在黄土之下，只有一道朱红色的内罗城墙，历经沧桑劫难，一直忠心耿耿地守护着它的主人。

赵其昌扛起考古探铲，来到宝城墙下，自东向西仔细察看。7米多高的城墙，虽经300余年风雨剥蚀而变得残破，但仍不失它的威严。

赵其昌一步步向前走去，他感到脖子发木，腰酸腿痛，精疲力竭，在身边找块石头坐下，点燃一支烟，阵阵烟雾从喉管喷出，在眼前弥漫开来。顺着缥缈的烟雾，他望望远处的山峦和蓝蓝的天空，又把眼睛转向前方不远处的红色高墙。就在这一刹那间，奇迹出现了——在离地面3米多高的城墙上方，几块城砖塌陷下去，露出一个直径半米的圆洞。

“这是怎么回事？”赵其昌自问着，揉揉被太阳刺花的眼睛，紧紧盯住黑乎乎的洞口，心脏加剧了跳动。

他突然想起前几天一个老乡对自己讲过的话：“长陵西面说不准是哪座陵墓，城墙外面塌了一个大洞。村里百姓遇到土匪绑票、日本鬼子抢烧，就把人捆牢后藏在里面……”眼前的洞穴难道就是老乡所说的那个藏人的地方？假若是真的，此处必有文章可做。正可谓踏破铁鞋无觅处，得来全不费工夫！他再也无法抑制自己激动的心情，撒腿向后跑去。

“发现了，发现了！”“快来看，快来看！”

洪亮的声音沿着宝城回荡，又从宝城传向旷野。

两个伙伴闻声跑来。三个人六只眼睛死死地盯着那个洞口。

没有梯子，附近又找不到大块石头和木料，怎么办？两个伙伴望着赵其昌激动的面孔，立即蹲下身：“来吧，蹬着我们的肩膀上去看看，这个葫芦里到底装的什么药！”

赵其昌踩上他们的肩头，三人组成一个“众”字形，沿城墙慢慢地升起来。正午的阳光照射在洞口，里面的景物若隐若现，像是一个券门[1]的上端，光照处可辨别出砖砌的痕迹，但一时难以证实券门是否存在。三个人轮流看过一遍，仍未得出一致的结论。

“你们在这里守着，我去长陵村打电话请夏鼐老师来看看。”赵其昌嘱咐完同伴，转身向长陵村跑去。

1 券（xuàn）门：圆拱形小门。

夏鼐接到电话，立即驱车赶到定陵，同时还带来了几位年轻的考古工作者。

发掘队员按原来的方法搭成人梯，让夏鼐站在肩上沿墙慢慢升起。

夏鼐从腰中掏出手电筒，认真察看洞中的一切，不时地用探铲叮叮当当地敲打着洞中的砖石……一刻钟之后，才回到地面上。

队员们纷纷围拢上来，用期待的目光望着考古大师，希望尽快找到正确答案，解开百年之谜。

夏鼐沉思片刻，转身望着大家："据我观察，里面的砌砖不像是原来筑成的，有再砌的痕迹，可能是一个券门的上缘。"

"宝城砌得这么结实，怎么会有券门藏在里头？"不知是谁问了一句。

夏鼐望望大家，似在讲解，又像自言自语："定陵的历史有300多年了，可能因为原砌的和后砌的两层砖之间衔接不紧，经过风吹雨打，外面的砌砖，也就是后来砌成的砖墙就塌陷了。"讲到这里，他望望赵其昌，不再言语。

赵其昌豁然开朗：定陵是皇帝生前営建的，万历十二年（1584年）开工，历时6年完成。这一点《明实录》记载得很清楚。可是，陵墓建成，人并没死，怎样办？地宫就必然再埋好。事实上，又过了30年，即万历四十八年（1620年）王皇后才死，紧接着万历皇帝也死了，二人一起入葬定陵。再度挖开入葬，二次砌砖的现象就可以解释了。不过，定陵明楼下面不建通道，棺椁灵柩又从何处进入地宫呢？

考古所的青年考古同行们也议论纷纷，有的说："如果真的是券门上缘，那它很可能就是入葬的通道。"这句话又提醒了赵其昌。史料记载，定陵仿永陵建筑，宝城外面都有一道外罗城墙。现在外罗城墙虽已毁坏，但遗址可以证实这道城墙的存在。"是不是可以得出这样一个结论：如果是入葬的通道，它正处于外罗城之内，内宫墙之外，帝后的棺椁进入大门之后，绕到宝城外面，再从这里进入地宫？"

赵其昌说完，看看夏鼐。大家顿时骚动起来："夏所长，会不会这样？"

夏鼐不露声色地点点头："说得有道理，我回市里和吴副市长商量一下下一步的打算。"说完，驱车同赵其昌向北京奔去。

一见面，未等夏鼐讲话，吴晗就急不可待地问："作铭，调查的结果怎样？"

"我看是一条极有希望的线索。"

"有把握吗？"

夏鼐望着老同学焦急的面孔，笑着说："辰伯，我看你对考古倒真是外行，我们只有挖开后才能下结论哟！"

吴晗的脸微微红了一下，在屋内踱了几步，用略带埋怨的口气说道："你倒是说一句有把握的话呀！"

夏鼐沉着地回答："像是通往地下玄宫的入口。"

吴晗立即站住，面露喜色："那就和大家研究一下，上报试掘，开始行动吧。"

迷路石？隧道门？

1956年5月18日下午，发掘队在定陵的宝城内侧，即与城砖脱陷处相对应的地方，做出了先开一条探沟的计划。在伸向明楼背后的方向，测好位置，钉上木桩，拉上绳子，立上木牌，墨书大字"T1"，表示第一道探沟。一切准备就绪，只等第二天破土动工。

按照绳子做出的标志，民工们一锹锹地挖下去，再把翻起的土小心地装入筐中运往远处。虽然是第一次动工，但民工们记住了考古队副队长白万玉老人的嘱咐："我们不是搞建筑工程，也不是挖水库建大坝，不要求速度，而是需要细致地观察和小心地操作……”民工们尽管对考古学一窍不通，更没听说过用科学考古的方法来发掘皇陵，在他们心中只有孙殿英那样的军阀和程老六那样的土匪夜间盗墓的模糊形象，但面前的景况让他们感到这项工程与众不同。每装进一筐土，都要经过仔细的检查，而且时常把地面挖开，用小铲一点点地刮，寻找可疑痕迹，干这种活儿，闻所未闻。

赵其昌和白万玉在工地四周密切注视着民工们的操作，几乎每挖出一筐土，白万玉都要仔细观察辨别土质的变化。两个小时之后，探沟已挖了3米多宽、1米多深。宝城内侧1.5米深处露出了一块砌在宝城城墙上不大的石条，这时，有个民工突然大喊一声：“石条上有字！”

大家顿时闻声而来，围住石条，赵其昌、白万玉也急忙奔过去。果然，在一块横砌的小石条上，显出模糊不清的字迹。赵其昌找来毛刷，蹲下身，轻轻地刷掉上面覆盖的一层积土，奇迹出现了：石条上露出三个雕刻粗糙的字。经过仔细辨认，两人几乎同时喊出：“隧道门！”

那么，这三个粗糙的字到底意味着什么？回顾史料，他们做着这样的推断：自万历十八年（1590年）定陵建成，到万历四十八年（1620年）皇帝死去，前后经过了30年的漫长岁月。地下宫殿建成之后，就必然要用土封存起来，等待皇帝死去入葬时再开启墓道门。但是，皇帝的死期是无法预测的，一旦死去，就需要立即打开，等待皇帝的棺椁入葬。这一工作是由工部主管，如果找不到入口，延误葬期，营陵工匠必遭杀身之祸。经过长年累月的尘封土埋，入口定难寻找，这就要在入口的某个部位做一标记，以备急需。赵其昌想着，转过身看着白万玉，轻轻地说：“我看这石条砌在宝城这不正不中的地方，会不会是当年建陵工匠偷偷留下的？”

白万玉点点头：“我也在想，这石条上的字很可能是工部指使人或者工匠偷偷留下的。因为皇帝死后，入葬的日期要礼部决定，一旦日期定下而工部打不开地宫，从工部尚书、郎司到工匠都要问罪，所以才在这里留下记号。看来这里是通往地宫的隧道已不成问题了。”

果然不出所料，十几天后，在探沟挖到离地面4.2米处时，发现了两侧用城砖整齐平铺的砖墙。两墙之间距离8米，如同一条弧形的胡同由南向北弯曲伸张。这条隧道的出现，证实了当年皇帝的棺椁从这里入葬的推断。“隧道门”三个字正对着这条隧道的中心部位，后来发掘人员称这条隧道为“砖隧道”。

打开地宫的钥匙

进入7月，天空开始不断地下起雨来，发掘工作只得根据天气状况时进时停。

自宝城内挖开第一道探沟以后，工作进展极为顺利，民工们将填土砖石，一筐筐运出，一个多月的清理便告完成。在“隧道门”刻石下面，果然露出了一个用大城砖垒起的大门，事实证明了最早被发现的那个塌陷的缺口，就是大门外侧上面的边缘，也是通向地宫隧道的第一座大门。帝后棺椁入葬之后，大门就用城砖巧妙地堵死，磨砖对缝和城墙别无两样。当年的君臣工匠怎么也不会料到，数百年之后，这精心的伪装终究未能瞒过考古工作者的眼睛。

9月2日上午，刚刚开工不久，来自庆陵村的民工栾世海，一镐刨下去，传出钝器的撞击声。“嗯，这是碰到了什么东西？”他琢磨着，用镐头轻轻刨开积土，一块石头露出了地面。

“快来看，这是块什么东西？”他大声喊叫着，沟底的人立即围过去。白万玉见状，急忙喊道：“轻点，别弄坏了！”

大家用铁锨沿石头两侧，轻轻地铲着土。10分钟后，一块小石碑出现在眼前。

一个民工突然大喊一声：“上面有字！”民工队长王启发立即找来一根

竹片，小心地刮着字上沉积的泥土，老考古队员白万玉拿一把刷子走下探沟，边走边喊："快去找赵其昌！"

一刻钟后，赵其昌气喘吁吁地跑来了。他迫不及待地跳下探沟，扒开人群，挤到小石碑前。只见白万玉跪在地上，一点一点地擦着碑上的泥土。赵其昌急忙蹲在一边，问道："怎么回事？"白万玉拿着刷子的手轻轻地颤抖着，激动地说："这回可探出宝啦！"

赵其昌望着这块一尺多长、半尺多宽的小石碑，仔细地辨认着上面的字迹，当白万玉刚把泥土刷去，他就高声念道："此石至金刚墙[1]前皮十六丈深三丈五尺。"

话音刚落，人群轰然炸开，欢腾之声在这昏暗、潮湿的探沟中嗡嗡作响。大家扔掉手中的工具，兴奋地围着石碑来回转悠。

在浩瀚的明代史料中，对于陵墓的建制，只能找到一般历史概况的记录，如陵墓的营建年代、规模、用工用料、建造花费银两等事宜，至于玄宫的形制、结构史料绝不记载，这是明代一项极为严格的制度。但它既然存在，留下了痕迹，就必然会从帝后的丧葬制度中分析、辨别出这块小石碑所起的作用。

发掘队员围在石碑前，仔细地研究起来。正午的阳光洒进探沟，使小石碑闪着亮光，字迹越发清晰可辨。白万玉放下毛刷，神情严肃地望着大家，一字一顿地说："我看像是和隧道门一样的道理。"

刘精义惊讶地望望老人，又看了眼赵其昌："那么说，又是工匠留下的标记了？"

白万玉没有回答，从兜里掏出纸烟，径自抽起来。赵其昌冲刘精义点点头："白老说得有道理。皇帝也好，后妃也好，他们都是人，而人总是要死的。如果没有特殊情况，皇帝皇后不可能同时死去，既然如此，就出现一个

1 金刚墙：古建筑中凡是隐蔽不可见的墙体均叫金刚墙。陵寝建筑被土掩埋的墙体（系指出土之前），亦属其中一种，一般都特别厚实，所以称为金刚墙。

问题：是先死先葬，还是先死者要等后者死去，再同时入葬？”他一边吸着烟，一边推理似的慢慢讲下去，“从文献记载看，明朝帝后的入葬程序，习惯上是采用前者做法。以长陵为例，徐皇后先于成祖死，停灵在南京，等长陵玄宫建好后，才把她的灵柩从南京移来入陵。而后成祖皇帝死去，再开地宫，葬入长陵和徐皇后做伴。其他陵墓的主人也都采取这种方式。定陵是万历生前预先营建的，建成后，他并没有死，只好把墓室关闭，再用土封严墓道。等到他死后再重新掘开使用。所以，这块小石碑是工匠为了帝后入葬能顺利地打开地宫而偷偷埋下的标记。石碑上的刻字应该是可信的，这不是迷路石，确实是一把打开地宫的钥匙。”赵其昌说到这里，转身看看白万玉，老人微笑着点点头。

弱冠皇帝选陵寝

隆庆六年（1572年），明朝刚刚36岁的隆庆皇帝朱载垕自知病入膏肓，不久于人世，急忙召见大学士高拱、张居正、高仪入乾清宫听候遗诏。三人匆忙到来，见皇帝斜倚在御榻之上，面如死灰，气息奄奄，左右静静地站立着皇后、皇贵妃和10岁的太子朱翊钧。此时此刻，这位皇帝唯一放心不下的是侍立在病榻左边年仅10岁的爱子、未来皇位的继承人——朱翊钧。感到留给儿子的并不是一个国富民强、安康兴旺的帝国，他心里有一种莫名的恐惧，他无法预料大臣们将怎样对待这个儿子和朱家江山。他再也没有时间和精力护佑爱子了。在弥留人世的最后一刻，他伸出干瘦且毫无血色的手，转动着满含期待的泪眼，有气无力地向高拱、张居正、高仪三位同阁辅臣嘱托后事：“朕不久于人世，三位阁臣好生辅弼皇嗣，以保江山万世不休……”

第二天，隆庆崩于乾清宫。

六月十日，皇太子朱翊钧登基，以次年（1573年）为万历元年，开始了他长达48年的统治。

万历七年（1580年），不满18岁的万历皇帝第一次到天寿山谒陵时，就开始考虑建造自己的陵寝了，只是当时担心张居正（1525—1582）等人劝阻谏争，所以此次谒陵并未公开提出预建自己寿宫的想法。从1582年冬天到1583年春天的几个月，一直纠缠于清算张居正等人相关事宜的万历皇帝，情绪陷入了混乱。继张居正之后出任首辅的张四维，洞察皇帝心理后，经过一番苦思冥想，终于得到了一条计策。他建议万历修建寿宫，万历皇帝欣然同意。

对于刚刚步入21岁青春年华的万历皇帝来说，这一看似奇特的抉择并非因为他认为自己死期临近。有研究者认为张居正的去世，使他越来越感到群臣阁僚们并没有把皇帝当作一个有血有肉的人，而是把他当作一个机构来看待。万历虽然缺乏坚强的意志和决心，但并不缺乏清醒和机灵的头脑。如果仔细地回忆万历的人生，就不会遗漏这件事以及万历在这件事中所表现的思想脉络及人生感悟。那是1583年春，恰值三年一度的会试，按照传统，皇帝要亲自主持殿试。这次策文的题目出人意料地竟多达500字。他询问那些参加会试的举人，为什么越想励精图治，后果则是大臣更加腐化和法令更加松弛？

答案显然是无法靠几个参试的举人能准确地找到的。此时的万历皇帝陷入了更加沉重的精神重压中，他唯一的希望和寄托就是接受这精神上的活埋。

出乎万历意料的是，这次预筑寿宫不但没有遭到廷臣的劝谏和阻止，反而得到了极力迎合。事实上，直到他死也没弄明白，为什么廷臣在他所干的其他事上横加干涉，屡屡进谏，而对此事却如此宽容和谅解？也许群臣们认为，此时的皇帝已经足以让后代的人们崇敬。同时，他虽正值青春年少，但是已御宇十年，具有足够的资格当此殊荣了。

根据张四维的建议，此项工程参照明世宗在嘉靖十五年选择山陵的惯例，命文武大臣带领钦天监人员及通晓地理风水之人，先行去天寿山选择

“吉壤”二三处，以便于皇上在谒陵过程中钦定。

万历十年（1583年）二月四日，礼部首次派遣祠祭署员外郎陈述岭一行去陵区勘察，择得谭峪岭、祥子岭、勒草洼三处吉壤。又经定国公徐文璧、内阁首辅张四维、司礼太监张宏及通晓地理风水的内外大小官员一起校勘，确认三处均为吉壤。

三处俱吉，自然不能都用，只能从中选择一处作为寿宫之地，而这个选择只能由皇帝自己决定。于是，万历假借恭谒山陵行春祭礼之名，决定在闰二月十二日进行第二次“谒陵”。

圣旨一下，朝廷内外一片忙碌。礼、工、兵各部按照自己的职责，仔细地做着准备。到闰二月九日，突然狂风大作，黄尘蔽日，群臣无不惊慌失措。内阁首辅张四维认为天时不利，前行无益，并引用明太祖朱元璋的《祖训》“谨出入”条，谏止皇帝放弃这次“谒陵”。万历选择“吉壤”心切，不顾张四维的谏阻，毅然决定按原计划成行。

闰二月十二日，狂风渐小，红日初露。万历皇帝由定国公徐文璧、彰武伯杨炳护驾，“率妃发京”。御驾前后，由镇远侯顾承光、左都督李文全、勋卫孙承光统率佩刀五府军卫官30名、大汉将军300名、其他武装军校4000余人，浩浩荡荡，向天寿山行进。

御驾尚未出动，京城便开始戒严，每座城门都由一位高级文臣和武将共同把守。皇弟潞王当时尚未成年，即参加戒严事宜。他的任务是搬到德胜门的城楼上居住，密切监视御驾必经之路。这支声势浩荡的队伍到了郊外，皇帝及其家室住在沿路修起的佛寺里，其他随从人员则临时搭盖帐篷以供歇息住宿。在几十里路途上，一些地方官、耆老及学校的教官被引导在御前行礼，不能稍有差错。

万历出京的第二天，在由沙河巩华城赴天寿山的路途之中，皇帝的备用“飞云辇”不知何故突然起火。侍卫们赶上前扑救，总算保住“飞云辇”，未酿成大灾。这次事故，群臣再度大惊失色，议论纷纷。张四维认为，这是

“上天的警告”，即劝万历停止前行，但未得同意。

十四日，队伍到达陵区。万历此行的目的很明显，主要是寻觅及视察他自己的葬身之地。既然以谒陵为名，那么谒祭在所难免，种种仪式自然应当周到齐备。因此，在出发之前，礼部必须斟酌成例，拟订各种详情细节，有的陵墓由皇帝亲自祭谒，有的则由驸马等人代为行礼。十四、十五两日，万历在拜谒完长、献、景、裕、茂、泰、康、永诸陵之后，还要亲祭长、永、昭三陵后边的主山，后经张四维谏阻，才勉强作罢，只命驸马等人代行祭礼，以示诚意。

十六日，万历率队依次到祥子岭、谭峪岭、勒草洼三处详细查阅后，对三处地址皆不满意。十八日，万历回宫，并立即谕礼、工二部及钦天监诸官，再去选择二三处来看。礼部见皇帝如此挑剔，心中不快，即呈奏万历：“臣等既已寡昧，请允许张邦垣多带些通晓地理风水之人，共同前去踏勘，唯此才能选取更多吉壤供皇上选择。”对于这个奏本，万历自然深知其中之意，但他未露声色，当即给予允可，并谕令：“凡在京有谙晓地理风水的内外人小官员，都可到天寿山参与实地踏勘。”

万历的这一谕旨，不但未给礼、工二部带来方便，反而加深了选择“吉壤”的难度，导致官员之间矛盾重重，并生出许多阿谀逢迎、令人捧腹的可笑事件。

就在礼、工二部重新组织人马，紧锣密鼓地赴天寿山再择“吉壤”之际，一位名叫梁子琦的通政司左参议感到建立奇功的机会到来，于是向万历陈奏自己深晓地理风水，请命前去选择吉壤。万历急命梁子琦随礼、工二部一同前往核视。梁子琦获悉皇帝对自己的陈奏和才华十分赏识，便在实地踏勘中别出心裁，处处与礼、工二部及钦天监等人意见相左。三月二十三日，礼部尚书徐学谟将本部及钦天监择得的六处和梁子琦个人择得的八处，一并呈给万历皇帝。万历览奏之后，谕令礼、工二部再行实地踏勘，从十四处中选择最上吉地三四处并绘图来看。

四月三日，礼部尚书徐学谟、工部尚书杨巍通过四处遍访实地比较之后，认为形龙山、大峪山、石门沟山三处“最吉”。梁子琦得知自己选择的石门沟山被列为“吉壤”，内心十分欣喜，仿佛高官厚禄就在眼前了。

令梁子琦遗憾和痛恨的是，首辅申时行的出任使他失去了这次加官晋爵的机会，最终落得贬职闲居的下场。

张四维继任首辅不到一年，父亲不幸病逝。张四维只能离职守制，在此期间，申时行代理首辅。但是张四维在居丧将要期满之时又突然患病不起。恰在这时，比申时行资深望重的大学士马自强和吕调阳也先后病故，命运之神自然地把这位资历最浅的大学士推到了政治舞台的前沿。

申时行和张四维不同，他以才干取得张居正的信任，而不是以谄媚逢迎见用。张居正死后，他承认张居正的过错，但并不借此夸大其过失作为自己上台的资本。他和张四维的差异为同僚所深知，也为皇帝所了解。

七月二十二日，万历皇帝谕令内阁首辅申时行、定国公徐文璧、司礼监太监张宏前去陵区核视。两天后，申时行等人回京。在给万历的奏文中有这样的陈述：除石门沟山坐离朝坎，方向不宜、堂局稍隘、似难取用外，看得形龙山吉地一处，主山高耸，叠嶂层峦，金星肥员，木星落脉，取坐乙山辛向，兼卯酉二分，形如出水莲花，案似龙楼凤阁，内外明堂开亮，左右辅弼森严，且龙虎重重包裹，水口曲曲关阑，诸山皆拱，众水来朝，诚为至尊至贵之地。又见大峪山吉地一处，主势尊严，重重起伏，水星行龙，金星结穴，左右四铺，拱顾周旋，云秀朝宗，明堂端正，砂水有情，取坐辛山乙向，兼戊辰一分。以上二处尽善尽美，毫无可议。

梁子琦得知此情后恼羞成怒，认为这是申时行与徐学谟故意与自己作对，盛怒之下，上疏皇帝攻击徐学谟，奏称申时行与徐学谟本是儿女亲家，“附势植党”，故意不给皇上选择最上“吉壤”。

万历见到梁子琦的奏疏后，大怒，立即将徐学谟罢职。申时行见此情景，感到形势严峻，大祸欲临，只得上疏奏辩，并联合礼、工二部及钦天监重臣，一起揭露梁子琦在踏勘过程中好刚使气、固执褊狭、自以为是、不顾吉凶等罪行。由于申时行的特殊地位和在朝廷的威望，他们的陈奏自然使万历皇帝坚信不疑。于是，当即谕旨：“子琦挟私渎奏，夺俸三个月。”

梁子琦的陈奏使徐学谟被罢职的同时，自己也遭到了惩罚。然而，这个惩罚对于他来说只是一个信号，不久之后，还将有更大的灾难落到他的头上。

九月六日，万历皇帝再次以行秋祭礼为名，率后、妃进行第三次谒陵。九月九日，万历亲登形龙山、大峪山主峰阅视，经过反复比较之后，谕旨内阁：“寿宫吉壤，用大峪山。”这里所指大峪山，原称小峪山，真正的大峪山在昭陵主峰。因万历忌讳“小”字，便不顾与父皇昭陵的大峪山重名，将“小”改“大”，小峪山变成大峪山。

九月十九日，礼部上疏，认为陵址既已选定，就应该钦定日期营建。但万历仍然不允，非要待两宫圣母看后才能确定。为此，御史朱应毂以谒陵耗费太巨，陈请两宫太后不必再去阅视，但仍未得到万历皇帝的允可。

十一月十三日，在申时行的暗中指使下，贵州道试御史周之翰再次上疏弹劾梁子琦说，已奉皇上谕旨，寿宫定在大峪山下，可见徐学谟当初对皇上并未欺罔。徐学谟既已被罢职，梁子琦岂宜独留？

万历皇帝览奏之后，立降梁子琦为右参议，令其闲住，永远不许起用。

梁子琦接到圣旨，悲愤交集。落到今天这般地步，是他始料不及的。也只有在此时，他才真正知道面对这个强大的文官集团，他所要做的是什么。

万历十一年（1583年）九月十三日，万历皇帝奉两宫太后并率后、妃进行第四次谒陵。十六日，万历与两宫太后亲登大峪山主峰阅视。两宫太后也一致认为大峪山最“吉”。

至此，近一年半的“吉壤”纷争总算告一段落。

经过万历皇帝的四处搜刮和群臣的东拼西凑，定陵总算于万历十八年（1590年）六月全部建成。整个工程总耗银800万两，相当于国库两年的全

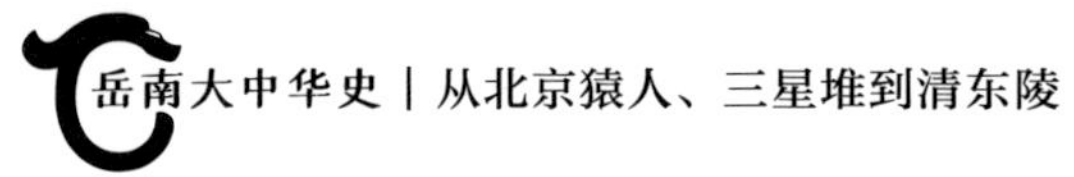

部收入。

当万历在寿宫中大摆酒宴为忠实于他的臣僚加官晋爵之时，他不会想到也无法想到，世界局势已经发生了翻天覆地的变化，大明帝国的末日也将来临。

泥水中拖曳前行的皇帝棺椁

万历十一年，就在万历皇帝清算张居正并到天寿山寻找自己死后乐园的这一年，生活在白山黑水之间的女真族人、25岁的努尔哈赤开始显示他过人的军事才华。

由于明朝辽东总兵李成梁用计杀死了努尔哈赤的祖父和父亲，他便凭借祖上遗下的13副铁甲和族人一起对明发难。当万历皇帝接到边廷上传来努尔哈赤要求归还祖父、父亲尸体的消息时，他绝没有料到不久的将来，就是这位努尔哈赤会和大明分庭抗礼。万历皇帝心平气和地封努尔哈赤为建州卫都督，并加龙虎将军衔。万历的册封，使努尔哈赤如虎添翼。他不断吞并周围部落，在征战中创立和完善自己的军事组织；与此同时，他下令开采金银铜矿，置办冶炼，鼓励民间养蚕，发展手工业生产。努尔哈赤已不满足于做明朝的臣民，他觉得自己应该拥有更多的土地和人民，就像历史上所有的君主那样，凭着不断进取赢得天下。这样的理想和由此而来的奋发精神，是在故纸堆和脂粉中长大的万历皇帝所不具有的。

从万历十一年到万历四十六年（1618年），正当万历浑浑噩噩、沉溺于酒色之中，热衷于搜刮珠宝时，努尔哈赤已经在东北的莽莽雪原上建立起了一支与明王朝争夺天下的军队。同时，趁明军抗倭援朝、辽东空虚之机，继续扩张势力，并针对明帝国狂妄自大和辽东总兵李成梁的骄横，巧妙地实行对明朝表面恭顺，暗中称王称汗、积极发展势力的两面政策。经过35年的积极准备，终于在万历四十六年四月十三日，以发布“七大恨”告天为起点，把进攻的矛头正式指向明朝，从此，揭开了中国历史以清代明的序幕。

努尔哈赤亲率两万铁骑，直入要地抚顺，迫使守将李永芳投降，并将救援的张承荫等将领一举击毙。然后，乘胜进兵抚顺东南的鸦鹘关，再克清河，一路势如破竹，锐不可当，大军横扫北国朔漠平川，疾速向关内挺进。这时万历和他的臣僚们才感到事态发展的严重性。

边防的军事危机飞报皇帝，但是万历自己不能统率兵将，在平日又没有整顿军备，自然他更谈不上离开京城巡视边关了。既然他的权力产生于百官的俯伏跪拜之中，那么在这边关危难、大兵压境之际，万历皇帝只能盲目听从大学士方从哲的请命，慌忙之中任命那位在抗倭战争中讳败为胜的杨镐为将，从而使明军在关键的一仗中丧师失地。

万历见明军已无力阻挡努尔哈赤的铁骑，就通过太监找来阴阳术士王老七，施展阴阳之术，以破敌军。王老七一番占卜之后，跪请皇帝说道：“女真人之北关，与其祖坟风水有关。如将房山金人陵寝捣毁，泄其王气，明军可能转为胜矣。”万历皇帝闻听此言，大为惊喜，于是谕令兵部急速派人赶往房山，捣毁金人陵寝。

金朝原是由居住在长白山和黑龙江流域的女真族建立，12世纪初，其部落联盟的首领完颜阿骨打战胜辽，夺得了东北和华北的统治权，当上了皇帝，是为太祖。阿骨打死后，原葬于东北海古勒城西的泰陵，其弟太宗之陵原来也在上京。贞元元年（1153年），海陵王迁都燕京之后，又把他们二陵及其同葬十陵迁到中都（今北京）。两年之后，房山寿宫建成，便把棺椁运往房山陵地安葬。由此，这里便形成金代太祖、太宗、十帝和其他后妃王公的数十处陵墓组成的皇家陵区禁地。

明军进入房山金人陵区之后，大肆焚烧盗掘，整个陵区烈焰升腾，烟尘四起。不到两个月，建筑规模和历史艺术价值比明十三陵毫不逊色的房山

金陵，毁坏殆尽。

事情到此并未结束，万历皇帝死后，他的孙子天启皇帝朱由校见努尔哈赤不但没能自灭，反而锐气剧增，又听阴阳术士之言，在房山金人陵区修建一座关公庙，以压其胜……而最后的结局是清军入关，多尔衮下令捣毁十三陵，以报房山金陵被毁之仇。其中定陵遭其毁坏最为严重，宝城垛口、明楼地面的花斑石、外罗城等建筑全被焚烧捣毁，辉煌的定陵园林只剩一座明楼。这个报复性的毁灭要在万历死后24年才得以应验，当然这是后话。

面对这艘帝国古船，万历已经准备好了一切，决心沿着他选择的道路径直走下去。病入骨髓的他自知必定先于古船沉没，尽管船上救命的号子喊得翻江倒海，他却再也无力顾及了。

万历四十八年（1620年）四月六日，孝端皇后王氏气绝身亡，按照她生前的地位要葬于定陵地宫。为担心雨水进入玄宫，礼部左侍郎孙如游上疏说：皇后发葬，惯例要出百日，可玄宫隧道不可久泄，眼下正处大雨季节，臣等非常担忧。万历皇帝连战事都不再顾及，哪还有心思去理睬这些事，所以王皇后的棺椁一直没有入葬。从此，群臣们不再过问，只管在沉沦中苟且偷生。

七月二十一日，万历皇帝终于一病不起。这位“难识君王真面目，三十余载匿深宫”的帝国君主，在将要撒手归天的弥留之际，竟然连太子常洛也不见，更不允许大臣们去问安，他只要既带给他欢乐、又带给他苦恼的郑贵妃陪伴。两人相对，多少往事涌上心头。他庆幸，在这郁闷苍凉的人生旅途中，能和这位美丽聪明的爱妃相遇。同时，他又感到无限的内疚和忧虑，他辜负了爱妃和爱子的期望，使她和她的儿子落到今日天各一方、茕茕孑立的可怜境地。他无法知道自己死后，太子常洛会对郑贵妃施以什么样的残酷手段。他第一次感到了时间的珍贵与紧迫，在这阳气尚存的最后一刻，他强打精神，谕令方从哲等几位重臣前来受顾命。

当方从哲等几位大臣赶到乾清宫时，见万历皇帝面如土灰，奄奄一息，急忙跪地痛哭流涕。万历轻微地抬了抬手，示意方从哲上前，两滴浊泪夺眶而出。他颤巍巍地拉了拉方从哲的手，有气无力地说道："念郑贵妃待我好，册立为皇后，死后葬入定陵寿宫同朕做伴……"说完，撒手而去。

万历死后，皇太子朱常洛即位，年号泰昌，是为光宗。朱常洛的一生，大部分时间都是在逆境中度过的，由于长期忧郁苦闷，清闲无聊，只得把全部精力寄托在酒色上。虽然他年龄还不到40岁，身体的健康状况却已到了崩溃的边缘。

万历驾崩之后，郑贵妃知道自己地位岌岌可危，为了保住自己的地位，一反过去之常态，千方百计地逢迎讨好这位新皇帝，除了赠送大量珍珠异宝以外，又赠送八名绝色美女供他享用。结果，由于色欲过度，这个一生受尽苦难的短命皇帝，不到一个月就一命呜呼了。

从万历四十八年四月六日到九月一日，明帝国先后死去一后二帝，这在中国历朝的宫廷史上都是极为罕见的。朱常洛的儿子、16岁的小皇帝朱由校（年号天启）一登基，就要大办喜事。可此时宫廷内部正争权夺利，钩心斗角，吵闹不休，边关异族不断入侵，内地农民起义风起云涌。此种情形，万历皇帝的丧事举办得如何，是可想而知的。

按惯例，送葬前杠夫要在北京德胜门外"演杠"十天，按正式送葬的要求，抬着一具木箱，木箱上方中心位置放着满满一碗水，演练到滴水不洒为止。但这一切都无人要求了。九月二十八日，万历皇帝、孝端皇后梓宫同时发引。护丧的是孙如游、黄克缵、李腾芬、王永光等24员大臣，共有军夫8000人抬灵。走在最前面的是引幡队，举着花花绿绿的万民旗、万民伞；后面紧跟上千人的法驾卤簿仪仗队，高举如林的金瓜钺斧、朝天镫，幡旗蔽日。跟在棺椁后面的是十路纵队的兵丁；最后面是由数百辆车子组成的文武百官、皇亲国戚的车队。整个送葬队伍蜿蜒十几里，所到之处，凡有碍通行的建筑物，无论大小，一律拆除……由于事前未演练抬棺技巧，又因棺椁太重，一路上常有绳索损伤，行走极慢。早上从宫中走出，天黑才到德胜门，只好再增加600名杠夫。三十一日傍晚，当棺椁运到沙河时遇到风雨，先是北风大作，黄尘升腾弥漫，接着大雨飘落。风雨潇潇，天地苍茫，送葬队伍乱作一团。恰在这时，托灵龙木（主杠）轰然断裂，万历皇帝的棺椁一角坠地，跟随的重臣闻此不测之事，急喊“停下献酒……”竟无人理睬，棺椁依然在泥水中拖曳而行。直到十月三日，棺椁才进入寿宫。

御驾大明帝国48年的万历皇帝朱翊钧，确实是愧对祖先于地下。虽然他死后24年明朝才被农民军和大清帝国灭亡，但后来的政治家和历史学家都承认这样的评判：明朝灭亡的原因不在崇祯，而在万历。至少在万历年间，帝国沦亡便开始了。

谁在石隧道上留下文字？

1957年元旦过后，定陵发掘工地又加紧了工作进度。为了尽快打开隧道大门进入地宫，发掘委员会决定把人力运土改为机械化搬运，以传统的考古方法和现代化设施相结合，闯出一条考古发掘的新路子。

几个月后，石隧道终于全部显露出来，在40米长、20米深的隧道里，赵其昌、白万玉仔细地察看着巨石的结构和一切可疑的迹象，在离沟底两米多高的花斑石条上发现了墨书字迹，擦去上面的尘土，字迹清晰可辨。其内容多是记载时间、姓名、籍贯、官职以及石质的优劣等。工作队详细地抄录了上面的一切记载：

四月廿六日管队金虎下口

廿六日刘精

山东胡西儿

……

墨书的位置和结构极不工整，颇似顺手涂抹而成，有的地方还出现“画押”字样。经分析认为，这些墨迹当是石料的验收人员所书，从墨迹所示官职看，大部分属于军职人员。文献记载：“万历十八年正月癸丑，巡视京科道官洪有复等奏言，寿宫做工班军，人多工少……”可见当时的陵工大都用班军，隧道石上所留墨书字迹证明了这一点，文献与遗迹吻合。

经过一周的发掘，终于穿透土层，到达了金刚墙。仔细勘察过后，新的奇迹出现了。金刚墙有一个隐约可见的开口，开口上窄下宽，呈“圭”字形，由墙的顶部延伸下来，原用23层城砖加灰浆砌封，封口不露任何痕迹。但是，由于石隧道内填土的长期挤

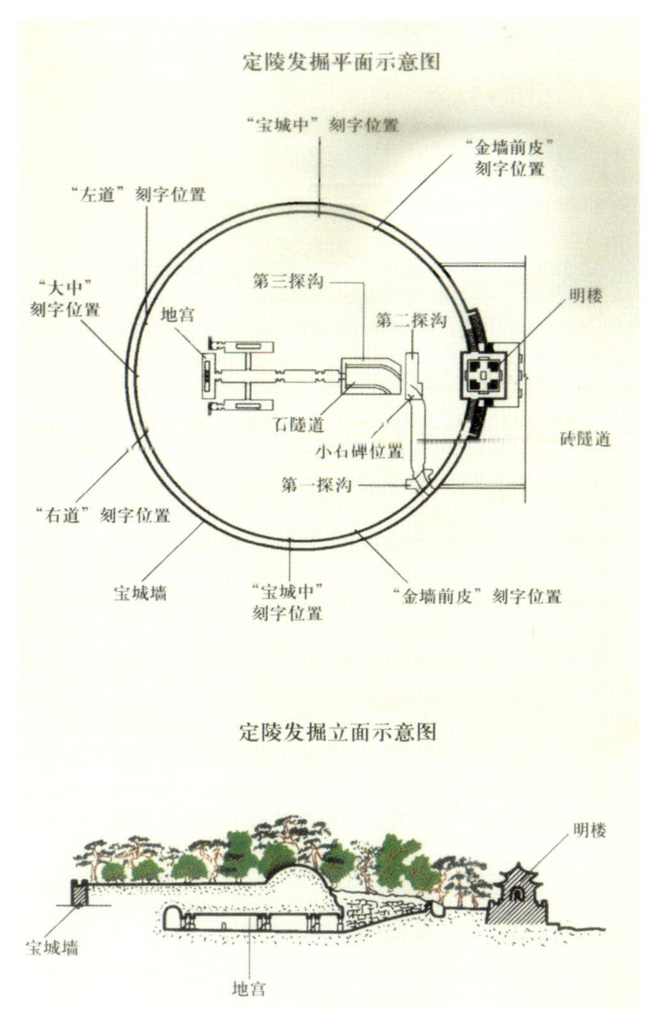

图11-4　定陵发掘示意图

压，致使封砖略向内倾，封口渐渐显露出来。可以断定，这封口里面就是埋葬帝后的玄宫大门了。

“找到了，终于找到了！”赵其昌激动地大声叫喊起来。民工们也呼啦围上来观看这神秘的封口，20米深处，顿时回响起嗡嗡的欢腾之音。

打开金刚墙

9月19日傍晚，民工们伴着刚刚落下的太阳来到发掘工地。工作队成员早已披挂整齐，下到探沟，将梯子搭上金刚墙，等待这考古历史上伟大时刻的到来。

十来盏汽灯吊在上面，照得人眼花缭乱。

一切都按计划进行，摄影机不停转动，开始记录下这令人难忘的时刻。

因为砖缝之间没有用灰浆黏合，赵其昌毫不费力地将24公斤重的城砖撬开了一角。他把铁铲挂在梯子侧，两手抓住砖边向外慢慢抽动，王启发和探沟中的人群屏住呼吸静静地等着。赵其昌憋足气力，猛地向外一拉，宽厚的城砖终于全部从墙体中抽出。夏鼐在沟底大喊一声：“当心毒气！”

话音刚落，只听“噗”的一声闷响，如同匕首刺进皮球，一股黑色的浓雾从洞中喷射而出。紧接着又发出“哧哧”的怪叫，就像夜色中野兽的嘶叫，令人不寒而栗。

“快趴下！”白万玉老人喊道。

赵其昌抱住城砖，就势趴在梯子上，低下头一动不动。

黑色的雾气伴着怪叫声仍喷射不息，一股霉烂潮湿的气味在金刚墙前弥漫开来。雾气由黑变白，渐成缕缕轻烟，由沟底向上飘浮。人群被这股刺人的气味呛得阵阵咳嗽，大家赶紧捂住口鼻。

赵其昌把砖递给王启发，咳嗽着跳下木梯，眼里流出泪水。夏鼐指着缥缈的雾气说："这是地宫中多年积聚的腐烂发霉物质产生的气体，只要放出来，就可进入地宫了。"

雾气渐渐稀少，王启发和刘精义爬上木梯，继续拍动城砖，下面的人一块一块地接过排列在一边。夏鼐在沟底为抽下的城砖编号，同时绘图、拍照、记录、摄影等工作也在紧张地进行着。

砖一层层抽掉，洞越来越大。当抽到15层时，洞口已经有2米多高。夏鼐宣布停拆，他爬上木梯，打开手电筒向洞内照去，里面漆黑一团，手电的光芒如同萤火虫在黑暗里流动，仅仅一个小光点，什么景物也照不分明。他把身子探进洞内，侧耳细听，乌黑的墓道一片沉寂，静得令人发紧。他让人递过一块小石头，轻轻扔下去，洞内立即传出清晰的落地声。赵其昌急切地说道："夏老师，我下去看看吧。"

夏鼐走下木梯，抬起手臂，测了下未拆除的砖墙，沉思片刻，点点头叮嘱："千万要小心。"白万玉拿根绳子跑过来："为了保险，还是在你腰里拴条绳子吧。"

赵其昌戴好防毒面具，衣服袖口全部扎紧，腰系绳索，手拿电筒，登上木梯，来到洞口上。

"要是洞中无事，你就打一道直立的手电光上来，如果发生意外，你就拉动绳子，我们想办法救你。"白老再次叮嘱。

赵其昌点点头，表示记住了，然后转过身，两手扒住洞口的砖沿，跳了下去。

进入地宫隧道

一会儿过后，只见洞内刷地射出一束手电光，橙红色光柱照在洞口上方，不再动弹。

“没事了。”洞口处的人们都松了口气欢呼起来，跳到嗓子眼儿的心又落了下来。其他考古人员看到这信号后，便也接连下到洞内。

几个人打着手电筒在漆黑死寂的洞穴内摸索着前行，不时踩着木板、绳索之类，发出响声。每个人的心脏都加快了跳动，每个人都百倍地警觉和小心，每个人都在盘算可能遇到的意外情况。里边的空间很大，摸不到边缘，看不到尽头，充斥整个空间的只有黑暗和腐烂霉臭的气味。一道道红黄灯光在黑暗中晃动，光柱里飘浮着尘埃和蒙蒙雾气。不知道过去了多长时间，时间在他们的心中已变得毫无意义。他们在极度紧张和亢奋中向前走去。50多年后，我们发现赵其昌曾在当时的一篇日记中这样描述自己的心境：“地宫里面静悄悄、黑乎乎、雾茫茫。太寂静了，静得让人心里发慌、发毛、发蒙、发怵，一股难以名状的恐怖与凄凉之感渗入骨髓。”突然，刘精义和冼自强几乎同时喊道：“地宫大门！”

石破天惊，死寂中响起一声炸雷，幽深的墓道里顷刻响起嗡嗡的回声。众人打个寒战，顺着手电光束的方向望去，只见两扇洁白如玉的巨大石门突兀而现，高高地矗立在面前。雾气缭绕，光亮如豆，看不清巨门的真实面目，大家只好按捺住要跳出胸膛的心，一步步向前移动、移动。

在6道手电光照射下，大家来到门前，终于看清了它的本来面目。原来这是用整块汉白玉石做成的两扇石门，历经300多年仍晶莹如玉，洁白如雪。每扇大门雕刻着81枚乳状门钉，两门相对处的门面上，雕有口衔着圆环的兽头，称为“铺首”，使石门显得格外庄严和威武。

赵其昌向前轻轻推了下石门，不见任何响动。夏鼐将手电光沿2厘米宽的门缝照过去，只见有一块石条把大门死死顶住，这样无论使出多大力气，都无法将门推开。大家伫立门前，心中都在发着同一感慨：“好一座神秘的巨门啊！”

“自来石”

发掘人员聚集在木板房，极度兴奋地探讨着地下玄宫内石门的奥秘。门内有石条把两扇大门死死顶住，使外来的冲击力无法破门而入，这是肯定的。那么，这块石条是谁放进去的？放好后人又怎样出来的呢？难道是殉葬的妃嫔宫女，在入葬人员撤出玄宫后，她们在里面搬动石块把门顶住？显然，这是不可能的。

根据史料记载，殉葬的妃嫔宫女都是先被杀死之后，才和帝后的棺椁一起入葬。这一点，除奴隶社会外都被发掘现场所证实。况且，按照明代的葬制，只有皇帝皇后才有资格入玄宫，即使是名位尊贵的皇贵妃，也必须严格遵守这种制度，而绝对不允许葬入玄宫。明代虽有妃嫔宫女殉葬的记载，但也只是把这些女人吊死后另葬别处。是否地下宫殿还有别的秘密通道，在帝后入葬完毕之后，让工匠用石头把门堵死，然后再从秘密通道出来？尽管在后来的发掘中，又发现两条通往地宫的甬道，但工匠堵门的假设，还是被排除了。既然要防止后人开门入宫，那么这条通道被堵死、工匠出来的秘道之门又由何人在里面封墙？假如这条秘道先被后人发现，工匠所做的一切不就前功尽弃了吗？

妃嫔宫女和工匠在宫内封门的假设不能成立，就只有一种可能存在，那就是在帝后安葬完毕后，活人全部撤出，把门关闭，里面的石头自动将门堵住封严。那么又是一种什么力量使石头自动把门顶住呢？

木板房内烟雾弥漫，议论纷纷。大家提出一个个假设，又一个个将这些假设在科学的分析中予以否定。谜团连着谜团，在大家的心里滚动翻腾，使发掘者心力交瘁。远处传来一声鸡啼，天就要亮了。

第二天下午，赵其昌带人再次来到玄宫的石门前，研究开门的方法。赵其昌试图在石门四周找到像“指路石”一样的密码，但希望落空了。大门上的乳状门钉，有的是后来嵌入雕好的凿槽之内，四周的石墙也严丝合缝，找不出任何蛛丝马迹。研究工作不得不回到查访文献史料上来。

早前，赵其昌曾经在北京西郊、东郊发掘过几座明清时代的贵族墓。当时有些墓道的石门，是采用石球滚动的方法将门顶住的。即先在石门内侧做成一个斜坡石面，门槛处凿出沟槽，槽的顶部放好石球，用敞开的门挡住。入葬完毕，人走出门外，两门逐渐关闭，石球便沿着地面斜坡滚动，直到石门完全关闭，石球在两门交合处的一个更深的石槽内停住，门也就被堵死了。

石球顶门为打开定陵地下玄宫之门提供了启示。从门缝看进去，石门之后可能是用一根石条顶住的。石球虽不同于石条，原理应是大同小异：在两扇门关闭时，将石条倚于门后槽内；人走出后，石条随着石门的关闭慢慢倾斜；石门完全关闭时，石条也随之滑向两扇门的中央，于是石门得以完全顶死。这个设想极有可能，而且也必须如此，才能顶住石门。

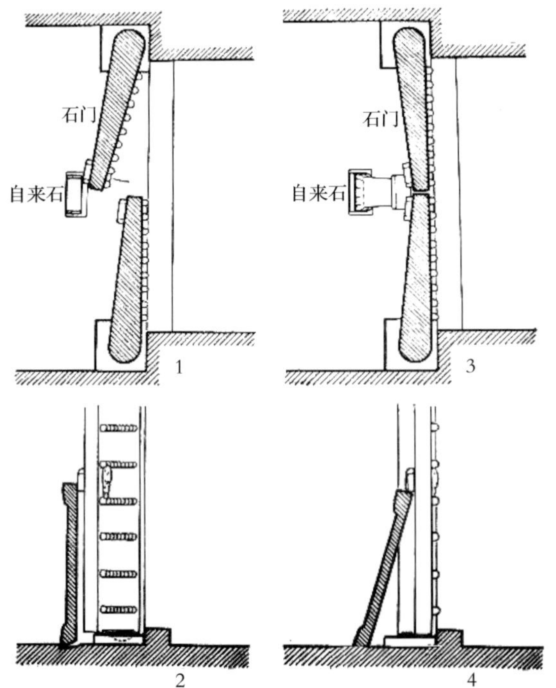

图11-5　玄宫石门关闭示意图

1. 关闭前（平面）

2. 关闭前（侧面）

3. 关闭后（平面）

4. 关闭后（侧面）

原理已经弄清，就要设法挪开石条，开启大门。工作队在浩如烟海的史料中，终于从有关明末崇祯帝入葬的记载中，找到了大门洞开的“钥匙”。

拐钉钥匙

故事还要从崇祯十七年（1644年）开始讲起。

李自成率领大顺军队拿下居庸关，直抵北京城下。三月十七日晚上，明朝最后一个皇帝崇祯朱由检，遥望城外到处都是火光，沉闷的炮声不断冲入耳鼓，知道大势已去，仰天长叹一声：“只是苦我全城百姓！”急惶惶回到乾清宫，端起酒杯一饮而尽。周皇后见崇祯已丧失斗志，明亡在即，垂泪说道：“妾事皇上一十八年，你一句话也听不进，致有今日。”说完拔刀刎颈而死。

16岁的长平公主牵着父亲的衣襟，泪如雨下。崇祯咬咬牙，叹口气说：“你为何偏生于我家！”然后拔出宝剑，左手以袖掩面，右手举剑砍下。随着一声撕心裂肺的惨叫，公主的左臂落到地上。崇祯还想再砍，但手软无力了，只好作罢。崇祯手执三眼火铳，率领几十名太监冲出乾清宫，骑马直奔安定门，想夺城而走。但此时安定门已经封闭，无法开启。外城也被攻破，大顺军队冲杀而来。崇祯皇帝只得下马，看看身边的太监已经跑掉，只有王承恩一人立于马前。君臣两人只好弃马登上煤山（今景山）。崇祯脱下外服，要过王承恩随身携带的笔，借着火光月色，在白缎衣里上写下了他的最后一份诏书：“朕自登基以来，十有七年，东人三侵内地，逆贼直通京师。虽朕薄德匪躬，上干天咎，然皆诸臣误朕。朕死无面目见祖宗，自去冠冕，以发覆面。任贼分裂，无伤百姓一人。”

崇祯皇帝把衣服挂在树上，将冠摘下，散开头发，披在脸上，在老槐树上自缢而亡。

同年四月三十日，李自成与清兵交锋兵败，落荒而走，北京为清军所占。昌平县的几个乡绅出于对旧时君主的效忠，主动组织起来拿出钱财发丧。崇祯生前未来得及为自己建陵，只是给他的宠妃田贵妃在陵区的锦屏山下，建造了一座豪华陵墓。乡绅们便将崇祯和周皇后的棺木运往田贵妃的墓中安葬。史料载：工匠用了4个昼夜，挖开了田贵妃墓，见到了地宫大门。用拐钉钥匙将石门打开后，把田贵妃棺移于石床之右，周皇后棺安放石床之左，崇祯棺木放在正中。田贵妃死于无事之时，棺椁完备，崇祯皇帝有棺无椁，于是工匠们把田贵妃之椁让给了崇祯。安葬完毕，关闭石门，填上了封土……

发掘人员从这段记载中得知当年工匠打开地宫之门，使用的是“拐钉钥匙”。要打开石门，必须先推开顶门石条，但又不能让它完全倾倒摔坏，这就必须使用一种特制的工具。“拐钉”，顾名思义，一定是个带弯的东西……事情进展到这里，赵其昌一拍大腿，大声嚷道：“我明白了！”

他找来一根小手指粗的钢筋，把顶端弯成半个口字形，像一个缺了半边的无底勺子。他拿到大家面前：“你们看，这是不是‘拐钉钥匙’？”众人恍然大悟。听来极为神秘的东西，其实并不神秘，一经出现在现实中，却是那么平淡无奇。

地宫石门轰然洞开

10月5日上午，发掘人员进入地宫，准备用自制的“钥匙”开启石门。

地宫的石门虽深埋地下，但它气势之磅礴、形态之巍峨、艺术之精湛，丝毫不比紫禁城的巨大城门逊色。

隧道券内依然黑暗潮湿，气味熏人。尽管发掘人员已有一些了解，但面对这幽深的地宫和巨大的石门，心还是怦怦直跳。

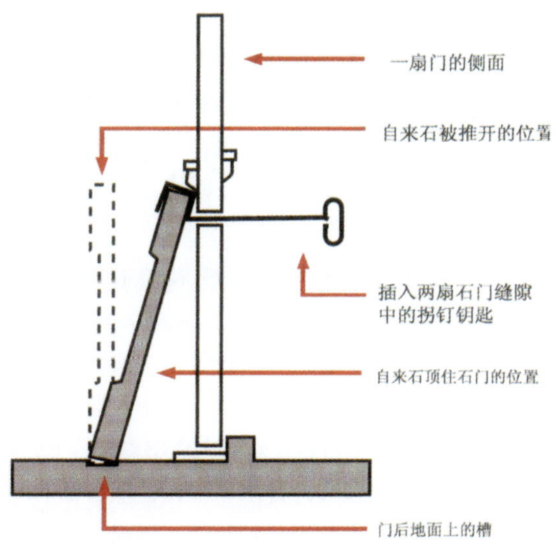

图11-6　拐钉钥匙破解自来石封闭大门图示（制图：蔡博）

赵其昌手拿“拐钉钥匙”，将长柄的半个“口”字形钢筋竖起来，慢慢插进门缝。待接触到石条上部后，又将“口”字横过来套住石条的脖颈。一切准备就绪后，他屏住呼吸轻轻推动，“钥匙”渐渐向里延伸，石条一点点移动起来，直到完全直立方才停止用力。“石条我拿稳，你们开门吧。”赵其昌两手攥紧“钥匙”一端，对白万玉说。

原以为这硕大的石门非有千斤之力不能开启，所以白万玉把人分成两组，列队两扇门前，喊一声：“开！”队员们一齐用力，石门轰然而开。雾气缭绕，灯光暗淡，看不清真实面目。为了做到万无一失，白万玉和赵其昌商定先点燃汽灯照亮墓道。

门上方，横亘着一块长方形青铜，两头凿有圆筒，使粗重的门轴上部巧妙地穿进筒中。经测量，青铜长3.6米，宽0.84米，厚0.3米。早在一年前，赵其昌就在查阅文献时，发现过这样一段史实：

庆陵修建时，工部郎中万爆在宫廷内外搜集碎铜，利用废铜炼制铜管扇，节省工料。万爆为人正直，由于他平时不满太监们胡作非为，引起了太监们的忌恨，太监们便告发他借机发青铜财。皇帝得知后，立即召人问罪。一阵痛打之后，万爆感到十分委屈，抹泪苦辩，才免于治罪。后来铜管扇制成用于陵中，皇帝和群臣才明白他当初的苦衷。

一年多来，赵其昌常常对这个典故所说的铜管扇进行琢磨，总未得到解答。今天看到这券门上部的青铜，才茅塞顿开。如果券门上部没有这种青铜炼制的铜管扇，其他东西很难承受这沉重石门的摩擦力。可见那位工部大臣是颇费了一番心思的。

石门的制作不仅工整细致，而且十分精巧。门轴一侧厚达0.4米，铺首一侧仅为0.2米，只相当于门轴一半的厚度。门轴一侧粗厚，才能承受更多的重量，开门时不易损坏；铺首一面较薄，无形中减轻了石门的重量，也减轻了门轴的负荷，使通高3.3米、宽1.7米的巨大石门开关极为容易。

石门内侧，与门外铺首对称的地方有凸起部分用以承托石条，石门关闭后，石条上端顶住门内凸起部分，下端嵌入券门地面上一个凹槽内，以使门外无法推开石门。面对这座精致辉煌的巨门，无论是发掘者还是来此参观的游客，无不惊叹古代建筑者非凡的创造力和出色的艺术才能。

测量、画图、照相……一切都在有条不紊地进行。大家来到石条前，详细勘察，只见上面有模模糊糊的墨笔楷书11个小字：“玄宫七座门自来石俱未验”。字迹的出现，不仅使发掘者知道了顶门石条原名“自来石”——聪明的工匠创造了一个多么形象而韵味无穷的名字！同时也得知这幽深的玄宫内，还有六道石门等待他们去打开。

假墓疑冢？

按照自来石的提示，发掘人员穿过20米长的前殿，又看到一座紧闭的石门。纵横9排共81枚乳状门钉，在朦胧的光亮里闪闪烁烁，如同暗夜里无尽苍穹中密布的群星，令人遐思，使人陶醉。九是自然数字中最高的一位，石门上纵横九排乳状门钉，意在象征吉利与权威，这是帝国皇帝“九五之尊”的具体体现。

他们拿出“拐钉钥匙”，用开第一道石门的方法，将第二道门打开。

一盏汽灯照亮了三个汉白玉神座（供案）。中央一个神座较大，显然是皇帝的灵座，两边较小，是为皇后之灵位准备的。中央神座的靠背雕四个龙头，伸向两端。靠背后又雕一条纹龙，做戏珠状，四周为浮雕云纹，大有腾云驾雾之势。两侧的神座踏板前放置“五供”[1]，中央为黄色琉璃香炉。五供前有一口巨大的青花龙缸，缸内贮有蜡质，蜡面有铜制圆瓢子一个，瓢子中有一根灯芯，芯端有烧过的痕迹，这便是史书上所说的“长明灯”——万年灯。

根据痕迹判断，长明灯在安葬时是点燃的，当玄宫封闭后，因氧气缺乏，才渐渐熄灭。蜡质表面一层已经凝固，后经鉴定，为芝麻香油制成。这口青花龙缸，不但是定陵出土文物中的珍品，同时也是中国青花瓷器中的罕见之作。缸的高度和口径均为0.7米，外部刻有“大明嘉靖年制”的题款，颈和底部有莲瓣纹饰，中部绘有云龙纹，云似飘移流动，龙如初入苍穹，二龙一前一后，腾云驾雾，直冲天宇，一种栩栩如生的动感使整个器物充满神韵。

发掘人员在发现宝座和长明灯的同时，又在北壁和南壁上，分别发现两道券门。券门不出檐，无任何装饰，里边各有一座石门，用青石建成，没有

1 中国民间祭祀用盛供品的五件器皿。由香炉一只、烛台与花觚各一对的五件器皿组成一套，合称“五供”。

铺首和门钉。券门上横以铜管扇，穿以门轴，形式虽同前殿中殿之门，但尺寸却小得多，仅高2.2米、宽0.9米，门内侧同样用自来石顶住。发掘人员用“拐钉钥匙”打开左边石门，沿券道而进，迷茫的雾气中出现了一座巨大的棺床。棺床除中间有一孔穴，里边填满黄土外，四周空空荡荡，一无所有。

从定陵玄宫左配殿的棺床和布设的金井看，这里应放皇后或妃子的棺椁。那么为何没有放置？是否都放在右配殿？发掘人员分析着，提起汽灯，走出小券门，顺利地将右配殿的石门打开，满怀希望地走进去。就在灯光照亮配殿的刹那间，大家的希望彻底变成失望以至绝望了。和左配殿同样大小的棺床上，空空荡荡，只有一个孤零零的金井在棺床中央孑然独处。发掘人员在殿中察看，没有一丝被盗掘的痕迹。在西端，同样发现一座石门，将自来石移开，外面也是一堵方砖垒成的大墙，大墙依然如故。

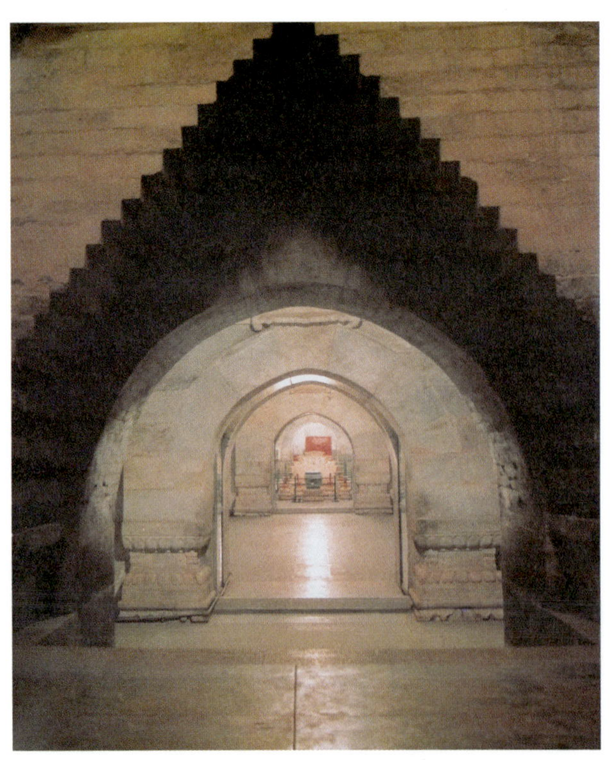

图11-7　定陵地下玄宫透视

所幸的是，按照自来石书写的“玄宫七座门”提示，还应该有一座门尚未打开，这是大家心中的最后一线希望。定陵发掘的成败在此一举。

发掘人员走出右配殿狭窄的券洞，沿宽敞的中殿继续向里探寻。显然，大家的脚步比先前加快了，地面上散落的腐朽木板被踩得嘎嘎响动，微弱的汽灯光犹如暗夜的灯塔，导引着夜航者在迷蒙辽阔的雾海中颠簸前行。

最后一道石门出现了。

发掘人员犹如发现新大陆一样，在绝望中迎来灿烂曙光，一种生命的骚动和灵魂的激情喷涌开来，在这地下27米的玄宫深处升腾迸裂。30年后，发掘队长赵其昌回忆那个短暂的瞬间，曾做过这样的描述："我们几乎是扑到门前的，可到了门前谁也不愿意去打开它。这座石门和最先开启的两座相同，只要移开自来石就可以打开大门，看到里面的景物。我的心怦怦地跳动着，格外紧张。以前的紧张是惧怕黑暗的气氛和不良气体之类的侵蚀，这次的紧张则是担心，担心这最后一线希望变成泡影。我拿起拐钉钥匙向门缝插去，可因为手抖得厉害，试了三次都没有成功，最后还是白老接过去将自来石移开。大门轰鸣着向两边移动，金石之声在乌黑的地宫深处回荡，像是在寂静的夜晚，突然刮起飓风、掀起海浪，令人毛骨悚然。这时没有人再去注意暗箭和有害气体，一双双眼睛瞪得溜圆，屏住呼吸，注视着前方。事实上，这座门内涌出的雾气最大最浓，像是有人在前方扬起一把黄尘，使我们无法睁开眼睛，泪水顺腮流淌。灯光在茫茫雾气里越发暗淡昏黄，而且不住地跳动。强大的气流和嗡嗡的回声提示我们，里面的空间一定很大。

"希望产生于失望之中。当我们顶着烟雾霉气进入大门之后，一个令我们目瞪口呆的奇迹出现了，三个硕大无比的朱红色棺椁静静地排列在棺床之上。

图11-8　玄宫后殿中三具棺椁发掘时原状

“我们激动地拥抱在一起，没有人说话，幽深的地宫一片寂静，迷蒙昏暗的灯光里，只有一行行泪水在各自的脸上流淌、流淌……那是一次世间罕见的辉煌而独特的拥抱。”

万历和他的“野蛮”妃子

万历六年（1578年），礼部奉慈圣皇太后旨意，选得锦衣卫指挥使王伟的长女王氏为万历皇后，并择得黄道吉日，由张居正等人主持，于二月十九日完成了皇帝的大婚典礼。

对于16岁的万历皇帝来说，这次大婚并不是一件撼动人心的大事。他和这位13岁少女结婚，完全是依从母后慈圣的愿望。太后年高，望孙心切，在她心中对孙子的企盼是越早越好、越多越好。按照祖制，皇后一经册立，皇帝再册立其他妃嫔即为合理合法，她们都可以为皇帝生儿育女。

万历皇帝不只是对这位王皇后没有兴趣，对其他的妃嫔也同样毫无兴趣可言。朱红色的宫廷固然壮丽辉煌，但是欠缺大自然的灵光风采，因而显得平淡无奇。即使雕梁画栋之上刻满了栩栩如生的飞禽走兽，也因缺少鲜活的血液而显得干枯单调。按照节令，宦官宫女们把身上的皮裘换成绸缎，再换成轻纱，直至打扫落叶，疏通御沟……这一切越来越显得重复无聊，在遵循固定节奏流逝的时光中，既缺乏动人心魄的事件，也没有令人羡慕的奇遇。这种冷酷的气氛笼罩一切，即使贵为天子，也只好无可奈何地仰天长叹。

明代的宫女大都来自北京和周围省份的平民家庭，像选后妃一样，容貌的美丽与否并不是唯一标准。凡年在十三四岁或者再小一点的女子都可列在被选范围之内，但是她们的父母必须是素有家教、善良有德的人。应选后妃的条件包括：相貌端正，眉目清秀，耳鼻周正，牙齿整齐，鬓发明润，身无疤痕，性资纯美，言行有礼。宫女的标准有别于后妃，各方面标准比后妃略低。她们在经过多次的挑选后，入选者便被女轿夫抬进宫中，从此再难跨出皇宫一步。这些可怜的宫女，只有在骚人墨客笔下，她们的容貌、生活才显得美丽而极富浪漫色彩。实际上，皇宫里的几千名宫女都归皇帝私有，她们中的绝大多数只能在奴婢生活中度过一生，个别幸运者也是在无限期待中消磨时光。

宫女们的最后结局也不尽相同。有的可能到中年时被皇帝恩赐给某个宦官，与之结为“夫妻”，即所谓“菜户”或“对食”；有的则被送到罪臣之妇干活儿的洗衣局去洗衣打杂；倘皇帝一时兴之所至，也会把一些人放出宫去，这些大多是皇帝不能“临幸”的前朝老年宫女。留在宫中的，倘若在繁重的劳动、森严的礼节、不时的凌辱中支持不住而得病，也不能得到医治。宫女死后的待遇更是悲惨至极，她们和内监的死葬一样，被送到北京阜成门外进行火葬，骨灰则被放在枯井中，连一块平民入葬的棺材板都得不到，更无须说家人在灵前凭棺一恸了。

既然现实制度无法改变，被投入宫内的女人就要竭尽全力得到皇帝的青睐和亲近。唯此，才有可能使悲惨的命运有所改变，并可能带来一生的荣耀。这一点，在万历的母亲慈圣太后身上就曾得到鲜活的体现。慈圣太后原为一个普通宫女，只是在一个偶然的机会被穆宗看中，私幸后生下幼子朱翊钧，才逐渐得宠，而终于登上了皇太后的宝座。

一个极为罕见的契机在1581年悄然来到。一天，年已19岁的万历皇帝本想到慈宁宫拜见母亲，却不料遇到一个婷婷袅袅走来向他请安献茶的宫女王氏。17岁的王氏端庄秀美，颇有姿色。慈圣太后恰巧不在宫中，一个体态丰腴、情窦初开的妙龄女子和一个拥有至高无上权力的青年皇帝在一起，其结果是不难猜想的。万历欲火顿炽，拉住王氏便私而幸之。此时的万历万万没有料到，这一时的冲动竟影响了他的一生，并导出一场爱情悲剧。

按规矩，万历在私幸之后就该赐一物件给王氏，作为临幸的凭证，何况这一举动已被文书房的内宦记入《内起居注》。因为皇帝的子孙是不许有赝品的。但由于王氏是母亲宫中的宫女，虽然没有人会因为这件事去指责他的不轨，但年轻皇帝感到此事不大光彩。他不顾王氏那哀怨的眼神，穿衣束带后径自走出慈宁宫。万历觉得一切会随着那片刻欢乐的过去而永远消失，不料春风一度，王氏却暗结珠胎了。

王氏身怀有孕，几个月后就因体形的变化被慈圣太后识破并盘问出来。这位老太后面对此情此景，想起自己作为宫女时的苦难与辛酸，对王氏的景况深表理解，同时也为自己有了抱孙子的机会而大为高兴。一日，万历陪慈圣皇太后酒宴。席间，太后向万历问及此事，他却矢口否认。对万历一向管束严厉的慈圣太后，立即命左右太监取来《内起居注》，叫万历自己看。事实面前，万历窘迫无计，只得如实承认。慈圣太后望着儿子失魂落魄的样子，好言相劝："吾老矣，犹未有孙。果男者宗社福也。母以子为贵，宁分差等耶？"

在慈圣太后力主之下，王氏被册封为恭妃。王恭妃果然不负众望生下一个男孩，这个男孩就是一生遭万历冷遇和歧视的短命皇帝——光宗朱常洛。

皇帝首次得子，在这个封建思想极为浓厚的国度里，自然是一件喜事。由此，皇帝下诏全国减税免刑，派使节通知和本朝关系友好的域外邦国……表面上看这是一场喜剧，而实际上却是一场悲剧，这场婚姻以喜剧开始却以悲剧结束的根源，是万历遇到的另一个女人，即在1582年3月刚被册封为淑嫔的郑氏。这位长得乖巧玲珑的小家碧玉，尽管14岁进宫，两年之后才受到皇帝的殊宠，但她一经介入万历的生活，就使这位青年皇帝把恭妃王氏置于脑后。更不寻常的是，他和这位少女的热恋竟终生不渝，而且还由此埋下了本朝一个极为惨重的政治危机，最终导致大明帝国身受重创而最终沉沦。

郑贵妃之所以能赢得万岁的欢心，并不只是因为她的美貌，更多的是由于她的聪明机警、通晓诗文等他人少有的才华。如果专恃色相，则宠爱绝不可能如此历久不衰。郑妃透彻地看清了作为一个异性伴侣所能起到的作用，应该怎样以自己的青春热情去填补皇帝精神上的寂寞。别的妃嫔对皇帝百依百顺，心灵深处却保持着距离和警惕，唯独郑妃是那样天真烂漫、无所顾忌。她敢于挑逗和讽刺皇帝，同时又能聆听皇帝的倾诉，替他排忧解愁。在名分上，她属于姬妾，但在精神上，她已经不把自己看成姬妾，而万历也真正感到了这种精神交流的力量。她不但不像别的妃嫔一样跟皇帝说话时低首弯腰，一副奴才相，反而公然抱住皇帝，摸他的脑袋……这种“大不敬”的“野蛮”行为，除她之外是无人敢做的。也正是她表现的不同，万历才把她引为知己而更加宠爱，不到三年就把她由淑嫔升为德妃再升为贵妃。

万历十四年（1586年），郑贵妃生下儿子朱常洵。由于万历对王恭妃和郑贵妃的待遇不同，长达几十年的“国本之争”由此揭开了序幕。

还在常洵出生以前，首辅申时行就曾建议万历早立太子。但万历皇帝不愿把自己不喜欢的女人生的儿子立为帝位的合法继承人，便以皇长子年龄尚小为借口推托过去。常洛5岁时，王恭妃还未受封，而常洵刚刚出生，郑贵妃即被封为皇贵妃，这不能不令那些早就疑心重重的大臣怀疑万历要废长立幼。他们不愿因对此事让步而被记入史册，让后世觉得朝中无忠君爱国之人。

就在册封郑贵妃的当天，户科给事姜应麟即上疏，给正热血沸腾的万历心中泼了一瓢冷水。姜应麟在疏中用的言辞极为尖锐沉重，他无非是希望万历能收回成命，名义上说先封王恭妃，而实际上则是要万历封皇长子为太子。结果使得姜应麟及后来为姜说情的吏部员外郎沈、刑部主事孙如法一并获罪。接着又有南北两京数十人上疏申救，万历对此虽置之不理、我行我素，但心中极其恼火。近400年后，明史研究学者黄仁宇先生在论述万历这一时期的生活和政见时，曾有过独特的见地：万历皇帝对于自己的“私生活”被人干预感到难以忍受，他觉得这如同把金银首饰、玉器古玩赏赐给一个自己喜欢的人，别人无权干涉。而此时的臣僚对万历皇帝越来越“出格”的作为同样感到困惑：贵为天子，怎好如常人那样感情用事、为所欲为呢？像历朝大臣一样，他们总是把希望寄托在一个好皇帝身上，而最要紧的就是那个“好皇帝”是他们辅佐之人。这样，他们获得赏赐时，不管是官阶或者财物，都会随着皇帝的声望而提高欣赏之物的价值。

国本之争

自从册封郑贵妃为皇贵妃引起群臣几乎一致的反对以来，万历对临朝听政十分厌恶。这时候，慈圣太后已经在慈宁宫中安度晚年，五更时分不再到万历住所呼喊“帝起”并携之登辇上朝了，张居正已死，冯保被贬，那位被称为“和事佬”的当权者首辅申时行，抱着万历有朝一日自会觉悟的幻想，对皇帝一再迁就。这样，万历皇帝在那些国色天香、销魂荡魄的六宫佳丽与板着面孔吹毛求疵的大臣之间，选择了前者。只有置身其中，他才能感到片刻宁静与欢乐。尤其是在那位体态娇柔、情投意合的郑贵妃面前，他才感到作为一个人的真实存在。

既然大臣敢放胆抨击万历隐私，那么皇帝身边的宦官也就不再为向外廷传递一些秘闻而感到忐忑不安。万历皇帝日常生活放纵的消息不断传出，加上皇帝不时以“头眩”为由不举行早朝，那些虎视眈眈纠偏的大臣又发起新一轮的“攻击”。万历被激怒了，上疏干涉皇帝“私生活”的礼部尚书洪乃春被拖到午门外廷杖六十，然后削职为民，以致最后愤郁而死。这以后廷杖几乎成了万历对付那些对他和郑贵妃之间的关系敢于置喙的大臣最主要的手段了。

就像黄仁宇先生指出的那样，大臣们被杖之后，立即以敢于廷争面折而声名天下，并且名垂“竹帛”。死是人人都惧怕的，但只是屁股上挨几板子就可以名垂千古，为此而冒险的也就大有人在。万历皇帝在这些前赴后继的劝谏者面前，到底还是精疲力竭了，他头脑中自当皇帝始就存在着的那点儿幻想也随之破灭。母亲和张居正赋予了他满腹经纶、道德伦理、为君准则、三纲五常……似乎一切都已具备，但就是没有赋予他坚强的意志和自信，而这一点恰是一个人最应该具备的精神财富。正因为如此，他才失去了祖宗们那样的真正至高无上的权力和权威。表面看来，他是因为郑妃而万念俱灰走上了一条自我毁灭的不归路，而实际上他的灰心是因为他无力驾驭这个庞大的帝国机器造成的。贪财好色并把希望寄托在虚无缥缈的来世，只是他消极对抗的手段，既然这个帝国机器造就了这样一个皇帝，那么，历史也只能让他沿着这个轨道走下去了。

在慈圣皇太后的干预下，万历无可奈何地立常洛为“皇太子”。

郑贵妃听到万历要立常洛为太子的消息，虽然感到大势已去，但她还是要做最后一搏。早在几年前，万历皇帝为讨郑贵妃的欢心，曾许愿将来封朱常洵为太子。郑贵妃施展聪明，让皇帝写下手谕，珍重地装在锦匣里，放在自己宫中的梁上，作为日后凭据。现在时机已到，她必须出示这张王牌以制其敌了。可是，当郑贵妃满怀希望地打开锦匣时，不禁大吃一惊：一纸手谕让衣鱼（蠹虫）咬得残破不堪，“常洵”两字也进了衣鱼腹中！迷信的皇帝长叹一声：“此乃天意也。”终于不顾郑贵妃的泪眼，而把朱常洛封为“太子”，常洵封为“福王”，封地洛阳。

至此，前后争吵达15年，使无数大臣被斥被贬被杖打、万历皇帝身心交瘁、郑贵妃悒郁不乐、整个帝国不得安宁的“国本之争”，才算告一段落。但事情远远没有结束。

慈圣皇太后终于走到了生命的尽头，告别她为之费尽心血但仍牵肠挂肚的朱家江山和不争气的儿子，溘然长逝。就在临死之前，她又办了一件足以令群臣热血沸腾、让万历十分尴尬、让郑贵妃恨之入骨的大事。

按照明朝祖制，所封藩王必须住在自己的封国里，非奉旨不得入京。但郑贵妃的儿子朱常洵却恃父母之宠，竟在皇宫中十多年不赴封国洛阳。正当皇帝和群臣为常洵就藩一事争得难解难分之际，行将就木的太后出现了，她先是召问郑贵妃：“福王何未赴封国？”

极其聪明伶俐的郑贵妃沉着地回答：“太后明年七十寿诞，福王留下为您祝寿。”

慈圣太后毕竟深怀城府，她冷冷地反问：“我二儿子潞王就藩卫辉，试问他可以回来祝寿否？”郑贵妃无言以对，只得答应督促福王速去封国就藩。

万历皇帝敌不住太后和大臣们的轮番攻击，在慈圣太后去世一个月后，终于让福王赴洛阳就藩去了。临行那天早晨，天空阴沉，时有零星雪粒落下，北国的冷风从塞外吹来，使人瑟瑟发抖。宫门前，郑贵妃和儿子面面相对，泪如泉涌。福王进轿起程的刹那间，已是两鬓斑白、长须飘胸的万历皇帝再也控制不住自己的感情。他抬起龙袖，想遮掩自己发烫的眼睛，但混浊的泪水还是哗哗地流了下来。

回到宫中，万历皇帝即卧龙榻，悲恸欲绝。他感到深深的内疚，因为自己到底还是辜负了郑贵妃的一片痴情，没能把常洵立为太子。自己虽贵为天子，而终被群臣所制，让爱子离京而去。一切都在失去，权威、父子深情、荣耀……备受创伤的心中只剩一个郑贵妃了。

正是出于这种心理，万历才在生命最后一刻，遗命封郑氏为皇后，死后葬于定陵玄宫。可300余年后，定陵玄宫洞开，人们发现所有的棺床上都没有郑贵妃的影子。后殿并列的三口朱红色棺椁，中间是万历皇帝，左边是孝端皇后王氏，右边是孝靖皇后王氏，也就是太子朱常洛的母亲。这一悲剧性的安排，确乎在他的意料之外。既然生前就已对臣僚失去威力，那么在他死后，这种威力就更不存在。他的遗诏没能实现，因为大臣们认为大行皇帝（对刚死去皇帝的称呼）的遗诏"有悖典礼"。皇帝将死，再来册立皇后，谁来主持这个结婚仪式？

不过，这出悲剧不是太子朱常洛所为，因为他只当了29天皇帝便命赴黄泉。倒是朱常洛的儿子、16岁的朱由校在当上皇帝后，将他的祖母王贵妃追尊为孝靖太后，并从东井把棺椁迁来，和万历皇帝、孝端太后一起葬于定陵玄宫，成就了这段"好事"。

万历皇帝宠爱的郑贵妃比他多活了10年，她被认定是祸国殃民的妖孽，得不到朝中群臣的同情。这10年，她住在紫禁城一座寂寞的宫殿里，和她的爱子福王天各一方，饱尝母子分离之苦和世态炎凉。1630年，郑贵妃在凄苦郁闷中死去，带着无比的绝望与怨恨走进了银泉山下一座孤零零的坟墓。而她的儿子福王朱常洵倒真是一个祸患。就藩洛阳后，朱常洵昏庸无道，鱼肉人民，在郑贵妃死去11年后，为李自成农民军所杀，尸体跟鹿肉掺在一起，被做成"福禄酒肉"，供军士填了肚子。

走进阴冷的地下玄宫，面对三口朱漆脱落的巨大棺椁，留给人们的印象仍是命运的残酷。假如中间棺椁内的万历皇帝还有知觉，大概是不会瞑目的。因为他心爱的女人，这唯一一个把他当成“人”的女人，并没有长眠在他身边。他们的恩爱生前未得到认可，死后同样无法如愿，这不能不算作一出凄婉的爱情悲剧。同时，面对棺椁，也不能不为帝国叹息。传统观念不可逾越，一个年轻聪颖的皇帝在政治生涯中无法充分利用自己的创造力，个性也无从发挥，反而被无形的锁链牵引进阴森可怖的洞穴。一位富有诗意的哲学家说：“生命不过是一种想象，这种想象可以突破人世间的任何阻隔。”在这地宫深处，潮湿霉烂的棺木和胶结污腐的油泥给人的感觉，却是无法冲破的凝固和窒息。更为可悲和令人遗憾的是，那个曾经为万历皇帝付出过青春和爱情的郑贵妃，一直为后人所唾骂。即使史学家也未必给予这个悲剧性女人公正的评价。“女人乃亡国之祸水”，同样是对郑贵妃的结论。在“国本之争”这个主题上，尚有为数众多的历史研究者，其观点依然站在四百多年前万历一朝的臣僚一边。似乎郑贵妃天生就该安分守己地做任人宰割的妃嫔，而不应有做皇后的非分之想；万历皇帝天生就该和王恭妃恩恩爱爱，不应有真正的爱情……这些有悖常情的论断大多出于一种僵化、保守、人云亦云的思想，无疑有失公允，弄得是非渐已分明的历史，再度蒙上了一层难以辨认的锈迹。

这是郑贵妃的悲哀，也是后来者的不幸。

就在玄宫打开的当天，长陵发掘委员会的吴晗、邓拓、郭沫若、沈雁冰、郑振铎、夏鼐等先后来到定陵。面对这座幽暗、深邃、辉煌的地下宫殿，这些饱览经书、学贯中西的一代文化巨匠，无不为之惊叹不已。像这样一座恢宏的大殿，通体没有一根梁柱，历300余年无丝毫损伤，不能不说是一个奇迹。

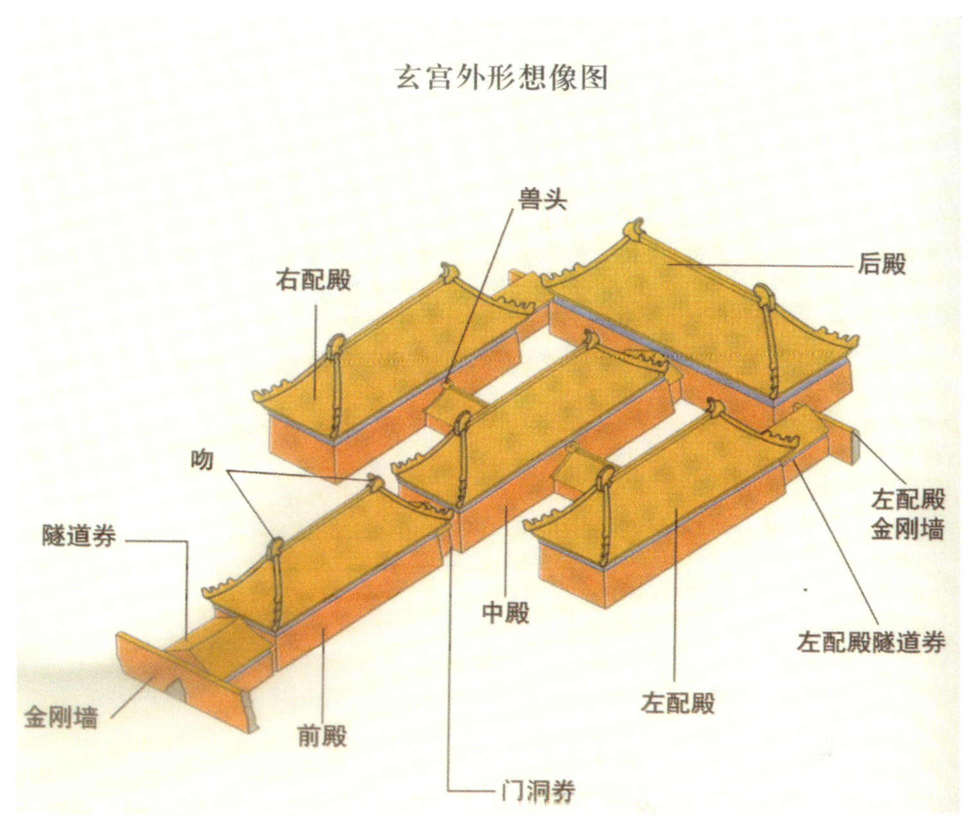

图11-9　定陵地下玄宫模拟图

定陵玄宫的这种五室布局形式在我国尚属首见，因此很不易为人们所认识。有建筑研究者认为，定陵地下玄宫是地面庭院式布局的反映，主室和配室就是正殿和配殿，三个前室代表三进院子。其实，在明代，一座正殿、一座配殿，前有二进或三进院落的格局，不过是大臣所用的建筑规制。而定陵玄宫建筑是按照外朝和内廷两部分建筑规划设计的，以象征人君之居的特点十分明显。

定陵发掘，从1956年5月19日开始，到1957年9月21日打开玄宫，宣布告一段落。

孝靖皇后的孤魂

面对三口巨大的棺椁和26箱因木质腐朽而四散零乱的随葬品，考古工作人员需要做的，就是迅速清理殉葬器物和解开三具尸体之谜。

面对定陵玄宫这座地下文物宝库，发掘人员做着各种猜测和准备。三具尸体保存完好还是早已腐烂？葬式如何？穿什么服装？现代京剧舞台上的服饰是仿照明朝的式样制成的，那么，万历皇帝和两位皇后的穿戴是否和京剧中的帝后相同？

带着诸多疑问，发掘人员走向女尸。

在三口棺椁中，居右侧的损坏最严重。外层的椁已腐烂、塌陷，棺也出现了诸多裂缝。这是孝靖皇后的梓宫。这位可怜的女人因比万历皇帝早死十年，埋在东井左侧的平岗地，棺椁腐烂较快。加之后来她的孙子朱由校将其棺椁迁出，移放定陵，故损伤尤为严重。

最先清理这口棺椁，是夏鼐做出的决定。因为地宫一旦打开，里面的恒温将不存在，外来气流与宫中的空气融合，对尸体及文物有极大的损害。所以夏鼐断然决定一部分人清理孝靖皇后的棺椁，其余人员迅速抢救木箱中渐已腐烂变质的殉葬品。

打开孝靖皇后的棺木，发掘人员首先看到的是一床平铺的织锦经被，呈鹅黄色，织杂花，锦上有朱红色经文。由于时代久远，经文字迹辨认不清，仅中部残存的“南无阿弥……”还可依稀认出。

图11-10　孝靖的十二龙金凤冠

掀开锦被，不见尸体，却塞满了织锦、金、银、玉等殉葬品。似乎不是盛放尸体的棺木，倒是一个珍宝仓库，各种美妙绝伦的艺术品和价值连城的宝器，构成了一个色彩纷呈的世界。

帝后陵墓的殉葬同它的建造一样，自有它的发展演变过程。从已有的发掘资料看，在原始社会早期阶段，生产力较为低下，人们对死者的埋葬并不注意，更不可能有什么珍贵物品为死者殉葬。考古发掘证明，殉葬应是产生于有意识的埋葬行为以后，人们在埋葬先人或同伴的遗体时，往往会想到他们生前所用过的和喜爱的东西，把它们和他（她）同时埋起来。其出发点大约有两点：一是作为纪念性的，不一定受宗教迷信观念的驱使；二是灵魂观念引起的，认为人死后到另一个世界，仍像世间一样生活，同样需要生产工具和日用品以及爱好的玩物，为了使他们在阴间生活得更好，就用殉葬的方式把这些东西送给他们。

中国的殉葬制度大约是从原始氏族制度形成的时候开始的。如距今一万八千年前的山顶洞遗址的下洞里，所埋葬的一个青年妇女、一个中年妇女和一个老年男子，已经有了生产工具和装饰品等殉葬物。其中有取火用的燧石，有石器生产工具和作为装饰品的穿孔兽牙。

随着氏族公社制度的发展，生产力有了一定的提高，殉葬物品也相应增多起来。在当时的墓葬中，殉葬品一般都有一套二件或五件用于炊煮、储盛、打水和饮食方面的陶器，少量的生产工具和骨簪、骨珠、玉坠、陶环之类的装饰品，还有一些作为防身武器的工具。这时还没有棺材之类的葬具。

从这一时期殉葬物品所反映的情形来看，这些东西为数仍有限，都是他们个人日常用的物品，与各氏族成员之间所有的物品不相上下，数量与质量基本相同。由于一些生产工具制作不易，而且还需使用，如磨制的刀斧石器等，所以殉葬较少。我们从这个时期的殉葬中，可以看出原始氏族公社的社会情况。随着父系氏族公社的发展，生产有了剩余，一些产品被少数人所占有，逐渐形成贫富之间的分化。从殉葬品中，也可以看出这一分化的过程和情况。生产工具的大量占有和精美装饰品之多，均显示出死者生前占有财富的能力。如南京北阴阳营青莲岗文化墓葬里的殉葬品，70%有生产工具和其他很多贵重物品。有一座墓殉葬石器12件，实用陶器4件，玉器、玛瑙等装饰品11件，个别石器工具达20多件，其中有精美的石斧、石刀。山东泰安大汶口文化氏族墓葬中，一般富有的殉葬品有三四十件，最多的达180多件。其中有精美的彩陶、黑陶、白陶器，磨制精细的石制、骨制生产工具和精美的装饰品，有的墓葬中还发现了透雕刻花的骨梳和象牙筒。与此同时，在另一些地区的墓葬中殉葬品却极少，甚至全无。殉葬品的多少，反映了贫富的分化，同时说明奴隶社会制度已在萌芽之中。这种殉葬制度自奴隶社会后，愈演愈烈，直到清朝之后才逐渐减少。

在孝靖皇后棺内的织锦经被下，有两套精美鲜艳的服装。上衣是黄缎夹袄，对开襟，织金线连成，袖既宽又长。下衣黄缎裙，所穿夹裤用黄缎做成，裤腰左侧开口，颇具现代意识；腰用黄缎带子裹紧，俨然今天的夹克服装。这是定陵出土的近200匹成料和服饰中最为辉煌珍贵也是保存最好的两件瑰宝。

它的珍贵在于整体用刺绣的工艺制成。衣上精致地绣有100个童子，象征多福多寿多子孙，取其“宜男百子”之意，以示皇室子孙万代永世兴旺。衣服前襟及两袖之上用金线绣出9条姿态各异的蛟龙，并以八宝纹和山石、树林、花卉纹样为背景，巧妙地与百子的各种活动融为一体，形成一种人和动物及自然三种生命同呼吸共命运的风情画。100个童子神态各异，身着不同服饰，进行着各种不同的游戏，都栩栩如生，情趣盎然。

图11-11　红素罗绣平金龙百子花卉方领女夹衣（复制件）

一共40组画面构成一个色彩斑斓的儿童乐园。如“打猫图”，一只小猫在花草中追赶蝴蝶，孩子们则追赶着小猫。在“考试图”中，有的假扮教书先生，有的认真书写，有的拿着书本，眼睛盯着外面的大千世界。这幅图既显示出了老师的严肃认真，又表现了考生的紧张心情，同时透视出学生们欲摆脱桎梏，回到大自然中去的美好愿望。各种复杂的心态交相辉映，各种不同的向往、不同的追求、不同的形态，都展现得淋漓尽致。而“沐浴图”更生动活泼，美妙可爱。这是百子图中极为重要的一幅，也最富有生活气息。画面上四个童子正出演一场闹剧：一个裸体小男孩躺在木盆里洗澡，小伙伴手提喷壶为他浇水。洗得正惬意，突然跑来两个孩子，将一根木棍伸进盆下用力上撬，顿时盆水四溢，浴童坐立不稳，急忙招手求饶。有的画面为小儿身着大人服装，扮演各种戏剧角色。在“官员出行图”中，孩子们身穿长袍，头戴乌纱，腰系玉带，骑着竹马；前后臣僚成群，有的打旗，有的执伞，有的奏乐，有的鸣锣开道。整个画面热闹而滑稽，严肃而可笑，把朝廷臣僚的形象和心态含蓄委婉地勾勒出来，让人开怀一乐的同时，也留下某种思考与回味的余地。“跳绳图”“捕鸟图”“放爆竹图”“捉迷藏图”“摘鲜桃图”等等，每一幅图都捕捉故事中最富有表现力、最富情趣的情节，惟妙惟肖地表现出来，儿童的稚气、活泼、纯朴、天真无邪，跃然于锦缎之上。百子衣不仅构图精巧优美，内容丰富多彩，而且刺绣技艺娴熟，针法细密，配色得体，再加上金线的大量应用，使整个服装荡漾着艺术的灵光和天然的神韵，它是来源于自然又缥缈于自然之外的更高层次的艺术结晶。

图11-12　暗花罗方领女夹衣绣斗殴图

图11-13　暗花罗方领女夹衣绣观鱼、玩鸟图

图11-14　暗花罗方领女夹衣绣招蜻蜓、斗蟋蟀、沐浴图

发掘人员掀开百子衣和两床锦被，那位一生历尽苦难的女人的尸骨终于出现了。她安详地躺着，头上满插金、玉、宝石、钗簪，面稍向南侧卧；左臂下垂，手放腰部；右臂向上弯曲，手放头部附近；脊椎骨上部稍弯，下肢伸直；肌肉已经腐烂，只有一个残存的骨架。

看来这位悲惨的女人，生前未得到幸福，死后同样未能得到万历的照顾。从她那姿态中，仍让人感到一种不甘于屈辱却又无可奈何的悲怆命运。她的身下铺满了纸钱与铜钱。这是供她在地下的灵魂生活之用。她生前的肉体没能用金钱，没能得到爱情和幸福，不知地下的亡魂能否得到人世间不能得到的一切？面对这堆纸钱，越发让人感到人生的凄苦与悲哀。但愿这些纸钱铜币能使她孤苦的亡灵有所慰藉。

孝端王氏

万历皇帝梓宫的左侧放置着他的原配孝端皇后王氏的棺椁，其大小形状和右侧孝靖皇后的棺椁相同，保存较好。尽管椁的外侧出现裂缝，但无塌陷。从已脱漆的木质看，亦为香楠制成。

发掘人员撬开木椁，一口木棺露了出来。棺外有椁，意在以椁护棺，从而更有效地保护尸体。从国内外出土的帝王陵墓来看，棺椁质料不同，层数也有较大差异。在埃及图坦卡蒙法老陵墓的发掘中，就曾发现有石椁和两层黄金制作的棺。而中国晚期朝代的帝王，则大多采用两层木质棺椁的形式。这从定陵和清东陵帝后的墓葬中可得到证实。

在孝端棺木的两侧，放置着4块玉料。这种玉料在帝后三人的棺椁外侧已发现27块，到清理结束后发现，唯独孝端的梓宫内又增放4块。玉料大小形态不一，大部分都有文字。有的用墨笔直接写在玉料上，有的贴着有墨笔字的纸，也有的两者兼备。写在纸条上的文字大都工整清晰，写在玉料上的笔锋粗糙，字体粗大，且不清楚，少数还有编号，都是记录玉料的名称、重量：

玉料十三斤

菜玉一块重十三斤

六十八玉料十五斤

六十八

菜玉料一块重十五斤十二两

七十二号

浆水玉料一块重十

浆水玉料一块重十一斤

二斤八两

浆水玉料一块重二斤八两

……

根据文字记录，最小的一块1斤10两，最大的一块48斤。有一块写明13斤，发掘人员试称则是16.5斤，不知是当初的失误，还是明代度量衡与今天的差异，或者玉料本身发生了变化。其中一块玉料似有一条锯过的缺口，大概是当初用绳索之类的东西捆勒而成。在另一块玉料上，还特别标明“验收人”三字。

中国历代帝王的殉葬品中，大多放有玉料，即所谓的“金井玉葬”。“金井”是为了接地气，保证灵魂长生不灭，“玉葬”则是为了保护尸体不腐烂变质。据《汉书·杨王孙传》称“口含玉石，欲化不得，郁为枯腊”。

玉料殉葬自战国时期开始有了新的变化。在河南洛阳的考古发掘中，曾清理过一批战国时期的墓葬，发现有些死者的面部有一组像人脸形的石片，身上也有石片，脚下还有两件兽形石片。这些石片上都有穿孔，可能是为了编缀在一起以便覆盖在死者的面部和身上，这就是后来出土的玉衣的雏形。

到西汉时期，帝王对玉料护体更深信不疑。他们不再满足于用玉料殉葬，而是把玉片制成衣服，套在尸体之上，一同入葬，以期尸体永世长存。这种观念在东汉时期达到了极致。河北满城汉墓出土的刘胜、窦绾夫妇的金缕玉衣为此提供了证据，同时也打破了《汉书》记载的“口含玉石，欲化不得，郁为枯腊”的神话。刘胜和窦绾除身穿金缕玉衣外，还在胸部和背部放置了许多玉璧，且口有玉含、鼻有玉塞、两眼有玉石掩盖、两耳有玉填，结果，1968年发掘人员清理他们的墓葬时，却见玉衣尚存，而其中的尸骨朽烂得仅剩几枚残齿和一些骨渣。

以玉衣作为葬服，从西汉一直延续到东汉末年，到三国后期，魏文帝曹丕认为，此乃“愚俗作为”而下令禁止使用。从考古发掘的情况看，也确未发现魏晋以后的玉衣，由此推断，这种习俗可能从魏以后真的被废除了。

魏晋以后的帝王陵寝中，虽然也有玉料、玉器出土，但从规模和质量来看，不再考究，只是一种象征而已。定陵玄宫出土的31块玉料中，只有浆水玉、菜玉两种。浆水玉略带浅青色，表面稍有些润泽，菜玉像枯萎的白菜叶，浅黄中伴有浅绿。据《格古要论》的评述，两种均为玉中下品，很可能来自新疆、甘肃等地。

图11-15　金盖金托玉碗

但从随葬木箱中清理出的玉制容器来看，却是别具一番风采。这些碗、盆、壶、耳杯、爵等器物质料细腻润泽，琢工精致，不少器物上都配有金制附件，镶有宝石、珠玉，显得光彩照人。细心的观光者如果注意一下摆在定陵博物馆橱窗里的那只玉碗，就不难窥见这批玉器纯美的质地和精湛的艺术造型，即使站在镶有玻璃的橱窗外，也能在碗的一面透视到另一面。其通体之细薄、造型之优美、光彩之夺目，如果不具备先进的技艺、奇特的构思和熟练的操作能力，是断然达不到如此辉煌灿烂的程度的。

把殉葬的玉料和容器进行比较和研究，不难看出明代对玉葬的观念，已不再限于保护尸体，而仅仅是一种形式了。孝端皇后的棺木很快被撬开，里面露出一床绣有莲花和九龙纹的织锦被及殉葬的衣服、金器、漆盒等物。发掘人员小心翼翼地一件件取出，皇后的尸体出现了。

只见她上身穿一件绣龙袄，下着绣龙裙和黄缎裤，静静地躺着。绣龙袄袖筒肥大，通体用黄线缂丝制成，绣有蝙蝠、寿字和“卍”符号。两袖之上，由于织品的宽幅不够，出现了接头的痕迹，但接上的用料“寿”字倒写，蝙蝠也是头向下，别的衣服也常有字迹倒过来的现象。这显然不是一种失误，而隐含有一种“福倒来”和“寿倒来”的寓意。这是一种建立在方块字加丰富想象力基础上的一种独特文化，大概只有中国人才有这种文字游戏和思维方式。

孝端皇后的肌肉已经腐烂，但骨架完好。她头西足东，左臂下垂，手放腰部，右臂直伸；下肢交叠，左脚在上，右脚在下，裤管扎在袜子内，脚腕外用细带勒住，下穿一双软底黄缎鞋。依然像在皇宫一样，端庄文雅，向南侧卧。

万历一朝，继张居正死后30余年的漫长岁月中，朝廷逐步走向混乱和衰亡，皇帝昏庸，廷臣无道，相互钩心斗角，斯杀得不可开交。这时只有两个人清醒着，一个是首辅申时行，另一个就是孝端皇后王氏。

图11-16　孝端皇后像

中国历朝的制度，按理应当说是不能听任党争发展的。尤其在万历一朝这种混乱的局势下，只有使全部文官按照“经书”的教导，以忠厚之道待人接物，约束自己的私心，尊重别人的利益，大事化小，小事化无，朝廷才能上下一心，同舟共济。要是官员们口诵经典中的词句，称自己为君子，别人为小人，在道德的掩盖下争权夺利，这就是把原则整个颠倒了。这种做法无疑会导致文官集团的涣散，进而导致帝国无法治理。这不必等到1620年，早在1587年，万历的棺椁抬到大峪山下葬的时候才明白，申时行就曾鹤立鸡群地站在帝国的最高处，得出“自古国家未有如此而能长治久安者”的结论。在大明帝国江河日下的危急时刻，申时行竭尽全力，以种种方法缝补皇帝与臣僚、臣僚与臣僚之间的裂痕。可惜，这种调和折中的苦心，在帝国制度强大的惯性面前显得捉襟见肘，最后以失败告终。

尽管孝端王氏从来没有真正得到过万历皇帝的爱，但她能够清醒地认识到自己的地位和处境，以一个中国女性特有的驯服与忍耐力，做着自己应该做的一切。她在道德与人性二者的夹缝中，找到了一条适合于自己生存的道路，并以她的殷勤、守制，给万历的母亲和臣僚留下了良好的印象。足以体现她清醒的事例，是对“国本之争”的处理上。在长达数十年道德与政治的旋涡中，她既不倾向臣僚，也不指责万历，只是以她的聪明与机智站在二者之外，洞若观火，使争斗双方都对她无可奈何。即使后来万历皇帝在争斗失利之后，想对她施以打击，废掉她的皇后之位，但由于她在处理诸多问题上完美无瑕，而不得不让万历打消这个念头。

她一生无子，而又得不到皇帝的爱，作为最有权力享受一切的皇后来说，这无疑是个悲剧。但她面对现实把痛苦埋在心里，清醒地认识到这场悲剧中自己要扮演的角色并义无反顾地演下去，才没有像王恭妃、郑贵妃以及其他宫女妃嫔那样更加悲惨。或许这也算作是一种不幸之中的万幸吧。

她安详地躺在万历皇帝身边，头枕一个长方形锦制枕头，残存的发绺上插满了镶有宝石的金簪，冷眼观望着世间的一切。她那交叠的双腿，给人的印象依然是超尘脱俗、看破阴阳两个世界的非凡女性。

她头上的装饰显然比孝靖皇后的昂贵与华丽，几乎每一根金钗玉簪上都镶有祖母绿和猫睛石。猫睛石在万历一朝曾是宝石中最珍贵的品种，据说它产于南洋一带，物以稀为贵，堪称无价之宝。史书中曾有这样一段记载：江南一位少妇，头戴一支镶有猫睛石的簪子，虽然猫睛石并不太大，但被一位商人发现后，用极为昂贵的代价仍未到手。于是，狡猾的商人设法结识了她的丈夫，且终日以酒席相待。如此两年，最后商人才透露了他的心愿，猫睛石方到手中。这个故事不免具有野史性质，但由此可见猫睛石的价值之昂贵。

图11–17　V型3式镶宝金簪；III型镶珠宝金簪；VIII型镶宝金簪

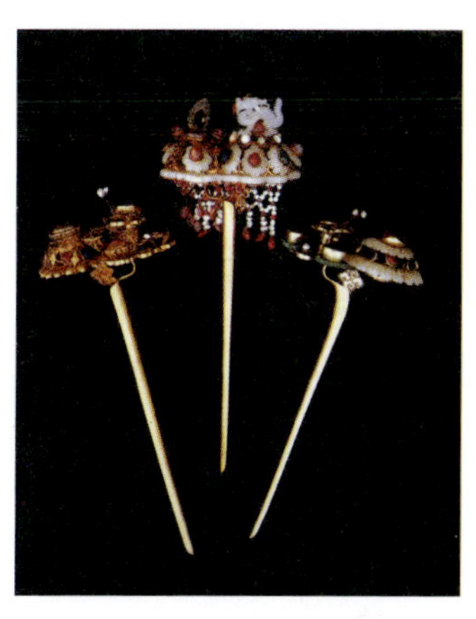

图11–18　V型I式镶宝鎏金银簪；I型镶珠宝金簪；I型镶珠宝鎏金银簪

图11–19　镶珠宝花蝶鎏金银簪

图11–20　镶珠宝玉龙戏珠金簪

在孝端皇后尸骨的下面，铺有一床缀着整整100枚金钱的褥子，金钱上铸有“消灾延寿”的字样。褥子两侧，放置了大量的金钱元宝。元宝两面都刻有文字，刻文内填朱。其文字为：

上：九成色金十两

底：万历四十六年户部进到宛平县铺户徐光禄等买完

上：九成色金十两

底：万历四十六年户部进到大兴县铺户严洪等买完

从元宝的刻字看，都是九成色金十两锭，且均为万历四十六年大兴与宛平二县所进，铺户也只有徐光禄和严洪两家。这就更加证实了史料中关于除“金取于滇”之外，京师的专设铺户也必须为宫廷重价购买的记载。

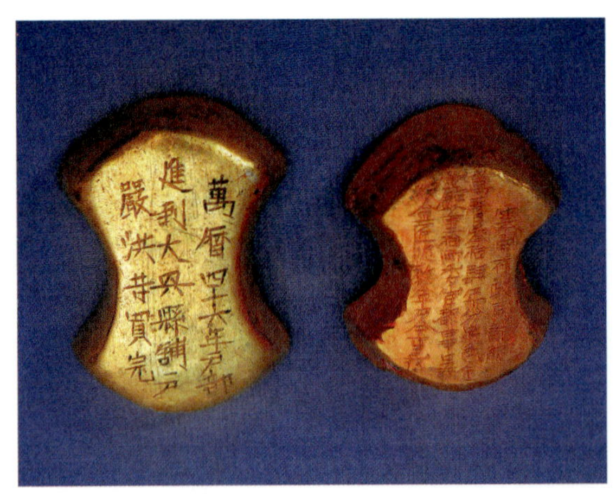

图11-21　金锭底部铭刻

孝端棺中的金银元宝孝靖却没有，有些史学家认为是万历对孝靖的薄葬造成二者的差异。这个说法难免有些偏颇。因为孝靖葬时仅为皇贵妃，而孝端葬时则为皇后，按照当时的等级制度，自然不会等同。

万历皇帝地宫现身

终于到了打开万历皇帝的棺椁的时刻。

这个宽、高均为1.8米，通长3.9米的巨大棺椁，依然悠然自得地稳坐在玄堂中央。这位帝国皇帝的亡魂今天终于气数殆尽，在明亮的水银灯下，终于要在世人面前露出真容了。

朱红色的椁板为松木精制而成，四壁以银锭形卯榫压住，再用铁钉钉牢。虽历经3个多世纪，仍不失当初的威严和庄重。盖底板异常厚重，两侧钉入4枚大铜环，想必这是为了梓宫运送及入葬时运输方便而设。因为有铜环相助，这巨大的棺椁就可从百里之外平安地运到玄宫。椁板之上，放置着木制仪仗幡旗之类的殉葬品，形式排列有序，大有两军对垒、兵戎相见之势。

夏鼐亲临现场，队员们用铁制的锐器将椁板慢慢撬开拆除，一口楠木制成的梓宫露了出来。只见棺木上方盖有一块黄色丝织铭旌，两端镶有木制龙牌。铭旗中央金书6个醒目的大字："大行皇帝梓宫"。

最后一口梓宫就要开启，幽深的玄宫内悄无声息。发掘人员撬动棺盖，锈蚀的铁钉在缓缓晃动，厚重的棺盖露出了缝隙，锐器沿缝隙向里推进，"咯吱、咯吱"的声响如同棺内的主人发出的呻吟。

队员们用手把住棺盖，憋足力气，随着夏鼐大师一声令下，厚重的棺盖倏然而起，然后摇摇晃晃地将棺盖放在了棺床上，只见里面塞满了各种光彩夺目的奇珍异宝。一床红地绣金的锦缎花被，闪着灿灿荧光，护卫着各色金银玉器、织锦龙袍。这无疑是一个集大明帝国璀璨物质、文化、艺术的宝库，是一部详尽的明代帝国史书。

掀开锦被，里边露出了形态各异、色彩不同的道袍、中衣、龙袍等衣料。发掘人员按照放置的顺序，小心地拿出上层的一件道袍。道袍用素黄绫做成，设有纱里，右面开襟，腋下有带，巧妙地将开襟绑住；道袍通体肥大，外形同今日道士所穿服装相类似，不同的是背后有错襟，两侧开口至两腋，这样的造型，穿起来也许更方便些。底襟里面有丝线绣字，字迹清晰可辨：

> 万历四十三年正月十八日造
> 长三尺九寸六分
> 绵九

两袍的里面放有纸条，文字除和绣字相同之外，另有：

> 本色素绫大袖衬道袍
> 袍身宽二尺一寸

袍内填有棉絮，但分布极不均匀。根据制造年月和袍的成色进行分析，这件道袍万历生前并未穿过。事实上，整个明朝的君主都崇尚佛教，而对道教都比较冷淡。朱元璋和朱棣两朝，都有佛门高僧辅佐政事。当年还是燕王的朱棣，正是靠庆寿寺僧人道衍即姚广孝的帮助才夺得了帝位。万历的生母慈圣太后，生前多次捐献银两修缮佛庙，万历和郑贵妃邂逅之后，也时常双双到佛寺进香，以求佛祖保佑他们百年之好。明代君主对佛教的崇拜，是否与他们的祖先开国皇帝朱元璋曾当过和尚有关尚无结论，但这方面的因素，至少会对他们的思想产生影响。

除嘉靖皇帝外，明代君主对道教冷漠，但并不排斥，仍然把道教作为一种文化遗产加以容纳。万历皇帝棺内的道袍或许可做实证。

这件道袍的出现绝非偶然，它同故宫、天坛、紫禁城那辉煌的建筑一样，说明了处在资本主义萌芽时期的帝国在对待文化方面的胸襟。这与清朝后期渐已形成的小巧精致的建筑及封闭的文化心态形成鲜明的对照。不管郑和率庞大的船队七下西洋的最终目的和结果如何，就它的气魄而言，是后来的大清帝国所不能企及的。假如资本主义工业文明提前300年被引进中国，明代的君臣也绝不会像慈禧太后惧怕火车一样恐慌不安。可惜，历史的进步从来就不是以时间的流动而自然生发的。

在各类袍服、衣料的下层，深藏着一件稀世珍宝，这就是万历皇帝的缂丝十二团龙十二章衮服龙袍。衮服是皇帝在祭祀天地、宗庙、社稷、先农、册拜、圣节和举行大典时所穿的礼服，是龙袍中最为珍贵的精品。

明代初期，禁用缂丝做服，以示节俭。至宣德年间，随着节俭之风被享乐腐化所代替，缂丝才重新发展盛行起来。朝廷设内织染局，专以缂丝“通经断纬”的技法制造衮服。由于衮服的制造工艺复杂，造价昂贵，即使最熟练的织匠，每天最多也只能织一寸二分，织完一件衮服，大约需要10年时间。定陵出土的万历皇帝的这件十二章福寿如意缂丝衮服，应算是目前我国所见到的唯一的缂丝衮服珍品。到1983年，定陵博物馆委托南京云锦研究所研究复制一件，该所积30多年的经验，花费了整整5年时间，终于织造完成，填补了明代龙袍织造技术失传300余年的空白。

当发掘人员清理到第十一层时，发现一条两边对折的锦被。打开锦被，万历皇帝的尸骨显露出来。一个令大家猜测了两年的谜，终于被揭开了。

这已不是保存完好的尸蜡，而是一具形貌可怖的骷髅。这位“大行皇帝”静静地躺在一床锦被上，骨架头西脚东，毫无血肉的面颊稍向南偏，左臂下垂，手压在腹部，细长的手骨攥着一串念珠，像在祈祷神灵的保佑。右臂向上弯曲，手放在下颌附近，一缕黄褐色胡须挂在唇边，似在悠然自得地捋着胡须畅谈军国大事，这个姿势显然是入葬时人为摆设而成。脊柱上部稍有弯曲，左腿伸直，右腿微屈，两脚向外撇开。身穿的龙袍大都腐烂，腰部束一条玉带，头戴“翼善冠”，发髻梳理完好，足蹬高筒长靴，裤脚装在靴子内。上身打扮像是一位儒士，而下身及长靴又给人一种武士的感觉。如此文武兼备的服饰，在其他陵墓的出土中很少见到。

根据两位皇后和万历帝的骨架情形来看，明代帝后的葬式，似乎比较随意，并无特别之处。这位一生享尽荣华富贵，精神却备受磨难的皇帝，在地下生活了338年之后，终于又返世还阳了。假如他的灵魂真的活着，面对人世沧桑，又该想些什么？

他所驾驭的帝国古船已经沉沦，他所钟爱的女人早已化为灰土，就连取其祖宗基业而代之的大清帝国也已成为昨天的故事。历史就是这样造就着一切，又毁灭着一切。大江滚滚东去，浪淘尽千古风流人物！

万历的尸骨被轻轻地拿出棺外。经北京口腔医学院教授周大成鉴定，根据万历皇帝及两位皇后的口腔和牙齿状况，做出如下结论：

> 万历的口腔疾患较复杂，除患过严重的龋齿和牙周病之外，还有楔状缺损、氟牙症、偏侧咀嚼等症。孝靖后亦有很多龋齿和中等程度的牙周病，只有孝端后的牙齿比较健康。
>
> 三个头骨所具备的共同特点是，牙齿的磨耗程度非常轻微，有的牙齿几乎看不出磨耗的痕迹。据我国出土的一些材料证明，无论是北京猿人、山顶洞人、新石器时代人以及战国时代人的牙齿领面磨耗都相当严重，这与他们的食物粗糙是分不开的。而这三个头骨牙齿的领面费耗如此轻微，足以说明他们的食物极为精细。也正是过细的食物，造成了他们的龋齿和牙周病。
>
> 第二个特点是，万历及孝靖后的一些牙齿上都有楔状缺损，这是由于刷牙方法不合理所致。可见当时宫廷里使用牙刷已相当普遍。
>
> 第三个特点是万历的氟牙症。中国最早的氟牙症化石实物是1978年5月在山西和河北交界处的许家窑村发现的。这是属于旧石器时代中期的三个人的牙化石，上面都有明显的黄褐色小窝及斑点。据了解，今天生活在那里的人，仍然都患有氟牙症。许家窑村

人的氟牙症和万历帝的氟牙症极为相似。这在我国古代口腔疾病史上是一项重要发现，渊源有待进一步查证。

北京市公安局刑事科学技术研究所对万历和孝靖皇后残存的头发进行了鉴定，结论如下：

万历一束为生前梳理时的脱发，一束为尸体上所留。孝靖一束亦为尸体所留。

万历帝头发血型为AB型。

孝靖后头发血型为B型。

注：孝端后残存头发，同尸骨一起毁于“文化大革命”，无从查证。

经中科院古脊椎动物与古人类研究所研究人员对万历尸骨的复原得出结论：

万历生前，体形上部为驼背。从骨骼测定，头顶到左脚长1.64米。

幽深的地宫，阴雾凄凄，虽然已到炎热的夏季，但发掘人员还必须身穿厚厚的绒衣甚至棉衣才能抵御袭人的寒气。霉烂的腐臭和刺鼻的福尔马林味融合在一起呛进人们的肺管，使大家经常咳嗽不止。

在清理随葬品中皇帝的冠冕、皮弁等物时，由于串珠的丝绳霉烂，玉珠已经散落，零乱地摊放在梓宫一角，且实物腐朽叠压严重，形制很难辨认。冕、弁关系到礼仪制度，世间没有实物存留，目睹这种情形，夏鼐亲自承担了清理任务。他拖着病体爬上了木架，把一个枕头垫在胸部，趴在木板上，整整用了四天四夜的时间，把冕冠和皮弁的形式、结构、尺寸、色泽以及串珠的系结式样、数目，一一记录下来，并绘制了草图，为日后的复制工作提供了重要依据。

梓宫清理工作临近尾声，棺床的木箱也一个个被打开。在万历棺椁旁边，发掘人员发现了一箱著有文字的谥册。册为檀香木板做成，原本木色，不髹不染，每册十板，用丝绳缀结而成，外被织锦，内刻谥文。文皆阴文正楷，直行读，自右至左。册的两端木板不刻字，描金云龙纹。谥册的文字，实际上是对万历一生功绩的概括和总结，通篇尽为溢美之词，字里行间充溢着一股皇恩浩荡、强民富国的韵味。假如不了解万历一朝的历史真情，仅凭谥册推断，那该是一派欣欣向荣、四海升平、辉煌灿烂的景象。

图11-22　金翼善冠

可惜，可悲的现实毕竟不是凭

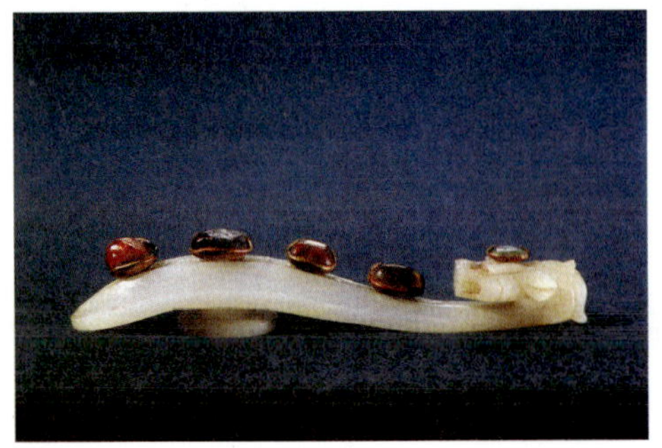

图11-23　万历皇帝的玉带钩

图11-24　心字形金带饰

几位儒臣的华丽辞藻就能掩饰得了的。在这一点上，万历及其臣僚远没有太祖朱元璋直爽和聪明。朱元璋在为皇陵立碑时，为避免儒臣对他及帝国的粉饰，亲自主笔，以真挚的情感、冷峻的笔锋客观地描绘了自己的生平和创业的艰辛。撇开他那文采飞扬、气魄恢宏的碑文不论，仅凭直面人生和面对现实的勇气，就足以让后人称道。而万历的谥文，除了对他悲怆的人生及行将沦丧的帝国有一丝安慰外，于世人又有何裨益呢？

尾声

定陵发掘自1956年5月破土动工到1958年7月底清理工作基本结束，历时两年零两个月，以总计用工两万余人次、耗资40余万元的代价，终于使这座深藏368年的地下玄宫重见天日。

1985年3月，定陵发掘报告的撰写工作进入尾声。夏鼐听取了赵其昌、王岩的汇报后，兴奋地说道："考古所的工作，我可以少管、不管，定陵发掘报告的事我要管到底。有困难我帮你们解决，争取尽快完成。"

1985年6月15日上午，夏鼐像往常一样正在办公室忙碌。突然他急剧地咳嗽起来，一股热流从胸中升起，沿食道喷涌出来。一低头，两口鲜血溅到地上，他觉得头昏眼花全身无力。多年的田野考古工作，使他的胃、肝和心脏受到极大的损害，疾病越来越多地缠绕着他的身心，消耗着他的生命。夏鼐预感到今天的征兆不同寻常，便放下手中正在批阅的一份文件，缓缓地来到院内，想呼吸几口新鲜空气，活动一下筋骨，以便继续坚持工作，待稍有空闲时，再去医院诊治。

夏鼐在院子里踱了几步，又猛然立住脚，转身向办公室走去。他要通了定陵博物馆的电话，让赵其昌立即将发掘报告的初稿送来。报告当天下午便送到夏鼐办公室，只是夏鼐已经住进医院。赵其昌和一位工作人员将报告送至医院，夏鼐捧着厚厚的书稿，仰起苍白憔悴的脸，微笑着对赵其昌说："看到它，我就放心了，走后对老同学也有个交代。"

1985年6月19日，一位工作人员到夏鼐的病房请示工作，却发现大师永远地睡着了，床头放着定陵发掘报告的初稿，稿纸上留下了用红笔圈画的密密麻麻的字迹。

就在这一年的冬天，定陵博物馆原馆长、88岁高龄的朱欣陶，也在广州某医院与世长辞。他的骨灰运回北京，撒在了他热爱的十三陵的土地上。

---

* 本章史料来源于《风雪定陵》，岳南　杨仕著。

第十二章 寻找清东陵

箭插清东陵

明崇祯十七年（1644年）初夏，位于中国东北满洲的清军将领多尔衮，在明朝驻山海关总兵吴三桂的接引下，统率八旗劲旅走出白山黑水，跨过山海关，大败李自成农民军，迅速攻占北京。同年九月，皇太极第九子、不满7岁的福临和清皇室人员由沈阳抵达北京。十月初一，福临在臣僚的簇拥下，亲到京师南郊告祭天地，即皇帝位，正式颁诏天下，宣布清王朝对全国的统治，改年号为顺治，并从这一年起称为顺治元年。

这时的福临虽然君临天下，但毕竟年幼岁轻，在宫中自然无所作为，一切军政大事统由其叔父、被封为摄政王的多尔衮主持。

顺治七年（1650年）十二月初，多尔衮在古北口外行猎时坠马受伤，不久即死于喀喇城。顺治八年（1651年），14岁的顺治皇帝终于摆脱了羁绊，开始亲政。

一个风和日丽的春天，顺治帝带领群臣外出打猎，当一行人沿长城向东来到河北遵化县所辖马兰峪镇一带凤台山时，顺治来到一处高坡，勒住坐骑，举目四望。只见高山连绵，冈峦起伏，隆起的山脊在蓝天白云掩映下若隐若现，犹如一条条天龙奔涌腾越，呼啸长空。在天龙盘旋飞舞的中间，一块坦荡如砥的土地，蔚然深秀，生气盎然。东西两向各有一泓碧水，波光粼粼，缓缓流淌，形似一个完美无缺的金瓯。顺治在惊讶于这天造神赐的宝地后，大声说道："此山王气葱郁，可为朕寿宫！"

言毕，顺治命随行堪舆大臣和钦天监官员架起罗盘，按八卦方位、二十四山向，运用阴阳五行玄妙之机进行测算。所属臣僚和术士们已窥到皇帝的心事，又感到此处确是王气逼人、气度非凡。于是，在测算一阵后，他们添油加醋地说："皇上圣明，深得搜地之窍，令观之支法，见龙脉自太行而来，势如巨浪，重峦叠嶂，茂草郁林，实属万乘之葬也。再看那山势如五魁站班，指峰拂手，文笔三峰，惚若金盏，形若银瓶，恰似千叶莲花，真乃上上吉地也！"

顺治闻听，大喜，来到一块向阳之地，跳下坐骑，双手合十，两目微闭，十分虔诚地向苍天高山祷告一番，而后解下随身玉佩，系于金漆箭翎之上，弯弓满石，振臂一射，那箭便穿云度日，飞落于正面凤台山的山阜之前，入地盈尺，铮铮有声，"箭落穴定"。

臣僚、术士们赶到山前，找来木锹在地上挖出一个磨盘大的圆坑，谓之"破土"。这个圆坑便是陵寝地宫"金井"的位置。待陵寝地宫修好后，将第一锹土放入"金井"之中，标志着皇帝死后依然拥有皇天后土，并和他生前的大地永远血脉相连。

待这一切结束后，顺治传谕，改凤台山为昌瑞山，臣僚领旨。臣僚们又找来一斛形木箱，盖在"破土"的位置，不再让它见到日、月、星三光，同时委派人员在此日夜守护，以待动工兴建。

尽管顺治帝选定了陵址，但由于当时清兵入关不久，基业方定，战火频仍，整个中国西部、南部、西南尚处于清兵与南明小朝廷以及各种武装势力的生死搏杀中。在这种形势下，顺治帝以国事为重，一直未建自己的陵寝，直到死后的康熙一朝，才将陵寝建成。

顺治入葬清东陵

顺治入主中原后，在其短暂的一生中经历许多政治风浪及建国立业的辉煌壮举。但不幸的是，二十四岁时染上天花而早早过世。

顺治死后，由与其生前关系最为密切的僧人茆溪森禅师主持，在寿皇殿前焚尸火化。

顺治尸骨的火化，在清王朝入关后的历代帝王中仅此一例。究其原委，一是顺治生性好佛，并到了如醉如痴的程度。这位生前已被玉林禅师取了佛家法号为“行痴”的皇帝，自然愿意以佛家弟子圆寂后需火化的规矩行事。除此之外，是为遵循故土先祖之习，因为满洲的女真族在关外的风俗就是死后火化。顺治崩时，满清入关只有十几年的光阴，本民族的风俗时尚还依然保留如初，帝崩而火化是自然之事。葬仪到了他的儿子康熙皇帝一朝已经开始汉化，继而朝野臣民也随之改变得相当彻底。当康熙的儿子雍正皇帝驾崩时，新登基的乾隆皇帝曾对葬仪的汉化专门作了说明并作了严格的规定：“古之葬者，厚衣之以薪葬之中野，后世圣人易之以棺椁，所以通变宜民，而达其孝心也。本朝肇迹关东，以师兵为营卫，迁徙无常，遇父母之丧，弃之不忍，携之不能，故用火化以便随身捧持，聊以随其不忍相离之愿，非得已也。自定鼎以来，八旗、蒙古各有安居，祖宗墟墓悉隶乡土，丧葬可依古以尽礼。而流俗不染或仍用火化狃地沿袭之旧，而不思当年所以不得已而出此之故也。朕思人子事亲送死，最为大事，岂可不因时定制而痛自猛省乎？嗣后除远乡贫人不能扶柩回里，不得已携骨归葬者，姑听不禁外，其余一概不准火化。倘有犯者按例治罪，族长及佐领隐匿不报，一并处分。”

顺治帝死去以及尸骨火化后，由于他生前选定的陵寝尚未完工，灵骨暂停放于景山寿皇殿，以待陵寝工程正式完工后入葬。

孝陵陵寝的建筑，基本上沿袭了明十三陵的制度，再加以发展和改进而成，从而开创了清代独有的陵寝风格和规制。孝陵之后清代各帝陵寝，其建筑风格和模式基本相同。只是顺治帝的孝陵由于当时国家财政困难以及政权不甚稳固，显得某些地方在质量上较之后代有些粗糙。但它作为清代帝王陵寝的建筑设计蓝本，保持了它独有的历史地位，并延续发展了下去。

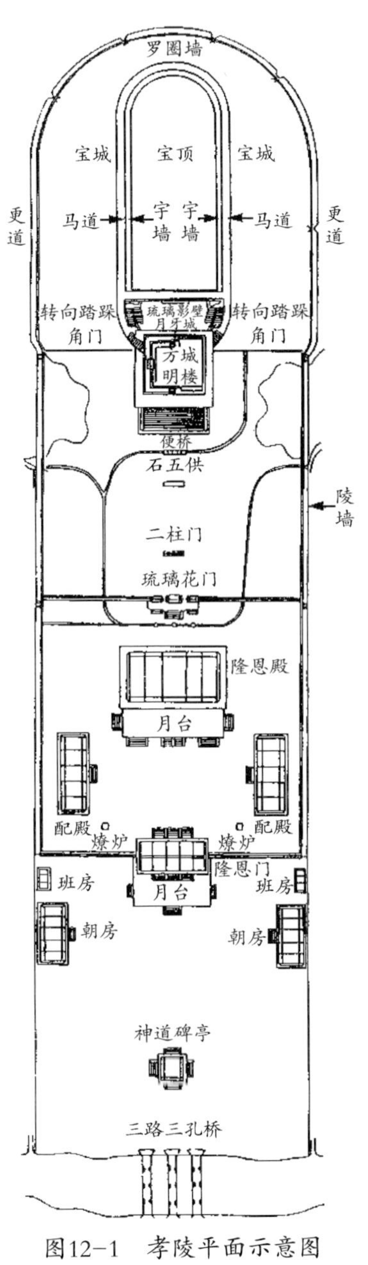

图12-1　孝陵平面示意图

孝陵陵寝整体建筑由神道碑亭开始，往北依次为东西朝房、东西班房、隆恩门、东西燎炉、东西配殿、隆恩殿、陵寝门、二柱门、石五供、月台及礓石察、方城、明楼、月牙城、宝城、宝顶。周围是高大的红墙环绕，与隆恩门相衔接，全长5600多米。整座陵寝，以金星山为朝山，影壁山为案山，昌瑞山、雾灵山和东北的长白山为来龙，在东侧马兰河、西侧西大河的萦绕下，山水相映，构成了一幅世之罕见的完美的山水风景图画，充分体现出陵址的选择者和陵寝建筑设计者的独具慧眼和匠心所至。

顺治帝崩后，还是有二人为之殉葬而死。这二人一为宫女董鄂氏，一为太监傅达理。董鄂氏以身殉帝后，被追封为贞妃，初葬黄花山，后迁葬孝东陵。太监傅达理被葬于陵区外许家峪东，陵墓称贞臣墓。

康熙二年四月二十二日，顺治皇帝的棺椁迁往孝陵。这一天黎明，清廷王以下、奉恩将军以上的内大臣及侍卫，分列于景山寿皇殿外，公侯伯以下满汉文武百官全部聚集到东华门外，以示迁送之礼。

年少的康熙亲自奠酒，哀乐声中，悲恸不已。群臣无不热泪纷纷，如丧考妣。梓宫每经过门、桥之地，都要停下进行奠酒之仪，每天宿驻享殿皆供献奠酒，举行哀礼。至六月初六日，顺治梓宫抵达孝陵，与先前逝去的孝康章皇后（佟佳氏）、孝献端敬皇后（董鄂氏）合葬于地宫。康熙七年正月十一日所立的孝陵神功圣德碑之上，有“皇考遗命，山陵不崇饰，不藏金玉宝器”，故而有孝陵为空券之说。而有的传说则是孝陵地宫内只葬有一把扇子、一双鞋子。这个传说是附会顺治出家的故事而来。实际上，孝陵地宫内宝床上只放有三个骨灰坛。顺治居中，两个皇后分居左右，与碑文相符。不知是满洲女真族的旧有风俗起了作用，还是顺治笃信佛法而得以佛陀的回报，这个“不藏金玉宝器”的空券，在两百年后清东陵的连续浩劫中，竟一次次躲过了盗墓者的洗劫而安然无恙，并成为清东陵所有陵寝中唯一一座没有被盗掘的陵墓。

康熙入葬景陵

由于孝庄皇太后和德国传教士汤若望的努力，顺治帝崩后，年仅8岁的玄烨顺利登位，建立了康熙朝，并成为功绩赫赫的一代英主。

康熙六年，玄烨14岁，开始亲政。如果说康熙皇帝在亲政前无所作为，他的治国天才是由于自己的年幼和四大臣的牵制掣肘而无法发挥，那么在亲政后，玄烨的旷世奇才便迅速显示和爆发出来。清代历史上，康熙除了文治武功堪称最杰出的皇帝外，还有三个之最。这便是后宫的女人最多，其中有名号的后妃就有55位，其他侍奉的无名号的女人则不计其数。其次是子女最多，一生共有子35人，女20人，共计55人。再一个是在位时间最长。从顺治十八年（1661年）即位，至康熙六十一年（1722年）驾崩，共在位61年。

按照中国人的风俗和生活准则，多子、长寿被视为人生难得的福气，在康熙朝却变成了一种灾难。康熙生前已成年的儿子就有近20个，而每个儿子都渴望自己能接过父皇的宝座过几天皇帝瘾，并且每人都有这种希望和可能。但康熙帝在宝座上居然61年不下来，这就不能不让儿子们心焦和气愤甚至对他产生了仇恨。而这时的康熙又偏偏在立太子的问题上，立了废，废了立，反复无常，狡黠多变，又使儿子们在希望与绝望、绝望与希望中加深了矛盾并引发了一场混战。当这种父子之间、兄弟之间的矛盾与混战交织而来时，一代英主康熙大帝也无可奈何，只有倒地恸哭的招数了。

康熙六十一年（1722年）十一月初七，康熙驾临京城郊外的畅春园。初八，有旨传出：皇帝偶然受了风寒，当天已经出汗。由于龙体欠安，从初十到十五，将为冬至的祭祀大典进行“斋戒”，一应奏章都不必送来。皇帝的“斋戒”和独居静休本是一件正常的事，没有引起多少人的格外关注。但就在这看似平静的宫廷生活中，有一个人极敏锐地看到了平静的背后那可能改朝换代的非凡时刻的到来——此人就是皇四子胤禛。

还在各位皇子围绕皇位的继承问题而结交朝臣、培植私党并闹得矛盾重重、沸沸扬扬之时，皇四子胤禛却显得老练、持重，他的言行也未引起父皇和兄弟们的格外看重和猜疑。在父皇和众皇子的眼中，这位四贝勒好像是一位颇为安分守己对皇位没有多大兴趣的人。但后来的事实证明，所有的人都看错了。他的一切做法只不过是来自门下谋士戴铎的告诫：“父皇英明，做儿子的就很难。太张扬外露，势必会引起父皇的疑心。若一点也不显山露水，又会被父皇和众兄弟看不起，从而弃之不顾。故此，两者之间的分寸，势必要把握得恰当。”极端聪明老练的胤禛，在听了戴铎的告诫后，一直在露与不露之间悄悄地做着文章。他没有像其他皇子那样明火执杖地结交朝臣、培植私党，而是暗中结交了两个重要人物隆科多和年羹尧。隆科多是当朝皇后（孝懿皇后）的胞兄，官拜步兵统领，掌管京城的戍卫。年羹尧则是四川巡抚，在与准噶尔作战的西线战场拥有一支精锐军队。结交这两个人的目的是，一旦京师有变，由隆科多控制。若西征中的胤禵有变，年羹尧可派兵与之抗衡，迫使胤禵无法用武力达到争位的目的。皇四子胤禛算是一位真正能审时度势并悟透了权力争斗原则的天才。就在康熙患病畅春园，而众皇子尚处在梦中的关键时刻，长期蛰伏的胤禛要引弩待发了。

手握京师卫戍兵权的隆科多，已严密地控制了北京。凡是可能与胤禛为敌的皇子及王公大臣，都已处于他的监视和控制之中。与此同时，胤禛又手写密书，派心腹星夜兼程送给四川巡抚年羹尧，令他火速率领精锐之师以奉皇帝密诏的名义，接近胤禵的兵营。一旦这位皇十四子有反常举动，将予以搏杀，能歼之则歼，不能歼则牵制其兵力，使其无法杀回京师……就在这一切布置妥当之后，胤禛与隆科多等在康熙驾崩的当晚，装载遗体回京，同时封锁了皇宫，不许其他皇子进入。后来又经过一连七天的秘密筹划，皇四子胤禛正式登基坐殿了，这便是历史上的雍正皇帝。

雍正登基后，尽管仍潜伏着各种威胁，但他公开要做的第一件大事，自然是对先皇葬仪的办理。

早在康熙十五年，康熙皇帝就下旨在昌瑞山顺治孝东陵东南一里左右的地方兴建自己的寿寝，经过六年的紧张施工，到康熙二十年营建完成。初葬孝诚、孝昭皇后，二十八年葬孝懿皇后。康熙的寿寝，尽管秉承了孝陵的建筑格局和规制，但由于康熙朝在经济上的日趋繁荣，综合国力的明显加强，因而较之顺治的孝陵，其布局更加严谨集中，建筑水平有明显提高，工艺更趋精美。康熙六十一年十二月初三日，康熙的梓宫被安奉在景山寿皇殿。雍正元年二月十七日，当朝臣僚恭拟康熙皇帝的陵名九字进呈雍正，雍正亲自刺破手指，以指血圈定“景陵”二字，于是康熙陵寝定名为景陵。至三月二十七日，康熙的梓宫由寿皇殿发引，四月初二日梓宫抵达陵区，暂安放于景陵隆恩殿。九月初一葬于景陵地宫。随康熙祔葬的还有孝恭仁皇后（雍正生母）、敬敏皇贵妃。

雍正另建清西陵

雍正十三年（1735年）八月二十三日子夜，雍正刚刚做了十三年皇帝，便驾崩于圆明园，后葬于易州泰陵地宫。

雍正朝创立了秘密建储制度，皇帝生前对选定的继位储君秘而不宣，而将传位诏书藏于乾清宫正大光明匾额后锦匣内。雍正死后，总管太监到乾清宫取下秘匣，当即开读，乃是“皇四子弘历为皇太子，继朕即皇帝位”。这时皇四子弘历等已闻讯奔入宫来，遂即奉遗诏，并命庄亲王允禄、果亲王允礼，大学士鄂尔泰、张廷玉为四辅臣，议定明年改元乾隆。

自清王朝入关，顺治、康熙两朝的帝王后妃在京师以东的昌瑞山下建造陵寝后，便开创了“子随父葬，祖辈衍继”的“昭穆之制”。“昭穆”为古代宗法制度，宗庙次序，始祖居庙中，以下父子递为昭穆，其左为昭，其右

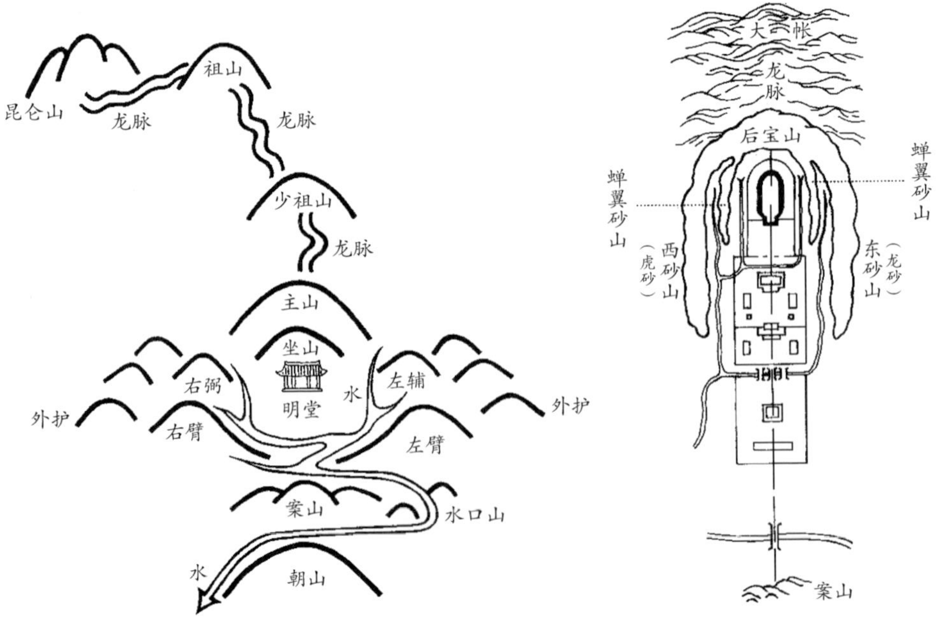

图12-2　左右二图分别为风水宝地环境模式图、清代帝陵风水形式模式图（清·样式雷绘）

为穆。父为昭，则子为穆，父为穆，则子为昭。这种方法也用于坟地葬位的左右次序。早在古代的《周礼》一书中就曾有“先王之葬居中，以昭穆为左右”的规范记述。

雍正即位后，随着政权的不断稳固，开始想起建造陵寝一事。雍正四年（1726年），诏谕允祥、张廷玉和工部、内务府官员办理陵寝事务。允祥等臣僚率领术士们先在马兰峪的昌瑞山脚下选择吉地，但没有选中相宜的地方。后来选中了九凤朝阳山，离孝陵、景陵不远，风水甚佳，得到了雍正的同意。但后来精通堪舆的臣僚术士再三相度，又认为九凤朝阳山“规模虽大而形局未全，穴中之土又带砂石，实不可用”。因此，雍正废掉了这处陵址，让臣僚们再行勘察。但这帮臣僚不知是由于什么缘故，却久久找不到佳穴，又不知出于怎样的一种考虑，雍正开始命怡亲王允祥和汉大臣高其倬舍弃京师以东，到京师西南一带山脉采卜。允祥等人受命后，经过多处勘察，至易州境内的太平峪兴隆庄一带发现了“万年吉地”，并回宫竭力向雍正荐引。按照允祥等人的说法，此处西依云濛山，北靠泰宁山，东傍丘陵地，南临易水河，堪称“乾坤聚秀之区，为朝阳会和之所，龙穴砂石，无美不收。形势理气，诸吉咸备”。雍正览奏之后，也认为此处是“山脉水法，条理详明，洵为上吉之壤”。但是，若在此处选择陵址，显然违背了子随父葬的制度，他不便马上表态，只说那地方虽美，但距父亲的景陵和祖父的孝陵“相去数百里，朕心不忍”。而私下他却在暗示群僚们为自己寻找依据和借口。臣僚们心领神会，很快就引经据典，找出了一大堆看起来颇具情理的依据。允祥联合大学士们奏称道：“汉唐诸陵虽都建于陕西，但汉高祖、汉文帝、景帝、武帝之陵却分布于咸阳、长安、高陵、兴平等县，唐高祖、唐太宗、高宗、玄宗诸陵则分散于三原、醴泉、乾县、蒲城等地。据此典法，在易州建陵，与古礼不为不合。且遵化与易州都属畿辅之地，离京师不远，完全可以建陵。”群臣果然不负厚望，一番引经据典，使雍正的意图得以顺利实施。雍正八年（1730年），位于易州的泰陵开始动工兴建，至乾隆二年

（1737年）宣告竣工，同年三月初二日，雍正帝的梓宫被安葬于泰陵地宫。至此，清朝入关后沿袭的“昭穆之制”的丧葬规范被雍正轻而易举地击破，历史在这里无声地拐了弯。清朝自入关后，帝王的陵寝开始以京师为坐标，逐渐分为两大陵区。那便是位于北京以东遵化县马兰峪附近的清东陵和位于北京以西易县境内的清西陵。

乾隆复归清东陵

雍正不明不白地暴崩了，他的儿子弘历光明正大地成了历史上著名的乾隆皇帝。乾隆登基之后要做的一件关乎清王朝也更关乎自己的大事就是选择万年吉地。

自从雍正打破了“子随父葬，祖辈衍继”的丧葬制度而埋骨于京西易县境内后，登基不久的乾隆也跟随其父，派臣僚在西陵区域选择万年吉地。当吉地选好后，乾隆却突然改变主意，又派臣僚到东陵选择。

乾隆七年，大学士三泰、果毅公讷亲、户部尚书海望，会同钦天监监正进爱等进入东陵区域勘察地形。数日后相得胜水峪“龙盘虎踞，星拱云联，允协万年之吉”。乾隆览过绘图后，甚是满意，并诏旨于第二年二月初十日动工兴建。至此，清王朝丧葬规制的长河在雍正朝拐弯之后，又在这里改道分岔。长河的主流从此一分为二，一条支脉流向东陵，另一条流向西陵，从而形成了中国历代王朝丧葬史上的独特规制和景观。如此做法的思想脉络和内在干系，主要是乾隆考虑到，若从自己之后起历代皇帝都葬于西陵，那么东陵必然有香火渐衰、冷清无助之感，日久定会荒废不堪。为兼顾东西两陵的盛衰，他才做出了这一抉择。关于这一点，乾隆在六十年（1795年）将皇位让于其子嘉庆时，在十二月二十日的谕旨中说得很是明了：“向例，皇帝登基后即应选择万年吉地。乾隆元年，朕诏登大宝，本欲于泰陵附近地方相建万年吉地，因思皇考陵寝在西，朕万年吉地设又近依皇考，万万年后，我子孙亦思近依祖父，俱选吉京西，则与东路孝陵、景陵日远日疏，不足以展孝思而申爱慕。是以朕万年吉地建在东陵界内之胜水峪，若嗣皇帝及孙曾辈，因朕吉地在东择建，则又与泰陵疏隔，亦非似续相继之义。嗣皇帝万年吉地自应于西陵界内卜择，着各该衙门即遵照此旨，在泰陵附近地方敬谨选建。至朕孙缵承统绪时，其吉地又当建在东陵界内。我朝景远庞鸿，庆延瓜瓞，承承继继，各依昭穆次序，迭分东西，一脉相连，不致递推递远。且遵化、易州两处，山川深邃，灵秀所钟，其中吉地甚多，亦可不必于他处另为选择，有妨小民田产，实为万世良法，我子孙惟当恪遵朕旨，溯源笃本，衍庆延禧，亿万斯年，相承勿替。此则我大清无疆之福也，此谕。”

乾隆的诏谕除说明了他将寿宫选在东陵的原委外，还做了“兆葬之制”的硬性规定，即若父在东陵，则子在西陵；父在西陵，则子在东陵。也就是说雍正在西陵，乾隆应在东陵，而乾隆在东陵，他的儿子则在西陵，他的孙子应选东陵，以此类推，不可违旨。当这个东、西二陵兼顾的设想出台后，乾隆唯恐哪位不肖子孙像他父亲那样独出心裁，东、西二陵都不选，另立门户，再选出个南陵或北陵，这样他设想的“兆葬之制”势必被打破，造成无法依附、无章典可循的混乱局面。为此，他又专门做出规定，非东即西，不能再随便另选陵址，这样就断了后世不肖子孙别出心裁的念头。所有这些，在体现了乾隆顾全大局的同时，也完全可窥到他当时在处理这类事务上的良苦用心。只是令乾隆本人以及随他入葬东陵的后世子孙想不到的是，他的中途易辙和这道谕旨的下达，使他们在一百年后，共同迎来了陵寝被盗、尸骨被抛的厄运。而当这种厄运到来之后，世人不免做出种种假想，假如乾隆当年葬入西陵，他的子孙也效仿而做，是否还会有一百年后东陵被盗的凄惨景观？乾隆是否会同他的子孙如今天人们看到的清西陵的主人一样，安然无恙地就寝于地下玄宫之中？

乾隆朝继承了康熙、雍正朝的盛世，建陵时正值国家鼎盛、国库丰盈之际，故此整个陵园、地宫的建筑均是遍选天下精工美料，仅其木材就分别来自四川、广东、广西、云南、贵州及东北兴安岭地区的原始森林，而这些木材中又以珍贵的楠木居多。其石料则取自北京房山和蓟县盘山的石场，砖料由山东临清、江苏专工制造，瓦料由京西琉璃厂运送，即是土料也是由数十里外精选的含沙量适当的“客土”。整个陵寝由圣德神功碑、五孔桥、石象生、牌楼门、神道碑亭、隆恩门、配殿、隆恩殿、方城、明楼、宝顶以及地下玄宫等主体建筑组成，其神道南端与孝陵相连。整个建筑群规模宏大，布局严整，材料精致，工艺精湛。尤其是地下玄宫的建筑风格和艺术水准，是中国历代帝王陵寝中所罕见的。陵寝工程从乾隆八年（1743年）开始兴建，至乾隆十七年（1752年）主体工程基本告竣，先后经历九年的时光，共耗银203万两。

乾隆六十年，乾隆鉴于祖父康熙在位61年驾崩，以不超越祖宗和功高盖祖为名，毅然决定将皇帝位让给皇十五子颙琰，本人则升为太上皇，但实际上仍牢牢掌握着朝中大权。不管实际上怎样玩弄权术，毕竟乾隆在名义上做了60年的皇帝后将皇位让给了儿子。十五子颙琰即位后，改年号为嘉庆，大清历史上一个新的朝代诞生了。

嘉庆四年（1799年）正月初三，乾隆驾崩于养心殿，卒年89岁。他的驾崩当属一个八十九岁老人精气血脉耗干后的正常死亡。这是继清太祖努尔哈赤在关东建国，世祖顺治入关统治中国以来，六代帝王在奔赴黄泉路上的第一次平常事，也是整个大清王朝近300年历史进程中，少数几个没有在死亡情节上留下悬案的帝王之一。

嘉庆四年九月十五日，乾隆梓宫入葬东陵胜水峪被称为裕陵的地下玄宫。随其赴葬的有后妃五人，分别是孝贤、孝仪两位皇后，慧贤、哲悯、淑嘉三位皇贵妃。就其祔葬人数而言，与康熙陵相同，是为数不多的。

早在乾隆五十二年三月十一日，乾隆就降旨：待自己入葬之后，在为其建造功德碑时，要仿照新修的明代长陵碑亭式样，发券成造，其规模大小，不可超过景陵制度。但是乾隆崩后，嘉庆六年破土动工的裕陵大碑楼，却违背他的遗愿而完全仿照康熙帝景陵大碑楼的规制建造了。这一点是乾隆生前没有想到的。

尽管嘉庆在碑楼的建造上违背了乾隆的遗愿，但从他亲手为其父御制，乾隆第十一子、清代著名书法家成亲王永一书写的洋洋洒洒4300余字的碑文中，却对乾隆大加颂扬，称他“兼尧舜禹汤文武孔子之勋德，帝王以来未有若斯之盛者也”。同时还称他“四德无违，十全有一，文谟武烈，丕显丕承”。此时的乾隆已被吹捧成一个十全十美的历史完人。

让后人耿耿于怀和颇有微词的是，由于这位风流天子的追蜂引蝶，游玩取乐，滋长了大小臣僚的好大喜功、奢侈浪费、贪污腐败的风气，为贪官污吏创造了借口和培植了繁衍生存的土壤。整个乾隆朝，从皇帝到臣僚再到大小官吏，就是在这样一种吹吹打打、热热闹闹的放纵、贪欲和一次次的折腾中，使大清的元气受到极大的消耗，帝国航船受到重创，使好不容易出现的“康乾盛世”迅速衰落下去。

道光再迁清西陵

自嘉庆元年（1796年）开始，嘉庆的昌陵便按照乾隆的旨意在易县清西陵区动工兴建，至嘉庆八年（1803年）竣工完成。整个陵寝建筑耗银达几百万两。嘉庆二十五年（1820年）七月二十五日，嘉庆帝驾崩于热河（今承德）行宫，终年六十一岁。道光元年（1821年）三月二十三日葬于清西陵昌陵地宫。跟他同葬的仅有一人，那便是道光皇帝的生母、被封为孝淑睿皇后的喜塔腊氏。

嘉庆帝驾崩后，由他的第二子、时年三十九岁的旻宁继位，年号道光。

道光登基之后，在选择陵址的问题上，对当年乾隆所作“兆葬规制，迭分东西”的谕旨还是颇为看重的。既然祖父乾隆葬于东陵，父皇嘉庆葬于西陵，那自己就该葬于东陵。于是，他在登基不久的道光元年（1821年）九月二日匆忙降旨：“国家定制，登极后即应选择万年吉地。嘉庆元年奉皇祖高宗纯皇帝敕谕，嗣后吉地各依昭穆次序，在东陵、西陵界内分建。今朕诏登大宝，恪遵成宪，于东陵界内绕斗峪，（后改为宝华峪）建立吉地。”

谕旨降下后，道光派庄亲王绵课、大学士戴均元、尚书英和、侍郎阿克当阿全权负责办理陵寝工程，并定于当年十月十八日破土动工。庄亲王等人接旨后集中一切精力兴建陵寝，经过七年的艰苦努力，终于在道光七年（1827年）九月宣告竣工。

为了表示重视，道光在竣工之日亲临东陵宝华峪祭奠，并将先前薨逝的孝穆皇后的梓宫安奉于地宫之中。当道光看到陵寝规制完备、建筑坚固、艺术精湛之时，心中甚喜，并欣然传谕：免原工程大臣庄亲王绵课应缴前借俸银四万两，大学士戴均元晋加太子太师衔，其子即以户部员外郎升郎中，归还热河都统英和一品顶戴及花翎。对穆彰阿、敬征、宝兴、继昌等臣工均论功行赏，有关匠役也得到了相应的赏赐。

道光八年初夏，道光出京越塞行围打猎。一天夜里，忽然梦见已逝的皇后在海中向他呼救，道光遂被噩梦惊醒。待他静了心神刚刚入睡，忽又被海中皇后的呼喊惊醒，一连三次，道光连惊带吓被折腾得全无睡意。他静下心对这个怪诞的梦反复琢磨了一会儿，终于悟到可能陵寝中地宫浸水，故此已入葬的皇后有梦托来。第二天一早，道光传旨，派人将自己的陵寝地宫打开，他要御驾亲临验看。

当道光再度来到陵寝地宫时，发现靴底潮湿，墙角处有水浸出。道光见了大为惊奇和愤慨，他惊奇自己的梦果然灵验，看来皇后的灵魂确实尚在阴阳两界不死不灭；愤慨的是地宫才关闭几个月，就有如此不祥之兆出现，那待自己寿终正寝后，几十年，几百年，又会是怎样的一种模样？那时的地宫不成了江河湖泊之势？自己躺在大海或江河湖泊里，尸骨何以幸存，灵魂怎能安息？若非皇后死后有灵，事先托梦于自己，待驾崩之后，儿孙面对这个浊水滔滔的地宫，该如何是好？

想到这里，道光怒火冲天，立即传谕留京王大臣会同刑部堂官，对选陵修陵大臣庄亲王绵课、大学士戴均元等主要人员及地宫浸水原因“切实根究”。谕旨一下，那些在几个月前才得以加官晋爵的臣工大员还没从惊喜的美梦中醒过来，已被全部捕进刑部衙门，兴师问罪了。

被捉拿在案的臣僚臣工相互推诿，相互指责，无一人敢出面承担责任。但经过一年多的严审和追访，终于查出了地宫浸水的三大原因。一是“北面墙帮间有石母石滴水”，虽已“用工拦挡，令水旁流”，但“仍恐日久墙内蔺湿”。二是原议两旁安设龙须沟出水，“因英和告以不用安置，是以停止”。同时英和还以“土性甚纯，无泉石”，“龙须工程可以停办”等语上奏过道光，情同欺上。三是英和在建陵时保奏牛坤督工，言“有伊在彼，英和即不必经常亲自督工”。而牛坤则声称自己“不管工程”，双方互为推卸，致使地宫工程质量受损，造成浸水之憾。

道光对修建陵寝不力的官员加以惩办，本为消解心头之恨、胸中之愤和借以示众，对事情本身的解决并无裨益，地宫依然浸水不止。这时的道光理应下令对地宫的浸水采取补救措施，但不知出于一种怎样的考虑，他下令将这座征用了数十万工匠和数百万夫役、历时七载才修成的陵寝，无论地上地下的建筑全部废掉拆除，并不顾乾隆当年规定的“兆葬之制”，又毅然在易县西陵的龙泉峪另选陵址，重新建陵，致使几百万两白银铸成的建筑全部毁于一旦。令时人倍感兴趣的是，清王朝的丧葬历史的河流再度在这里拐弯，道光将这段历史画了个圆圈之后，又回到了当年雍正的起点上。这条河流又将重新进行另一轮的流淌。而道光在陵寝问题上的受挫，恰恰成全了他百年之后尚能安寝的夙愿，将厄运悄悄地转嫁于他儿子的头上。当几十年后的那个夜晚，东陵传出恐怖的爆炸之声时，此时的道光连同他的先祖雍正，一定会为当年的选择感到暗自庆幸。

道光十一年，道光帝的慕陵在西陵龙泉峪破土，至十六年竣工，历时四年。此项工程吸取了宝华峪地宫浸水的教训，选择了高平之地。在建陵过程中，道光一直提倡俭约行事，实际耗银却有二百四十多万两，即使东陵宝华峪那已经废掉的不算，仅西陵界的慕陵也比号称清陵之冠的耗银为二百零三万两的乾隆的裕陵还多耗费了三十七万两。若再加上宝华峪工程的一建一拆的耗银，可超过两个裕陵，哪里还有什么“俭约”可言？

道光三十年（1850年）正月十四日，六十九岁的道光帝驾崩于圆明园慎德堂。咸丰二年三月初二日，葬于清西陵慕陵。祔葬的有孝穆、孝慎、孝全三位皇后。

道光驾崩后，他的第四子、年仅二十岁的奕詝继承大位，年号咸丰，以次年（1851年）为咸丰元年。

由于本当葬入东陵的道光改葬西陵，这就迫使他的儿子咸丰帝不得不在东陵兴建陵寝。咸丰二年九月十五、十六两日，咸丰乘谒陵的机会，亲自来到臣僚们为他选定的东陵界平安峪、成子峪、辅君山等三处山势进行阅视。经过一连几年的反复比较，到咸丰八年，东陵界的平安峪被正式选定为万年吉地，并于咸丰九年（1859年）四月十三日申时破土。

咸丰帝的陵寝在整个修建过程中，有两大突出特点：一是随朝政的变迁几次更换承修监工大臣；再是大量使用了道光帝废掉的宝华峪陵寝中的旧料，并开创了新的陵寝修建格局。

由于咸丰朝战乱不止，财政困难，国库空虚，其陵寝的修建不得不用道光帝当年在宝华峪废掉陵寝的旧料，其中石料、砖料使用最多。与此同时，在建筑规制和遵守祖宗成宪的基础上，又部分吸收道光帝慕陵的做法，对一些地上建筑进行了裁撤，如圣德神功碑楼、二柱门等，再加以改造创新，形成了独特的建筑格局，从而成为以后兴建的惠陵和崇陵仿制的典范，在整个清王朝陵寝史上起到了承前启后的作用。遗憾的是，咸丰没有亲眼看到自己陵寝的竣工，就在战乱的苦痛中含恨崩逝了。

这位在晚清历史上被称为“战乱皇帝”的咸丰，一定死不瞑目，孤魂不安。纵观他的一生，实在令人扼腕叹息和万般无奈。咸丰即位不久，就爆发了声势浩大的太平天国运动。短短数年之后，太平军定都天京（今南京），派兵北伐，逼近天津，大清王朝面临严重危机。此时的咸丰又派僧格林沁、胜保再度镇压太平军，令琦善、向荣率大军围困天京。几年之后，太平军击破清军对天京的包围，整个江南几乎全部落入太平军之手，大清王朝只剩摇晃不定的半壁江山了。

正在这战火纷飞、硝烟四起、江山摇撼之际，英、法又于咸丰六年发动了第二次鸦片战争，次年攻陷广州。咸丰八年，大沽炮台失陷。咸丰十年，英、法联军再次攻陷天津。这年的八月初八日，咸丰带领皇子、后妃及部分亲信大臣仓皇出逃热河行宫。英、法联军侵入北京，在北京大肆洗劫并焚烧了举世闻名的圆明园。就在这战火未熄、硝烟未散的局势中，留在京中办理和局的恭亲王奕訢秉承咸丰的旨意，与英、法订立了《北京条约》，除开放天津为通商口岸外，同时割让九龙给英国。

咸丰十一年（1861年）七月十七日，悲愤交集的咸丰在忧郁中驾崩于热河行宫，卒年三十一岁。咸丰崩逝后，其长子载淳继位，年号同治。

咸丰十一年九月二十三日，咸丰帝的梓宫由热河启程，十月初三日到达京师，并先后安奉于乾清宫、观德殿。同治元年九月九日，咸丰帝的梓宫由京启程运往东陵。由于此时咸丰帝的定陵尚未竣工，只好将梓宫于风水墙外的隆福寺行宫暂安。同治四年八月，定陵主体工程告竣。同年九月二十二日辰时，咸丰帝入葬定陵地宫，合葬地宫的是死后才被册封的皇后萨克达氏。

不知归葬何处的同治帝

咸丰帝热河驾崩后，由他当时唯一的一个年仅六岁的儿子载淳继承大位，年号同治，第二年（1862年）为同治元年。

同治即位后，尊封咸丰帝的皇后钮祜禄氏为“母后皇太后”，徽号“慈安”。尊封自己的生母、贵妃叶赫那拉氏为“圣母皇太后”，徽号“慈禧”。由于慈安居于东宫，慈禧居于西宫，历史上又将其称为东、西太后。

自此，大清的朝堂上，两宫皇太后开始了以皇帝的名义行使太后职权的“垂帘听政”。同治本人也开始了永无休止的作为傀儡皇帝的政治生涯。

按照清朝祖制，历代皇帝都是登基后即选陵址、建陵寝，同治登基自然不能例外。但令人费解的是，同治当了十几年的皇帝，两宫太后一直不开口提修建陵寝一事。太后没有恩准，作为傀儡皇帝的同治自然不敢吭声。

同治十三年（1875年）十二月初五日酉刻，同治因染上梅毒而撒手人寰，年仅十九岁。

同治驾崩后，由于无嗣继位，便由慈禧做主，将慈禧胞妹的儿子、同治的堂弟兼表弟、年仅三岁半的载湉接入宫中，并很快让其继承大位，年号光绪，第二年（1876年）改元光绪元年。

光绪继位后，同治的皇后阿鲁特氏，因慈禧的专横暴虐而深感自己以后处境危艰，前程渺茫，遂于同治去世之后的光绪元年二月二十日，在宫中吞金自杀，卒年二十二岁。皇后自杀，举朝皆惊，无不为之扼腕痛惜。

帝后先后崩亡，理应尽快归葬，但由于慈禧的专权，直到此时同治的陵寝尚未建造，帝后的梓宫只好移奉隆福寺暂安。

由于此前的咸丰帝已葬于东陵，按照清廷祖制，作为儿子的同治理应葬于西陵。这时权柄在握的慈禧却偏偏不理祖宗那一套规制，反而大行逆道，断然决定在东陵的双山峪为同治建陵。

光绪元年八月，同治的惠陵开始在双山峪动工兴建，到光绪四年九月建成，建造工程仅用了三年零一个月的时间。在整个清东陵的皇帝陵寝中，这座陵寝不仅建造时间最短，就其整体规格和质量而言也是最为低下和次劣的。清东陵五座皇帝陵寝中的最后一座陵寝，就这样匆匆收场了。

光绪五年三月二十六日，同治帝、后的梓宫在停放了五年之后，被一同葬入东陵界内的惠陵地宫。

六十年后的1945年，同治帝后的惠陵被盗掘，皇帝的尸骨被捣毁，而完好如初、身体仍富弹性的皇后阿鲁特氏，衣服被剥光，腹部被剖开。盗墓者如此惨无人道的做法，竟是为了要得到当年皇后吞于腹中并被致于死命的一点点黄金。上帝无眼，苍天不公，一对生前境遇悲惨的男女，又突遭罹难，实在让后来者欲恨不能、欲哭无泪，为人世竟有这么多的不幸而悲天长悯！

慈安、慈禧定东陵

去则去矣。虽未彻底万事皆休，但总算得到了暂短的安息。而作为继任的光绪皇帝，此时正受着比同治还要凄惨、还要痛苦不堪的煎熬。在光绪登基直至驾崩的三十四年中，专横跋扈的慈禧从未提起过给光绪建造陵寝一事。慑于慈禧的淫威，满朝文武，未有一人敢提及此事。与此相反并形成鲜明对比的是，慈禧对自己的陵寝建造却一刻未忘，同时做出了令人骇怪的举动。

早在同治五年（1866年），三十二岁的慈禧就命臣僚、术士赴清东陵陵区为自己和慈安选择陵址。在初选的过程中，有的因水位不良，有的因山势不佳，有的因隔河修御路困难，均未选中。

到了同治十二年，同治与皇后行完大婚仪式并相继在太和殿举行亲政大典后，于三月初恭谒东陵。就在这次恭谒中，同治奉慈禧的旨意，率领臣僚、术士为东、西两宫太后在东陵界内选择的万年吉地做最后勘定。经过几日的勘察，他们相定一处穴基，认此地确是“地势雄秀，山川环抱，实乃万古上吉之地”。同治返京后，遂呈陵址蓝图请两宫太后阅示，慈安、慈禧两太后甚是满意。此处有两座后山，原来一座名为平顶山，一座名为菩陀山，尊奉慈禧和慈安两太后的旨意，同治十二年三月十九日，同治以朱笔改平顶山为普祥峪，改菩陀山为菩陀峪。随后打桩立记，拟在普祥峪修建慈安陵，在菩陀峪修建慈禧陵。

清宫历代皇后，慈禧作为最热衷权势、最显赫的一位皇后（尽管咸丰驾崩后才得到这个虚位）当属无疑。这个女人在实际统治大清王朝近半个世纪里，曾闹出了许多违背祖制的事情，让后人为之揣度猜测，争论不休。但是，在单独建造陵寝这一点上，慈禧并非首创。

开皇后单独建陵之先河的，是康熙五十六年薨逝的顺治帝的皇后博尔济吉特氏，即孝惠章皇后。

孝惠章皇后十四岁入宫，被封为妃，继之被册立为中宫皇后，因不久后入宫的董妃董鄂氏艳丽聪慧，颇受顺治的宠爱，孝惠章皇后曾一度遭到冷遇，皇后的位子差点让董鄂氏取而代之。她入宫不到七年，董鄂氏撒手人寰，顺治帝也驾崩归天，年仅二十一岁的孝惠章皇后自此开始了寡居的生活。

由于康熙的生母于康熙二年就早早地薨逝，年仅十岁的康熙便由孝庄太皇太后、皇太后博尔济吉特氏提携看视，母子之情极为深厚，康熙对这位年轻的皇太后也倍加孝敬。在后来的数十年间，康熙多次陪伴皇太后去热河行宫避暑、五台山进香、拜谒祖陵、外出巡视，母子感情不断地加深。康熙五十六年十二月初六日酉刻，皇太后病逝于宁寿宫，享年七十七岁。康熙得知皇太后的死讯后，悲恸万分，亲自带病守灵，并降旨要隆重治丧，还坚持为皇太后上谥号为孝惠章皇后。

在此之前，按照清王朝的祖制，无论皇后死于皇帝之前还是之后，都应葬于皇帝陵内。康熙二十六年，清太宗皇太极的皇后、顺治的生母、康熙朝的孝庄太皇太后薨逝。死前留下遗嘱："太宗文皇帝安奉已久，卑不动尊，此时未便合葬"，并希望将其葬于东陵以和儿孙们长期为伴。对于这份遗嘱，康熙极其为难。由于清太宗皇太极的陵寝远在盛京（沈阳），奉运的确不便，康熙又不愿违背太皇太后的遗愿，只好降旨将灵柩暂安奉于清东陵风水墙外的"暂安奉殿"。

按照祖制，这次孝惠章皇后理应葬入顺治的孝陵地宫，与先皇共安息。康熙却没有这样做，而是打破祖制，在孝陵东侧为孝惠章皇后单独修建了一座陵寝，名为孝东陵。康熙为什么要如此安排，一直成为后人争论不休的话题。据清东陵研究者、历史学家徐广源先生推断，康熙的做法可能出于下面两个原因：其一是受孝庄太皇太后遗嘱中"卑不动尊"等语的影响和启示，认为先皇的梓宫已入葬半个多世纪，孝惠章皇后不宜重开已封闭的地宫，葬入孝陵，以卑动尊；其二是数十年来，康熙与孝惠章皇后之间的母子情深，促使他单独为其修建陵寝以示孝敬和报答提携看视之恩。当然，徐广源先生的推断只能算作一家之言，到底真情是否如此，尚需进一步考证。但不管作何推断，孝惠章皇后的孝东陵还是兴建了起来，并于康熙五十七年入葬地宫。自此，孝东陵作为清王朝兴建的第一座皇后陵寝，开创了历代王朝为皇后单独建陵之制。至雍正五年，雍正帝将康熙二十年在东陵建成的专葬妃嫔的"妃衙门"正式尊奉为妃园寝。整个清东陵形成了皇帝、皇后、妃嫔等各自不同的陵寝。当历史的车轮滚动到慈禧掌权的时代，作为名正言顺的皇太后，为自己建造陵寝亦是顺理成章的事情了。

由于清王朝自嘉庆之后，国力大衰，财政屡屡出现赤字，故素以"节俭"为名的道光帝屡次谕示："以后历代皇主，万年吉地地宫尺丈规模，着遵照慕陵规制。"慈禧却不管先祖的那一套，她指示建陵的大臣，除了采用慕陵规制外，还要采取众陵之长，臣僚们自是心神领会。后来的事实证明，定东陵仿照慕陵、昭西陵（孝庄皇太后陵，雍正朝建成）之外，还吸收了咸丰帝定陵的长处，其中在地宫的庑殿蓑衣顶用新样城砖灰砌，就显然来自定陵。清初所建的第一座皇后陵——孝东陵，没有下马牌、神道碑亭，以后在清西陵陆续建成的泰东陵、昌西陵、慕东陵等三座皇后陵，也只增加了下马石牌，而未设神道碑亭。但定东陵下马石牌、神道碑亭一应俱全，完全逾越了祖制。可慈禧不管这些，不仅将地面建筑搞得奢靡豪华，其地宫建筑也独具特色。其雕刻之华美、选料之精良、设计之合理，无不令人惊叹称奇。连乾隆的裕陵都没有的排水系统，在此却极为精巧地安设齐备，那六个古钱状的排水沟漏，将地宫积水汇于两条地下龙须沟，而后再顺势注于陵院外的东西马槽沟内，保持了整个地宫的干燥。许多年后，当盗墓者将东陵十几座陵寝打开时，发现几乎每座陵墓的地宫都注有深浅不同的积水，唯定东陵干燥如初，其原因就是这古钱状的排水系统产生的作用。

慈禧、慈安两太后的定东陵，自同治十二年八月二十日开始施工，至光绪五年六月二十二日同时竣工，历时七年。慈安的普祥峪陵寝用银266.5万余两，慈禧的菩陀峪陵寝用银227万两。两陵除规格相同外，占地面积均为2.2万多平方米。

在定东陵建成不到两年的光绪七年（1881年）三月十一日初更时分，慈安皇太后驾崩了。光绪七年九月十七日卯时，葬于东陵界内的普祥峪定东陵地宫。

由于慈禧和慈安的两座陵寝并列东西，面南背北，中间只隔一条用于排水的马槽沟。慈安身为东宫太后，却葬在了西面的普祥峪陵寝，而慈禧自然就占据东面的那座菩陀峪陵寝了。东太后西葬，西太后东葬，这个看似颇不在情理的葬制，不免引起后人的迷惑和议论。

其实，清朝入关并建东陵以来，自顺治的孝惠章皇后独自建陵之后，凡比皇帝晚逝的皇后，都无一例外地单独建造陵寝，并以先皇帝的陵寝之名和自己陵的方位命名。如孝惠章皇后的陵寝在顺治帝孝陵的东侧，就定陵名为孝东陵，其他如“泰东陵”“昌西陵”“昭西陵”等陵名，均是以当朝皇帝的陵名加方位而成。因咸丰帝的陵寝称定陵，慈安、慈禧两陵均坐落于定陵东侧，故统称定东陵。因为陵名的确定是以咸丰帝的定陵为中心而不是以整个陵区为中心而得，那么，慈安葬于西边，从地理位置上就更靠近咸丰帝的定陵，而慈禧葬入东边，就相对地距定陵或者说咸丰帝要远些。因慈安生前的地位一直高于慈禧，这个葬制是合乎情理的。况且皇陵中的神路设施，均按“以次接主”的规制而成，咸丰帝的神路接顺治帝的孝陵神路，而慈安的神路又接咸丰帝的神路，那慈禧的神路又接于慈安的神路之上。由此更可看出，慈安尽管葬在了西边，不但不能说明其地位低下，反而证明她的地位要高于慈禧。这也正是决定她葬于西侧的根本原因。

慈禧陵为何重建

慈安皇太后死了，慈禧最终登上了权力的顶峰，更是无所顾忌。

甲午战争的乌云在使大清付出了惨重的代价之后，暂时退去。但普天之下没有迎来灿烂的阳光，还遭遇了百年罕见的水灾、旱灾、虫灾，数千万灾民在水火交融中无家可归，生死无着。此时的慈禧却再也不顾国家大量割地赔款、财政极端紧缺的现实，更不顾百姓流离失所、饿殍遍野之惨痛了，她怀着没能在颐和园举行六十庆典的缺憾和多少年后也没有人完全猜测得出的一种极其复杂的心理，毅然颁旨重修她那东陵地界的定东陵。她近似疯狂地颁旨，召集天下精工巧匠，于光绪二十一年十一月二十四日正式重修菩陀峪定东陵，并诏令群臣在重修中首先要做的事，就是将隆恩殿前的那块丹陛石换掉。

按清宫规制，丹陛石上的“龙凤戏珠”石雕图案本应是龙在上、凤在下，象征皇帝为天、皇后为地，天地结合，也就是阴阳结合。世上的万事万物正是在这天地、阴阳的相互依赖、结合中产生的。正在垂帘听政的慈禧却不管祖制和这来自自然界的道理。她要反其道而行之，诏令臣工一定要将丹陛石雕刻成凤在上、龙在下，以示自己为天，皇帝为地，自己为上，皇帝为下。于是，一块凤在上、龙在下，“凤龙戏珠”的丹陛石浮雕很快刻就，并镶于定东陵的隆恩大殿前最显要之处。

丹陛石上除了那雕得活灵活现、栩栩如生、凌空展翅的翔凤和腾水穿云的蛟龙，在丹陛石最下端的“海水江岸”图案中，还雕刻着一只小小的壁虎从崖石缝内钻出来，前身微露，两只带有五个爪的前腿伸出，口内吐出一股如意云朵。这只小小的壁虎，在外人看来只不过是一点装饰或点缀，有和无都无碍大局，但慈禧对此一直耿耿于怀，念念不忘。因为内行人知道，这只壁虎虽小，其暗含的寓意却甚大。唯鉴于其暗含的重大寓意，清宫才作为一种祖制保持、流传下来。这个隐意的来源起自于壁虎本身。历代王朝将壁虎命名为“守宫”，并在宫中屡有试验和应用。清朝宫廷虽不再饲养壁虎，但对其“守宫”的声名却深信不疑，故在单独兴建的后、妃陵寝的丹陛石上都暗刻一只壁虎，以为“镇物”。这种雕刻之法作为清宫的一种祖制保留了下来。至于慈禧面对这个“镇物”，是否想到了有辱她的尊严，或是感到自

图12-3　慈禧陵毁弃的御路石与右下角暗雕的小壁虎

己葬入地宫后灵魂真的被镇住而不得自由因而暴怒异常，也只有她自己才能解释了。

不管怎么解释，慈禧对丹陛石上那只小小的壁虎产生了恐惧是肯定的。正因为如此，决定要重修定东陵的慈禧才下令首先将隆恩殿前的那块丹陛石换掉，重新安设没有壁虎的石雕。

对于这个明显违背祖制的诏令，再也没有人敢提出异议了。经过几十年的苦心经营，年过六旬的慈禧已经取得了政治上的绝对权威，满朝文武也在不断地与她交手、摩擦、顶撞后，纷纷败下阵来，并渐渐变得唯命是从、心悦诚服，不敢有丝毫非分之想了。他们唯一能做的是，将带有壁虎的石雕换下后，偷偷埋入定东陵一侧的地下，意在留给后人窥测当年的真相和评说慈禧此举的是非功过。

重修后的隆恩殿及东西配殿，其工艺高超，规模庞大，豪华富丽，用料精致，因而靡费惊人，不仅超越了清朝历代祖陵，就连明、清两朝二十四代皇帝居住的紫禁城也没有如此奢华。清宫祖制规定，凡帝后陵的隆恩殿内，只许在四根明柱上贴金，做缠枝莲花或盘龙行云状。哪怕是代表着皇权神威，帝王登基时受百官朝拜的紫禁城内的金銮殿（太和殿）也只有六根贴金明柱。在慈禧陵三殿内外，却有六十四根金柱傲然矗立。这些金柱还不是一般的表示性的贴金，而是用铜做成半立体镂刻的盘龙，铜上鎏金，光华四射，闪闪耀目。尤其是在立体状的龙头上安装了带有弹簧的龙须。这龙须借助空气的流通，自行来回摆动，如群龙低吟，妙不可言。人们在惊愕慈禧奢华靡费的同时，又不能不对工艺设计者们那富有灵性的天才杰作表示叹服和崇敬。

慈禧的菩陀峪定东陵自光绪二十一年十一月二十四日兴工重建，历时十四年，直到慈禧崩亡前不久，始得完竣。其整体工艺水平、豪华程度，为中国明、清两朝二十四代帝后陵寝之最。当这座独一无二的辉煌陵寝竣工的信息通过朝臣奏于慈禧时，躺在病榻上已病入膏肓、行将归天的慈禧，脸上露出了满意的喜色，内心极其欣慰。这次总算在形式上大大地超过了慈安，并让自己生前死去的这位对手无可奈何了。

光绪、慈禧崩

光绪三十四年十月廿一日（1908年11月14日傍晚）酉刻，年仅38岁的光绪皇帝驾崩于西苑南海中的瀛台。

就在光绪死后的第二天，即十月廿二日，紫禁城内的空气进入了短暂的凝固之后，“砰”的一声炸开，本朝惊天动地的大事终于发生了——驾驽大清帝国近半个世纪，权倾朝野的铁血女人，74岁的慈禧皇太后咽下最后一口气，死于西苑仪鸾殿。自此，一个行将全面崩溃的帝国残局，不可更改地落到了醇亲王载沣之子、一个年仅3岁的男孩溥仪的肩上。

令人扼腕叹息的是，在光绪登基直至驾崩长达三十四年的岁月里，不但一生竭力倡导的改革事业未能成就，图谋报国的壮志未竟，就连自己的陵寝也未兴建。直到他驾崩后，才由他的异母弟、新登基的宣统皇帝溥仪之父、醇亲王载沣派人在西陵界内找了一块叫绝龙峪的地方，兴建了清王朝统治时期最后的一座皇帝陵寝，并于五年后的民国二年（1913年）将其草草安葬。光绪帝倒霉至此，醇亲王愚蠢至此，已无复加。生前的哀婉凄惨，身陷囹圄总算过去，但死后以真龙天子之身又落到绝龙峪中，可知他的孤魂该是怎样的忧愤与悲惨，可见大清王朝确也是命当该绝了。而当大清王朝正式宣告灭亡时，已驾崩三年的光绪皇帝，那硬邦邦的尸体还躺在紫禁城一间漆黑的屋子里。

图12-4　慈禧太后安葬时纸人纸马组成的仪仗队

图12-5　慈禧太后出殡时的棺椁和杠夫

与光绪不同的是，那位一生都在恃宠专权、作威作福的慈禧，生前享尽人间荣耀与辉煌，死后更是气派非凡，华贵异常。在她崩亡二十四天后的十一月十六日，慈禧的“佛体”入殓于棺椁之中。伴她放进棺椁的还有大量金银珠宝和其生前喜爱的宠物，整个棺椁造价昂贵，豪华无比。其木料均取自云南的深山老林，只是这些木材的运费就耗银数十万两。当棺椁成型后，先用一百匹高丽布缠裹衬垫，然后再反复油漆四十九次，始装殓慈禧尸骨。

从慈禧崩亡到棺椁抵达东陵，其间将近折腾了一年，最后总算于宣统元年（1909年）十月初四日巳时，将棺椁葬入菩陀峪定东陵地宫。整个殡葬共耗费白银一百二十多万两，为大清历代帝王后妃葬礼之最。

正当慈禧躺在华贵舒适的地宫里，任凭幽灵自在穿行，并为她生前死后的无上“荣耀”而志得意满、沾沾自喜时，她没有想到，辉煌夺目的紫禁城已进入大清帝国日落后的黄昏，光芒灿烂的昌瑞山也将很快王气不再，并进入一代王朝彻底衰败的暮色之中。

京師公報

图12-6　《京师公报》发布的清帝退位“号外”

就在溥仪登基不到三年的辛亥年（1911年），大清帝国的丧钟被南方的革命党人敲响。随着武昌起义的爆发，全国掀起了暴风骤雨加冰雹般的反满狂潮。同盟会领袖孙中山顺应时势于1912年1月1日，以中华民国临时大总统的身份在南京宣誓就职，成立临时政府，改年号为民国元年。

新政府的成立，使日薄西山的清王朝在革命党人的胁迫以及本朝北洋大臣袁世凯的诱逼、欺骗下，极不情愿又无可奈何地做出了让小皇帝溥仪退位的决定。

随着皇帝退位诏书和民国优待清室条件公布天下，宣告了大清皇朝统治中国的正式终结。

自明山海关守将吴三桂迎清兵入关，多尔衮定都燕京（北京在辽金时期的旧称）以摄政王开基，入主中原，奠定大清基业，此时也以摄政王终结。大清王朝共传10主，凡268年，若加上入主中原之前，清王室在满洲称帝的2主（清太祖努尔哈赤，清太宗皇太极），总计12朝。

按照清廷和民国政府事先达成的协议，紫禁城一分为二，以乾清门广场为界，前朝部分即三大殿和文华、武英等殿归民国政府所有，内廷部分即后三宫和东、西六宫等处，仍为清廷人员占据。

在这以后的十几年里，紫禁城内小朝廷穷奢极侈的生活方式未有丝毫的变更，宫里宫外驻有大批护军，森严气氛一如既往。满蒙王公旧臣遗老以及念佛吃素的僧侣们，照例进进出出，向高踞在宝座上的“小皇帝”叩头礼拜。大批太监、宫女、侍卫供“小皇帝”和“后、妃”及“皇室”人员役使，并有“内务府”“宗人府”等衙署为小皇帝和“皇室”人员操办事务。

在各色大旗、各种势力你方唱罢我登场中，历史迎来了以直系军阀曹锟为政府总统的不凡的1924年以及在这一年里发生的“北京政变”。这次中国近代史上非同凡响的政变，在促使“贿选总统”下台、紫禁城内的小朝廷烟消云散的同时，也为几年之后清东陵发生的惊天盗掘案埋下了深深的伏笔。而盗案的主角，就是中国近代史上著名的盗陵将军——孙殿英。

接近清东陵

1928年4月30日，张宗昌放弃济南，仓皇向东逃窜。徐源泉率孙殿英等部也先后弃山东退到天津南仓，继又退到河北蓟县、马兰峪一带。6月29日，孙部退至北京以东的蓟县城。

正在徐源泉、孙殿英走投无路时，蒋介石出于自身利益，派遣其亲信要员、专门负责动员北方各军响应北伐的何成濬，对徐源泉、孙殿英策反。徐、孙二人见奉、鲁军大势已去，只好暂时答应倒戈，并接受了蒋介石的改编。徐源泉被任命为国民革命军第六军团总指挥，孙殿英为第六军团第十二军军长，其部下设了四个师、一个独立旅和一个工兵团，外加部分手枪队等。至此，孙殿英摇身一变，又成为国民革命军的一员将领。

孙殿英部来到蓟县后，把军部设于城内的一座寺庙中。随后，孙殿英即命人召来遵化、玉田、蓟县三县的官僚、豪绅、商贾商量军队的粮饷事宜。这三县的头面人物来到军部听了孙殿英的叙说后，个个脸上布满愁容，支支吾吾表示自己有困难。遵化、玉田、蓟县一带又地瘠民贫，比不得江南鱼米之乡，筹集粮饷自是困难重重。但话又说回来，既然要保存这支军队，就要吃饭花钱，尽管孙殿英部已改编为国民革命军，但这只是一个名分，蒋介石是不会将手中的钱财花在这支被招安的部队身上的。别无选择，纵有万般困难，也要从当地筹集粮饷。

正当孙殿英欲以一军之长的雄威对面前的士绅采取高压手段时，却听遵化县的来人说道："眼下奉军溃退，许多军队由兵变匪，在这一带打家劫舍，抢钱抢粮，当地老百姓仅有的一点救命钱财几乎都被抢劫一空。原马兰峪有匪首马福田，本是一名多年巨匪，盘踞马兰峪一带无恶不作，于去年秋曾被奉军岳兆麟军长收编，马福田成了团长。谁料想奉军败退，马福田重又率部下四五百人归山，仍回该镇，倒行逆施，更甚往昔，烧杀淫掠，肆意横行。在将当地老百姓的钱财劫抢一空后又窜往清东陵，捣毁殿宇，刨坟掘墓，将大量金银器具及坟中珍宝盗出，运往北京变卖，据说一笔就成交十二万元之巨……"

"什么？"孙殿英听到这里，原来那迷迷瞪瞪的头脑像被电击一般，跷起的二郎腿迅速收回，腾地从椅子上站起来，冲遵化县的来人急切地问道：

"这清东陵离本军部有多远？"

"几十里地，翻过两个山头就到了。"来人答。

"清东陵不是有军队守护吗？怎么可以让马福田之匪类任意横行？"

"别提了，清东陵的驻军早没了。现在只有几个半死不活的老头子在看护，像没主没家的孩子一样，地面上的珍贵东西几乎全被抢光了，树木也被砍伐殆尽了。"

"噢？"孙殿英听到这里，脑子里瞬间闪过一丝念头，心中的热血加速了流动，布满麻孔的黑脸涨起一丝红润。他站起身，倒背着手异常激动地在地上来回走动着。过了好一会儿，他停住脚步，眼睛放出一种兴奋和有些神秘的光说道："保境安民是我军之首责，现在我就和诸位达成个协议，从明日起，我军即出动队伍在防区内剿灭匪患，保证一方平安，你们也要尽心尽责地为我筹集粮饷如何？"

众人见孙军长如此一说，也就不便再硬着头皮顶下去，只好苦笑着答应，各自回去。

等这帮官僚、豪绅一走，孙殿英立即向副官详细询问了东陵地区地形，并把师长谭温江召来说："你速将队伍拉到靠近东陵的马伸桥驻防，并派得力人手查清东陵的一切情况向我呈报。我有一种预感，你我弟兄发一笔横财的机会可能到来了。"

谭温江望着孙殿英那兴奋而得意的神色，沉默了片刻，似有所悟，不再追问，当即遵令，调集全师人马向离东陵不远的马伸桥赶去。一到马伸桥，谭温江让参谋长等安排驻防事宜，自己则带上副官及部下团长赵宗卿等十余人打马飞驰清东陵。经过近一天的查访，清东陵的一切情况全部查清。当天夜里，谭温江亲自飞马向蓟县军部赶去。

清东陵自1663年葬入第一个皇帝顺治之后，其时共有帝、后、妃陵寝十四座。这十四座陵寝又分为三百多座单体建筑，均以昌瑞山下的孝陵为中心，分布在东、西两侧，依山就势，高低有差，错落有致，主次分明。陵区外围的黄花山等地还有十多座园寝，那是清代王爷、皇子、公主、勋臣、保姆等人的葬地，其陵园规制与妃园寝相似，均以绿色琉璃瓦盖顶。整个陵区沿燕山余脉昌瑞山而建，着意山川形势的自然美与建筑景观人文美的和谐，达到了“陵制与山水相称”的目的。昌瑞山为东西走向，正中主峰突起，两侧群峰层层低下，宛如一道天然屏障。明朝初期，出于战略上的考虑，曾在山脊上建有蜿蜒起伏的长城，明代中后期的一代名将、抚远将军戚继光曾率部在此地镇守。清朝建陵时，因长城有碍于“风水”的统一和完整，清政府便下令拆除了山顶十多公里的长城，打通了南北125公里、东西宽窄不等约有20公里的陵区。整个陵区始以昌瑞山为界，分为南、北两个区域。昌瑞山以北为“后龙”。这“后龙”区域山连山、岭套岭，气势磅礴，绵亘不绝，顺着雾灵山脉，直达兴隆、承德地界，可谓群山千里，气象非凡。在“后龙”区域内，分设内、中、外三条火道并有重兵看守。昌瑞山以南为“前圈”，以层峦叠翠的昌瑞山为后靠，东依马兰峪起伏的鹰飞倒仰山，西傍蓟县高耸入云的黄花山，南抵天然翠屏、犹如倒扣金钟的金星山，陵区的最南端，则有天台、烟墩两山对峙，形成一个险峻的陵口，名为兴隆口，亦称龙门口。清代建陵时，兴隆口有一口深不见底的水潭，潭中之水墨绿幽深，即使大旱之年，潭水也永远不会干涸。相传，兴隆口的烟墩山有一泉眼与渤海相通，潭中有龙王的第八子率领鱼鳖虾蟹众水族看守门户，因此兴隆口又叫龙门口。每当旱季，西大河水势减弱，行人从此口经过，便能感受到这里气氛萧瑟，冷气森森。兴隆口还是清朝帝后妃嫔入葬东陵时，运送梓宫和彩棺或帝后拜谒陵寝时的必经之路。通过时，在这里架设木桥。銮驾过后即将木桥拆除，以防闲杂人等通过。由此，兴隆口不仅是孝陵，而且亦是整个清东陵的一道天然门户。

自清建陵以来除原有的山林，又不断在前圈和后龙栽植大批陵树，使整个陵区苍翠蔽日，一望无际，名曰“海树”。在陵区中心，各座陵寝附近所栽的陵树，行列整齐，各有定数，名曰“仪树”。这种仪树顶树枝斜伸，亭亭如盖，具有龙飞凤舞的姿态，由此取名叫作“盘龙松”。整个前圈和后龙所栽的全部树木，据清末时的估计，大约在八百万棵以上。民国二年（1913年），文人陈诒重曾将所见到的清东陵陵园景色以诗记之，并做了如下诗注：

> 初至，从龙门口入，两崖壁立，一泓冷然，绝水而驰，溅沫如雪。水侧春草膴茂，夹毂送青。更前则群松蔽山，苍翠弥望，殿寝黄瓦，乍隐乍现于碧阴之中。好风徐来，清香满袖，清肃之气，祛人烦劳。

从陈诒重的诗注中可以看出，到清朝灭亡，民国成立后，清东陵还保持着原有的磅礴气势。由此也可以看出，为培植、保护这个陵区，清王朝的历代帝王都曾费了多么大的心血。

由于清朝历代帝王都认为能够在上吉之地建陵，便可以“开福祉于隆基，绵万年之景运”，故陵寝在他们的心目中占据着十分重要的位置。为了保护陵区的安全，在陵区周围开割了火道，竖立了红、白、青三道界桩，界桩外是二十里官山，并在前圈东、南、西三面筑起了四十里的风水围墙。

当然，清东陵之所以未遭火灾和人为的破坏，保存完好，这与清王朝派遣的最为精锐的八旗兵丁直接守护各陵有重大关系。按清王朝规定，凡皇帝陵，设总管一员、翼长二员、骁骑校二员、章京十六员、甲兵八十名左右。这些官兵每月分成八班，每班有章京二员、甲兵十名，昼夜传筹巡逻。到光绪朝中期，驻扎在东陵的八旗兵总兵力有1100多名。

除此之外，设在马兰关的绿营是专门保护东陵陵区安全的军队。雍正元年下辖三个营，随着陵寝的不断增建，到嘉庆五年，马兰镇已下辖八个营，人数由原来的600名扩展到1000余名，到光绪九年，人数猛增至3157名。

按清王朝规制，除皇宫大内，皇家陵区可称得上是第一禁区，许多保护皇陵的法令、规定都明文载入《大清律》中。如法令中有“车马过陵者及守陵官民入陵者，百步外下马，违者以大不敬论，杖一百”；“如延烧殿宇墙垣，为首拟绞监候，为从杖一百，流三千里”“树株关系山陵荫护，盗砍与取土、取石、开窑、放火者，俱于山陵有伤，亦大不敬也。不论监守常人，为首者斩，为从者充军”。

由于清王朝的一系列禁令和法规，加上几千名八旗兵丁的日夜守护防范，直到溥仪退位、大清灭亡之时，整个东陵界内尽管时有小范围的失火、砍伐、偷盗等现象发生，但毕竟未在整体上对陵区形成危害。这个时候的清东陵应该说是生气蓬勃，风水景色俱佳。

当溥仪退位，清朝灭亡后，根据民国政府对清室的八项优待条件之规定，清东陵的护陵人员、机构仍然承袭清制。属于“皇族私产”的清东陵，按照“一体保护”的规定，还留有400名八旗兵丁看护，同时宗人府、礼工部等机构也分别继续承担陵区的一切事务。按优待条件，民国政府每年要拨发白银四百万两供清室支配，但由于民国政府的拖欠以及溥仪小朝廷的挥霍，用于东陵各机构人员的俸银俸米被迫减半支付。这样勉强维持到1914年（民国三年），民国政府将东陵红桩以内地界划归清室管辖，守陵人员以薪饷无着、急需解决旗民生活困难为由，推举护陵大臣报请溥仪在紫禁城的小朝廷，准予开垦土地，以此用以维持生计。自此，东陵界内的土地及树木被大规模地毁坏。

1928年6月，国民革命军北伐入京，奉军溃退关外，东陵陵寝及荒垦植局由北伐军战地政务委员会接收，但未派人负责经营，更未派一兵一卒前来保护。

随着政治时局的风云变幻、人事的不断更迭，东陵荒垦植局已变成公开毁坏土地、盗伐陵树的代理机构。在虎去狼来、你争我夺的短短十余年中，东陵陵树遭到了空前洗劫，原前圈、后龙的“仪树”和“海树”被盗伐一空。当年群松蔽日、苍翠弥望的万顷青山，到1928年已变成童山濯濯了。更为严重的是，东陵的地面建筑也被各路军阀和当地土匪盗劫拆毁。先是各殿宇所有铜制装潢，如铜钉、铜字等全部被盗，继而各殿隔扇、槛框、窗棂被拆盗一空。尤其在奉军溃败、北伐军来到之时，东陵处于无人过问管理的真空状态。身为护陵大臣的毓彭，见时局如此混乱，也不再尽心守护，开始串通监护人员，索性将各陵隆恩殿前月台上陈设的大型鼎炉、铜鹤、铜鹿等拆运偷售，中饱私囊。当地土著见护陵大臣都监守自盗，认为陵寝宫物可自由取夺，于是纷纷涌进陵区，群起拆毁殿庭，肆意盗卖。其间有一伙盗贼趁着混乱，竟掘开了惠妃陵寝，进入地宫，抛棺扬尸，盗走了大量珍宝。此风一开，许多土匪、强盗都把目光盯上了陵内地宫中的珍宝。而这时奉鲁两军大举溃退，整个京津地区遍布着一股股、一撮撮亦兵亦匪、由兵变匪的队伍，许多游兵散勇因不愿随奉军退往关外而四处流窜，清东陵正成为他们最合适的蚕食和劫掠之地。

谭温江将在东陵查访到的被破坏、劫掠的情形一一向孙殿英做了汇报。

孙殿英听完，紫黑色的脸上露出怒色，恨恨地骂道：“看来那宝贝都便宜了李景林了。俺老孙以前没想到要在死人身上发财，这会儿算碰着了，他们能做这里的买卖，俺为啥不能做。淞艇（谭温江的字）弟，据你所知，那东陵里还有什么物件可捞一把？”

“地上的几乎全部抢光了，即是剩下的一点，也没啥捞头，要做，就只能是地下了。”谭温江回答。

“你是说掘墓？”孙殿英欠起身子问道。

“是！”谭温江干脆利索地回答，眼里放着刺人的光。

孙殿英在军部召开紧急会议，他要向众将官正式摊牌了。孙殿英提出崩皇陵解决军饷问题，并进一步说道：“满清欺侮汉人近三百年之多，咱崩他的皇陵就是替汉人报仇，就是革命。孙中山搞同盟会革满清的命，冯焕章（冯玉祥）用枪杆子逼宫革宣统皇帝的命，现在满清被推翻了，咱只好崩他的皇陵，革死人的命了。这也是继承孙中山先生的遗志，为革命做出的贡献嘛。”随后宣布了具体行动方案。

当众将官到达东陵指定位置后，旋即严密封锁了东陵地区。周围三十里禁止一切行人通行，从山沟到树林，三步一岗、五步一哨，陵区的东、西、南、北分别由一个机枪连和迫击炮连交叉把守。在狰狞可怖的夜幕的遮掩下，一场旷世罕见的盗宝事件在东陵拉开了序幕。

这时天已大亮，炸药及引火装置等皆已备齐。谭温江向工兵团团长颛孙子瑜下达了“炸”的命令，其他官兵暂时撤离陵前，由颛孙子瑜亲自指挥引爆。这工兵团的专业特长就是攻坚克垒、炸墙摧城，在军阀混战、战事频繁的岁月，多少坚墙固垒都在他们的攻击下顷刻化为废墟，如今这堵封闭地宫入口的金刚墙自然不在话下。随着颛孙子瑜的一个信号，埋在墙壁中的炸药顷刻引爆。在“轰轰隆隆”的爆炸声中，琉璃壁下烟尘升腾，碎石纷飞，金刚墙在炸药那巨大威力的撕扯下，裂开了一道长长的豁口。颛孙子瑜指挥工兵巧妙地沿着裂缝和豁口拆除砖石，不大工夫，一个黑乎乎的洞口露了出来——地宫入口找到了。

原来这东陵帝后陵寝的格局规制大体相同，所有的宝顶与地宫都建在宝城之内。有所差异的是，皇帝的陵寝如乾隆的裕陵，其明楼下的古洞门后边为一小院落，迎面是一堵高大的砖墙堵塞，俗称“哑巴院”，实称“月牙城”，因城内前半部呈现月牙式弧形而得名。慈禧陵寝没有“哑巴院”，在青砖墙两边各有一条扒道，拾级而上可达宝顶、明楼。其古洞门迎面高墙正中修砌了一道光彩华丽的琉璃照壁。正是这道看上去极其美观的墙壁，巧妙地掩饰了地宫入口的券门。东陵地宫的秘密在此，修陵工匠们的绝顶聪明亦在此。

颛孙子瑜找来手电，极其小心地趴在洞口旁边，侧着身子向里察看，只见洞内黑暗幽深，股股阴森的带着霉臭的气体飘荡而出。由于气体的阻隔，手电光的穿透力只有四五米远，能见度极低，对洞内的情形几乎一无所知。

早在盗掘东陵前的蓟县军部会议上，对地宫入口打开后，由哪些官兵进入、哪些官兵监视、哪些官兵护卫及取出宝物后的处理等都做了极其详尽的谋划和安排。为防止各路力量私匿财宝，孙殿英特别从十几年前在河南拉杆时就拜倒在他脚下的忠实的庙道会信徒、久经考验的流氓无产者中挑选出二十多人，分别安插在谭、柴、丁等部，以做名义上的协助、暗中的监视。同时规定，凡陵中挖出的一切财宝，无论轻重贵贱，各支队伍都要清点封箱，全部送马伸桥临时总指挥部，除留下部分供买枪支弹药外，日后弟兄们再按功劳大小、人头多少予以分配，有私匿者，杀无赦！

地宫大门轰然洞开

地宫漆黑一团，十几个人进去后相互看不见对方的身影，死寂的空间隐约传出各自急促的呼吸和皮靴踏动地砖的杂乱的回声。颛孙子瑜让士兵们排成两列纵队，沿地宫砖墙的一侧站定，然后让最前面的四队八人分别平端子弹上膛的大枪，后边的士兵手拿铁斧、镐头等盗掘工具和长筒手电，颛孙子瑜夹在中间，握紧日本制造的连发手枪，开始悄无声息地蛇行前进。地宫的入口处是几十米的斜坡，由高及低，越走越深，这是当年修陵的工匠为滑放棺椁而特设的一段甬道。由于斜坡较陡，进入者不得不半蹲着身子，小心谨慎地一点点向下滑动，而越往下滑，霉臭的气味越重，刺眼呛鼻，几乎让人窒息。好不容易滑到最底端，迎面一道高大的汉白玉石门挡住了去路。几道微弱的手电光穿过黑沉沉、湿漉漉的霉雾射过来，在大门的上下左右来回晃动，门铺上那对刻着暴睛凸目、龇牙咧嘴的古怪兽头，几乎同时进入了众人的视线。由于霉雾的遮掩和惨淡光亮的晃动，那对兽头若隐若现，朦朦胧胧，似活的一般狰狞可怖。

颛孙子瑜命令兵士们上前推门。兵士们稍稍平息了下紧张的情绪，一个个聚到门前开始合力推门。谁知那厚重的石门像一座山一样，任凭十几个兵士怎样用力都傲然挺立，纹丝不动。

“给我砸！”颛孙子瑜改变了命令，十名持斧弄镐的兵士甩开膀子，抡圆了镐头利斧，用尽全身力气向石门砸去。只见镐头利斧所到之处，立时火星四溅，碎石横飞，整个地宫响起了“锵锵啷啷”的回声。近半个小时过去了，除将两扇大门的下部砸下一片碎石之外，其他一无所获。

“先给我停下。”颛孙子瑜说着，拿着手电筒在石门的上下左右来回照射了几遍，终于从石门闭合的缝隙处看出了问题的症结。由于缝隙很小，只能侧眼窥视，他隐约地看到一块巨石从里边顶住了大门。

这时的颛孙子瑜尚不知道，里边这块石头叫“自来石”。此石呈长方形，底部镶嵌在一个事先用平面石凿出的槽中，上部顶在两扇石门背面那同样是事先凿就的槽中，类似寻常百姓家顶门用的木棍。只是这里由木变石且顶抗力较之木棍要高出千万倍。这类自来石在历代帝后陵寝中多有应用。

这个闭门方法只有亲自参与帝后陵寝修筑的工匠和当朝的极少一部分臣僚知晓，其他人绝不知底细。即使朝廷关于帝后葬仪的秘密档案中，对这看似平常却极为重要的关键一环也绝少记载。作为行伍出身的工兵团长颛孙子瑜，面对慈禧地宫大门后边的这块自来石，当然不会知道破解的秘密。

然而，颛孙子瑜不愧是工兵出身，对这两扇石门在利用人推和镐头、利斧砸劈都无效的情况下，立即以职业的敏感和惯有的经验想出了两个办法：一个是用炸药引爆，其次是用粗重的木棍顶撞。两个方法前者先进，后者原始，但在工兵学的教科书中，都有自己的位置。通过对地形地物的详细观察，颛孙子瑜觉得非到万不得已，在地宫中不适宜动用炸药引爆，而用原始的木棍顶撞法比较适合。当年曾国藩的湘军围困太平军的天京，在攻打坚固的城门的最后关头，湘军就是靠了木棍顶撞法将门硬撞开的。这里不妨再来一次湘军攻占天京的办法。

幽深黑暗的地宫中，一丈五尺长的大树干如同一条青黑色的巨蟒，腾云驾雾向石门的中间部位奔来，木石交撞间，先是“咚”的一声闷响，接着是

"咔嚓""咯吱吱"连续的响动，巨大的冲击力将千斤重的自来石撞断，崩成数截，石门轰然洞开。由于冲击力的惯性，使树干带着四十名士兵冲进门内三四米远后，树干落下，几十人扑倒在地滚作一团。原始的撞击方法生效了。

进入门洞券，没有发现任何异样的东西，再往前走不远，又出现了一道高大的汉白玉石门。颛孙子瑜再次让兵士将树干抬过来，像前次撞击方法一样，又将这道石门撞开。

静了一会儿，颛孙子瑜带几名士兵手持电筒绷紧了神经向前照射。只见面前是一个硕大的空间，空间中有一个明显高出的平台，平台上有一个巨大的黑乎乎的东西，在这东西的四周飘散着一股又一股黑白色的雾气。

在这次进入地宫之前，谭温江曾专门嘱咐："如发现棺椁，不要开启，待向我报告后，再商量具体办法。"看来这个猛虎一样伏卧的黑乎乎的东西，就是慈禧的棺椁无疑，应该就此收兵，待向谭师长汇报后，再做开棺的打算。颛孙子瑜想到这里，令手下的兵士将大树干抬起来，人和树干一同撤出地宫。这时已是7月9日夜间。

劈开慈禧的棺椁

谭温江听说发现了慈禧的棺椁，兴奋异常，急忙召刘副官和手下的将官同颛孙子瑜一起商量开棺取宝的办法。为使各派势力有所平衡，最后谭温江决定让刘副官、颛孙子瑜各率手下官兵共同进入地宫取宝。与此同时，谭温江又命手下亲兵在地宫入口分别朝里朝外架起了四挺机枪，以对付为争夺珍宝而可能发生的不测。当这一切都安排妥当，谭温江又命人骑马飞驰马伸桥临时指挥部，向孙殿英报告地宫目前的情况。

当士兵和军官们穿过两道石门进入盛放棺椁的后室时，刘副官先命持马灯和手电的士兵在慈禧棺椁周围以及整个后室都照射了一遍，见未有异样的东西和不测之物出现，便命所有的人将平台（宝床）上那巨大的棺椁围了起来。

颛孙子瑜先围着棺椁察看了一圈，以便找到开启的部位。只见棺椁四周严丝合缝，金光闪耀中，除外部刻画着一些曲里拐弯的像虫子一样的符号外，没有一丝缝隙可供剜撬。颛孙子瑜这时尚不知道，中国封建帝后的棺木大多分为几层，外层叫椁，里层称棺。战国之后，明代之前，帝后的棺椁多达六层，只是明之后才渐渐减少，一般是两层，外层为椁、里层称棺。慈禧同样沿用了这个习俗，将棺木做成了外椁里棺两层。这棺与椁分别采用云南原始森林里极为名贵的金丝楠木制成。此木材不仅质地坚硬细腻，花纹均匀秀美，同时还清香可人、沁人肺腑。棺椁制成后，外部要刷七七四十九道油漆。待慈禧入殓后，工匠们又在外层罩以金漆，在有效地填补了缝隙的同时，又呈现出金碧辉煌、华美富丽的奇特效果。

至于外部那像虫子一样的恐怖的符号，则是佛教界四大天王的经咒。颛孙子瑜同样不知道，这金椁里面那具红漆填金的内棺，其棺盖之上还刻有九尊团佛及凤戏牡丹、海水江崖等图形。同时棺的内外还满布填金藏文经咒等古老的文字符号——这是清代帝后棺椁中独有的一种宗教形式，其寓意在于让死者灵魂得到佛祖与神灵的保佑。

但此时，万能的佛祖与神灵面对这荷枪实弹、持斧弄镐的兵士，再也无能为力了，一场旷世劫难就要来临。

颛孙子瑜和刘副官凑在一起简单商议了几句，立即下令工兵团的弟兄劈椁开棺。五名兵士挥斧扬镐，用足了力气“喊里咔嚓”一阵连劈带砸，不多时就将那金光四射的外椁搞得千疮百孔，四处摇晃。紧接着，又是一阵力劈猛砸，厚重的外椁被劈砸成一块块破板烂片，难以成形了。颛孙子瑜指挥工兵先将椁盖撬起，几十名士兵围上来一齐动手，将盖木掀于地下，两边的椁木随之稀里哗啦崩散开来——一具红漆填金的内棺出现了。

这具内棺显然比巨大的外椁小了许多，也单薄了许多。不用问，几十年前曾经在大清王朝最高权力宝座上呼风唤雨、威震四野的慈禧太后就躺在里边，那令官兵们朝思暮想、梦寐以求的绝世珍宝也在这具木棺中。只要劈开这层木棺，一切的梦想都将变为现实了。此时，所有的人都屏住呼吸瞪大了眼睛望着这具木棺，所有的人都忘记了地宫黑夜的恐怖，开始想入非非、摩拳擦掌，恨不得立即将这具木棺合抱抱出，独吞自享。官兵们虽未见珍宝，却都眼珠滴血，陷于一阵迷狂之中。

棺盖很快被刺刀和利斧撬开，慢慢移于地下。由于刚才的气体基本跑净，棺中再无阴风黑雾冲出，只有一股浓重的霉臭气味散发开来。棺中的尸骨和珍宝被一层薄薄的梓木"七星板"覆盖，上面用金线金箔勾勒成一行行的经文、墓志及菩萨真身相。掀开"七星板"，下面露出了一层柔和光亮的网珠被，当兵士用刺刀挑出网珠被时，棺内唰地射出无数道光芒，这光芒呈宝蓝、微紫、嫣红、嫩绿等各种颜色交替混合着射向地宫。整个地宫波光闪烁，如同秋后西天瑰丽的彩虹，耀眼夺目，灿烂辉煌。整个地宫后室如同白昼般光亮起来。只见一个形同鲜活的女人，身穿华贵富丽的寿衣，头戴九龙戏珠的凤冠，凤冠之上顶着一株翡翠青梗金肋大荷叶，足下踩着翠玉碧玺大莲花，静静地仰躺在五光十色的奇珍异宝之中。那长约二尺的玉枕放着绿色彩光，金丝九龙凤冠上一颗重四两有余的宝珠，金光闪烁，流耀含英。整个棺内如同旭日初照中的大海，碧波荡漾，碎光迭起，光彩流溢。

图12-7　慈禧棺椁中的翠白玉白菜

颛孙子瑜弯腰低头，先从棺中拣

出六匹神形各异、雕刻精湛的翡翠马，而后又拣出情态毕肖、栩栩如生的十八尊金罗汉，捧出一枝鲜艳瑰丽的大号珊瑚树，只见这枝珊瑚树全身长满了一串串连理的樱桃小树，青梗、绿叶、红果，娇艳欲滴，鲜亮无比，更为奇特的是，有一棵樱桃树上还站立着一对珠玉镶成的斑翎翠鸟。颛孙子瑜转了下身子，又从左边棺中小心地取出玉藕一枝，藕上长着绿色荷叶，开放着粉红色莲花，莲花的旁边还吊着几颗黑色荸荠，如同刚从水中取出一般鲜美瑰丽。在玉藕的旁边，站立着一棵特大号的翡翠白菜，其形呈嫩芽，绿叶白心，青梗上落着一只鼓眼伸颈、振翅鸣叫的绿色蝈蝈和两只红黄相间的马蜂，整个造形美丽绝伦，妙趣横生，极富田园生活情趣和艺术魅力，让人不能不感叹它的缔造者那鬼斧神工的天才创造。当这棵翡翠白菜被抱出后，他又从棺中的一角，取出一个宝石西瓜。这西瓜绿皮紫瓤，中间呈切开状，黑色的瓜子散布其中，活灵活现，娇艳可人，如同一件上帝特别恩赐的宝，为满头大汗的官兵解渴清凉而独设。所有的人望着这件诱人口胃的“活宝”都觉得瓜香四溢，涎水奔流，难以自控。在西瓜的旁边，摆放着一个晶莹透亮的羊脂玉碗，碗中盛放着一串紫玉雕凿而成的葡萄。同那宝石西瓜一样，这串葡萄鲜活的造型，以假乱真的神奇效果，将面前的官兵带进了多少年前一代奸雄曹孟德创造的“望梅止渴”的绝妙心理境地。而旁边一个水晶盘中盛放的红宝石的枣子、黄宝石的李子，一个个晶光闪亮，润泽鲜艳，又将官兵带进了欲醉欲仙的无尽的遐想之中。

所取宝物一律抬到隆恩殿，由孙、谭等人当场查验。最后，孙殿英极为谨慎而严厉地补充道：“地宫内进出之人，除刘、李等四人外，其他任何人不准出入，如发现胆敢私自出入者，格杀勿论！”

刘、李二人领会，分别找来自己的一名亲兵，扛着早已备好的木箱进入地宫，将珍宝一箱又一箱地抬将出来，送到隆恩殿。

水漫乾隆地宫

就在谭温江部盗掘慈禧陵的时候，柴云升部也正在全力寻找乾隆裕陵的地宫入口。由于柴云升本人对乾隆陵知之甚少，故他的部队一开进陵寝，便像无王的工蜂一样嗡嗡叫喊着，四处搜寻，遍地盗掘。有的登明楼，有的入跨院，有的上宝顶，上上下下，窜来窜去，一片忙碌，更是一片混乱。

直到第二天接近中午，所有的官兵都累得大汗淋漓、气喘吁吁，躺在地上再也举不起手中的镐头、铁锹了，但依然没有什么进展。旅长韩大保在绝望中蓦地想起，要到谭温江部和丁竽庭部察看一下这兄弟部队的进展情况。当他带着极为沮丧的心情来到慈禧陵寝前，听了谭温江的介绍，恍然大悟，立即返回乾隆的陵寝，重新行动起来。

有了慈禧陵的前车之辙，韩大保指挥手下官兵在明楼前的琉璃影壁下，急如星火地挖掘起来。终于，地宫入口找到了。这时已是7月9日的深夜。

由于地宫内部情况不明且时间紧迫，不可能也绝不允许等到天亮再进入地宫，韩大保只好硬着头皮让两名胆大的亲兵先进去察看一下情况。

这两个士兵当然不知道最先接触的是一个斜坡甬道，这条甬道有四五丈长，同慈禧地宫一样是专门为滑放墓中主人的棺椁而特设的。当棺椁送入地宫入口后，在斜坡甬道上铺放一根根滚木，棺椁压在滚木之上，并借助其下滚的力量轻轻滑入地宫的第一道石门处，然后再慢慢移于后室。更令这两个“傻大胆”难以想象的是，此时的乾隆地宫已渗满了四五尺深的地下水。这些水由于久积不散，在和棺木、尸体混合后形成了一种霉变后的毒菌散布于整个地宫之中，若过量吸入这种毒菌，便会置人于死地。

当两人摸索着又向前走了十几步时，相继滑入地宫内的污水中被活活淹灌而死。

一个小时后，韩大保等人发现进入地宫内的亲兵仍无动静，便又悄悄凑上前来商量对策。韩大保决定仿照慈禧陵的办法，动用炸药炸崩地宫入口，以让其尽可能地扩大，这样上下活动的范围也就大了许多。

韩大保又亲自选了两位亲兵令他们进入地宫看个究竟。为避免两个“傻大胆”生死不明的悲剧，两位兵士在进入地宫前，除装备了照明手电、手枪和手雷外，重要的是在各自的腰中拴上了一条长长的绳子，由外边的官兵拽住，一旦发生不测，无论是死是活都能将人拖出地宫。

一切准备就绪，两位兵士沿着斜坡甬道渐渐下滑，发现了地宫腥臭的黑水以及在黑水中漂浮着的两位“傻大胆”的尸体。两位兵士见状，在大吃一惊之后，迅速转身，呼喊着向外退去。由于外面已拽紧了绳索，他们未费多大力气就连爬带跑地窜出了地宫。

两位兵士喘着粗气，将地宫中的情况向韩大保做了报告。韩大保听后嘴里边喊着倒霉，边向师长柴云升做了汇报。在无其他办法的情况下，最后两人决定连夜派人赴天津购买消防用抽水机，同时将情况报告孙殿英。

进入地宫后室

天亮时，五台抽水机同时从天津运到东陵。韩大保指挥官兵插管抽水，约两个时辰，地宫的积水已抽去大半。韩大保命人将两位“傻大胆”的尸体捞出来，又按照慈禧地宫开门的办法，命兵士砍来一棵大树干，让四十名弟兄抬着进入地宫，准备撞击第一道石门。

所有的灯光相继照过来，只见高大厚重的石门分成东西两扇紧紧关闭。东扇石门之上雕刻着代表大智的文殊菩萨，菩萨的右手高举一柄宝剑，据说这柄宝剑能斩断人间的一切烦恼，左手承托佛家经卷，可使众生增长智慧。西扇雕刻着代表大力的大势至菩萨，右手持降魔杵能驱散邪恶，左手执法铃可传播法音。韩大保等人当然不懂得这些，他们只看到石门上的图像挥剑弄棒异常古怪，开始以为是设下的暗道机关，但经过反复察看后，觉得没有什么稀奇，韩大保这才放心地一挥手，喊道："给我撞！"于是，兵士们运足了力气，抬着沉重的树干，踩着黑水烂泥，呼呼啦啦地向石门撞来。只反复三次，第一道石门的自来石被撞断，大门轰然洞开。门上那两位挥剑弄杵的佛法无边的菩萨，眼睁睁地看着这群疯狂的官兵冲了进去而毫无办法。佛法失灵了。

图12-8　东方持国天王浮雕塑像

图12-9　西方广目天王浮雕塑像

图12-10　裕陵地宫第一道门洞券内的南方增长天王雕像

图12-11　裕陵地宫第一道门洞券内的北方多闻天王塑像

官兵们越过石门，进入地宫第一道门洞券，各种灯光四处照着，抬树干的兵士们慢慢前移。灯光的照耀中，只见门洞券的东西两壁雕刻着四天王像，也称为四大金刚。据佛教传说，四大天王为佛陀释迦牟尼的外将，他们各居须弥山的一方，保护着东西南北各自所属的天下，由此又称“护世四天王”。四大天王手执的法器，谐音为吉祥之意。因为在南方的增长天王的宝剑舞动生“风”，东方持国天王的琵琶谐音要“调”，北方多闻天王的宝伞遮风挡“雨”，西方广目天王手握水蛇降服归“顺”。这“风调雨顺”四个字满足了人们追求美好生活的愿望，代表着世代人类的夙愿。此时，只见四大天王身披甲胄，立眉张目，威风凛凛地站立在大门两边，沉默而又冷峻地注视着盗墓者每一个战战兢兢又疯狂贪婪的动作。遗憾的是尽管他们法力无边，但还是不能跳下墙来为墓中的主人保驾。于是，门洞券里八个册宝座上的漆金木箱被一哄而上的官兵砸了个稀烂，里边的宝玺香册被一抢而光。当这一切结束之后，韩大保指挥兵士再度向前推进。

第二道石门出现了。

同第一道石门基本相似，这两扇石门的西扇雕刻着代表大愿的地藏王菩萨，右手高执画绢，据说能满足众生无边之善愿，东扇为代表大悲的观世音菩萨，右手高擎念珠，象征佛法无量。

韩大保先围着石门转了几圈，又举起拳头朝两位菩萨的身子轻轻捅了几拳，然后传下命令，继续撞门。又是三次猛烈撞击，第二道石门被击开。

有了这两次非凡的胜利，官兵们个个精神振奋，勇气倍增，在韩大保的指挥下，顾不得脚下的臭水污泥，又嗷叫着向前冲去，并很快来到第三道石门跟前。

同前二道石门相似，第三道石门，西扇雕刻着代表情德虚空的虚空藏菩萨，右手托月牙儿，象征着清凉；东扇雕刻着代表除去盖障的除盖障菩萨，右手擎太阳，象征光明。在韩大保的指挥下，这道石门又以同样的方式被攻破。

第四道石门，也是最后一道石门又横阻在众官兵的眼前。想不到这乾隆爷的地宫跟慈禧的地宫不同，竟有这么多道石门。

石门的东西两面依然分别雕刻着同前三道石门基本相似的菩萨像。东面是代表大富贵的慈氏菩萨，右手托执法轮，象征勇于进取，誓不退转。西面代表大行的普贤菩萨，右手高执法杵，能降众妖魔鬼怪，成就一切善愿。

此时的官兵弄不明白，为什么这四道石门要刻上八尊菩萨，更无心和无力去观赏品评这八尊菩萨的艺术魅力。此时他们所关注的是地宫中可能出现的奇珍异宝。多少年后，当这座陵墓的地宫因这次的盗掘而被迫清理并对外开放后，观光者进入这个由四道石门和三个主要堂券组成的全长54米的“主”字形的地下宫殿，在所有券顶和四周石壁上都满布着佛教题材的雕刻。它不仅是中国古代一座不可多得的石雕艺术宝库，同样是一座庄严肃穆的地下佛堂。那四道石门上的八尊菩萨，均采用高浮雕手法，肌体丰满，神态自若；菩萨脚下，水波涟漪，芙蓉怒放，活灵活现，观之如仙露喷洒，扑面扑来，可谓中国古代佛雕艺术的极品。

韩大保正指挥手下的弟兄集中全力，准备一鼓作气攻破这最后一道石门，然后进入主墓室，好实现那个潜藏于心中已几天几夜的辉煌的梦。但是，无论手下的弟兄怎样用力，粗重的树干撞到石门上，只是发出一声又一声“嘭、嘭”的响动，却无法使石门洞开。

韩大保甚觉意外，挥手让满头大汗的兵士们停止行动，自己来到石门前详细察看起来。令他百思不得其解的是，这道石门看上去跟前三道没有什么两样，怎么就是撞击不开，莫不是乾隆皇帝的灵魂在冥冥之中作怪？或者是门上的这两位菩萨在起作用？韩大保在门前转来转去，总是找不到要领。最后，他牙关一咬，猛转身，对众官兵说：“弟兄们，把这根树干给我抬出去，我要用炸药炸开。”

“是！”众兵士答应着，抬起树干，蹚着黑臭的积水，哗哗啦啦地向外走去。

当一切准备就绪后，几位工兵实施了最后行动。只见他们将引线点燃后，迅速撤出地宫，同韩大保等人躲在地宫入口四周观察动静。

约十分钟后，地宫深处传出一声山崩地裂的爆响。几乎与此同时，每个人都明显地感到大地在急剧颤动，陵寝中的大殿、明楼、宝顶都纷纷摇晃起来。随后，一股浓烟从地宫入口喷射而出，许久才渐渐散尽——看来，这次成功了。

韩大保怀着异常兴奋的心情，亲自点了从河南老家带出的二十名“子弟兵”，携带各种工具进入地宫，准备搜寻财宝。可当他们来到第四道石门跟前时，发现三具棺椁被压在了重达三吨的石门之下，根本无法劈砸。直到后来他们才知道，由于地宫中积水太多，原本放在后室“宝床”上的棺椁，像船一样浮了起来。当外边动用抽水机抽水时，这些漂浮在水面上的“船”，便随着水的流动和吸力离开了“宝床”滑到石门背后，并将石门紧紧挤住。由此，韩大保手下的弟兄才无法用树干撞开石门。当石门被炸倒后，自然地将这三具挤上来的棺椁压住而让盗墓者一时无从下手了。

韩大保打着手电，在门前四周蹿上爬下地转了几圈，终于想出了一个办法。他令手下的亲兵先用利斧将三具棺椁的挡头砍开，再让兵士像钻狗洞一样钻进去，把棺椁中的尸骨连同随葬的宝物一起掏出来。韩大保等只要看到是黄色的或发光的器物都纷纷抢夺，其他的全部抛入地宫的污泥烂水中。

乾隆皇帝一生风流成性，生前酷爱文艺，吟诗成集，御笔文墨举国广布。同时本人又广收名帖名画及珍异古玩，在主持朝政的六十余年中，所收珍品无以计数。按照古代“生之同屋，死之同穴”的传统理论，这些珍品大部都被其带入了地宫。关于乾隆本人以及在后室安葬的五位后妃，到底带去了多少奇珍异宝，因研究者一直未能找到一张像慈禧地宫那样的葬宝图，还无法准确估算。但从一些零碎的史料记载来看，裕陵地面之上的隆恩殿内，当年就曾陈设了各种金玉珠宝、名人字画等上千件。可以想象，一座隆恩殿都收藏如此之巨的稀世珍品，作为棺椁盛放安置的地下玄宫，又会是怎样的一种壮观惊人的场面！但这位一生活了八十九岁的皇帝，倾其一生搜集而来的一卷又一卷旷世罕见的名帖字画、孤本秘籍都被当作一堆又一堆的废纸草芥扔于烂泥浊水之中。官兵们一边丢弃，一边大肆诅咒这位混蛋皇帝，为什么不在棺椁中多放些黄金珠宝，而没完没了地放些废纸烂画。

韩大保等将压在石门下的三具棺椁中的珍宝盗抢一空后，又跃过石门，摸索着进入地宫后室。

在地宫后室那宽达十二米的艾叶青石宝床上，原本停放着六具棺椁，即乾隆皇帝与他的两个皇后孝贤、孝仪及慧贤、哲悯、淑嘉三位皇贵妃。尽管这座地宫在清代所有陵寝中是葬入人数最多的，但从乾隆一生拥有四十一位后妃的数量来看，依然是微不足道的。究其原因，还在于当时形成的未成文的两个条件。其一，只有死在乾隆之前的后妃，才能进入地宫随葬。因为一旦乾隆本人驾崩，金棺葬入地宫后，便关闭石门，填平墓道，再也不能打开，以免泄漏龙气。这第二个条件是，随葬的后妃必须是生前被皇帝所喜爱，死后经过乾隆本人的恩准才能进入地宫随葬。否则，皇帝本人讨厌的后妃死得再早，也要另立陵寝，而不能享受这一特殊的“圣泽”。

由于乾隆和另外两位后妃的棺椁已浮到石门之后，宝床上只剩三具棺椁歪斜不定地停放在那里。韩大保等一见到这三具棺椁，大喜过望，他们做梦也没想到，一个地宫会有这么多盛放宝贝的棺椁放入其中，兵士们蜂拥而上，争抢棺中的宝物。无数的商周铜鼎，汉玉浮屠，宋瓷瓶壶，金质佛像，连同大宗的玉石、象牙、珊瑚雕刻的文玩、古董、名帖字画、古书纸扇……均被抢的抢、扔的扔，整个地宫后室灯影闪闪，人影幢幢，水声哗哗，争吵打骂之声此起彼伏。持续了将近三个时辰后，韩大保见能拿得出的珍宝已全部搜尽抢光，才一声令下，带领“子弟兵”匆匆退出了被折腾得一片狼藉的地宫。

地宫之外，孙殿英派来的汽车在冯养田、梁朗先等人的监视下，早已等候多时。当最后一批珍宝被过目验收并装上汽车后，冯养田以军参谋长的名义，向柴云升部和丁绮庭部下达了悄悄撤出东陵，回原驻防地待命的命令。所盗珍宝全部押运到马伸桥临时指挥部，由孙殿英验收后，再召开会议予以分发。

7月10日夜，孙殿英在马伸桥临时指挥部悄悄完成了验宝和高级军官们的分宝事宜后，当即命令所属部队连夜向顺义、怀柔一带开拔，连续三天三夜的东陵盗宝随之落下了帷幕。孙殿英部以近三十大车宝物的收获，宣告了东陵盗案的成果和在人类文化史上留下的千古遗恨。

趁火打劫

就在孙殿英率部向顺义、怀柔一带大举撤退之时，躲在东陵外围的土匪、歹徒以及奉军、直鲁残军的散兵游勇，闻风而动，纷纷向东陵这个再一次成为真空的藏宝之地赶来。当他们发现各座陵寝均被凿挖得千疮百孔，而慈禧、乾隆二陵地宫已被盗掘时，遂趁着混乱再次将原本就堵塞不严的入口扒开，打着灯笼火把，提着口袋和各种防身武器冲进慈禧、乾隆两陵的地宫，再次进行了洗劫。兵匪、歹徒们的行动，渐被附近民众所闻。于是，一帮又一帮的民众像刚刚从箱中放出的无王之蜂，成群结队地提着草筐、口袋向陵区涌来，并将地宫中散落下的珠宝玉器又详细搜刮了一遍。乾隆地宫由于泥水混杂，散落的宝物已很难寻觅，民众们便携来耙钩，像在田野中搂草，又像在河沟中捕捞鱼虾一样，在泥水中四处打捞、搂钩，将珠宝玉器以及乾隆和后妃们破碎的尸骨一起装入带来的草筐、口袋，带出地宫。然后或挑或背或用车拉，将草筐、口袋弄到陵区之外的河中，用铁筛反复涮洗，以淘选出金粒与珠宝。至于那些被裹挟而来的破碎的尸骨，自然是扔入河中随水而去，可谓一场真正的洗劫。许多兵匪、歹徒及民众由此又大发了一笔横财。东陵再度陷于大失控、大混乱、大劫掠之中。

孙殿英的最后归宿

1946年4月，孙殿英奉命调往豫北平汉铁路上的汤阴县城驻防。1947年，全国各地的解放军已开始由战略防御转为战略进攻，并在华北战场上取得了辉煌的战果。到1947年3月初，解放军开始调集重兵围攻汤阴，力在尽快拔除国民党中央军设在豫北的这个重要据点，为全面进攻河南打开通道。

当汤阴城外的几个据点被包围之后，为减少人员伤亡，争取以和平方式解决孙殿英部，负责指挥这次战役的解放军第三十六纵队司令员姚一鸣派一当地农民给孙殿英送去了一封劝降书，劝其放下武器，接受投降条件。想不到孙殿英见信后，恼怒异常，当场把劝降书撕得粉碎，并对前来送信的农民说："你回去转告姚一鸣，等我打完了仓库里的三千发炮弹再说，现在不谈。”

姚一鸣见劝降无效，知道这孙殿英乃是不见棺材不落泪的悍夫匪类，便下令各部对孙部发起猛烈攻击。

1947年4月2日，汤阴解放了，孙殿英和他的部队全部被俘。

汤阴解放以后，孙殿英被解放军刘伯承部队带到了邯郸峰峰矿区，而后又转到了武安。在武安，刘伯承将军念当年两军相会于山西晋城的情谊，待他还算不错，后来大军南下，刘伯承走了，就再没人能优待他了。孙殿英独处孤室，忧郁成病，后竟不起。一代枭雄，历经沧桑，终于在1948年10月间病死在武安县乡村，时年仅59岁。

劫后余生清东陵

就在末代皇帝溥仪离开天津张园，偷偷跑回大清帝国爱新觉罗氏的发祥地——中国东北部的白山黑水之间，并在日本军国主义势力的扶持下成立“满洲国”后，日本方面出于笼络溥仪和监视长城沿线、控制华北地区的目的，自1933年始，便以守护清东陵为公开名义，将“满洲国”兵、“日本宪兵队”开进东陵地区驻扎，并成立了“东陵地区管理处”等机构，并由这个机构全面负责清东陵防护、祭祀等一切事宜。直到1945年8月15日，日本宣布投降，这个名义上护陵，实际上却是一个特务机构的组织才相继解体。

1945年8月，日本投降并将军队撤出清东陵后，因时局动荡不安，当年图谋盗陵而被孙殿英部击溃的马福田、王绍义残部，在外流窜多年后，又突然卷土重来，欲实现当年那个未竟的梦想。只是这次马福田没有露面，由王绍义具体组织实施。这王绍义经过十几年的养精蓄锐，势力似乎比当年大得多，为匪作盗的经验也越发丰富。他率领一千余众，携枪扛炮，借着月黑风高向清东陵扑来，并一口气盗掘了康熙的景陵、咸丰的定陵、同治的惠陵、慈安太后的定东陵等四座帝后陵寝。地宫中的棺椁被劈，尸骨被抛，珠宝几乎被盗抢一空。

自孙殿英部于1928年首次大规模地盗掘清东陵后，至1950年2月的二十二年中，清东陵地区的所有帝后陵寝，除顺治皇帝的孝陵由于传说里面没有珍宝而没有被打开地宫外，其他陵寝地宫全部被打开并被盗掘一空。陵中的珍宝除极少一部分回缴到人民手中外，绝大部分在军匪、歹徒的手中，或变卖、或藏匿、或被毁、或遗失，至今下落不明。

中华人民共和国成立后，于1952年成立了清东陵文物保管所。1961年，国务院把清东陵列为首批全国重点文物保护单位，并逐年拨发专款对陵寝建筑进行维修和保护。1978年，清理整修后的乾隆裕陵地宫对外开放，1979年，清理整修后的慈禧、慈安两陵对外开放。随后，裕陵妃园寝、景陵皇贵妃园寝及咸丰帝的定陵又相继开放，顺治帝的孝陵、康熙帝的景陵也即将清理、整修、开放。曾经辉煌无比又凄惨无比，历尽劫难和屈辱的清东陵，在经历了一个个月黑风高、鬼哭狼嚎、群魔乱舞的漫漫长夜之后，又迎来了一个新的血色黎明。

激发个人成长

多年以来，千千万万有经验的读者，都会定期查看熊猫君家的最新书目，挑选满足自己成长需求的新书。

读客图书以“激发个人成长”为使命，在以下三个方面为您精选优质图书：

1. 精神成长

熊猫君家精彩绝伦的小说文库和人文类图书，帮助你成为永远充满梦想、勇气和爱的人！

2. 知识结构成长

熊猫君家的历史类、社科类图书，帮助你了解从宇宙诞生、文明演变直至今日世界之形成的方方面面。

3. 工作技能成长

熊猫君家的经管类、家教类图书，指引你更好地工作、更有效率地生活，减少人生中的烦恼。

每一本读客图书都轻松好读，精彩绝伦，充满无穷阅读乐趣！

认准读客熊猫

读客所有图书，在书脊、腰封、封底和前后勒口都有“**读客熊猫**”标志。

两步帮你快速找到读客图书

1. 找读客熊猫

2. 找黑白格子

马上扫二维码，关注“**熊猫君**”

和千万读者一起成长吧！